伯林文集

以赛亚·伯林爵士

（Sir Isaiah Berlin，1909—1997）

英国哲学家、观念史学家、20世纪著名自由主义知识分子。生于俄国犹太家庭，童年目睹俄国革命，1921年随父母前往英国。1928年进入牛津大学攻读哲学，1939年撰写《卡尔·马克思》，1944年转向观念史研究。1957年就任牛津大学社会与政治理论教授，发表具有开创性的“两种自由概念”演说，同年获封爵士。1966年参与创办牛津大学沃尔夫森学院并出任首任院长。作为杰出的观念史学家和学科主要奠基人，先后被授予耶路撒冷文学奖和伊拉斯谟奖。

伯林文集

卡尔·马克思（1939）
启蒙的时代（1956）
俄国思想家（1978）
概念与范畴（1978）
反潮流（1979）
个人印象（1980）
扭曲的人性之材（1990）
现实感（1996）
人类的恰当研究（文选，1997）
浪漫主义的根源（1999）
观念的力量（2000）
启蒙的三个批评者（2000）
自由及其背叛（2002）
自由论（2002）
苏联的心灵（2004）
浪漫主义时代的政治观念（2006）
伯林书信集 卷一（2004）
伯林书信集 卷二（2009）
伯林书信集 卷三（2013）
伯林书信集 卷四（2015）

特别收录

伯林谈话录（1992）
伯林传（1998）
未完的对话（2006）

俄国思想家（增订版）

Russian Thinkers

[英国] 以赛亚·伯林 ____ 著
[英国] 亨利·哈代 艾琳·凯利 ____ 编
[英国] 艾琳·凯利 ____ 导读
彭淮栋 岳秀坤 ____ 译

译林出版社

图书在版编目（CIP）数据

俄国思想家：增订版 /（英）以赛亚·伯林（Isaiah Berlin）著；（英）亨利·哈代（Henry Hardy），（英）艾琳·凯利（Aileen Kelly）编；彭淮栋，岳秀坤译. -- 南京：译林出版社，2025. 4. --（伯林文集）.
ISBN 978-7-5753-0476-4

Ⅰ. B512.4

中国国家版本馆CIP数据核字第2025ZA2543号

著作权合同登记号　图字：10-2020-547 号

For more information about Isaiah Berlin visit https://isaiah-berlin.wolfson.ox.ac.uk/

俄国思想家：增订版　[英国] 以赛亚·伯林 / 著　[英国] 亨利·哈代　艾琳·凯利 / 编　彭淮栋　岳秀坤 / 译

责任编辑　张　露
特约编辑　韩　萌
装帧设计　韦　枫
校　　对　戴小娥
责任印制　董　虎

出版发行　译林出版社
地　　址　南京市湖南路 1 号 A 楼
邮　　箱　yilin@yilin.com
网　　址　www.yilin.com
市场热线　025-86633278
排　　版　南京展望文化发展有限公司
印　　刷　南京爱德印刷有限公司
开　　本　850 毫米 ×1168 毫米　1/32
印　　张　15.875
插　　页　4
版　　次　2025 年 4 月第 1 版
印　　次　2025 年 4 月第 1 次印刷
书　　号　ISBN 978-7-5753-0476-4
定　　价　89.00 元

献给缺一不可的德里克·奥福德和塔蒂阿娜·波兹尼亚科娃

目　录

作者前言

本书是一个系列四册[1]中的第一册，收集我将近三十余年来在不同场合撰写或者以演讲稿的形式发表的文章，因此，主题不如其他连贯构想的书那么统一。这些集子的主编哈代博士（Dr. Henry Hardy）相信拙作值得发掘，并且不厌精细、克勤无懈，务求文中瑕疵，尤其舛误失确、相谬互悖、隐晦不明之处，尽获消除，我自然最为感激。所余缺陷，责任亦自然仍在我一人。

也深谢凯利博士（Dr. Aileen Kelly）为此书补足一篇导读，她对书中所论问题及处理手法有深刻且极具同情的了解，令我受益尤多。最感谢她百忙中不辞烦冗，核对，有时并修改模糊不清的指涉与过度师心自用的翻译。她的稳健支持，几乎令我相信此书果真值得她花这么多明智且专注的工夫。我只有希望，所得成果会证明她与哈代博士的时间与精力花得有道理。

诸文之中，有几篇原是对一般听众的演说，且非先有定稿而照本宣读。付梓的版本，即依据讲词记录与当时随身笔记便条而来，因此，我很明白，风格与结构上都带有它们原初的特征。 ix

实际上，诸篇正文未经更易。我没有参考成文以来所问世的有关十九世纪俄国思想家的任何资料，从事修正，因为管窥所及，这个（犁痕稀疏的）领域里，尚未见有能严重怀疑诸文中心论旨之作。不过，我可能有误；若然，我愿向读者保证，

[1] 见下文边码页 xi，注 2。

这是由于我孤陋寡闻，而非由于我对一己见解的效力怀有不可动摇的信心。

的确，本书所收诸文的整个旨趣——如果它们可说有何单一趋势的话——就是不信任谁能自称在任何人类行为领域的事实或原则问题上拥有颠扑不破之知。

以赛亚・伯林

x 一九七七年七月

编者前言[1]

> [……] 编选方式看起来是过于累赘了，想要让人铭记这位当代最有活力的历史学家的话，用这样的设计，可能没什么希望 [……]
>
> 尼古拉斯·理查森[2]

一九七〇年代中期到一九八〇年，我收编并重印以赛亚·伯林大部分已出版而至今尚未成集的文章，共得四册，这是其中一册。[3] 他的论述大多流散四方，且往往沦佚于僻冷难寻之处，其中多数已绝版，成集重刊者至今仅五六篇。[4] 至此，

[1] 本书根据企鹅2008年版增补修订。其中，新增章节“缩略语与习惯用法”和“人名资料表”由首都师范大学历史学院岳秀坤老师翻译，“编者前言”“导读：复杂的慧见”和“俄国与一八四八”中英文版增补、修订内容亦由岳秀坤翻译。——中文版编辑注。

[2] 参见《俄国思想家》第一版的书评，出自《新社会》（*New Socitey*, 19 January 1978），页142。

[3] 本书初版于1978年在伦敦和纽约付梓。其他三卷分别是：《概念与范畴》（*Concepts and Categories: Philosophical Essays*, London, 1978；New York, 1979），《反潮流》（*Against the Current: Essays in the History of Ideas*, London, 1979；New York, 1980），《个人印象》（*Personal Impressions*, London, 1980；New York, 1981；2nd, enlarged, ed.；London, 1998；Princeton, 2001）。

[4] 《自由四论》（*Four Essays on Liberty*, Oxford, 19698；New York, 1970），已经纳入《自由论》（*Liberty*, Oxford and New York, 2002）；以及《维柯与赫尔德》（*Vico and Herder: Two Studies in the History of Ideas*, London and New York, 1976），已纳入《启蒙的三个批评者》（*Three Critics of the Enlightenment*, London and Princeton, 2000）。其余选集仅以别种语言的译本出版。

较之从前，读者已有更多作品可以展读，而且，由此所见伯林之论著，无论数量、范围，乃至深度，都会让许多读者惊艳，而作者的知名度也随之有显著的扩大，对此，作者本人也慷慨予以承认。

xi 此后，我又为伯林选编了超过十二部文集，包括一部分摘自未刊手稿的材料；如下文所示，其中也有部分与本书有所关联。伯林未发表的遗作，已陆续登载于“以赛亚·伯林虚拟图书馆”（伯林文献基金会的网站）[1]，读者于此可以看到更多有关俄国主题的条目。

本册收取伯林谈论十九世纪俄国文学与思想的十篇文章。其最初发表信息如下：

《俄国与一八四八》（‘Russia and 1848’）初刊于《斯拉夫评论》（*Slavonic Review*, 26[1948]）；

《刺猬与狐狸》（‘The Hedgehog and the Fox’）初刊于《牛津斯拉夫论文集》（*Oxford Slavonic Papers*, 2[1951]），原文较短，原题为《托尔斯泰的历史怀疑论》（‘Lev Tolstoy’s Historical Sceptism’），后来稍加增补，以现在的题目重新发表（London, 1953: Weidenfeld and Nicolson; New York, 1953: Simon and Schuster）；

《赫尔岑与巴枯宁论个人自由》（‘Herzen and Bakunin on Individual Liberty’），原刊于《俄国与苏联思想之续与变》（*Continuity and Change in Russian and Soviet Thought, ed.*

[1] 网址见 http://berlin.wolf.ox.ac.uk/，参见“目录”及“未刊作品”。在这一网址上可以看到持续更新的伯林作品相关文献目录。

Ernest J. Simmons; Cambridge, Massachusetts, 1955: Harvard University Press)；

《辉煌的十年》（'A Remarkable Decade'），原是一九五四年诺斯克利夫讲座（Northcliff Lectures）的系列演讲，在伦敦大学学院（University College London）举行，后来由英国广播公司（BBC）第三节目部播出：名之为《奇妙的十年》（'A Marvellous Decade'），分四期载于《文汇》（*Encounter*），即 4 No. 6（June 1955），5 No. 11（November 1955），5 No. 12（December 1955），6 No. 5（May 1956）；

《俄国民粹主义》（'Russian Populism'），是范求理（Franco Venturi）所著《革命之根》（*Roots of Revolution*）一书的导言（London, 1960: Weidenfeld and Nicolson; New York, 1960: Knopf），又刊于《文汇》，15 No. 1（July 1960）；

《托尔斯泰与启蒙》（'Tolstoy and Enlightenment'），是一九六〇年国际笔会赫蒙·欧德纪念演讲（P. E. N. Hermon Ould Memorial Lecture）讲词，初刊于《文汇》，15 No. 1（February 1961），再刊于《比刀剑更有力》（*Mightier Than The Sword*, London, 1964: Macmillan）；

《父与子》（'Fathers and Children'），是一九七〇年罗曼尼斯讲座（Romanes Lecture）讲词，由牛津克拉伦顿出版社印行（Oxford, 1972: Clarendon Press; reprinted with corrections, 1973），并在《纽约书评》刊出（*New York Review of Books*, 18 October, 1 and 15 November 1973），又作为罗斯玛丽·埃德蒙兹所译屠格涅夫《父与子》的导言（*Fathers and Sons*, trans. Rosemary Edmonds, Harmondsworth, 1975:

xii Penguin)。

感谢有关各方惠允重印这些文章。伯林为本书修订了少数几页，主要是涉及英文翻译：在不伤及本意的前提下对原文做了独具风格的微调，不过，他的版本的个别之处即便是从权考虑也有些过度自由了。此外，不同篇什之中引用的段落或有重复，则加以删减或替代。除了必要的改错以及为文中注释补足参考文献之外，文本皆据本书的初版，一仍其旧。特别说明的是，诸文原本各自独立成文，涉及对同一主题的处理容有重合，并且，使用现在时态来评论写作之时所发生的事件，凡此均未作改动。还有一点，《辉煌的十年》、《俄国民粹主义》及《托尔斯泰与启蒙》这三篇论文未补充注释，维持原貌，部分原因是我们没有办法为文中所涉全部引文找到出处。

这一版本仍然遵循上述原则[1]，仅有一处关键的例外。一九七八年以来，为作注的那些引文，已有很多处被我或是其他人找到了源头，尽管尚未一网打尽。这次收入企鹅经典重新刊行，让我借此良机补上这些信息，所以，全书得到了彻底订补。读者如有发现任何我未点出的材料来源，敬请不吝赐告[2]，虽然，依我的猜测，若干未注明出处的“引语”其实接近于复述，而在数处地方，他对材料的翻译使用可以说是取其大意，我便仿照伯林自己在第一版时的做法，干脆移除了

[1] 所以提到苏联时，仍使用现在时态。

[2] 我的电子邮件地址是〈henry.hardy@wolfson.ox.ac.uk〉。如有信息更新，我将随时公布在“以赛亚·伯林虚拟图书馆”的网址上。

引号。

有批评者认为，不该为初次发表时没有注释的论文补充脚注。在这篇前言的开头，我就引用了尼古拉斯·理查森的意见；在另一处地方，史蒂芬·科利尼提到，这“有点儿让伯林的文章变得不纯粹了”，他评论道，加上注释以后，反而“有可能破坏了原来已有的个人风格，而变得千篇一律”。[1] 在伯林的《浪漫主义的根源》一书中，我已经对这些批评做了回答。[2] 我的考虑与之不同，重点在于，伯林本人其实是喜欢用脚注的，本书所收录的文章中有四篇，就是伯林自己加的脚注；这些起初为演讲准备的文章并未打算正式出版，假如写作时的参考文献有详细记录，他极有可能就会为它们补上注释了。为了找寻这些文献，实际所费时日肯定比我记得的要多，我也真心希望读者不必再花时间重复这一过程。故而，我 xiii

[1] 参见《人类的恰当研究》(*The Proper Study of Mankind*) 的书评，出自《泰晤士报文学增刊》(*The Times Literary Supplement*，22 August 1997)，页 3。

[2] London and Princeton，1999，参见页 148—150，以及我对伯林“意引”(semi-quotation，半引用) 的语言技巧所作的评论 (见下文页 xiv—xv)。在《俄国思想家》里有几处引人注目的“意引”的例子，考虑到这些引文已经拥有了它们自己独立的价值，我不能妄加篡改，所以在注释中尽可能提供的是更为字面化的翻译。在伯林的另一本书《观念的力量》(见下文页 xv) 中有句话，顶多算是来自赫尔岑的意引，“在唱过之后，歌曲又何在？”(*The Power of Ideas*，页 10)；伯林在《自由及其背叛》中也用自己的话表述过 (*Freedom and Its Betrayal*，London，2002，页 60)；在贾斯汀·卡特莱特 (Justin Cartwright) 将其用作根据伯林和亚当·冯·特罗特的关系创作的小说标题之后，此语已经传之名山了 (*The Song Before It Is Sung*，London，2007)。在汤姆·斯托帕德 (Tom Stoppard) 的《乌托邦海岸》三部曲 (参见下文页 xvi) 的第一部《海难》中，此语又变成了“当歌唱的时候那首歌在哪里？”(*Shipwreck*，London，2002，页 100) 赫尔岑写的是 (见下文页 224)，“当歌手唱起这首歌，他的目的何在？”——所提的问题跟其他人都不一样。[下文凡提到本书页码，均指边码，即原英文本页码——中文版编辑注。]

不准备为这一版增加的注释表示什么歉意，唯一觉得遗憾的是，没有提前在三十年前就这么做。循此文献来源，学者可以更为细致地追寻伯林的思想足迹，于我而言，则由此避免了文本和注释方面的大量讹误——伯林在他的前言中说到文字中有“模糊不清的指涉与过度师心自用的翻译”，可以说是轻描淡写了。

此外，为了让这个新版对读者来说显得更友好一点，我在其他方面也做了一些工作。注释略有补充，以便没有相关语言背景的读者参考，其中包括引用作品的详细英译，以及若干段
xiv 此前遗漏的法文英译。[1]贾森·费雷尔(Jason Ferrell)慷慨援手，以海伦·拉帕波特（Helen Rappaport）为《苏联的心灵》[2]所做的工作（整合了她的一些材料）为范例，编制了人名表，如此就有了伯林提到的那些人物（主要是俄国人）的基本背景信息，而这些信息也许并不是所有的读者都熟悉的。还有一两处地方，我试作解人，给出一些附加信息，也许有助于读者的理解：凡此均以方括号标注，以示编者所为。

熟知作者在此领域中作品的人会注意到，有三篇重要文章未被收录。其中两篇是他为缩略语名单（下文页 xx—xxii）中提到的赫尔岑作品的译文所做的导言。此二文内容与本册有关赫尔岑的两篇文章大致相同，故未予收录。为赫尔岑《彼岸书》（*From the Other Shore*）与《俄国人民与社会主义》（*The*

[1] 下文中此类法文段落翻译成中文后依据英译进行过二次核对，具体英译省略。——中文版编辑注
[2] 参见下文页 xvi。

Russian People and Socialism）英译本所撰导言，现已收入伯林若干篇幅稍短的论文合集《观念的力量》(London and Princeton, 2000)；为《往事与随想》(*My Past and Thought*)所撰导言，收在《反潮流》之中。第三篇，《艺术评论：俄罗斯的遗产》('Artistic Commitment: A Russian Legacy')，1978年时尚未得见，现已收入主要包括伯林之前未刊文献的文集《现实感》中（*The Sense of Reality*, London, 1996; New York, 1997)。

伯林之于屠格涅夫的特别密切的关系，在《父与子》一文中有生动展现，此外，他翻译的屠格涅夫三种作品亦属明证。其中包括一部中篇小说《最初的爱》(*First Love*)，一出戏剧《乡间一月》(*A Month in the Country*)，以及一部自传性的故事。前面两种均已收入"企鹅经典"。第三种，名之为《海上火焰》('A Fire at Sea')的故事，配以伯林名为《伊凡・屠格涅夫生平片断》的导言，发表于1957年7月的《伦敦杂志》，此后又与小说《最初的爱》一同再版（London, 1982: Hogarth Press; New York, 1983: Viking)。

伯林同属这个范围的其他论述，读者也许有兴趣，备列如下。简短的电台广播谈话三篇，已收入《观念的力量》：《被神化的那个人》('The Man Who Became a Myth'，别林斯基)，《俄国马克思主义之父》('Father of Russian Marxism'，普列汉诺夫)，以及《知识阶层的作用》('The Role of the Intelligentisa')。有关苏俄的几篇论文，辑录为《苏联的心灵：共产主义下的俄国文化》(Washington，2004：Brookings Institution Press)，书后附录伯林有关俄国的其他作品的文献 xv

目录。还有一篇《1945年和1956年与俄罗斯作家的会面》，见之于《个人印象》一书，其中主要谈的是安娜·阿赫玛托娃和鲍里斯·帕斯捷尔纳克；该文的缩减版以《与阿赫玛托娃和帕斯捷尔纳克的谈话》为题，分别收入了《苏联的心灵》《人类的恰当研究》二书。《人类的恰当研究》（London, 1997; New York, 1998）是之前所出各种文集的一种选本。

此处还应该提到伯林关于俄国的著述史上最近发生的一段插曲。汤姆·斯托帕德关于俄国知识分子的戏剧三部曲《乌托邦海岸》，相继上演于2002年伦敦的国家大剧院、2006—2007年纽约的林肯中心剧院、2007年莫斯科的俄国学术青年剧院，斯托帕德自陈，“灵感的产生”来自“阅读伯林的《俄国思想家》，被他笔下涉及的那些人物所吸引”；事实上，伯林就是“这一三部曲的主心骨”。[1] 无疑，借用艾琳·凯利在她富有启发的导言[2]中使用的标题，伯林的“复杂的慧见”，很显然已经透露出了这几部精彩剧作所描绘的世界的消息。

我要感谢的人很多，此处只能先择最重要者。让我从第一版开始说。首先，细致繁重的编辑工作是由艾琳·凯利博士承担的，如果没有她在俄国语言和十九世纪俄国文化方面的专精

[1] 斯托帕德的评论，前一条见布伦丹·莱蒙（Brendan Lemon）所做访谈，揭载于林肯中心剧院的网站；后一条见《以赛亚·伯林的主导精神》（“The Presiding Spirit of Isaiah Berlin”），《林肯中心剧院评论》（*Lincoln Center Theater Review*, Fall/Winter 2006，issue 43，5；也揭载于剧院的网站）。在剧本付梓时所撰的致谢词中，斯托帕德把《俄国思想家》称为“此书是我进入《乌托邦海岸》世界的入口”，而伯林就是那些“没有他们我就不会创作这些戏剧”的作者之一。
[2] 这篇导言的修订版收入她的文集《通往彼岸：在必然与偶然之间的俄国思想家》（*Toward Another Shore: Russian Thinkers between Necessity and Chance*，New Haven and London，1998）。

知识，我的任务就不可能完成。在一段异常繁忙的日子里，她为了解答我的提问，耗时许久寻找答案。对她，我受惠既巨，感激亦深。对于我不断坚持伯林作品的修复，伯林本人一直相当怀疑，而且愈来愈怀疑这是否值得。但是，对此，以及对我经常过嫌苛求的细节探访，他仍一贯周到体贴、亲切和悦，慨赐教益。关于《赫尔岑与巴枯宁论个人自由》，莱斯莉·张伯伦（Lesley Chamberlain）的协助堪称珍贵。伯林最后一位，也是在任时间最久的秘书帕特·乌捷欣（Pat Utechin），在所有阶段里都提供了不可或缺的协助与鼓舞。 xvi

说到修订版，我首先应该把我最为诚挚的谢意献给德里克·奥福德（Derek Offord）。在如此漫长的日子里，他花费无数时间，追查引语，复核原文，付出了极大的耐心与宽容。毫不夸张地说，没有奥福德，我根本不能以现在的面目完成这个修订版。我还特别受惠于塔蒂阿娜·波兹尼亚科娃（Tatiana Pozdnyakova）的专业知识（及其慷慨的帮助）。在其他人束手无策的时候，她总是能神奇地为几乎所有的段落找到出处（偶尔还有康斯坦丁·格列波维奇·伊苏波夫的协助），并且联络圣彼得堡的俄国国家图书馆为《父与子》一文扫描了插图。二位学者所做的奉献，远远超过了一般所理解的职责，本书之所以能够编辑问世是如此仰赖他们的帮助，理应在书前献词中加以铭记。

感谢友善、耐心的马歇尔·沙茨（Marshall Shatz），他帮我解决了不少（尤其是与巴枯宁相关的）问题。我还要感谢如下朋友们的帮助，有些人不止一次伸出了援手：Andrew Drozd、Jaap Engelsman、Richard Freeborn、Steffen Gross、

Robin Hessman、Aileen Kelly、Marina Khmelnitskaya、Marina Kozyreva、Nikolai Sergeyevich Matveyev、Helen Waddington、Andei Zorin。此外，还有牛津大学泰勒研究所图书馆斯拉夫部门的诸位朋友，Nick Hearn、Richard Ramage、Lisa-Maria Spierin 以及其他同事，也曾经帮我排忧解困。实际上，因为我的鲁钝不敏，关于俄国所知粗浅，本书的修订工作尤其要依赖以上诸位师友。就此而言，也可以说这
xvii 是一项集体完成的事业，而不仅仅是扉页上注明的四个人所做的工作。无论如何，书中如有编辑方面的失误，当然一概由我负责。

亨利·哈代

牛津，沃尔夫森学院

xviii 二〇〇七年十月

缩略语与习惯用法

编辑过手，留下痕迹。

——托尔金与戈登[1]

[ ]	编者所加
[……]	编者省略
……	引文作者所做省略
B	V. G. Belinsky, *Polnoe sobranie sochinenii*（Moscow, 1953—1959）
C	N. G. Chernyshevsky, *Polnoe sobranie sochinenii*（Moscow, 1947—1953）
D	*Polnoe sobranie sochinenii F. M. Dostoeuskogo v XVIII tomakh*（Moscow, 2003—2006）
E	*Tolstoy on Education: Tolstoy's Educational Writings 1861–1862*, ed. Alan Pinch and Michael Armstrong, trans. Alan Pinch（London, 1982）
F	Alexander Herzen, *From the Other Shore*,

[1]《高文爵士与绿衣骑士》（*Sir Gawain and the Green Knight*, ed. J. R. R. Tolkien and E. V. Gordon, Oxford, 1925），前言："一堆斜体、星号和括号，就是编辑经手之后，留下的痕迹。"

trans. Moura Budberg, and *The Russian People and Socialism*, trans. Richard Wollheim, with an introduction by Isaiah Berlin (London, 1956)

FC *Fathers and Children* (followed by the chapter number, and the page in vol 8 of S: thus FC 7, 226=Fathers and Children, chapter 7, S viii 226)

H A. I. Gertsen [Herzen], *Sobranie sochinenii v*
xx *tridsati tomakh* (Moscow, 1954—1966)

L Alexander Herzen, *Letters from France and Italy, 1847–1851*, ed.and trans. Judith E. Zimmerman (Pittsburgh and London, 1995)

M Alexander Herzen, *My Past and Thoughts*, trans. Constance Garnett, with an introduction by Isaiah Berlin, 4 vols (London and New York, 1968)

O Michel Bakounine, *Œuvres* (Paris, 1895—1913)

OC *Œuvres complètes de J. de Maistre* (Lyon/Paris, 1884—1887)

P I. S. Turgenev, *Polnoe sobranie sochinenii i pisem* (Moscow/Leningrad, 1960—1968), *Pis'ma*

S I. S. Turgenev, *Polnoe sobranie sochinenii i pisem* (Moscow/Leningrad, 1960—1968), Sochineniya

SPD Joseph de Maistre, *St Petersburg Dialogues*, trans. Richard A. Lebrun (Montreal etc., 1993)

T L. N. Tolstoy, *Polnoe sobranie sochinenii* (Moscow/Leningrad, 1928—1964)

W　Leo Tolstoy，*War and Peace*，trans. Louise and Aylmer Maude（London，1942: Macmillan）；莫德夫妇在不同版本的译文中采用了不同的文本划分方式，也不同于 T 的俄文本，以下提到 W 仅给出页码。

屠格涅夫的作品分成了两部分，S 代表著作，P 代表书信。因为其著作和书信分属两套编码，而其他作者的作品均只使用一套编码。涉及多卷本的作品，卷数和页码用如下形式表示：iv 476。若各卷单独装订，则引述如下：xviii/2。涉及的页码用普通数字表示，不加前缀（p. 或 pp.）。俄文书信的写作日期，使用革命之前的儒略历，即西方使用的格里高利历日期加上 12 天。

在原先的版本中，俄文的转写采用的是《牛津斯拉夫文献》（*Oxford Slavonic Papers*）体系，参见西蒙斯（J. S. G. Simmons），《俄国文献图书馆及档案馆》（*Russian Bibliography Libraries and Archives*, Twickenham, 1973），页 60。少数人名已有不同的英文习惯拼法，则当作例外处理，如 Alexander、
Gogol、(Tsar) Nicholas、Peter the Great，没有转写为 xxi
Aleksandr、Gogol'、Nikolay、Petr the Great。在专有名词中，
结尾的“-ий”或“-й”写作“-y”，但并不适用于已刊著作的 xxii
标题。

导读：复杂的慧见

艾琳 · 凯利

> 不要在这本书里寻找解答——你会一无所获；统而论之，现代人没有解答。
>
> 赫尔岑：《彼岸书》[1]

为了向莫洛尔女士解释俄国革命，罗素曾说，布尔什维克虽然可怕，好像恰是适合俄国的那种政府："自问一下，要如何管辖陀思妥耶夫斯基小说里那些角色，你就明白了。"[2]

俄国理当实行专制社会主义的看法，许多西方自由主义者认为并无不公，至少，谈到陀思妥耶夫斯基小说中那些"魔鬼"——俄国的激进知识阶层，他们作如是观。就其与社会疏离以及其给予社会的冲击的程度而论，十九世纪俄国知识阶层可谓举世无二。他们的意识形态领导人物，是一个具有教派凝结力与使命感的小集团。他们在道德上热烈反对现有秩序、心智上专一贯注于观念、信仰上唯理性与科学是从，遂为俄国革命开道铺路，成就他们本身重大的历史意义。但是，英国与美

[1] H vi 7；F 3。注释中的缩写方式请见书前所作说明。

[2]《伯特兰·罗素自传》（*The Autobiography of Bertrand Russell*，vol. 2，London，1968），页122。

国的历史学家对待他们，常生屈尊俯视之心，而且往往带有道德上的厌恶感；因为他们尽其热情以附和的理论并非己出，而是借自西方，且其了解多不完全；他们狂热骛从极端的意识形态，有如陀思妥耶夫斯基描写的魔鬼，冲向盲目的自我毁灭，还拖着他们的国家同归于尽，随后更贻害世界许多其他地区。这个信念既深嵌于盎格鲁-撒克逊世界的看法之中，复又由俄国革命及其后果而强化，对观念的热烈与兴趣于是被视为心灵与道德混乱失序的征候。 xxiii

有一种强有力的自由主义的声音，从未放弃对这样一种关于俄国知识阶层的看法表达异议。以赛亚·伯林是二十世纪下半叶得到最广泛赞誉的政治思想家之一，他是约翰·格雷（John Gray）所称的"坚忍的、悲剧性的自由主义"的倡导者，认为在相互竞争的价值观念之间不可避免会发生冲突，而这样一种观念为自由主义的知识传统注入了新的生命。[1] 他的论述里渗透着这样一种信念，亦即，最能理解观念的力量——尤其是那些他称之为右派与左派持有的"伟大专制幻想"（great despotic vision）在思想上与道德上的吸引力——的人，最能维护自由主义的价值。英国对欧陆思想运动相当冷漠，而他在英国思想生活上的独特贡献之一就是对这种冷漠的反拨。在一系列精妙绝伦的研究中，他把后文艺复兴世界（the post-Renaissance world）几位最具有原创性的思想家的理念与人格呈现给了广大的受众，在首次成集于本书的几篇文章里，他对俄国知识阶层现象的阐述同样精彩。

[1] John Gray，《以赛亚·伯林》（*Isaiah Berlin*，London，1995），页1。

以赛亚·伯林对俄国知识阶层的研究路数，是注意其人如何“体行”(live through) 观念以解决道德要求。这个题目的研究，大多依据历史上的后见之明来判断政治上的解决，他则反而最关心该知识阶层所提出的社会与道德问题、他们所寻求解决的困境。他论述俄国主题的文章自成其说，无待于哲学上的注疏与参校，不过，这些文章对他思想史方面所有著作的中心主题，也是个实质上的增益，而且，放在这更大更广的架构里，最能显出独造之处。

伯林著述的中心旨趣是人类道德行为所依托的一些未有定
xxiv 论的问题中最根本者之一：所有绝对价值到底是否并行不悖，或者，人生应怎么过的问题是不是没有单一的终极解答、没有一个客观而四海皆准的理想？他在论自由的文章中把自己关于这个问题的思考加以概述，探索了一元与多元世界观，深究其心理和历史根源与后果。他提出一个论点：在黑格尔与马克思主义基础上建立起来的巨大极权结构不是可怕的变态，而是所有西方政治思想核心潮流里一项主要假设的合理发展。这项假设是：宇宙有个单一目的，缘此目的，一切现象底下有个根本的统一。这根本的统一，有人说可经科学探讨发现，有人说可由宗教启示获得，又有人说可由形而上思索掌握。要之，一旦发现，就能为人生如何过的问题提供最终的解决方案。

这一信念的几个最极端形式，因其非人化的看法将人类视为抽象历史力量的工具，而在政治实践上导致种种罪恶的走火入魔。不过，伯林强调，这信念本身，不可遽而视为病态心灵的产物。盖人有感于内在分裂，渴望一种神秘但已失落的整体性，遂生出“一股深刻、无可救药的形而上需求”[1]，上述信念即根源于这股需求，而为一切传统道德之基础。这股绝对价值的渴求，流露的往往是一股极力脱卸责任，使人不必为自己的命运负责的冲动，亦即将这责任转给一个“巨大而不具人格的统一整体——自然、历史、阶级、种族、‘我们时代的残酷现实’或者无可抗拒的社会结构演化；该整体会把我们吸收并融入其无限、漠然、中性的质地组织里，对这组织加以评价或批评，是愚蠢的，与之相抗，也注定失败”。[2]

伯林相信，正由于一元现实观回答了人类的根本需求，因此，真正一贯的多元论素来是个相当罕见的历史现象。多元主义，以他所取于此词的意思而论，不可混同于一般界定的自由主义看法——依照一般界定的自由主义看法，极端主义者是对真正价值的扭曲；社会和谐与道德生活之钥，寓于温和（moderation）与中庸。据伯林所了解，真正的多元论更强硬，在思想上也更大胆，它拒斥所谓一切价值冲突皆可由综合（synthesis）而获终极解决，以及所谓一切可欲目标都能相互调和之说。多元论认为，人性如此，其所产生的某些价值容或同等神圣、同等终极，却会相互排斥，而且彼此毫无可能成立一种客观的等级层次关系。因此，道德的行为操持可能就是要在没有普遍共通标准的协助下，在无法得兼但同等可欲的价值之间做痛苦的抉择。 xxv

[1]《两种自由概念》（‘Two Concepts of Liberty’），出自《自由论》（*Liberty*）[见前文页 xi，注 3]，页 217。
[2]《历史的不可避免性》（‘Historical Inevitablity’），同上，页 164。

据伯林所见，一个人若想认识他的自由的真正本质，道德上这种永远可能的不确定性就是他必须付出的代价。如果你主张纷杂多样的人类目标与志向既无法以任何普世一致的标准来评价，也不能从属于某种超越的目的，那么，个人自我指导而不受国家、教会或党派指导的权利，分明至高无上。不过，他认为，这信念固然隐含于某些人文主义与自由主义态度之中，惟因一贯的多元论所导致的后果极为痛苦、令人不安，而且在根本层次上不利于西方传统里一些居于核心、未受批评即获成立的假设，故极少有人充分加以申明自表。在讨论维柯、马基雅维里与赫尔德的精要文章，以及在《历史的必然性》里，他曾彰明，少数详述多元论后果的思想家素来遭受误解，其独创性也遭受低估。

在《自由四论》[1] 里，他认为，世界上的多元论识见，往往是历史上的幽闭恐怖症（claustrophobia）的产物：思想与社会僵化之时，顺从（conformity）的要求对人类能力造成不堪忍受的钳制，使人有感而要求“更多光明”[2]——扩伸个人责任与
xxvi 自发行动的范围。然而历史上居于主导地位的是一元论的学说。由此可见，人更容易染患广场恐怖症（agoraphobia）：在历史危机时刻，由于必须做抉择，人心生出恐怖与精神病症，遂汲汲于让弃道德责任的疑虑与苦恼，换取决定论的识见——或保守或激进的决定论；这些识见赋予他们“囚禁中的平静、自足的

[1] London，1969［现在已经整合进了《自由五论》（‘Five Essays on Liberty’），出自《自由论》（见前文页 xi，注 3）］。
[2]《密尔与生活的目的》（‘John Stuart Mill and the Ends of Life’），《自由论》，页 243。

安全、一种终于找到自己在宇宙里的适当位置的感觉”。[1] 他指出，对确定事物的渴求，从来莫过于今日之烈；他的《自由四论》就是一项强力的警告，力言世人有必要透过层层转深的道德体悟，亦即透过一个“复杂的慧见”[2]，察识这类确定事物所根据的基本谬误。

和许多自由主义者一样，伯林相信，这种层层加深的体悟，可由研究俄国大革命的思想背景而获得。但他的结论与他们殊不相同。他怀着使他对欧洲思想家产生全新洞识的道德感，反驳一般所持俄国知识阶层成员尽属狂热一元论者之说。他彰明，他们的历史困境极易使他们对一元与多元两类世界观俱有好尚——俄国知识阶层迷人之处是，他们之中最敏感的一批成员由于同时兼具历史幽闭恐怖症与广场恐怖症，而且两症同等深剧，因此，既热烈心仪，同时在道德上又厌斥弥赛亚式的意识形态。结果是他们一场极为专心的自我反省，而对我们这时代的重大问题产生了许多先知式的洞识。

俄国那场产生了一连串千禧年政治教条的极端广场恐怖症，其起因已为世人所熟知。在随一八二五年的十二月党人起义失败而来的政治反动里，那一小群西化思想精英即与其落后祖国深相疏异。精力既失实际发泄口，他们将他们的社会理想主义转入一种宗教般专致的真理追寻。他们透过当时风靡欧洲的德国观念论哲学的历史哲学（historiosophical）体系，希望找 **xxvii**
到一个使周遭的道德与社会浑沌状态具有意义，而且使他们能

[1]《历史的不可避免性》，《自由论》，页 160。
[2]《导论》，同上，页 20。

在现实中安身立命的一元真理。

由绝对价值的这股渴求，产生了一种毁誉参半的一贯性。伯林指出，这种一贯性是俄国思想家的最显著特征——他们习惯于将观念与概念推究到最极端，甚至荒谬的结论：未达推理的极端结果而止步，他们视为道德怯懦之征，表示你对真理的献身不够充分。不过，伯林强调，这种一贯性背后，还有另一个矛盾的动机。西化的少数人由教育与阅读而吸收了启蒙运动与浪漫主义的自由与人性尊严理想，而尼古拉一世的强力专制在这些人心中产生了比较先进的欧洲诸国所没有的幽闭恐惧症。结果，他们强烈质疑被广为接受的绝对价值——政治、宗教、社会上的传统与固有信仰、教条、建制。正如伯林在《俄国与一八四八》一文中所言，一八四八年欧洲诸次革命之败，影响所及，加速了这一过程。俄国知识阶层自此极不信任西方自由主义与激进主义意识形态及其社会的万灵药。这种一贯连同其中由信仰与怀疑交杂而来的种种紧张，以及其所导出的洞识，就是伯林有关俄国思想家的几篇文章的中心主题。

在几幅个别思想家画像里，他显示，俄国知识阶层几位最杰出的成员由于既怀疑绝对价值，又渴望发现某种统一的、一举解决所有道德行为问题的真理，因而内心不断分裂交战。有些人屈服于后面这股冲动：巴枯宁以挞伐独断教条对个人的暴虐而成名，开创其政治生涯，及其终也，反要求人完全附从他自己所持素朴农民特具智慧的独断教条。此后，一八六〇年代许多破坏偶像的青年“虚无主义者”未加疑问，即接受一种粗糙的唯物主义教条。对其他思想家而言，这场斗争则更加严肃而持恒。批评家别林斯基经常被举为俄国知识阶层对逻辑一致性原则狂热执着的至高例子：由黑格尔原则，他推论尼古拉一世的专制为历史进程的必要阶段。但是，在一篇极为动人的别林斯基研究里，伯林指出，一场痛苦的内心挣扎后，别林斯基屈从于良知的提醒，宣斥黑格尔的教条为牺牲活生生个人的摩洛神（moloch）。许多俄国知识分子原本欲求一个能抵制破坏的诱惑的理想，却转而开始质疑统治十九世纪欧洲思想以及一些最为珍贵的进步思想假设的巨大形而上学体系。伯林有一篇文章里讨论主导十九世纪俄国激进思想的民粹主义传统，文中他彰示民粹主义者有一点遥遥领先他们的时代，他们知觉到深信生产过程可以量化、中央化和理性化的当代自由主义与激进主义进步理论里所蕴蓄的非人含义。 xxviii

多数俄国思想家认为，他们以破坏为主的批判只是初步的工作，是清理地面，以备某种伟大的意识形态建构。依伯林所见，此事与我们这时代具有异常的关联：我们这时代，惟有一贯的多元论能保护人类的自由，使其不受体系建构者劫掠侵夺。并且他显示，这种多元论充分显现于一位创意至今仍大受忽视的思想家观念之中——此人即赫尔岑。

赫尔岑为俄国民粹主义创始者。西方所知道的他，是个信仰过时社会主义乌托邦的俄国激进分子。在两篇讨论赫尔岑的文章，以及在他为赫尔岑最伟大作品《彼岸书》与《往事与随想》撰写的导言里[1]，伯林确立他为“俄国三位天才道德导师之

[1] 分别收入伯林的两部文集《观念的力量》《反潮流》。详见前文页 xv 和页 xi，注 2。

一”[1]、一些关于自由的最深刻论述的作者。

赫尔岑以追求理想而肇始其思想生涯。他在社会主义里找到理想；他相信，俄国农民的本能将导致一种比西方任何社会主义都优秀的社会主义。但是，他认为，无论是他，还是其他
xxix 人的理想，都不可能成为社会问题的终极解决法，理由是，终极解决之追求，与人类自由之尊重，无法得兼。他批评同时代的革命者，当其面对一切政治压迫的共同根源时踌躇不前，沦为保守派：这一根源就是，以抽象之物凌驾于个体之上的暴虐。伯林彰明，赫尔岑对所有决定论进步哲学的抨击，显示他深知“人所犯的极恶大罪之一，是将道德责任卸下自己肩膀而转嫁给一个无可预测的未来秩序”[2]——以对某种遥远乌托邦的信仰，来洗涤其巨恶大罪。

伯林强调，赫尔岑自身的困境是个非常现代的困境：他分裂于平等（equality）与优异（excellence）相互冲突的价值之间。他认识精英分子的不公，又珍惜真正的贵族所特具的思想与道德自由及美学优点。他未学左派理论家将优异让位给平等，但他和穆勒同样了解一个我们今天才清楚的要点：这些价值的公有中项——可以“群众社会”为代表——不曾兼得两个世界的精髓，却往往是穆勒所谓美学与伦理上都令人可憎的“集体平庸”[3]——个人灭顶于群众之中。伯林用生动

[1] 见下文，页 95。
[2] 见下文，页 225。
[3]《论自由》（*On Liberty*，chapter 3），《密尔选集》（*Collected Works of John Stuart Mill*，ed. J. M. Robson and others，Toronto/London，1963—1991，xviii），页 268。[赫尔岑误引为“平庸累积”（‘conglomerated mediocrity’），见《结束与开始》（‘Kontsy i nachala’，1863，first letter），H xvi 141。]

如赫尔岑的语言，向英语读者传达赫尔岑下列这个信念的原创独到：个别与特殊问题没有全盘解决法，只能通之以一时的权宜处理，而且这些一时权宜之计在根本上必须敏感于各个历史情境的独特性，并且善能回应纷杂个体与民族的特殊需求。

伯林探索俄国思想家的自省，谈到两位作家——托尔斯泰与屠格涅夫。在俄国作家与思想家的关系上，这些研究反驳了一个流传广远的错误观念。世人向来认为，在革命前的俄国， xxx
文学与激进思想形成两个明显而彼此敌视的传统。托尔斯泰与屠格涅夫对知识阶层的著名嫌厌，常被援引以强调俄国伟大作家之间的鸿沟：作家关怀而探索人类的精神内在，而那些激进的思想家则被视作沉迷于社会存在的外在形式。在讨论托尔斯泰与屠格涅夫的文章里，伯林说明，他们的艺术惟有视为激进的知识阶层也经历的同一场道德冲突的产物，才能了解。在他讨论托尔斯泰史观的著名著作《刺猬与狐狸》，以及关于托尔斯泰与启蒙的文章里，伯林说明，托尔斯泰艺术观与道德说教之间的关系，可以作为一元与多元现实观的一场巨大斗争来了解。托尔斯泰那种“致命的虚无主义”，使他指斥一切理论、教条与体系妄图解释、整理、预测复杂且矛盾的历史现象与社会存在，但这虚无主义背后的驱力，是他自己热切渴望发现一个含蓄万有而无懈可击的一元真理。于是，他长居于自相矛盾之中，既体悟现实之复杂多样，又只相信一个“浩大、一元的整体”。[1] 在他的艺术里，他对不可简化的复杂多样的现象表现

[1] 见下文，页 57。

了无比卓绝的感受，在他的道德说教里，他却鼓吹简化，欲将大千现象化归于单单一个层次——俄国农民或者素朴的基督教伦理层次。伯林有些论述，心理探讨之精巧细腻与发微索隐，可以列入历来有关托尔斯泰的最高明文字之中。在这些段落里，他显示，托尔斯泰的悲剧是，现实感极其强烈，无法与他自己树立的任何狭隘理想并立；赫尔岑作品中明陈的结论在托尔斯泰的生命悲剧里获得证实，他再极意尝试，也无能调和彼此对立但同等有效的目标与态度。他失败了，他无能力解决他的内在矛盾，不过，这失败却使最困惑、最嫌恶他的说教内容的人也能明见他的道德器识。

托尔斯泰，狂热的真理追求者；屠格涅夫，抒情散文作家、讴歌“没落别墅的残晖余魅”[1]的诗人。乍看之下，很少有作家像这两位这么缺乏共通之处。不过，在讨论屠格涅夫的文章里，
xxxi 伯林显示，他气质上是自由主义者，厌恶教条之狭隘、反对极端的解决法，但年轻时候，也曾深为同代人的道德奉献以及他们对专制独裁的抗争所影响。他充分接受他的朋友别林斯基的信念：遇公道与不公道交战，艺术家不可自居为中立观察者，而当如一切堂堂正正之人，献身投入，力图树立并宣扬真理。经此，屠格涅夫的自由主义一变而迥异于欧洲当时的自由主义，远不如其自信与乐观，但更超前。他的小说记录了俄国知识阶层的发展，在里面，他检验十九世纪中叶俄国激进派与保守派之间、温和人士与极端分子间的争论，以深重的矜慎顾虑、颖悟的道德感识，探索个人与集团的长处和弱点，以及他们执迷

[1] 见下文，页 300。

的教条学说。伯林强调，屠格涅夫自由主义独到之处，是他与赫尔岑共持（虽然他认为赫尔岑的民粹主义是幻觉），而与托尔斯泰及革命分子相左（尽管他敬佩他们的专注）的信念：社会的核心问题没有所谓终极的解决。在一个自由主义者与激进主义者都扬扬自足于相信进步无可避免，认为牢固不变的历史力量——主宰经济市场的法则，或者社会阶层之冲突——已经预先替人标明政治抉择，而且被引用来为那些抉择的后果负责的时代里，对于自由主义者作为现有秩序不公之理由的确然事实，或者激进人士作为自身无情破坏之理由的确然事实，屠格涅夫已知觉其空洞无物。因此，二十世纪激进人文主义者的困境，他可谓先得会心。二十世纪激进人文主义者的困境，我们当代最具道德敏感的政治思想家之一柯拉科夫斯基，曾形容为Sollen（应）与Sein（是）之间，亦即价值与事实之间，一场无时或已的痛苦抉择：

> 这个问题一再重现，形貌有异而已：乌托邦主义对机会主义，浪漫主义对保守主义，以及一边是毫无目的的疯狂，一边是与乔装成明智的罪行合作——我们如何防止Sollen-Sein的选择变成这些对立的两极？责任高喊着 xxxii
> 武断的口号，是斯库拉；现有的世界自动认可它本身最可怖的产物——与此世界相从，是卡律布狄斯。[1]我们如何

[1] 斯库拉（Scylla）为麦西拿海峡（Seraits of Messina）海怪，实为巨岩（或说巨穴）；卡律布狄斯（Charybdis）亦海怪，实为漩涡，与斯库拉互为犄角，船只航行其间，非灭顶于漩涡，即撞碎于巨岩，颇为险恶。两字连用，为进退维谷、顾此失彼之意。——译注

> 避开这二者必取其一的致命抉择？既然假定—我们认为必设的根本假定——我们永远没有能力真正且精确测出所谓“历史必然性”的极限，因此，也永远没有能力明确判定社会生活中哪个具体事实是历史命运的成分、现实中又隐藏着什么潜在发展，我们如何避开这抉择？[1]

柯拉科夫斯基如此陈述我们当代这个两难式，其说当然有效。但是，屠格涅夫，一个与他非常不同的思想家，在一个世纪以前就面临这困境。在片面之见——保守主义或乌托邦之见——的拥护者尚未拥有科技设备来对无限的人类材料做实验以前，要辩说其中一个极端看法，或者甚至辩说两者之间的中道是完全的答案，并不如今日困难。伯林显示，在自由主义者与左派理论家都还自信其本身体系完足的时代，屠格涅夫已经达到并且在他的艺术里具现了一个比较复杂的识见。

伯林极尽详细讨论的这三位人物里，他与谁最相共鸣，实无可疑。他彰明，托尔斯泰道德壮阔，然当其委弃他艺术上的人性慧见而取专制凌人的独断教条，其盲目无明，亦令人可厌；屠格涅夫慧眼清明、睿智颖悟、善感于现实，却正缺乏他所景慕的激进知识分子的勇气与道德献身。他的逡巡不决，往往是一种“优游自适之中，与物相感”的忧郁状态，终归于不动情绪，超然局外。

[1] Leszek Kolakowski，《责任与历史》（‘Responsibility and History’），出自他的《马克思主义及其超越》（*Marxism and Beyond*，trans. Jane Zielonko Peel，London，1969），页 163。

正是赫尔岑，在《俄国思想家》中作为英雄而出现。虽然伯林指出屠格涅夫论断中肯：赫尔岑未曾摆脱一个幻觉——他对“农民羊皮大衣”[1]的信心；对他来说，认识到“现代人最深重的灾难之一，就是耽于抽象之物，而非关注现实”[2]，这一看法深刻而有先见之明，但是并没有贬损他对自由的看法。伯林作为社会和政治理论教授在牛津进行就职演说时，援引他未指名的一位作者的一句话，作为终结：“明白自己的信念只相对有效，而仍毅然支持之，不挠不退，是文明人所以有别于野蛮人之处。”[3]如伯林所示，赫尔岑有屠格涅夫的精微慧见，其为真理而自我牺牲之奉献，则堪与托尔斯泰相仿。就此而论，他既勇敢且文明。他深具伯林认为乃政治智慧本质之所在的观点的一贯多元性。 xxxiii

论者常说，俄国的民族特性，善于以某种特殊的极端方式，表达人类处境中的某些普遍特征；许多人也认为，俄国知识阶层的历史意义，在其以病态夸张的形式体现人类对绝对价值的渴求。伯林的文章则就此知识阶层的“普遍性”，为我们提出一个大异其趣兼且复杂得多的诠释，其中彰明，因为种种历史理由，他们体现的不是一个，却是至少两个根本而且彼此对立的人类冲动。他们渴望由反抗必然性而肯定自我之自主(autonomy of the self)，一面又要求确定无疑之事(certainties)，两者不断冲突，导致他们明锐感悟到在二十世纪处于核心地位

[1] 见下文，页309。
[2] 见下文，页225。
[3] Joseph A. Schumpeter，《资本主义，社会主义与民主》(*Capitalism, Socialism and Democracy*, London，1943)，页243。

的道德、社会与美学问题。俄国知识阶层的这个思想层面在西方如此乏人留意，相当程度上可以归因于这个阶层大部成员作品里显明的思想缺点。别林斯基之类人物，取外来观念，半通不化，而作反复不变的运用，支离灭裂，芜蔓繁增，这连同世人认为他们应该负责的政治灾难，引使西方学者热烈响应恰达
xxxiv 耶夫的著名论断：俄国若有任何嘉惠举世的教训，这教训就是，世人应不计代价，避其故辙。但伯林以其明鉴品质的锐利本能，又全无往往与后见之明俱生的纡尊降贵之心，在知识阶层作品的这个形式缺陷背后，觉察一股值得注意与尊重的道德热情。本书诸文足以证明他向英国听众宣扬多年的信念：热心于观念，既非过失，亦非恶习，相反，惟以道德与思想上不屈不移的清明识见，透入并揭示社会与政治理想的隐蓄含义与极端后果，才能有效抵抗世界上狭隘与专制识见之恶。

诚如他在《自由四论》中所言，至今未有哲学家能彻底驳倒决定论所谓主观理想对历史事件没有影响力的命题。但是，伯林的研究针对俄国思想家在日常的道德挣扎中如何“体行”他们的信条，遂能以超乎逻辑论证之力，支持了伯林所有著作的一贯信念：人类在道德上是自由的，他们自由抱持的理想与信念会对事件发生或善或恶的影响，且其影响之频繁，有过于
xxxv 决定论者所相信的。

俄国与一八四八

论者通常不认为一八四八年在俄国历史上是一座里程碑。本年数场革命，赫尔岑视如燠闷天气里具有起死回生功效的暴风雨[1]，并未波及俄罗斯帝国。帝国政府在十二月事变平定以后的急剧政策变革，似乎甚具奇效。文坛风暴如一八三六年恰达耶夫事件[2]，因谤议而被不时镇压的年轻人（赫尔岑及其同学所受惩罚即属此例）[3]，甚至一八四〇年代初期偏远省区零星增多的小规模农民骚乱也未严重侵扰俄国生活的表象；一八四八年整整一年，这个幅员广大而且仍在扩张的帝国的和平没有受到波动。昏庸愚妄与贪污腐化事情层出不穷；虽非尼古拉一世设计，但他变本加厉的官僚与军事高压控制，似乎仍然大奏其功。有效的独立思想与行动，踪影全无。

先此十八年，即一八三〇年，巴黎事闻，曾为俄国激进分

[1]《彼岸书》第一章，一八四七年底作于罗马，章名“暴风雨前”，时赫尔岑离俄未久，矢志反对祖国政府暴政，又倾慕西学，景仰自由主义者，希望扫除欧洲旧秩序。全章历数古来至近代各种虚谬与不合时宜之学说理想，一一打落，谈笑风生。次章题名“暴风雨后”，一八四八年七月作于巴黎，当时作者已在二月革命及连串改革失败之后，信念破灭，充满沉痛绝望。——译注

[2] 一八二三年至一八二六年，恰达耶夫旅游欧洲，事后，以法文写成一卷《哲学书简》（*Lettres Philosophiques*，1827—1831），根据他当时皈依的罗马天主教观点，严厉抨击俄国历史与文化传统。一八三六年，第一篇书简译成俄文，发表于《望远镜》评论（*Teleskop*）。《望远镜》因此被禁，当局并宣布恰达耶夫精神失常，需要医治，而强制监护于莫斯科。按：俄国斯拉夫主义者与西化派之间的思想争论，即是由恰达耶夫触发。——译注

[3] 十九世纪，俄国大学中崇尚西方思想，学生流行讨论会与读书会之类有形或无形组织，畅论政治与社会。赫尔岑一八二九年至一八三三年就读于莫斯科大学，由席勒的“心灵浪漫主义”转向“头脑的唯心论”，信奉谢林的自然哲学，后来，将谢林的泛灵唯心论结合于圣西门的乌托邦社会主义，产生一种由世界精神演进实现自由与公道的历史哲学。一八三三年春，与好友奥加廖夫及若干同学以“反政府思想”与“秘密结社”罪名被捕，审问九个月，判决放逐六年，先在如今的基洛夫，然后在莫斯科附近，生活尚称自由，条件是为政府担任文书，并编纂官报。——译注

子注入了新生命；法国的乌托邦社会主义在俄国社会思想中留
下了深刻的印记；波兰之叛，作用颇如后一世纪西班牙内战中
的共和派，成为各地民主人士凭以号召旗鼓的重点。但叛事旋
遭敉平，迨及一八四八年，大火余烬，至少以公开的表现而
论，实可谓灰飞烟灭——华沙如此，圣彼得堡亦然。西欧观
察家无论同情与敌视，都认为专制独裁已屹立难摇。然而，远
则因马克思与恩格斯以《共产党宣言》庆祝革命社会主义之诞
生，而导出革命社会主义在嗣后俄国历史上扮演的决定性角 1
色，近则因西欧革命之败对俄国舆论，尤其对俄国革命运动注
定必有的影响，一八四八年对欧洲的发展是个转折点，于俄国
之发展亦同。然在当时，本年竟有此意义，实难逆睹。政治观
察家中的清醒明智者——如格拉诺夫斯基或科舍廖夫——甚至
忧虑连温和的改革也不可得；革命，更似悠邈难想。

或许巴枯宁及彼得拉舍夫斯基[1]圈中一二成员除外，一八四〇年代，即令较为胆大无忌之士，似亦不可能有望俄国立即会有革命。意大利、法国、普鲁士以及奥地利帝国的革命，皆由多少有组织而公开反对现存体制的党派发难。其革命党若非由激进派或社会主义知识分子构成，即与激进派或社会主义知识分子协同行动，并且由属于已得公认之政治与社会学说或宗派的杰出民主人士领导，兼又获得自由派中产阶级相助，或者得到已经发展到各种阶段、由各种不同理想所推动但

[1] 彼得拉舍夫斯基圈子，以成员彼得拉舍夫斯基为名，是一群社会主义者，成员中包括陀思妥耶夫斯基。他们在一八四九年被捕，原判死刑，改判为放逐或充军。——译注

受挫的全国性运动协助。诸国的革命，往往还颇得群情不满的工人与农民助势。以上因素在俄国的表现或组织，与西方情况都毫不相伴。俄国的发展与西欧的发展，能并观互见之处往往失之浮面，而且易滋误解，不过，若必予比较，则欧洲的十八世纪最可拟类。十二月之变，当局酷厉镇压，其后，至三十年代中期与四十年代初期，俄国自由派与激进派对当局的抗衡日趋明目张胆，其反抗近似法国百科全书派或德国启蒙领袖对教会与专制君主政体所做的游击战，与十九世纪西欧的群众组织及平民运动则大相径庭。三十年代与四十年代俄国自由分子与激进分子，无论自限于哲学或美学问题者，如最初齐聚于斯坦克维奇身边的圈子的人；或者心悬政治与社会问题者，如赫尔岑与奥加廖夫，都始终是孤立的启蒙人物——一小群高度自
2 觉的知识精英。他们在莫斯科或圣彼得堡的会客室或沙龙集会、争论，彼此相濡，但没有平民支持，也不具备范围广大的政治或社会架构；既无政党形式，甚至亦非法国大革命前那种非正式但遐迩响应的中层阶级反对势力。此时期中，零散无党的俄国知识分子并无具有自我意识的中层阶级可资倚恃，亦无法寄望农民相助。“人民但觉需要马铃薯，而毫不觉得需要一部宪法——宪法只是受过教育但毫无势力的城市人欲求之物。”别林斯基一八四七年致书友人帕维尔·安年科夫（Pavel Annenkov），曾作此语。[1] 十三年后，车尔尼雪夫斯基一句颇具其人特色之言，与此说不谋而合：“没有一个欧洲国家的人民大众不是绝对漠然无动于只有自由分子欲求并关怀的权

[1] 一八四七年九月二十七日致安年科夫，写于柏林，B xii 402。

利。”[1] 此语施于当时或早先大多数欧洲国家，难谓言中，然其反映俄国之落后，至为准确。在俄罗斯帝国，由于经济发展尚未造成工业与劳工问题，尚未促成西方形态的中产阶级与无产阶级，民主革命一直渺茫如梦。当这些条件终于实现，并于十九世纪末数十年中加速成真，革命即不在远。故“俄国的一八四八年”发生于一九〇五年，其时，西方的中产阶级已不复是革命或武力取向的改革主义者；一九一七年自由民主派社会主义与集权社会主义之终于决裂，以及随后俄国与欧洲攸关重大的分道扬镳，此半世纪之差，是强力肇因。赫尔岑曾对基内（Edgar Quinet）断言：“你将循无产阶级走向社会主义，我则循社会主义走向自由。”[2] 丹恩推其言下之意，认为赫尔岑隐指上述之分道而言，或是笃论。关于本时期俄国与西方 3
政治成熟程度之异，赫尔岑流亡普特尼期间为其《法意书简》（*Letters from France and Italy*）所写导论，有生动描述。导论主题，即为西欧的一八四八年革命：

> 自由主义者——那些政治上的新教徒——反倒成为最可怕的保守主义者；在变革了的宪章与宪法背后，他们发现社会主义的幽灵，吓得面无人色；这原也无足为异——因为他们［……］将有所失，自有所惧。但我们（俄国人）处境全

[1]《路易十八与查理十世治下法国党派的挣扎》（‘Bor’ ba partii vo Frantsii pri Lyudovike XVIII i Karle X’，1858），C v 217。

[2]《钟声》（*Kolokol*，No. 210，15 December 1865），页 1720。参见 F. I. Dan，《布尔什维克主义之起源》（*Proiskhozhdenie bol'shevizma: k istorii demokraticheskikh i sotsialisticheskikh idei v Rossii posle osvobozhdeniya krest'yan*，New York，1946），页 38—39。

然不同。我们对一切公共事务的态度都单纯、天真得多。

自由主义者惟恐失去自由——我们尚无自由可失；他们忧虑政府干预工业——我们的政府事事干预；他们害怕丧失人权——我们仍待争取人权。

我们仍然漫无秩序的存在里充满了极端的矛盾，我们的法律与宪法概念仍欠稳定，这一方面有利于最无限的专制、农奴制度及凡事以军事解决，另一方面也造成彼得一世与亚历山大二世比较不难采行其革命性步骤的条件。租屋而宿者本来就比自居其家者容易迁移。

欧洲正在沉没，因为它丢不掉它的载货——长久涉险的征伐里累积而来的无限宝藏。我们的东西则全是人造的压舱物；取出来，弃之于船外，就扬帆直奔海阔天空之境了！

当此一切政党皆成不合时宜之物，当此人人或抱希望或怀绝望而指向逐渐逼近的经济革命风雷之际，我们生龙活虎，进入历史。眼望邻人，我们也不禁害怕这即将临头的暴风雨，我们也像他们，认为对这场危难最好莫置一词［……］

但是，你不必害怕，你尽可安心，因为你的地产上有一枚避雷针——土地公社制！[1]

4 易言之，基本权利与基本自由的完全缺乏，与一八四八年以后黑暗的七年，非但不曾引起绝望或冷漠，反使多位俄国思想家觉悟本国与欧洲比较自由的建制完全相反；而且，极其矛盾，这种相反被视为俄国人可以乐观的基础。由此，又跃生无比强烈的

[1] 参见 1858 年版的导言，H v 13—14；L 9—10。

希望——指望一个惟俄国命定得享的独特幸福与光荣的未来。[1]

赫尔岑之事实分析，十分正确。俄国并无中产阶级可言——“投石党”，总归是来自土地贵族的行列，此类之外——新闻业者波列沃依和博特金（别林斯基与屠格涅夫那位言论甚著而雅好文学的茶商友人），以及之后的克拉耶夫斯基、卡特科夫，还有别林斯基本人，是显著的例外。急剧的自由改革所需的社会条件并不存在，遑论革命条件。不过，自由分子如卡韦林一干人，甚至别林斯基，也痛加惋叹的这项事实，仍带来其本身的补偿。在欧洲，一场国际革命爆发后失败，造成理想主义者与社会主义者满腔的幻灭与绝望。有时导致某种犬儒式的超脱，有时又会导致为了寻求慰藉而另找出路，或者是冷漠认命，或者是走向或世俗或宗教性质的寂静主义，或者是进入政治反动的队伍；其情其景，极似俄国一九〇五年革命失败而产生“路标派”[2]所号召的忏悔与精神价值。在俄国，则卡特科夫最终变为保守的民族主义者、陀思妥耶夫斯基转向正教、博特金离弃激进主义、巴枯宁签署一份言不由衷的“忏悔书”（recantation）[3]；但俄国既未遭革命，亦无与欧洲程度相当的失意觉醒，遂导向一种与西欧大相径庭的演变。最重要的

[1] 亦即寄望并肯定俄国农民为俄国与欧洲未来文明的指导。赫尔岑《致米什莱的公开信》（‘An Open Letter to Jules Michelet’）一文说之甚明。——译注

[2]《路标》（*Vekhi*）为一群自由派知识分子（其中包括一些早先的激进分子）出版于一九〇九年的论文集，批评俄国知识阶层缺乏政治意识、不信宗教、道德低落、教育浅薄等过失。——译注

[3] 巴枯宁一八四九年被捕，由萨克森当局交予奥地利监禁，一八五一年五月解返俄国，写下《忏悔书》（*Confession*，1921），文中颇多忏悔前非与卑屈求饶之语，并且表现他对斯拉夫民族的忠诚与他对德国人的痛恨，甚获沙皇称许，但仍然系狱六年，于一八五七年发配西伯利亚。——译注

一点是，改革的热情——革命的狂热，借公众压力、煽动及谋反，即可促成变局的信念——并未减弱，反见增强。不过，政治革命之败，在西方万目昭昭，因此政治革命论分明不若先前令人信服。此后三十年中，惘惘不平而志存反叛的俄国知识分子，就转而留心本国内在处境独特之处；早先，全由西方输
5 入且惟经矫揉，才能与国人土生顽冥难合之物互相接植的现成解决法，从此变为自创学说与行动模式，细心设法适应俄国独具的特殊问题。他们甚愿学习，而且不止于学习——他们更有心成为西欧先进思想家最专诚、最勤奋的信徒；但是，自此以往，黑格尔与德国唯心主义者的教言，密尔、斯宾塞及孔德的教言，皆须加以转化，使其合乎俄国的特殊需要。屠格涅夫《父与子》中的巴扎罗夫尽可满怀横霸的实证主义与唯物主义，及其对于西方科学的敬重，而其人之根植于俄国土壤（且不无以此自豪之意），仍远深于一八四〇年代信奉道地世界大同理想之士，例如，他们的代言人罗亭；世人推想的罗亭原型巴枯宁，尽其泛斯拉夫主义以及对德国的恐惧，亦未足比伦。

预防革命爆发方面，政府为预防“革命病”染及俄国而采取的措施，无疑扮演决定性角色，然此“道德检疫”（moral quarantine）之重要后果，还在于削弱了西方自由主义的影响；这种防疫，有迫使俄国知识分子反躬自省之效；逃避眼前的痛苦问题而以模糊半解之道往西方寻求万灵药，比先前困难了。于是，他们以一种锐利直截之势，清算国内的道德与政治学说：与西方自由主义齐步并进的希望既日趋渺茫，俄国的进步运动遂一变而渐转内省与不妥协。关于一八四八年之余波，至大且显目的事实是，无论革命派还是改革派，进步分子

并未发生内心的崩溃，只不过其见解日近民族主义路数，而格
调则往往阴郁有加。其最著名的发言人——知识阶层的极端
左翼的领袖们偏爱自觉的粗豪与反美学形式，以及过度唯物
的、粗糙的、功利的形式，而且因为由别林斯基晚期作品而非
由赫尔岑作品汲取灵感，遂依旧自信、乐观。即使在其最低落
时期——一八四八年后的“七年长夜”——他们也未曾发生法
国与德国在此数年中甚为显著的僵滞与冷漠。然而这种积极的
态度之所以造成，代价是知识阶层内部发生深刻分裂。新起之
士，如车尔尼雪夫斯基及左翼民粹主义者，其与西方自由主义
者或本国自由主义者之隔阂不合，更甚于前辈。退步年代里， 6
即一八四八年至一八五六年间，划界之势日益真实；斯拉夫派
与西化派间此前很容易往来穿越的接壤边境，遽成隔墙；双方
阵营——“两面而一心的雅奴斯”[1]——间的友谊与互相尊重
的架构，曾使别林斯基与赫尔岑一班激进分子，能在疾言厉色
但惺惺相惜，甚至往往情深意笃的气氛中与卡特科夫或霍米亚
科夫或阿克萨科夫兄弟争论。这架构至此不复存在。[2] 当赫尔
岑与契切林（Chicherin）一八五九年相遇伦敦，赫尔岑已不
以其为君子之争的对手，而是以敌人相看，实不无理由。至

[1]《康斯坦丁·阿克萨科夫》（‘Konstantin Sergeevich Aksakov’，1861），H xv 9—10。又参见 H ix 170；M ii 549。[雅奴斯（Janus）为罗马神祇，使一切有好的开始，主一日、一月、一年之始，集会、军队开拔，多乞灵于他，引申则有门神之意，刻像于门楣、门柱。英文“一月”（January）源出其名。他在罗马的主庙有两个门，门间立像，像有双面，一面青年、一面老年，一般也都具双面，一有胡须、一无胡须。此处“两面而一心的雅奴斯”为赫尔岑语，形容当时俄国西化派与斯拉夫派之间的关系。——译注]

[2] 一八五〇年代起，诸阵营之间，以及各阵营内部的争议逐渐不能遵守社会行为与知识讨论的规范，变成个人化的叫嚣怒骂，亦即人身攻击。——译注

于激进阵营本身，则经历了更痛苦的两极化。六十年代，伦敦的《钟声》所属的温和派与圣彼得堡的激进派之间的分裂不可弥合。共同敌人——帝国的警察政府——仍在，而他们自身旧日的团结已尽失元气。车尔尼雪夫斯基与赫尔岑伦敦之会[1]，僵硬、尴尬，甚至虚应形式。其后，左翼、右翼之间，距离越来越远；对于以西方输入的自由主义或社会主义学说杂拌而成的万灵药，左翼丧失信心，而以愈加严格批判之道看待西方理想，而且如同右派，向国内建制与适合国情的解决法里寻求活法；即令如此，左翼右翼的对立鸿沟仍不断增阔。

一八九〇年代的俄国社会民主派，在一个知识分子看来，就是直接来自西方的影响以正统马克思主义的形式重新得势，它未因自由主义的希望在一八四九年至一八五一年间崩溃于欧洲而丧志不振。他们的信念与原则正因当局的敌视而得保全，未遭污染；旧日西方同好因为太多成功但间杂幻灭的妥协而普遍有流于软弱与模糊的危险，这个险境，在俄国的他们也因而得免。结果，西方社会主义者近乎全面病疲虚脱之际，俄国的左翼运动反能保存其理想与战斗精神。它弃绝自由主义，是本
7 乎力量，而非由于绝望。它已创造并养就自身顽强、激进、土生的传统，是蓄势待发之师，哪怕物质上装备不足，精神上也已准备好出征。在一八四八年至一八四九年间几番风暴中诞生的俄国激进主义能如此独立发展，因素甚多，其中数端尤值回顾。

十二月之变，沙皇尼古拉一世毕生耿耿难以释怀。他自视为天定的统治者，以拯救其人民于无神论、自由主义及革命之

[1] 时在一八五九年。——译注

怖害为天职；他是名实相符的独裁君主，以消灭一切形式的政治异端或对立为其政府首要目标。但二十年相当程度的平静以后，再严厉的检查制度、再精敏的政治警察，也会有某种程度的松弛；这段长期宴平，所受惟一干扰为波兰之叛，但各地不见严重内乱之象，当局所遇最大险事，只是少数小型且局部的农民骚动、三两群心态激进的大学生、一小撮主张西化的教授与作家而已——其中偶尔有人作怪而维护罗马天主教，例如恰达耶夫，另或有人皈依罗马，例如标新立异的去职希腊文教授兼救赎派神父贝哲林。于是，四十年代中期，自由派刊物如《祖国纪事》（*Otchestvennye zapiski*）、《现代人》（*Sovremennik*），鼓勇而开始登载某种文章——在现有检查制度之前、在政治警察首长杜贝尔特将军（General Dubelt）锐眼之下，这些自然不可能是公开反对政府的文章，但它们表面取西欧或奥斯曼帝国局势为主题，落笔乍看不带激情，而在善读书于无字者眼中，其实是以微言影射与诡词指事，批判现行体制。所有进步人士萦心瞩目的中心，当然是巴黎——天下最先进、最爱好自由者的归宿，社会主义者与乌托邦主义者、勒鲁与卡贝、乔治·桑与蒲鲁东的老家，革命艺术与文学的中心，最重要的是，还是势必引领人类不断臻至自由与幸福的那些观念所汇聚的中心。 8

萨尔蒂科夫-谢德林（Saltykov-Shchedrin）是四十年代一个典型自由派圈子的成员，其回忆录中有这样一段名文：

> 在俄国，万事似乎已经完结，盖上五个封印，投入邮局，只等寄给一个预先决定不会被找到的收件者；在法国，则似正值诸事待举之际［……］

时序渐近一八四八年，［我们对法国的］同情日趋浓烈。我们满怀按捺不住的兴奋，注视着路易·菲利普在位最终数年那出戏的逆转诡变。我们满腔激切的热情，捧读路易·布朗的《十年历史》(*The History of Ten Years*)［……］路易·菲利普与基佐、杜夏德与梯也尔——此辈几乎成了我们亲身结下的私敌，也许是比杜贝尔特还更危险的敌人。[1]

当此时期，俄国检查制度显然未至最严厉境地。检查人员时或倾向一种优柔怯进的右翼自由主义；“不忠不贞”的历史学家与新闻业者机巧层出，更因坚行固持、无休无止，检查人员往往无以匹敌，因而难免挂漏相当数量的“危险思想”。编辑布尔加林与格列奇是专制独裁的忠犬，充任着政治警察之代理人，常以密报，向其奴主发这种疏漏；此二人可谓我们今日都已熟悉的一种行径的先行者。不过，那个时代终究与我们的时代不同：教育部长乌瓦罗夫伯爵，即“东正教义、君主专制、民族至上”著名三言口号[2]的作者，其人固无自由主义偏好之实，却也颇不愿博取顽固反动派之名，因此，对于不甚高涨喧哗的独立论述，乐得视若无睹。衡以西方标准，俄国检查

[1]《在国外》(‘Za rubezhom’，1881)，出自 M. E. Saltykov-Shchedrin，《全集》(*Sobranie sochinenii*，Moscow，1965—1977，xiv)，页 112—113。

[2] 即所谓“官方民族性”，为尼古拉一世统治意识形态的正式表达，由乌瓦罗夫制订于一八三三年。“官方民族性”为一官定爱国公式，基本原则有三：一、东正教义：肯定官定教会及其在俄国的重要地位，人生与社会的伦理和理想都应以此为究竟来源；二、君主专制：肯定并维护君主的绝对权力，作为俄国所以成其为国家的必要基础；三、民族至上：维护俄国民族的固有特性——其中之一为专忱效忠沙皇王朝及其政府。——译注

制度可算严苛。例如，由别林斯基的书信，即可明见检查人员删削割裂其文章的程度。但自由派杂志巧尽智计，卒得存活于圣彼得堡——凡记得一八二五年后数年间情势，而且知晓这位 9
皇帝性情者，皆知其得以存活，已足见出色。自由的界限当然狭隘至极。流亡国外者的作品姑且不论，这时期最引人注目的社会文献，是别林斯基致果戈理的公开信。信中宣斥果戈理的《与友人书简选》。此信在俄国到一九一七年始见全文问世。所以如此，无足为奇，因为信中以格外弘辩直野之辞历驳当局，痛责教会与社会制度，力斥皇帝及其官员的武断权威，兼向果戈理问罪，指其非独中伤自由与文明之大义，亦且丑诋其饱受奴役与困顿无助之祖国的性格与需求。这篇词激气烈的名文，作于一八四七年，手稿秘密辗转流传，远出莫斯科与圣彼得堡境外。陀思妥耶夫斯基获死罪，两年后几遭处决，大致即因他在不满分子的一场隐秘集会中宣读此信。据安年科夫所述，一八四三年，首都有人公开讨论颠覆性的法国学说：警察官员利普兰季发现书局公开展售当局悬禁的西方文籍。一八四七年，赫尔岑、别林斯基及屠格涅夫会晤巴枯宁及其余俄国政治亡民于巴黎——他们的新道德与新政治经验在激进派俄国报章上获有若干回响。检查制度的宽容，在本年达于极点。到一八四八年革命，即结束一切宽容，长久不再。

此中掌故，如今耳熟能详，席尔德尝记其事。[1] 路易·菲

[1] N. K. Shil’der，《1848 年与 1849 年的沙皇尼古拉一世》（‘Imperator Nikolai I v 1848 i 1849 godakh’），《尼古拉一世，其生平与统治》（*Imperator Nikolay Pervyi, ego zhizn’ i tsarstvovanie*，St Petersburg，1903），增补版卷二，卷二注解与补遗，页 619—639，于页 619—620。

利普去位、法国共和国宣布成立，尼古拉皇帝得讯，顿觉其欧洲旧制度岌岌不稳的最恶预感即将成真，决心立即行动。依据格理姆（几可确言为伪造）之记述，尼古拉乍闻巴黎噩耗，便即催驾赶赴其子（日后的沙皇亚历山大二世）宫殿；其子正在该处举行封斋节前夕舞会。尼古拉冲入舞厅，以威严紧急的手势制止舞者，一面高喊“诸位，备鞍上马罢，法国宣布成立共和国了！”，然后，由朝臣簇拥，疾出舞厅。这段戏剧插曲无论确曾发生与否，均可视为传达了当时的一般氛围——因为没有确凿证据，席尔德并不相信真有此事。约当此时，彼得·沃尔康斯基亲王告知作家巴纳耶夫（V. I. Panaev），谓沙皇似乎立志在欧洲发动一场预防战争，惟以资财缺乏而作罢。议虽未行，仍增遣重兵守卫“西疆”，即波兰。一八三一年起义既遭惨酷镇压，一八四六年加里西亚农民起事后又受严厉控制，国破民困，本年并未大兴风浪，但仍有高呼波兰自由之声。巴黎及别处凡有自由派集会，俄国专制政府当然一一攻讦；自由派的集会，在帕斯克维奇总督[1]蹂躏下的华沙虽未唤起任何回响，沙皇仍疑惧该地处处谋反。的确，当局所以视逮捕巴枯宁为无比要事，主因之一，即在沙皇相信巴枯宁与波兰移民过从密切，并涉嫌与彼等图谋在波兰再行举事——过从密切，乃是实情，图谋举事，则属子虚。不过，巴枯宁的公开言论过无节制，可能便于旁人推想其事而绘声绘影。关于沙皇的担忧，巴

[1] Count Ivan Fedorovich Paskevich（1782—1856），俄国将军，奥斯特利茨一役与拿破仑作战成名；一八三一年，以残酷手段压平波兰之叛，其后即担任波兰总督。——译注

枯宁入狱之日似乎全然不觉，因此也似乎始终不知自己系狱所
为何来。他的自白书甚富想象，复极随和大方，而独未包含这
项不存在的波兰阴谋。柏林变起，沙皇立即发布文告，宣称叛
变与混乱幸未波及俄罗斯帝国固若金汤的疆界，朕将竭力防阻
政治瘟疫扩延，以及确信忠贞臣民此际必将尽起勤王以免君上
与教会遭难。由御前大臣尼瑟洛得伯爵的敦促，《圣彼得堡杂
志》出版一篇对沙皇文告的评论，以灵感之笔，欲图减轻沙皇
文告剑拔弩张的口气。无论其对欧洲之效果如何，这篇评论的
含义，在俄国似乎瞒不了谁。时人已知尼古拉亲手起草文告， 11
且在泪眼中对柯尔夫男爵读过。柯尔夫显然也几乎落泪，并自
认其受命拟作的草稿微不足道，而当下毁弃。法定储君亚历山
大向御林军官会议宣读文告，激动不能自已。宪兵队首领奥尔
洛夫亲王感动之深，亦不稍逊。[1] 文告掀起一片汹涌的由衷爱
国情绪，只未能持久而已。沙皇的政策相当符合群情，至少上
层与官僚阶级如此。一八四九年，俄军由帕斯克维奇指挥，荡
平匈牙利革命；奥地利帝国其余省区及普鲁士境内的革命得以
平定，俄国也有重大影响。俄国在欧洲的权势，以及其在俄国
境外一切自由分子与立宪主义者胸中激起的恐惧与怨恨，都达
于极顶。这时期民主人士眼中的俄国，颇似我们当代或从前的
法西斯与其他专制强权：是自由与启蒙的大敌，是黑暗、残酷
与压迫的储存所，被放逐的子民最常加以最猛烈的痛斥的一片
土地，是役使庞大的间谍与线人队伍的一股邪恶力量，是暗中
操纵不利于欧洲一切民族自由与个人自由成长的政治演变的幕

[1]《尼古拉一世，其生平与统治》，页 626—629。此处我所做的描述即依据席尔德。

后黑手。自由分子的激愤浪潮，使尼古拉更加深信，他的以身作则与运用施为，已挽回欧洲道德与政治毁灭之祸；他始终明见自己的责任；他无动于谄媚或谩骂，履行责任，按部就班，不稍容情。

诸次革命，对俄国内部事务影响既速且巨。一切农地改革计划，尤其一切宽待私有与国有农奴之议，遽尔搁置，更无论皇帝也曾厚寄同情考虑的农奴解放计划。农奴制度为经济与社
12 会罪恶之说，多年来已非仅为自由派圈内之常谈。尼古拉宠信并奉召出任其“农业总长”的基谢廖夫伯爵也坚持此说；纵使无所不用其极以横阻积极改革的地主与反动官僚，也早已认为，对农奴制度之恶再加怀疑，并无益处。但是，果戈理在《与友人书简选》中对自由派加以攻击，一二政府认可的学校教科书继起效法，而且比最极端的斯拉夫派犹进一步，鼓吹农奴制度为神意许可的制度，谓其基础与其余家庭主治的俄国建制一般，不容动摇——与沙皇的君权神授同样神圣。筹划中的地方政府改革也自此中辍。“革命之多头怪兽”[1] 正威胁帝国，故循俄国历史之常例，内在敌人须以严厉手段处理，以儆效尤。处理手段的第一步，便关联到检查制度。

布尔加林持续的秘密告发，而格列奇有时亦推波助澜，终于生效。柯尔夫男爵与孟西柯夫亲王几乎同时编制备忘录，就检查制度之松懈，以及报章期刊中所见的危险自由格调，列举例证。皇帝自言震惊且恼怒此事未早侦知。孟西柯夫辖下立即成立委员会，督导检查人员的活动，并加紧厉行现有规定。委

[1] 托尔斯泰，《战争与和平》（vol. 1，part 1，chapter 1），T ix 5；W 4。

员会召见《现代人》与《祖国纪事》编辑，严责其“普遍的不健全”。《祖国纪事》改变格调，一八四九年，编辑兼发行人克拉耶夫斯基写成一篇“思想正确”的文章，声讨欧洲及其一切作为，并献媚政府，其阿谀之工，即在当时的俄国，亦闻所未闻，甚至在布尔加林曲意求宠的《北方之蜂》中，也并不常见。至于《现代人》，最有力的投稿者为不屈不移、宁死不默的别林斯基，已于一八四八年英年早逝。[1]赫尔岑、安年科 13
夫与巴枯宁在巴黎，格拉诺夫斯基过于温和，过于丧志，无意反抗。俄国国内主要文学人物中，几乎惟余涅克拉索夫持续奋战。他与官方周旋，异常灵活巧妙，又隐伏多月，卒得全身远害，甚至出书。因此，在非禁即逐的四十年代激进分子，与饱嗜迫害而趋强硬、在五六十年代继踵奋斗的更狂热的新世代之间，他构建起活生生的联系。

孟西柯夫委员会旋由一秘密委员会取代（皇帝惯将重大问题交予秘密委员会办理；各秘密委员会因不知彼此存在，职务往往相互矛盾），以“四月委员会第二”（Second of April Committee）之名见知于世，主持者先为布图尔林，后为安年

[1] 苏联关于这位大批评家生平的故事里，有一则说，他去世之时，当局对他发出拘捕令。据说杜贝尔特可惜别林斯基先死，“我们本来要让他在牢里烂掉”[M. K. Lemke，《尼古拉一世一八二六年至一八五五年宪兵队及文学年鉴》（*Nikolaevskie zhandarmy i literature 1826 – 1855 godov*，2nd ed.，St Petersburg，1909），页 190]。不过，据莱姆克（Lemke）论定，并无签发拘捕令之事。拘捕令之说，起于别林斯基曾受邀走访杜贝尔特。“第三厅”邀请别林斯基来晤，主要是想借此取得别林斯基笔迹样品，与当时流传的一封匿名颠覆信的笔迹相验（同上，页 187—190）。尽管他并没有被指控有意从事共产主义宣传，但是，他遭到了《当代人》杂志周边文人圈子的涅克拉索夫、尼克恩科等人大张挞伐，视之为“共产主义”思想的源头。此前，这类危险思想的适当摘要已经引起了大臣们以及沙皇本人的关注。

科夫。这个委员会的职掌不是事先检查（事先检查仍由教育部辖下的检查人员执行），而是细看已出版的文字，奉命向皇帝本人回报任何“不健全”的蛛丝马迹，由皇帝本人执行必要的惩罚措施。这个委员会透过无所不在的杜贝尔特，与政治警察勾连，行事盲目而热心无度，不顾其他一切部门与机构，还曾因热心昏头，告发一首沙皇亲自许可的讽刺诗。[1] 如此，将为数不可谓多的报章期刊逐字精梳栉理，“四月委员会第二”实际上扼杀了一切形式的政治与社会批评——剩下来的，是对专制独裁与东正教无限忠贞的陈腔滥调。

14 至此地步，即乌瓦罗夫亦觉过当，乃以健康欠佳为由，辞卸教育部长职位。继位者是默默无闻的贵族西卡马尔托夫亲王。[2] 此公曾奉备忘录于沙皇，指陈不满之主源，谓其中之一无疑为横行俄国大学中自由的哲学思考。[3] 皇帝采纳其议，任为教育部长，明谕责成推动学界严格遵行东正教箴规，而特别着重消灭哲学倾向与其余危险趋势，以期改革大学教学。这项中世纪训令经他发挥神髓、逐字实行之后，导出的教育“整肃”，犹酷于十年前马格尼茨基在喀山大学那场恶名昭彰的“净化”。一八四八年至一八五五年，是十九世纪俄国蒙昧主义长夜里最黑暗的时辰。连柔懦而工媚、交瘁心力于取悦当局，一八四八年曾由巴黎发信，以本肯多尔夫亦难比拟的鄙蔑，对第二共和

[1] Shil'der，同前引（页 10，注 1），页 638—639。

[2] ‘Shikhmatov—that is Shakhmat [checkmate] to all education’（西卡马尔托夫把教育将死了），是典型的圣彼得堡的一句双关语。[沙卡马特（Shakhmat），为棋语，将死、困死之意。——译注]

[3] N. I. Grech，《生平记事》（*Zapiski o moei zhizni*，St Petersburg，1886）。

国最温和的自由措施横加挞伐的格列奇——连这位可怜的人，在他写于五十年代的自传里[1]，也以几近苦恨之语，怨刺新行双重检查制度的荒唐愚妄。这场文学上的“白色恐怖”，最生动的描述，或许可推民粹主义作家乌斯宾斯基回忆录中这段名文：

> 你动弹不得，甚至不能做梦；稍显思想之迹——稍露心中无惧之象，便涉危险；你必须装出畏怖、颤抖模样，即使没有真实理由要畏怖、颤抖——那几年，把俄国民众造就到这种地步。长年累月的恐惧［……］处处弥漫，压垮了大众的意识，剥夺了他们思考的欲望与能力［……］极目而望，不见毫芒之光——“你完了。”天和地、空气和水、人与兽喊道——万物胆裂心惊，仓皇避祸，有洞就钻。[2] 15

乌斯宾斯基所述，有其他证据可稽。最生动的，也许是恰达耶夫的行为。一八四八年，这位杰出之士已不再是“登录在案的疯子”，但仍居莫斯科。他因一八三六年《望远镜》之祸而大名远播。经此不幸，他似乎安然无恙。此人的傲骨、原创力、独立超拔，其谈吐之风度迷人与精彩卓越，尤其他作为思想自由烈士的义声，即政敌亦为之心折。他的沙龙多俄国

[1] 三十年代与四十年代俄国大学的教学与学习情况，赫尔岑记述甚详，可以参考。“至一八四八年为止，我们的大学具有纯粹民主的体质”；“政府不干涉大学”，学生学所欲学，自由思考。见《童年、青年与放逐》（*Childhood, Youth and Exile*，trans. J. D. Duff，Oxford University Press，1980，part 1，chapter 6）。此书即赫尔岑《往事与随想》第一与第二部分的英译。——译注

[2]《乌斯宾斯基作品集》（*Sochineniya Gleba Uspenskogo*，St Petersburg，1889，i），页 175—176。

及杰出异国访客出入，据这些人士证言，一八四八年沉重打击之前，他一贯以不妥协、令人惊异的自由（无视于当时政治气氛）表达他对西方的同情。斯拉夫主义中比较极端的成员，尤其诗人亚济科夫[1]，对他频施抨击，甚至一度向政治警察举发。第三厅（the Third Department）以他望重名高，未敢撄锋，他也依然故我，仍在每周的例行聚会（jour fixe）里接待各色杰出人物。一八四七年，他还力抨果戈理的《与友人书简选》，在致亚历山大·屠格涅夫的信里，斥责此书为那位不幸天才的自大狂征候。恰达耶夫并非自由主义者，更非革命派，若强为之名，他是浪漫的保守主义者，罗马天主教与西方传统的仰慕者，出身贵族，而反对斯拉夫派对东正教与拜占庭的眷恋。他是右派而非左派人物，但对当局，他仍是个直承不讳且无所畏惧的批评者。个人主义、意志不挠、刚正不阿、性格强毅，以及自重而不屈权威，是他博孕雅望的主因。一八四九年，这位西方文明的游侠突然致书霍米亚科夫，说欧洲一片浑沌，亟需俄国援手，并热切论赞皇帝粉碎匈牙利革命的果决主动。当日知识分子本来颇有畏惧民间起事者，恰达耶夫此举或许即可归因于这种畏惧，但是，这故事还有下文。一八五一年，赫尔岑
16 在海外出版一书，书中热烈称扬恰达耶夫。[2] 恰达耶夫乍闻其事，即致函政治警察头子，自言获称于此声名狼藉之恶棍，既恼且愤，然后，复以极尽卑屈之情，盛誉沙皇为天假以扶正乾

[1] 参见前引莱姆克之记述，M. K. Lemke，同前引（页 14，注 1），页 451。
[2]《论俄国革命思想的发展》（*Du développement des idées révolutionnaires en Russie*, Paris，1851）。参见 H vii 91–3/221–3.

坤之工具。他的侄子兼心腹问他为何如此无故自贱（bassesse gratuite），他只说，人毕竟“必须远害自保”。[1] 长年累月的压制，对奇迹般幸免于西伯利亚或绞架的上一代反叛贵族，有其影响。以俄国这位最自尊、最爱好自由的人，而有此显属犬儒式的自卑自贱，就是个充满悲剧性的证据。

著名的彼得拉舍夫斯基案，也就在这种气氛里开审。此案令人感兴趣的主因是，由西方观念直接影响而发的严重阴谋，当时仅此一宗而已。赫尔岑闻讯，说这次事变“有如鸽子叼回诺亚方舟的橄榄枝”——洪水以后闪现的第一道光明。[2] 关于此案，当事人论列甚多——因同谋而发配西伯利亚的陀思妥耶夫斯基即其一。晚年厌弃一切激进主义与社会主义（一切世俗主义）的陀思妥耶夫斯基分明力图减轻自己的涉案分量，而在《群魔》中将革命计谋做成他名垂千古的丑化。彼得拉舍夫斯基事件调查委员之一莫杰斯特·柯尔夫男爵日后尝言，案情并不若当初所称之严重或广泛——主要只是“观念阴谋”（a conspiracy of ideas）。[3] 衡以后来所出证据，尤其苏联政府出版的文献 [4]，柯尔夫如此评断，值得怀疑。当然，在某层次上， 17

[1] M. Zhikharev，《恰达耶夫：来自一位当代人的回忆录》（‘Petr Yakovlevich Chaadaev iz vospominanii sovremennika’），《欧洲前锋报》（*Vestnik Evropy*，1871，No. 5），页 9—54，于页 51。与此同时，他为在革命中崛起的俄国人民写了一份宣言，聊为自娱。他死后，在他的写字台上发现了宣言的草稿。

[2]《往事与随想》（‘Byloe i dumy’，1852—1868，part 5），《俄国的影子》（‘Russkie teni’），《恩格尔森》（‘II: Engel’ sony’，1865），H x 335；《俄国的影子》（‘C. Russian Shadows’），《恩格尔森》（‘2. The Engelsons’），M ii 969。

[3]《M. A. 柯尔夫男爵（后伯爵）笔记》[‘Iz zapisok barona (vposledstvii grafa) M. A. Korfa’]，《旧时俄国》（*Russkaya starina*，1900，No. 5，May），页 279。

[4]《彼得拉舍夫斯基案卷》（*Delo petrashevtsev*，Moscow/Leningrad，1937—1951）。

并无正式成形的阴谋。一群不满的青年定期在两三间房子里集会讨论改革的可能性，如此而已。又，彼得拉舍夫斯基本人固然信奉傅立叶的观念［有一个未经认证的故事说，他在自家地产上为他的农民设立一座共居的屋舍（phalanstery），而那些农民以其为魔鬼之作，立予焚毁］，但这些集团并没有全体一致接受的清晰原则体系为之统一。例如，蒙贝里只想创建互助机构而已，且其所谋并非工人或农民之福，而是其自身同类中层阶级成员之利；阿赫沙鲁默夫、伊夫洛波斯、普列希契夫乃基督教社会主义者；米留科夫惟一罪行显然为翻译拉梅内。巴拉索格洛是温厚而善感的青年，局促难安于恐怖的俄国社会秩序——恰似果戈理，果戈理欲循温和的民粹主义路线实行改革与改善，其所取路数，近似比较浪漫的斯拉夫主义观念，去英国作家科贝特或莫理斯（William Morris）等人的怀乡式的新中世纪主义情怀理想亦不在远。彼得拉舍夫斯基的百科全书辞典虽收入以科学报道为掩饰的“颠覆”文章，其实只类似科贝特著名的文法。[1] 不过，尽管以上种种，这些集团仍有别于激

[1] 十九世纪上半叶，英国政治与社会动荡不安，民心多怨，企求改革。科贝特先因替民兵被扣薪饷之事疾呼，判处入狱（1809—1812）。出狱后，继续批评当局。当局提供贿赂，欲其停笔。恐因拒绝而再获罪，科贝特于一八一七年去国赴美，在美国写作（1819—1820）。《英文文法》（*Grammar of the English Language*）即此时期作品之一，托文法课本之名，寄教育民众之实，取材于当时英国的政治事件，置于课文例句之中。雷蒙·威廉斯（Raymond Williams）在其《科贝特》（*Cobbet*，Oxford University Press，1983）一书中，曾举一例：“Sidmouth 写（writes）一封传阅函件；Sidmouth 为了（wrote）一封传阅函件；Sidmouth 将要写（will write）一封传阅函件。”这例句妙处之一，是以 Sidmouth 为主词，之二，是以三个“写”字的现在、过去、未来时式，暗示 Sidmouth 不断签发密令，遂行其虐政。

按：Sidmouth 即 Henry Addington（1757—1844），曾任英国下议院议长（1789—1801）、财政大臣（1801—1804）、内政部长（1812—1821），（转下页）

进文人如巴纳耶夫、科尔什、涅克拉索夫，甚至别林斯基等人的随兴集合。无论怎么说，某些涉案者的集会，其特殊目的是共思具体观念，以便酝酿一场对现存体制的反叛。

这些观念或许不可行，而且可能含有许多取自法国乌托邦主义者及其他“不科学”来源的狂热成分，然其目的并非改革，而在推翻体制及建立革命政府。例如，由陀思妥耶夫斯基《作家日记》(*A Writer's Diary*) 及他其余作品中的描述，即可明见，论气质、论意图，史皮希涅夫都是地道的革命煽动家，与巴枯宁（巴枯宁不喜欢他）同等相信谋反之路。他参加这些讨论集团，怀有实际目的。《群魔》以斯塔夫罗金为其化身（至少有一部分)，对其形象之刻画，即强烈突出这一 18
面。同理，杜洛夫与格列高里耶夫的确似乎相信革命一触即发；他们明知不可能组成群众运动，而仍如魏特林与德国共产主义工人集团，或许以及同时期的布朗基，寄望于组织一些训练有素的革命小组，使其成为以革命为业的精英集团——俟时辰一到，当被压迫者起而打破心虚骨软、阻止俄国人民争自由的朝臣与官僚大军，这群精英即以有效而无情的行动夺取领导权。凡此，无疑多属空谈，其时他处并无类似俄国革命形势的例子。然而此辈之意图，其具体且狂烈，一如巴贝夫及其友人。衡以这个控制严密的独裁国家的条件，他们这种意图也是

（接上页）性格强硬，高压对付民间改革运动，加强地方首长权力以控制局势。一八一九年八月十六日，六万民众手无寸铁，集会于曼彻斯特圣彼得广场，要求改革，解除民困。当地首长召兵镇压，民众死十一人、伤五百余人，而召兵者事后无罪，史称彼得卢大屠杀（Peterloo Massacre)，为英国社会运动史上几乎仅见的流血事件。一般认为 Sidmouth 的措施要对此事负主要责任。——译注

实际谋反的惟一可能手段。史皮希涅夫确实是共产主义者，影响他的不仅有德沙米，也许还有马克思早期作品——例如反蒲鲁东的《哲学的贫困》。巴拉索格洛曾在法庭证词中说[1]，引他加入彼得拉舍夫斯基讨论小组的原因之一为，讨论小组力避自由派喋喋空疏而漫无目标的议论，专注具体问题，并以直接行动为着眼而从事统计研究。陀思妥耶夫斯基蔑称其谋反同伴为 poliberal′-nichat′（借自由主义玩票），看来无非试图为自己洗刷而已。这个圈子吸引陀思妥耶夫斯基之处，其实可能即为其吸引巴拉索格洛之处——讨论会气氛严肃紧张，不像巴纳耶夫一干人、索洛古勃或赫尔岑热络的夜间雅集那般亲切自由、快意言笑、不拘形式、宾至如归，纵论文学与思想（在这些雅集里，陀思妥耶夫斯基似乎曾遭轻慢，引为奇耻大辱）。彼得拉舍夫斯基为人行事强直热心而少悔，其本身集团与分属集
19 团，甚至由此衍生的更秘密集团——以及相与联结的“圈子”，如车尔尼雪夫斯基大学时代参加的圈子——都是有所图而来。反谋于一八四九年四月泄败，彼得拉舍夫斯基集团受审，流放西伯利亚。

一八四九年，到克里米亚战争最末数月尼古拉一世驾崩期间，不曾闪现一丝自由思想之光。果戈理至死是个毫不悛改的、教会与皇位的支持者，屠格涅夫甘冒不韪，在追思文章中，称扬其为讽刺天才，乃立遭收捕。巴枯宁系狱，赫尔岑远适异域，别林斯基已物故，格拉诺夫斯基缄默、抑郁消沉，并逐渐转向斯拉夫主义。一八五五年的莫斯科大学百年纪念，落

[1]《彼得拉舍夫斯基案卷》（ii），页 93。

得惨淡不欢。至于斯拉夫派，虽拒斥自由革命及其一切作为，并继续反击西方影响，也还是感受到官方压制的沉重手腕；阿克萨科夫兄弟、霍米亚科夫、科舍廖夫及萨马林深受官方猜疑，一如十年前的伊凡·基列夫斯基。秘密警察与特别委员会认为凡观念皆危险，其中，民族主义为奥地利帝国境内受压迫的斯拉夫民族请命，推其意涵，等于自居于与王朝原则及多种族帝国对立之地，其观念尤更危险。政府与反对党派之战并非意识形态之战，故不同于一八七〇年代与一八八〇年代左派右派间的冲突，亦不同于自由主义者、早期民粹主义者及社会主义者对斯特拉霍夫、陀思妥耶夫斯基、迈科夫、卡特科夫及列昂季耶夫等反动民族主义者的冲突。一八四八年至一八五五年间，政府与“官方爱国主义”党（时人呼其为党）似乎敌视思想，因而无意往思想界征求支持者；有毛遂自荐者来，则怀鄙慢之心收纳，加以利用，偶予赏赐。尼古拉不喜一切思想与思索，遂无意以观念反击观念；他如此深不信任他自己的官僚体系，也许因为他觉得它根本也具有任何理性组织都必备的最起码的思想活动。

“活过当时的人，都以为这条黑暗隧道注定无尽无底。” 20
赫尔岑在六十年代写道，“但这几年的影响并不全是负面影响。”[1] 此可谓真知灼见。一八四八年革命既败，为法律与秩序势力所轻易压平的欧洲革命知识阶层信誉扫地，随后便是一片深刻幻灭的气氛，时人不复信任进步观念，也不复相信可借说

[1] [此处可能是‘Kontsy i nachala’一语的演绎（6th and 7th letters，1862），H xvi 176，191—192。]

服或具有自由信念者所能利用的一切文明手段来和平获致自由与平等的可能性。赫尔岑的希望与观念经此一蹶，终生未曾完全复原（实际上，他的想法在革命之前就已经萌生，1847年他发自巴黎的信函即清楚地表明了这一点）。巴枯宁从此彷徨歧路，方向尽失；仍然待在莫斯科与圣彼得堡的上一代自由主义知识分子溃退星散，漂入保守主义阵营者有之，往非政治领域寻求慰藉者有之。但是，若论年轻一代俄国激进分子中比较坚强者，一八四八年之败的主要影响还在于使他们坚信，向沙皇政府谋求任何真实的通融共适，绝无可能如愿。结果，克里米亚战争期间，有些重要的知识分子归向失败主义——而且并不只激进派与革命派如此。科舍廖夫在他那本八十年代出版于柏林的回忆录[1]中宣称，他与若干友人——民族主义者及斯拉夫主义者——认为战败最合俄国利益；书中并极言大众对战争结果漠不关心。回忆录问世，正值泛斯拉夫主义风潮全盛期，此时公开这项承认，可谓远比所承事实本身在克里米亚战争期间更令人震惊。

沙皇毫不妥协的路线，引发一场道德危机，而这道德危机终使反对政府者中的强硬核心分子与温和派、动摇派、机会主义者一分为二，核心分子从此更紧切地走向内省。但后者亦然。双方阵营中，无论其为斯拉夫主义者而拒斥西方，如阿克萨科夫兄弟与萨马林，或为唯物论者、无神论者及西方科学观念之拥护者如车尔尼雪夫斯基、杜勃罗留波夫及皮萨列夫，都

[1]《科舍廖夫回忆录》（*Zapiski Aleksandra Ivanovicha Kosheleva*，Berlin，1884），页81—84。

日益关注俄国所特有的民族与社会问题，尤其农民问题——其无知、其疾苦、其社会生活形式、其历史根源、其经济未来。四十年代的自由主义者可能也曾激于农民之困境而生由衷的同情与义愤：农奴制度久已是尖锐的公共问题，久已是重大的恶名昭彰的罪恶。但是，尽管鼓奋于西方输入的晚近社会与哲学观念，而对于农民的实际状况，对于繁富而未经探索、先有古斯丹（Custine）浮面描述继由哈克斯豪森更加细写的社会与经济资料，他们仍无意稍费日力，作详尽切实而繁杂的研究。[1] 格里戈罗维奇在《乡村》（1846）与《苦命人安东》（1847）中对农民那种悲剧性但（以后世品位而论）了无生气而且经营过当的描写，也曾使别林斯基与陀思妥耶夫斯基感动。屠格涅夫的《猎人笔记》颇称写实，曾唤起他们对农民日 21

[1] 十九世纪俄国工业虽极落后，但工业方面的研究资料甚至仍多于农业与农奴资料。此外，研究工业与农业者，都将重点置于政府法令与政策，而不及于工农业与业者本身。所以如此，知识界专务西方观念外，尚有一重大客观障碍：一八一八年，公共教育部曾下一命令，严禁杂志或个人表达任何维护或反对农民权利的看法。此令等于不准讨论农民问题，至一八一六年农奴解放令前不久才失效。其间惟一例外为普希金所著《普加乔夫的历史》（*History of Pugachëv*），由于亲自检查普氏作品的尼古拉一世失察，而未遭禁止或删削。车尔尼雪夫斯基以前，俄国知识阶层心中的"俄国人民"及其特性一直是个抽象观念，上述两项历史与现实因素有重大作用。见 Michael B. Petrovich，《十九世纪史学里的农民》（'The Peasant in Nineteenth-Century Historiography'），出自《十九世纪俄国的农民》（*The Peasant in Nineteenth-Century Russia*，ed. Wayne S. Vucinich，Stanford: Stanford University Press，1968），页 192—193。

哈克斯豪森（Baron August von Haxthausen），德国学者，一八四三年游历俄国，深入各地，写成《俄国内部状况、人民生活，尤其农村组织之研究》（*Studien über die innern Zustände, das Volksleben und insbesondere die ländlichen Einrichtungen Russlands*，1847—1852），观察翔实。俄国首先发现农村公社者为斯拉夫主义者，但并无实地调查，而是由此书取材。——译注常 byt[1] 的几分兴趣。这些不过水面微波。一八四九年以后的强制闭关期间（欧洲已尽入反动怀抱，惟有赫尔岑自远处作微弱可闻的哀声），具社会意识又历乱犹健的俄国知识分子才转向其同胞大众的实际生活条件，行锐利且无惧的分析。这场隔绝，驱使十年或二十年前甚有沦为柏林或巴黎永久思想属地之虑的俄国自行发展本土社会与政治看法。

至此，格调之锐变，于是清晰可见。十九世纪六十年代与七十年代粗暴、唯物、“虚无”的批评，不仅可以归因于经济与社会条件之变，以及缘此变而在俄国出现（正如其在欧洲出现）的一个新阶级与新风气，还至少同样可以归因于尼古拉用以禁锢其思想子民的监狱高墙。过去礼貌的文明与非政治兴趣，自此戛然而绝，气质普遍转趋刚硬，政治与社会差异也全面加剧。右派与左派之间——一八四八年典型的激进知识分子陀思妥耶夫斯基或卡特科夫的信徒与车尔尼雪夫斯基或巴枯
22 宁的徒从之间，鸿沟已甚阔且深。未几，即顺势出现大批为数日众、对所遇问题之特殊俄国特性有其自觉（几乎过于敏锐），并试图以专合俄国国情之道为之解决的实践革命分子。一八四八年自由主义运动在欧洲破产，迫使他们脱离欧洲的一般发展潮流（他们的历史与欧洲反正也很少有共通之处）。自由运动在欧洲之败，间接逼使他们从对于西方的袪魅之中，采取粗暴强直的原则，而从中生致力量。自此以往，俄国激进分子认定，缺乏物质力量支持的观念与风潮，必然注定无能；他们接受了这个真理，抛弃了渐进主义与自由主义，而不必为了

[1] byt，意思接近“生活方式”。

获得解放而遭受那些西方理想主义的激进派所饱尝了的痛苦的个人幻灭和深刻的受挫感。俄国激进分子师名言之心、鉴前车之辙，间接学取这项教训，而未损及本身内在资源。

日后诸次俄国革命运动之所以有其不妥协的性格，左右派双方在这些黑暗年代的斗争里学得的经验就是决定性的塑造因素。如果要回答一九〇五年的俄国革命所导致的结果，何以与其西方的样板——一八四八年这一重大之年——有如此之深刻的区别这一问题，这一核心因素就必须纳入考虑之中。 23

刺猬与狐狸

论托尔斯泰的历史观

纪念贾斯珀·里德利

英国化学家的头脑与印度佛教徒的灵魂的奇异结合。

沃居埃[1]

一

希腊诗人阿尔基洛科斯存世的断简残篇里，有此一句："狐狸多知，而刺猬有一大知。"[2] 原文隐晦难解，其正确诠释，学者言人人殊。推诸字面意思，可能只是说，狐狸机巧百出，不敌刺猬一计防御。不过，视为象喻，这句子却可以生出一层意思，而这层意思竟且标显了作家与作家、思想家与思想家，甚至一般人之间所以各成类别的最深刻差异中的一项。各类之间，有一道巨壑：一边的人凡事归系于某个单一的中心识见，一个多多少少连贯密合条理明备的体系，而本此识见或体系，行其理解、思考、感觉；他们将一切归纳于某个单一、普遍、具有统摄组织作用的原则，他们的人、他们的言论，必惟本此原则，才有意义。另一边的人追逐许多目的，而诸目的往往互无关联，甚至经常彼此矛盾，纵使有所联系，亦属于由某心理或生理原因而做的事实层面的联系，非关道德或美学原则；他们的生活、行动与观念是离心
24 而不是向心式的；他们的思想或零散或漫射，在许多层次上运动，捕取百种千般经验与对象的实相与本质，而未有意或无意把这些实相与本质融入或排斥于某个始终不变、无所不包，有时自

[1]《俄国小说》（*Le Roman russe*，Paris，1886），页 282。

[2] 阿尔基洛科斯残稿二〇一，出自《亚历山大大帝时期以前的抑扬格与希腊挽诗》（*Iambi et elegi graeci ante Alexandrum cantati*，ed. M. L. West，vol. 1，2nd ed.，Oxford，1989），页 78。

相矛盾又不完全、有时则狂热的一元内在识见。前一种思想人格与艺术人格属于刺猬，后一种属于狐狸。我们不必强求僵硬分类，但亦毋需过惧矛盾；我们可以说，根据前述旨趣，但丁属于第一个范畴，莎士比亚属于第二个范畴；柏拉图、卢克莱修、帕斯卡、黑格尔、陀思妥耶夫斯基、尼采、易卜生、普鲁斯特是刺猬，惟程度有别；希罗多德、亚里士多德、蒙田、伊拉斯谟、莫里哀、歌德、普希金、巴尔扎克、乔伊斯则是狐狸。

当然，这项二分法，正如一切这种过于简化的分类，若强直径行，即成矫揉、烦琐，终至荒谬。不过，这分类即使无助于严肃的批评，却也不应见斥为纯属浅薄或轻浮。它和所有稍能体现真理的识别法一样，提供了一个观察与比较的据点、一个从事纯正研究的出发点。据此，则普希金与陀思妥耶夫斯基分殊之剧，可见无疑。陀思妥耶夫斯基以普希金为题的那篇演说[1]，一时名论，全篇雄辩撼人、感人至深，却因为把巨狐普希金——十九世纪头号狐狸——谬解为原身正是刺猬的陀思

[1] 陀思妥耶夫斯基论普希金：一八八〇年六月六日，普希金铜像揭幕于莫斯科，为首座俄国诗人雕像，俄国文学爱好者协会举办三天庆祝。陀思妥耶夫斯基继屠格涅夫之后，在第三天（八日）发表演说，借普希金作品，发抒自己对俄国命运与使命的看法，称普氏为先知，指其尽得俄国人民神髓，是民族诗人。由普氏之天才，以及其所表现的俄国民族特征，可见俄国灵魂、俄国人民之天性最有能力支持并实现人类一体、天下一家的理想。欧洲各族以压榨为事，且其自然科学不足取，社会根基脆弱，崩溃在即，惟俄国灵魂圆融、精神统一、活力清新，能不以刀剑，而以兄弟之情与博爱之心使全人类复合为一。陀思妥耶夫斯基后来将这篇演说，以及对读者的答辩，作为当年八月《作家日记》（*The Journal of an Author*）的专号。见《怪人之梦与普希金讲演》（*The Dream of a Queer Fellow & The Pushkin Speech*，trans. S. Koteliansky and J. Middlton Murry，London: Unwin Books，1960；1972 重印），页 33—950。根据一般看法，陀思妥耶夫斯基与别林斯基做法相似，都将自己见解强托于普氏身上。——译注

妥耶夫斯基的同类，于是竟把普希金转化扭曲成专志一念的先知、某种一元普遍信息的专差，而那信息原是陀思妥耶夫斯基本人宇宙的中心，与普希金变化无穷的天才所涉猎的多种领域，相去不可以道里计。所以，凡敏感读者，鲜不认为陀思妥耶夫斯基之说非但未能揭明普希金的天才，反倒是照见了陀思妥耶夫斯基本人的天才。因此，若说以普希金与陀思妥耶夫斯基两巨人各持一端，即能度得俄国文学的幅广，并非虚言；而认为这类问题有用或有趣的人，取其余俄国作家，揆其与此两大端之远近异同关系，即可以判得诸家特征，亦非妄谈。果戈
25 理、屠格涅夫、契诃夫、勃洛克等人对普希金与陀思妥耶夫斯基关系如何的问题，能导出——或者，可说已经导致——成果丰硕、发人深省的评判。不过，遇托尔斯泰而提此问题——问他属于第一或第二范畴，是一元论或多元论者，是视听纯一或识见多方，是本质单一或异质成分混合——就没有清晰而立即的答案了。施之于他，这问题似乎不尽允当，隐晦事体，甚于拨云见日。不过，我们有此犹豫，并非由于所知不足。关于他本人，关于他自己的看法与态度，托尔斯泰所告于世人，多于其余任何俄国作家，几乎多于其余任何欧洲作家的自述；在任何常规层面上，他的艺术都没有可以称为晦蔽不明之处；他的宇宙没有沉黯的角落，他的小说天光澄澈；关于他本人，他已做解释，关于他的小说以及其建构方法，他已有论辩，且解释与论辩之清晰、有力、明敏、澄澈，亦无不过于其他任何作家。他是狐狸，还是刺猬？我们应持何说法？答案何以如此出奇难觅？他近于莎士比亚或普希金，而远于但丁或陀思妥耶夫斯基？或者他与诸家都完全不相类，因此这问题荒谬而无从解

答？我们的探讨似乎面临着窒碍。这神秘的窒碍是什么呢？

本文中，我不想就此问题完整具述一个答案，因为兹事体大，等于要对托尔斯泰的整体艺术与思想作一场严谨的检验。因此，我自限于提出一个想法，这想法是，前面所提的窒碍，究其起因，可能至少有一部分由于托尔斯泰本人并非不自觉有此问题，而且尽力使答案落空。我想提供的假设是：托尔斯泰天性是狐狸，却自信是刺猬；他的天赋与成就是一回事，他的信念连带他对他自身成就的诠释，又是一回事；结果，他的理想导使他以及被他雄辩的天才所欺惑的人，对他与别人的作为，或者对他与别人所应有的作为，提出了系统性的错误诠释。没有谁能埋怨他，说他让读者怀疑他对这个问题的看法：关于别人和他自己的作为，关于别人和他自己应该有的作为，他的看法染透了他一切闲文逸作——在他的日记、有文字记录的余谈剩语、自传文章与故事、社会与宗教小册子、文学批评、公私通信里，他这看法无处不见。不过，他的本质与信念 26
枘凿龃龉，而其冲突最为明显之处，就是他的历史观。他谈论历史，写出了他一些最精彩又最矛盾的文字。本文试图处理他历史看法方面的动机，以及其某些可能的来源。简而言之，本文试图以托尔斯泰自己所欲于读者的严肃性，来处理他对历史的态度——不过，我们严肃的原因与他有别，我们不是要用他的历史观来看全人类的命运，而是借他的历史观来看他这个天才。

二

托尔斯泰的历史哲学，无论作为本身自具趣味的看法，思想史上的偶发事件，或者他本人此生演变里的一个因素，都尚未获得应有的注意。[1] 基本上以托尔斯泰为小说家者，对于浸布《战争与和平》全书的历史与哲学文字，有人视为荒妄突兀的叙述干扰，有的视为这位伟大但固执己见的作家所特嗜的离题闲话，而惋惜他陋习难改，更有人视其为一种偏颇、独家闭门炮制、极少或毫无本身内在趣味、大乖艺术，与艺术品整体目的及结构全不相称的形而上学。对托尔斯泰人格与艺术都抱反感的屠格涅夫，后来虽然承认托尔斯泰的作家天才，当初却率先鸣鼓而攻。在写给安年科夫的信里[2]，屠格涅夫谈到托尔斯泰的“庸医伎俩”（charlatanism）与历史讨论，指其为“闹剧”，为欺诳天下不慎之人的“诈术诡说”，为“无
27 师自通之徒”注入作品中以顶替纯正知识的拙劣玩意。他随即说，托尔斯泰绝妙的艺术天才当然可以补救这项缺失；然后，他指责托尔斯泰发明“一种似乎以非常简易的方式解决一切的体系；例如，他的历史宿命论：他跨上他这匹木马，就飞走了！只有触地的时候，才像安泰那样恢复他真正的力量”。[3] 屠格涅夫去世前不久，向这位亦友亦敌的故交发出祈求，请他抛却先知衣钵，重返他真正的天职——做“俄国土地

[1] 为符合本文旨趣，我几乎完全只讨论《战争与和平》里明言陈述的历史哲学，至于《塞瓦斯托波尔故事》、《哥萨克》、以十二月事变分子为主题而未出版的小说残篇，以及托尔斯泰自己关于本文主题的零星沉思，我只讨论其中能与《战争与和平》观点互相印证之处。

[2] 一八六八年二月十四日与四月十三日信：P vii 64，122。

[3] 安泰为希腊神话中之巨人，海神波塞冬与地母盖亚之子，凡遇陌生人，皆令与之角力，每获胜利，则杀死对方。他只要接触母亲（大地），即力量如新，源源不绝，因此常保不败。大力士赫拉克勒斯得知此项奥秘，格斗之际，将他高举空中，不使触地，随即掐死。

的大作家”。[1] 这项传颂一时的动人祈求，也是重申前意。福楼拜为《战争与和平》若干片段“钦佩喝彩”，却也同样不敢领教；这部杰作在俄国以外几乎无人知晓时，屠格涅夫送给福楼拜一本法文本，福楼拜致函屠格涅夫，函中有“他依然故我，满口哲学”一语。[2] 雅好哲学的茶商，与别林斯基书信往返频繁的密友博特金写信给诗人费特，信中见地一样：文学专家

> 认为这部小说的思想成分非常软弱，其历史哲学琐屑而浅薄；书中否认个人对事件具有决定影响力，这否认无非深文诡谲、故弄玄虚。舍此而外，作者的艺术禀赋仍不容争议——昨晚我做东请客，丘特切夫也来了，以上所写，就是座中诸人之语。[3]

当代历史学家与军事专家——其中至少一人曾经亲历一八一二年之战——群起怒责书中叙事失实[4]；自此以降，也

[1] 一八八三年七月二十九日致托尔斯泰，P xiii 180。[一八五五年十一月，托尔斯泰抵达彼得堡，立志专业写作。屠格涅夫写信要他“为了你自己，为了文学，来罢！”(参考 Henry Gifford 著《托尔斯泰》，台北联经出版公司“西方思想家”译丛第⑩，页12)。一八八三年，屠格涅夫临终前不久，再请求托尔斯泰莫做先知，专心文学。屠格涅夫自始即洞察托尔斯泰的才气与潜力，不过，对托尔斯泰终身在道德与艺术、文学与人生之间种种痛苦的挣扎，似乎并不很能理解，也无法体谅。——译注]

[2] 他依然故我，满口哲学（“He repeats himself and he philosophises”），一八八〇年一月二十一日信，出自 Gustave Flaubert，《致屠格涅夫的未出版书信》（*Lettres inédites à Tourguéneff*，ed. Gérard Gailly Monaco，1946），页 218[钦佩喝彩（“cris d’admiration”）出处同上]。

[3] A. A. Fet，《我的回忆》（*Moi vospominaniya*，Moscow，1890，part 2），页 175。

[4] 望重一方的军事史家 A. Vitmer 在《〈战争与和平〉里的一八一（转下页）

28 一直有人举出不利证据，证明《战争与和平》作者既熟谙可得的原始资料，又明知反面证据缺乏，而蓄意伪构历史细节[1]——其目的似乎不在增益其艺术，而在遂行其“意识形态”宗旨的伪构。

后来一切关于《战争与和平》“意识形态”内容的评鉴，基调几乎完全为此历史与艺术批评的共识所定。舍尔古诺夫至少即曾抨击书中的社会寂静主义（social quietism），称之为“草泽哲学”（philosophy of the swamp）；[2] 其他人大多加以礼貌的忽略，或者视其为颇具俄国人本色的一种错乱——俄国人著名的说教倾向（以及因说教而毁损艺术品的倾向），加上远离文明中心的乡村青年知识分子对一般观念所特有的半通不通

（接上页）二年：关于托尔斯泰〈战争与和平〉卷四中的历史引用》（*1818 god v 'Voine i mire': po povodu istoricheskikh ukazanii IV toma 'Voiny i mira' grafa L. N. Tolstogo*，St Petersburg，1869）里，提出严厉批评。当代的 S. Navalikhin、A. S. Norov 和 A. P. Pyatkovsky 也怒抨托尔斯泰之失，见 S. Navalikhin，《优雅的小说家与他优雅的批评》（'Izyashchnyi romanist i ego izyashchnye kritiki'），《事业报》（*Delo*，1868，No. 6），《现代评论》（'Sovremennoe Obozrenie'），页 1—28；A. S. Norov，《基于当代人的回忆，从历史视角解读〈战争与和平〉（1805—1812）》（'"Voina i mir" [1805—1812] s istoricheskoi tochki zreniya i po vospominaniyam sovremennikov [po povodu sochineniya grafa L. N. Tolstogo: "Voina i mir"]'），《军事集锦》（*Voennyi sbornik*，1868，No. Ⅱ），页 189—246；A. P. Pyatkovsky，《托尔斯泰小说中的历史时期》（'Istoricheskaya epokha v romane gr. L. N. Tolstogo'），《一周》（*Nedelya*，1868：No. 22，cols 698—704：No. 23，cols 713—717：No. 26，cols 817—828）。S. Navalikhin 曾亲与一八一二年战役，举证事实稍有错误，然其批评掷地有声。后二人是几乎毫无价值的文学批评家，但似乎也验证了一些相关事实。

[1] 见 Viktor Shklovsky，《托尔斯泰小说〈战争与和平〉之取材与风格》（*Mater'yal i stil' v romane L'va Tolstogo 'Voina i mir'*，Moscow，1928），多处可以参考，第七章和第八章尤然。见下文，页 42。

[2] N. V. Shelgunov，《评〈战争与和平〉》（'Filosofiya zastoya'），《事业报》（1870，No. 1），《现代评论》，页 1—29。

的迷恋，产生了这种错乱。批评家阿赫沙鲁默夫曾说，“我们有幸，作者当起艺术家，强过他当思想家”；[1] 其后四分之三个世纪中，革命前与苏联时代“反动”与“进步”双方的俄国与外国托尔斯泰批评家，与基本上视他为作家与艺术家的人，以及视他为先知与导师，视他为殉道者，视他为社会影响力、社会学或心理学“个案”的人，多响应此说。托尔斯泰的历史理 29
论，沃居埃与梅列日科夫斯基、茨威格与鲁伯克、比留柯夫与 E. J. 西蒙都兴趣乏然，次要人士更无问津者。治俄国思想者 [2] 往往称托尔斯泰这一层面为“宿命论”，置之不理，径取列昂季耶夫或达尼列夫斯基比较有趣的历史理论。禀性谨慎或谦虚的批评家未至此极，但处理他的“哲学”，也疑敬交杂。比多数托尔斯泰传记家都更细心处理他这时期看法的里昂（Derrik Leon）亦曾不辞辛苦，记叙托尔斯泰对支配历史的力量的省思，尤其《战争与和平》篇末漫长结语第二节中的探讨；而在此记叙以后，竟仍援莫德（Aylmer Maude）先例，既无意评估其中所提理论，也不谈这些理论与托尔斯泰此后生活与思想有何关系。纵使如此，里昂也已近乎独一无二。[3] 至于主要以

[1] [原文：幸运的是，作者（……）作为诗人和艺术家比其作为哲学家强一万倍。] N. D. Akhsharumov，《战争与和平，托尔斯泰合集一至四：研究》（*Voina i mir, sochinenie grafa L. N. Tolstogo, chasti 1–4: razbor*，St Petersburg，1868），页 40。

[2] 例如 Il'in, Yakovenko, Zenkovsky 教授及其他。[当我们请求以赛亚 · 伯林指出相关的具体研究时，他回复道，他是故意含糊其辞的。B. V. Yakovenko 实际上并未取得教授职位。]

[3] 俄国作家 N. I. Kareev 与 B. M. Eikhenbaum、法国学者 E. Haumant 与 Albert Sorel 的作品是可敬的例外。至于以此题目为主的专篇论文，我只知道两篇有价值。第一篇为 V. N. Pertsev 的《托尔斯泰的历史哲学》（‘Filosofiya istorii L. N. Tolstogo’），收于《〈战争与和平〉：托尔斯泰纪念集》（*‘Voina i mir’*:（转下页）

托尔斯泰为先知与导师者，则多专注于大师幡然改宗，基本上
30 不再自视为作家，而以人类导师自居，成为崇敬与朝圣对象以后的晚期义理。依通常所论，托尔斯泰此生截然二分：先是不朽杰作的作者，后为宣扬个人与社会新生之先知；先是贵族作家，是难以睦处、有些难以亲近、困惑忧虑的天才小说家，然后成为贤哲——独断、刚愎、毁誉过实，但影响巨大，尤其在他本国，一个具有独特重要性的世界人物。经常有人在他的前期里溯取他后期的根，觉得这前期充满后期克己生活的先兆。世人认为重要的，是他的后期，于是针对后期托尔斯泰的方方面面，做哲学、神学、伦理学、心理学、政治学、经济学的研究。

然而此中其实有矛盾。《战争与和平》写作前后，托尔斯泰对历史与历史真理问题的兴趣都很热烈，几乎可谓魂牵梦绕。托尔斯泰视此问题为整件大事之中心——为《战争与和平》全书枢纽，凡读其日记与书信、凡读此小说者，无人可以怀疑这点。“庸医伎俩”“浅薄”“思想薄弱”——作家中，最难用这些措词来形容的其实正是托尔斯泰：偏见、刚愎、高傲，容或有之，

（接上页）*Sbornik pamyati L. N. Tolstogo*, ed. T. I. Polner and V. P. Obninsky, Moscow, 1912)；此文对托尔斯泰隐晦、夸张与不连贯之处提出温和批评之后，以天真的概论做结。第二篇是 M. M. Rubinshtein 的《托尔斯泰小说〈战争与和平〉的历史哲学》（‘Filosofiya istorii v romane L. N. Tolstogo, “Voina i mir”’），刊于《俄国思想》（*Russkaya mysl*, July 1911），页 78—103；此文花费工夫较多，但我觉得最后仍毫无建树。[本涅特的评断很不一样。我写完以上注解以后，才读到他这项评断：“结语最后部分充满谁也搞不通的高明观念。依批评家高见，这部分当然最好删去。的确，最好删掉；只不过托尔斯泰不能割爱。他这本书就是为这部分而写的。”见《本涅特日记》（*The Journals of Arnold Bennett*, ed. Newman Flower, London, 1932—1933, ii, 1911—1921），页 62。] 至于托尔斯泰之史观与后世各类马克思主义者如考茨基、列宁、斯大林等人之史观的关联比附工作，向属难免，不过，此为政治学或神学之癖嗜，非文学之常务。

自欺、不知收敛，亦属可能；道德或精神疏失，这一点他也比他的敌人更清楚；但是，所谓思想无能——亦即缺乏批判力，流于空洞——亦即依托某种荒谬肤浅的义理而流荡不返，而损伤写实性的生活描述与分析，以及所谓眼力不足，对博特金或费特都能识破的某些时髦理论迷恋不悟，这些罪名，其失实丧真，则迹近荒唐可笑。至少，在本世纪，凡神志清醒者，无人会再异想天开，要否认托尔斯泰的思想力量，他戳穿任何习套伪饰的惊人能力，亦即，他那腐蚀力极强的怀疑主义。对于他这种怀疑主义，维亚泽姆斯基伯爵还曾杜撰俄文妙词 netovshchina（虚无主义者）[1] 丑低《战争与和平》——日后，沃居埃与索雷尔封他以虚无 31
主义之名，固十分自然，而实本此先例。托尔斯泰所遭受批评家的这种对待，确实有些错谬之处。他以极不合乎历史，甚至可说以反历史之道，摒斥一切以社会或个人的成长，以过去之“根”（‘roots’ in the past）解释或辩白人类行动或性格的努力，同时，对于历史，他又沉潜专注、毕生如一——以此等兴趣心力，在艺术与哲学上得到的结果，居然激起一些素常明智且富于同情的批评家发出这般可怪的贬斥评论。这里面，确实大有值得留意之处。

三

托尔斯泰对历史的兴趣，起自早年。这股兴趣，似乎并非起于对一般所谓过去的兴趣，而是由于他欲图透达第一因，欲

[1] P. A. Vyazemsky，《一八一二年的回忆》（‘Vospominaniya o 1812 god’），《俄国档案七》（1869，cols 181—192，01—016，esp. 185—187）。

图了解世事如何发生，以及为何这样而不那样发生。由于禀性善疑，凡不能充分解答上述问题的说法，他都予嫌猜，甚至摒斥，而且寻源究底，不计代价。这是托尔斯泰终身一贯的态度，殊难指为“弄巧”、“浅薄”之征。与上述欲望俱生的，是他对具体、经验、可证之事那种无可救药的爱好，且因有此好，故本能上不信任抽象、无从触摸、超自然之物——一言以蔽之，这就是他早年就已偏好的，与浪漫主义、抽象条理、形而上学都难以相善的科学与实证路数。他时时地地寻求“硬实”的事物——寻求能以未被脱离具体现实的理论所腐化，能以未被神学、诗、形而上学等超世神秘说法所玷污的正常智力来掌握并验证的事实。他辗转困惑于世世代代年轻人都面对的终极问题——善与恶，宇宙及其中居民的起源与目的，一切人事的起因；但是，神学家与形而上学的解答，他认为荒谬——只为了他们所用以具陈其答案的措辞言语，他就认为他们的答案荒谬，因为他深心固认一般常识所知的日常世界是惟一的
32 真实世界，而那些措辞对这个世界并没有明显的指涉关联。他向来有此固执，只是曾经不自知而已。历史，只有历史，只有时间与空间里的具体事件的总和——由实际芸芸众生的彼此关系，以及他们和一个实际、三度空间、亲身体验的具体环境的关系加起来的实际经验总和——才是真理所在，才是可能构成真正答案的材料。这些真正的答案，无待于一般人类并不拥有的特殊感官或能力，即可悟得。

这当然就是使十八世纪那些反神学与反形而上思想家生机蓬勃的那股经验主义探讨精神。有此现实精神，生来不能为幻影所惑的托尔斯泰未习诸家之学以前，已经成为他们的天然传

人。他有如茹尔丹先生[1]，在知道散文是何物以前很久，就已用散文言谈，而且终身是先验主义之敌。他成长于黑格尔哲学全盛期。黑格尔哲学固然以历史发展解释一切，但认为历史发展过程之至理并非经验主义研究方法所得进窥。托尔斯泰时代的历史主义影响了当世一切富于探讨精神的人，青少年时期的他，无疑也在影响之内，但是，对于其中的形而上内容，他本能即予拒斥，而且在书信里形容黑格尔作品混杂陈腔滥调，为不可理喻的胡言呓语。世事何以这样而不那样发生，其中奥秘，惟历史——可借经验发现的资料的总和——才能解开；因此，也惟有历史能照明他与十九世纪所有思想家都困心苦索的根本伦理问题。当务之急为何？人生应如何？我们因何在此？我们应如何安身立命、应有何作为？历史关系的研究，与必须以经验可证之道解答这些 proklyatye voprosy[2] 的要求，在

[1] 典出莫里哀喜剧《贵人迷》。茹尔丹为商人，但想做高级绅士，于是延聘舞师、乐师、剑师、哲学家，教他礼仪才艺。哲师告诉他，人说话若非以诗，就是散文体。茹尔丹得知自己此生从来说话就是用散文，以为获一新知，颇为欣喜。——译注

[2] ‘accursed questions’，——十九世纪俄国惯用语，泛指每个诚实人，尤其作家，早晚一定会知觉到的道德与社会问题，知觉以后，或者正视而与之搏斗，或者置之不理，但置之不理就是背弃同胞；此外，无论选择搏斗或脱逃，你都不得不明白你要为你的搏斗或脱逃负责。尽管在 1830 年代“voprosy”被大范围用以指代这些问题，但“proklyatye voprosy”这一特殊用法似乎首次出现于 1858 年，由 Mikhail L. Mikhailov 在翻译海涅的诗《前往拉扎鲁斯》（‘Zum Lazarus’，1853/1854）时创造，用以对应诗中的“die verdammten Fragen”，见《海涅的诗》（‘Stikhotvoreniya Geine’），《合集》（1858，No. 3），页 225；《海涅全集》（*Heinrich Heines sämtliche Werke*，ed. Oskar Walze，Leipzig，1911—1920，iii），页 225。此外，还有一种可能，Mikhailov 以为该词是俄文原有的表达，因此认为用来对应海涅的诗句极为适恰，但我并未在更早的出版物中找到该词的使用先例。[accursed questions，字义为“受诅咒的问题”、“不幸的问题”，等于平常所谓可恶的、倒楣的或讨厌的问题。——译注]

托尔斯泰心中融合为一，表现于其早岁日记书札，颇为鲜明
33 生动。

在他早年日记中，我们发现，他数次取来叶卡捷琳娜的上论[1]，与她声称那些上论所根据的孟德斯鸠的文字，并观互校。[2]他阅读休谟与梯也尔[3]，兼及卢梭、斯特恩与狄更斯。[4]他念念不忘哲学原理只能依其在历史中的具体表现来了解。[5]他曾写道："为今日欧洲撰写纯正的历史，这是值得毕生以赴的目标。"[6]又写道："树叶比树根悦人眼目。"[7]——言下之意，这不过是肤浅的世界观。不过，与此同时，他也生出一股痛切的失望感。他觉得，以历史学家所写的历史而论，历史提出了它自己无力满足的主张，因为它和形而上学一样，妄想成为它不是之物——妄图僭居为一门能够获得确定结论的科学。人由于无法以理性原则解决哲学问题，遂图以历史解决。然而历史是"最落后的科学中的一门——一门已经迷失其恰当目标的科学"。而所以如此，理由是历史不会——因为无法——解决世世代代人类都辗转苦思的重大问题。在寻求解决问题

[1] 叶卡捷琳娜女皇对属下立法专家所下的指示。
[2] T xlvi 4—28（18—26 March 1847）。
[3] 同上，页 97，113，114，117，123—124，127（20 March to 27 June 1852）。
[4] 同上。Rousseau：页 126，127，130，132—134，167，176（24 June 1852 to 28 September 1853），页 249，《任务日志》（'Journal of daily tasks'，3 March 1847）；Sterne：页 82（10 August 1851），页 110（14 April 1852）；Dickens：页 140（1 September 1852）。
[5] 同上，页 123（11 June 1852）。
[6] 同上，页 141—142（22 September 1852）。
[7]《对于卢梭讲演的哲学评论》（'Filosoficheskie zamechaniya na rechi Zh. Zh. Russo'，1847），T i 222，以下两处引用均来自于此。

的途中，人类先后相承相继而累积事实知识。事实知识之累积，不过纯属副产品，是一种“枝节问题”，却被误为本身自成目的之事来研究。托尔斯泰又说：“历史永远不会向我们透露科学、艺术、道德之间，善与恶之间，宗教与公民美德之间有何关系、何时发生关系……它会告诉我们（而且说得不正确）的是，匈奴人来自何处、生活于何时、其势力基础奠定于何人，等等。”据托尔斯泰友人纳扎里耶夫所述，一八四六年冬，托尔斯泰对他说：“历史不过寓言与无用琐事之集合，其中填塞的尽是没有必要的数字与专有名词。伊戈尔死了，奥列格遭蛇咬了——这些不是无稽杂谈，更是什么？伊凡一五六二年八月二十一日再婚，娶杰米留克之女；一五七二年四婚，娶安娜·阿列克谢耶夫娜·柯尔托夫斯卡娅……谁要知道这码子事？”[1] 34

历史不曾透露原因，只平白呈现一连串未加解释的事件。“一切都塞入历史学家发明的标准模型里，伊凡诺夫教授现在在讲授伊凡雷帝。一五六〇年以后，伊凡雷帝由智德兼备的人变成疯狂残酷的暴君。如何变的？因何有此一变？——连问也不能问……”[2] 半个世纪以后的一九〇八年，他向古谢夫宣称：“历史要是符合真相，将是美事一件。”[3] 历史可以（而且应该）合乎科学，乃十九世纪之常谈命题；不过，把“科学”一词诠

[1] V. N. Nazariev，《过去的人》（‘Lyudi bylogo vremeni’），《当代人回忆录中的托尔斯泰》（*L. N. Tolstoy v vospominaniyakh sovremennikov*，Moscow，1955，i），页 52。
[2] 同上，页 52—53。
[3] N. N. Gusev，《与托尔斯泰在一起的两年》（*Dva goda s L. N. Tolstym*，Moscow，1973），页 188。

释为意指自然科学，然后试图将历史变成这种特殊意义之科学者，人数不多。这些人里，策略最强硬的是孔德。孔德效法其师圣西门，欲变历史为社会学。其所得结果之荒唐妄诞，此处毋庸赘述。思想家中，最郑重计划而认真行事的，也许当推马
35 克思。达尔文创新进化论，点化了生物学与解剖学的类比，使之盛极一时，诱人心目。马克思规抚其意，力索历史进化之通则。他的尝试，在诸家间声势最壮，也最不成功。托尔斯泰和马克思一样（不过，《战争与和平》写作期间，他对马克思其人其学显然毫无所知），清楚看出，历史如果是一门科学，我们必定可能发现并且具陈一套历史准则，持这套准则，与经验观察之资料联合运用，则预测未来（以及“回溯”过去）即切实可行如地质学或天文学。但是，历史其实不曾达到这等境界，他比马克思及其信徒更明白，而且一本他习惯的独断方式，直言不讳，更补以各种论点，明示这个目标无望达成。他还以一项看法，论定此事，认为这种科学希望如获实现，将会结束我们所谓人类生命：“我们如果承认人类生命能用理性加以规矩编制，生命的可能性也就毁灭了。”[此处的生命，指与意志自由之自觉相随而起的自发活动。][1]

实则，即使是自然科学中最不发达的一门所需具备的那种可靠定律，历史研究的技巧再如何谨慎，也不可能发现。不过，令托尔斯泰局促不安的，又非仅历史这种“不科学”的本质而已。他进一步认为，凡历史写作，似乎都命定要做武断的材料拣择与武断的重点分配。但对于这一点，他无法说服自己

[1]《战争与和平》(epilogue，part 1，chapter 1[end])，T xii 238；W 1248。

相信其合理。决定人类生命之因素千般百种，历史学家只由其中择取某个单面，例如政治或经济层面，而曰社会变迁之首要与有效原因在此，如此，将一切事件都带有的宗教、“精神”以及其他众多层面——质言之，繁复不可胜数的层面——置于何地？我们亦如何能不论定，说现有历史只代表了托尔斯泰所谓“诸民族真实历史之实际构成因素的百分之零点零零一”？一般所写历史，多以“政治”——公众——事件为首要事件，而遗忘精神——“内在”——事件；然而，一望可知，“内在”事件才是人类最真实、最直接的经验；追根究底，生命由而且 36
只由“内在”事件构成。所以，因循守旧的政治历史学家全是一派浅薄胡言。

整个五十年代里，托尔斯泰念念不忘要写一部历史小说。他的主要目标之一，就是要取个人与群体生活的“真实”质地，与历史学家所提的“不真实”图像对照争胜。《战争与和平》全书，再三取“实相”——“真实”发生之事——与日后官方公告战事的扭曲媒介做鲜明的并观互考，甚至与亲历战局者的回忆做尖锐的并置比较；当事人原来的记忆已经被他们自己诡变悖实（由于自动作合理化与形式化而难免诡变悖实）的心灵粉饰修改过了。托尔斯泰不断使《战争与和平》几位主角涉入这一点特别显著可见的情境。

奥斯特里茨之役，尼古拉·罗斯托夫目睹大军事家巴格拉齐翁公爵率部驰赴敌军进逼的熊格拉朋村。巴格拉齐翁、他的幕僚、快马向他报信的军官，或者其余任何人，一概不知道也不可能知道确实发生何事，以及其事何处发生、为何发生。实际的混乱战局，与俄国军官心中的混乱战局，都没有因为巴格拉齐翁出现而稍得澄清。不过，他上阵，仍使军心大振；他的勇气、他的冷静、他的露面，造成了他自己第一个受骗的幻觉，亦即，他以为战事与**他的**韬略、**他的**部署有些关联，以为**他的**权威隐隐然左右着战局的发展；这幻觉反过来又对他周围的士气产生显著影响。于是，尽管人人皆知，他对此役变化与后果的关系还不如躬亲实战而互相射击、残杀、进退的无名小兵，事后书写如仪的战报仍然不免将俄国这边的一切行动与事
37 件归因于他；或誉或毁，或胜或败，都将归他一人。

此点，安德烈公爵也有所知。他知此最明之处，是他在波罗季诺身受重伤之时。稍早，当他设法谒见似乎引导俄国命运的几个“重要”人物，他已开始悟及这个真理；然后，他逐渐深信，亚历山大的主要参谋，即著名改革者斯佩兰斯基，连同他那班朋友，甚至亚历山大本人，当他们以为自己的活动、言论、备忘录、诏令、决议、法律等是引发历史变迁、决定世人与各国命运的因素，他们正是按部就班在自我欺蒙；揆诸实际，他们都微不足道，他们的一切，都只是在虚空里推磨子而犹妄自尊大。于是，托尔斯泰提出一项著名的诡论：军人或政治家位居权威金字塔愈高之处，其去塔基必定愈远——塔基由凡常匹夫匹妇构成，而匹夫匹妇的生活是历史的实际原料；因此，离塔基甚远的人物，即使尽举其理论上的权威，他们对历史的影响仍然必定愈小。

在讨论一八一二年莫斯科的状况的一段著名文字里，托尔斯泰就说过，观察俄国在莫斯科大火以后的英雄式成就，你可能会推论莫斯科居民全心全意牺牲小我，或者志存救国，或者哀伤家国涂炭，个个满怀英雄气概、殉难精神，或者绝望，等

等；依托尔斯泰之意，当时实情并非如此。人民关心的，是个人的切身利害。奔忙于平常事业而不学英雄作风，亦不以光明历史舞台之演员自居者，最有大用于国家与群体。而欲图掌握大势、参与历史、表演神奇难信之自我牺牲或英雄主义、参与重大事件者，最为无用。托尔斯泰眼中，最下劣者，是终日喋喋不休，为某种“其实无人可负责任”之事相互攻讦诿过的空谈家。有些事情无人能有责任，因为“知识树的果实不可品尝的圣诫，记载最明白之处，莫过于历史。无意识的行动，才会结果。在历史事件中扮有一角的个人永远无法了解那些事件的意义。他如果企图了解，将会毫无所得”。[1] 想以理性手段 38
“了解”任何事情，都准定失败。皮埃尔·别祖霍夫茫行漫走，“失落”于波罗季诺战场，寻觅他想象中的某种法度成式，诸如历史学家或画家笔下刻画的战争模样。他只找到人类各种需求纷至沓来，而人人各自随机奔走打点的凡常人世乱局。[2] 这乱局，无论如何，至少是具体的，尚未被理论或抽象观念所污染；因此，比起相信事件依循一套可得发现的定律成规而演进的人，皮埃尔更切近事势真相——至少，以人所能见到的事势而言，他比他们接近真貌。皮埃尔所见，只是络绎而至的“意外事件”，诸事件之来处既无从迹索，其后果也无由预测——只是松松串起，样式变化无穷，并无秩序可察的事件群。凡声称发现可用“科学”公式加以规范之样式者，必属虚妄打诳。

[1]《战争与和平》(vol. 4，part 1，chapter 4[beginning])，T xii 4；W 1039—1040。
[2] 关于这点同司汤达作品《帕尔马修道院》的关系，请参考《保罗·布瓦耶(1864—1949) 对话托尔斯泰：在亚斯纳亚·波利亚纳的采访》[*Paul Boyer(1864—1949) chez Tolstoï: Entretiens à Lasnaïa Poliana*，Paris，1950]，页 40。

托尔斯泰最辛辣的讥嘲、最入骨的讽刺，是针对以操纵人类事务的官方专家自居者而发。以战争而言，他指的是西方军事理论家，如普菲尔将军、贝尼格森将军和包路奇一流人物；在托尔斯泰笔下的得利沙会议（Council of Drissa）里，他们无论辩护或反对某项战略或战术理论，个个信口雌黄，这批人必定是骗徒，因为任何理论都不可能吻合变幻万端的人类可能行为，也不可能恰中繁复细微、无从发现的原因与结果。（历史试图记录的，就是这些因果形成的交互作用。）强谓能将这无限繁复的变化缩入“科学”定律者，若非蓄意行骗之江湖郎中，就是盲人阵里的瞎眼领队。托尔斯泰最严厉的审判于是顺理成章，落在理论大师、伟大的拿破仑身上。拿破仑自认为，并且使别人着迷而相信，他以他优越的智力，他以他灵光连闪的直觉，了解并控制了事件，或者以其余方式正确解答了历史
39 提出的问题。这项声称愈大，就是愈大的谎称。结果，他成为这出大悲剧里最可悲、最可鄙的演员。

个人凭其本身资源，即能了解并控制事件走势，这就是托尔斯泰毅然致力揭破的大幻觉。相信这个幻觉的人，都犯了可怕的错误。这些公共人物，是半带自欺，又半明知自己行骗，在心虚气败、漫无目标之中高谈作文以维持门面、避免正视苍凉真相的空心人，他们为了掩饰人类的无能，以及其不著宏旨与盲目无明，而故弄机巧。这些空心人，这些机巧旁边，就是真实世界，就是人所了解的生命洪流——日常生活的平凡细节的照应打点。托尔斯泰取此真实生活——个体的实际、日常生活、“活生生”经验——与历史学家变戏法变出来的全面观点互相对照，对照之下，何者真实，何者为条理通贯或文饰

巧造而终归虚伪的建构，他胸中洞然。半个世纪以后，弗吉尼亚·伍尔夫对她当代的公众先知，如萧伯纳、威尔斯与本涅特，提出著名的指责。[1] 她指责他们是丝毫不解生命之真实何在的盲目物质主义者；他们误认外在的偶然事件、个体灵魂以外的无关紧要层面——所谓社会、经济、政治现实——才是纯正之事，才是构成一切实然——现实——的因素，而不知道，平凡日常的络绎不绝的私人资料，如个体经验，个体间的特殊关系，个体的色彩、气味、味道、声音、运动、嗔妒、爱、恨、激情，难得闪现的洞识，使身心变化的刹那，等等，才是实在。托尔斯泰与她在各方面都几乎全无相似之处，不过，前者也许是提出这类指责的第一人。

如此说来，则历史学家职司何事——描写而且只许描写终
极的主观经验资料（人类的个人生活），亦即，只许描写托尔
斯泰所谓构成“真实”生活的“思想、知识、诗、音乐、爱、
友谊、嗔妒、激情”？[2] 这正是屠格涅夫连年吁请托尔斯泰用 40
心之事——屠格涅夫固然也召唤其余作家从事这种描写，但他
对托尔斯泰敦促最为殷切，因为托尔斯泰的真正天才在此，他
作为伟大俄国作家的命运也在此。这项请求，托尔斯泰甚至在
他终于皈依入教以前的中年时期，还以激怒之词断然回绝。那
时的他认为，致力此事，并非为实然（what there is）何在，
以及实然因何与如何生灭消长的问题寻求解答，反而是完全弃

[1] 关于伍尔夫这项指责，请参考她的《现代小说》（‘Modern Fiction’，1918）与《本涅特先生与布朗太太》（‘Mr. Bennett and Mrs. Brown’，1924）两篇著名文章。——译注

[2]《战争与和平》（vol. 2，part 3，chapter 1），T x 151；W 453。

置问题，不复用心发现人如何生活于社会、如何彼此影响、如何受环境影响以及其影响有何指归。这种侧重个人经验、关系、问题与内在生活之分析与描写的艺术纯粹主义，当时由福楼拜极力提倡，异日复有纪德与受其影响的英法作家拥护并实践，而托尔斯泰恶其琐屑与虚谬。自己技巧超妙之处，正在这种艺术；自己为世宗仰之因，也正在这种艺术，他并无怀疑，而仍施之以绝对的谴责。

在《战争与和平》撰写期间的一封信里，他语念痛怨，自言并不怀疑大众最喜欢他笔下的社会与个人生活场面、他的淑女绅士、他们小奸小坏的勾心斗角、赏心悦耳的交谈，以及他生花妙笔描写的细微奇行怪事。[1] 但这些都是生活的琐屑“花朵”，非其“根底”。托尔斯泰目的在于发现真理，因此必须知晓历史之所由构成，而且以历史构造之重新创现为惟一要务。历史分明不是科学；社会学僭称科学，实属欺世之学；历史之真则尚未发现，当世通行的观念——“原因”“意外事件”“天才”——全无解释作用，不过以单薄的外衣，掩饰无知。事件之全体（totality），我们称为历史。事件发生，为何如此发生？有历史学家归因于个人行动，但这绝非答案，他们并未解释据称是事件“原因”或“本源”的行动如何“引发”
41 （cause）事件。

[1] 请参考他为一部莫泊桑作品集所写的著名——而且极端道德主义——的导言。他对莫泊桑多方指摘，但仍佩服其天才［《莫泊桑作品集》序（‘Predislovie K sochineniyam Gyui de Mopassana’，1893—1894，T xxx 3—24）。他对萧伯纳评价甚低，认其社会言论为陈腔滥调而华辞巧辩，见日记（31 January 1908），T lvi 97—98。

托尔斯泰谐拟当时一般学校教科书中的历史，写成一段尖刻的讽刺文字，十分典型，值得全段照录：

路易十四是个非常骄傲又非常自信的人。他有某某、某某情妇，任用某某、某某部长。他治理法国，政绩低劣。路易十四的继承人也是软弱之徒，政绩也很坏。他们也有某某、某某宠臣，某某、某某情妇。这以外，当时有些人从事述作。到十八世纪末，有一二十人聚集巴黎，倡言人都自由且平等。为了这种说法，全体法国人开始你杀我、我淹你。这些人杀掉了国王和另外许多人。这时候，法国出了个天才——拿破仑。他八方征讨，四夷宾服，也就是说，他杀人如麻，因为他是天才。为了某种缘故，他去非洲杀人，杀得极为痛快，他这个人又机敏、又聪明，一回法国，就命令大家服从他，大家也就服从了他。登基称帝以后，他到意大利、奥地利和普鲁士杀人，也杀人如麻。俄国有个皇帝，名叫亚历山大，这位皇帝决心重建欧洲秩序，于是同拿破仑交战。但是，一八〇七年，他忽然同他变成朋友，一八一一年又起争吵，两人这就又互开杀戒。拿破仑率领六十万人马杀入俄国，攻陷莫斯科，然后，忽然逃离莫斯科，然后，亚历山大皇帝在施泰因与其他人定计襄助之下，联合欧洲，抵抗这个破坏欧洲和平的人。拿破仑的所有盟友忽然一齐与他为敌；联军进击拿破仑新召来的队伍，大败拿破仑，进入巴黎，逼迫拿破仑逊位，还把他送往厄尔巴岛，不过，没有剥夺他皇帝的尊严，而且对他百般礼遇，虽然五年以前、一年以后人人视他为无法无天的匪类。一直被

> 42 法国人和盟国当成笑柄的路易十八开始当政。拿破仑泪洒御林军前，逊位、流放。然后，精明的政治人物和外交家（其中，塔列朗最出众，他第一个坐上那把有名的椅子[1]，而扩张了法国疆界）在维也纳会谈，弄得几国欢欣、几国惆怅。突然，这些外交官和国王们又吵起架来，正要兵戎相见，拿破仑带一队人马进入法国，恨他恨得要死的法国人又都立即向他臣服。盟国君主们大为着恼，又向法国人宣战。天才拿破仑不敌，被押解到圣赫勒拿岛，因为大家突然认清他是歹徒。这么一放逐，拿破仑生别亲友和他心爱的法国，在岛上苟延余生，把他惊天动地的事迹留给后世。不过，欧洲发生了一场反动，君主们又开始凌虐人民。

托尔斯泰继续写道：

> 今天的历史有如一个聋子，在回答没有人向他提出的问题[……]首要问题[……]是，什么力量推动各民族的命运？[……]历史似乎先已认定这力量理所当然是什么，而且说人人熟知。但尽管论者无不极力认为这力量人人熟知，凡多读历史著作的人，仍不能不怀疑历史学家人各一解、家各异说的这个力量是不是这么完全人人熟知。[2]

他接着说，如此写法的政治历史学家并未解释任何事情；他

[1] 在俄国，有一种帝国时代的椅子至今还被称为“塔列朗交椅”。
[2]《战争与和平》（epilogue，part 2，chapter 1），T xii 298—300；W 1307—1309。

们仅将事件归因于重要的个人据说对别人发生了的“力量”(power)，而未陈明这“力量”一词究何所指。然此力量究何所指，正是问题核心。依论者所述，历史运动与某些人对别人所发生的“力量”有直接关系。然而何谓“力量”？此“力量”从何而来？可否由一人传至另一人？这力量当然不独指实体力量而言罢？亦非仅指道德力量而言罢？拿破仑可是二者兼具？ 43

至于与国史家相对的通史家，托尔斯泰认为他们徒然扩大问题范畴而未澄清问题。通史家不拘一圈，而治多国之史，但是，某些人或某些国家为何服从某人或某国，战争因何而起，胜者何以获胜，纯真之人为何既相信谋杀为恶事，却又怀着热情与壮志彼此屠杀，而且因此荣称于世；千军万马时或由东驰西、时又自西徂东，其故安在——凡此种种问题，通史家举出神秘“力量”交会作用之大观全景，而并未能令人丝毫稍更明白。对于持大人物或大观念的支配影响以立说者，托尔斯泰尤其着恼。他们说，伟人是其当代运动的典型，所以，研究伟人性格，即是“解释”了那些运动。狄德罗或博马舍的性格能不能“解释”西方的东进？伊凡雷帝写给库尔布斯基公爵的书信，是否“解释”了俄国的西向扩张？文化史家也不见得高明。他们只是多举一种因素，即所谓观念或典籍之“力量”，以成其说，而于“力量”一类字词之含义，仍无概念。拿破仑、斯塔尔夫人、施泰因男爵、沙皇亚历山大，或者以上诸人共同，加上《社会契约论》，何以即是法国人互相残杀之“因”？这说法，何以能称为“解释”？至于文化史家认为观念重要，则无疑由于人都有自卖自夸之病：观念乃知识分子所卖之货——在补鞋匠，万物莫珍于皮革；教授往往夸大其个人活动为统治世界的中心“力量”。托尔斯泰还认为，政治理论家、道德家及形而上学家使上述问题更为晦黯难明。自由主义者夸售的著名的社会契约观念，即是一例，此说大谈民众将其意志（权力）“授予”个人或一群个人。然而这“授予”是何种举动？此举可能具有道
44 德或伦理意义，可能与何事宜开、何事应禁之计有关，也可能与权利和义务、善和恶的世界有关，但是，视为君主如何聚得“权力”——仿佛权力是商品似的——而造成某种结果的事实解释（factual explanation），此说毫无意义。此说断定权力之授予使受者有力，但这种套套逻辑太不能使问题分晓。何谓“权力”？何谓“授予”？谁人赋予？如何造成这种赋予？[1]这赋予的过程，与物理科学所讨论的任何过程，似乎都迥然不同。赋予是一种行动，但难以理解；权力之赋予、获得、使用，与饮食、思想、走路，全不相类。我们还是茫然不解：obscurum per obscurius。[2]

推翻法律家、道德家、政治哲学家——其中包括他敬爱的卢梭——以后，托尔斯泰进而推翻自由主义的历史理论。依照自由主义的历史理论，某些似乎微不足道的意外事件竟可能

[1] 俄国的托尔斯泰批评家之一，M. M. Rubinshtein（见前页 30，注 2，页 80 以后）曾说，每门学术都运用“一些”不加分析的观念，解释这些观念，乃其他学科之事；“力量”恰好就是一个未加解释的核心历史观念。不过，托尔斯泰的论旨是，其他任何学问都无法“解释”力量这个观念，因为，以历史学家对这个观念的用法来说，它是一个毫无意义的语词；它不是观念，根本就是子虚乌有——vox nihili [有声无义之字——译注]。

[2] 拉丁文，指以一件更隐晦不明之事来解释一件本身已经隐晦难解之事。——译注

是一切事情的关键枢纽。于是，托尔斯泰不惜笔墨，执意要证明，波罗季诺之役，拿破仑对实际战况所知之微，与他最下级的小兵一般无二。所以，他在决战前夕的感冒，史家大做文章，但那场感冒对战局的实际发展不可能造成任何可观的差异。他宏辞雄辩，说：指挥官所下命令或决策里，只有与后来实际发生之事凑巧相合者，才好像特别攸关重大（而且才成为史家关注所在）；其余还有很多完全相似、极为高明的命令与决策，当时在指挥官眼中同样要紧且重大，但因受阻于事件之不利转折，无法实现，卒未实现而遭遗忘，如今遂显得并无历史重要性。

收拾了以英雄为主题的历史理论，托尔斯泰用其更加尖刻 45
的笔锋，转向科学的社会学。科学的社会学自称已经发现历史定律。但这是不可能之事。事件的关键原因甚多，人无法尽知，亦无能胜数。我们所知的事实太少，而且还在所知事实之中，或者随意，或者依据自家主观好恶而拣择。假设我们无所不知，则我们无疑可望如拉普拉斯所说的理想观察者，能谋定历史洪流里各点各滴的行程。不过，我们当然无知得可悲。与未入眼界、与无从纳入眼界之境（托尔斯泰极力强调这点）相较，我们知识面之狭小，令人难信。意志之自由，是个无法摆脱的幻觉，但诚如几位伟大哲学家所言，这的确是幻觉，而所以有此幻觉，只为不知真正的事因。我们对一件行动的环境知道愈多，以及时间上离该件行动愈久，即愈难弄清其所产生的后果；一件事实与我们生活的实际世界的关系愈扎实深入，我们就愈难想象，如果不是发生那件事实，情况可能如何转变。因为，那件事实，如今视之，似乎无可避免要发生，不这么想，我们的世界秩序将会大乱。一项行动，我们愈将它密切关联到它的情境脉络之中，行动者就愈显得不是自由行动，并且愈不能为他的行动负责，而我们也会愈不想要他承担罪过。我们永远无法把所有原因一一确指出来，也永远无法将人类所有行动一一归系于制约它们的环境——这并不意指它们是自由的行动，只是说，我们永远无法知道它们怎么是必然的行动。

同时代的马克思认为资产阶级必然“自欺”。托尔斯泰的中心义理在某些方面与马克思此说并无不同，不过，马克思认为他所见之弊为资产阶级专有之弊，而托尔斯泰认为此病是几乎一切人类同患之病。他这中心义理所指之病是：有一自然律，自然界固为其所制，人类生活亦为其所制；不过，人由于不能面对这个牢固无情的受制过程，遂试图将此过程反解为一连串自由的抉择，或者，将英雄之德与英雄之恶赋予某些人物，称其为“伟人”，而后将事件责任扣在他们身上。何谓伟人？伟人亦凡夫俗子尔，只因过于无知且虚荣，遂甘负区区
46 一身对社会生活的责任，宁可承当一切以其名义为托词的残酷、不公、灾祸罪名，而不愿承认说，在不顾他们的意志与理想而自有其路程的宇宙洪流里，他们既微末且无能。托尔斯泰以此点为中心而立论，是他所优为的一种笔法；他描述事件的实际过程，同时，罗列自以为举足轻重而不可一世者必然对事件提出的荒谬、自我中心解释，作为反衬；若有谦承自己无足轻重与无关紧要者恍悟人类处境之真理，他即以绝妙笔墨，写其开悟情状。另外有几段哲学文字，也以此为主旨。在这些文字里，托尔斯泰以严厉过于斯宾诺莎的语言，但与他相似的用心，揭露各门伪科学的错误。

其中，有个特别生动的明喻[1]，将伟人比作牧人养肥以供宰杀的公羊。这只公羊因为果然长得比较丰肥，又也许被用为带领羊群的系铃羊，于是快然自视为群羊领袖，而且以为群羊纯由服从我之意志而动静行止。他如此想，群羊亦可能如此想。实则他中选，并不是要他扮演他相信他在扮演的角色，而是要供人宰杀——设想这个宗旨者的目标，并非他、亦非其余羊只所能蠡测。托尔斯泰眼中，拿破仑正是这么一只公羊，亚历山大，历史上一切伟人，在相当程度上，都是这种公羊。已有一位识见锐利的文学史家指出[2]，为了支撑一己偏爱的论旨，托尔斯泰有时几近蓄意忽略历史证据，并且多次刻意扭曲事实。

其处理库图佐夫，即是一例。至少，皮埃尔·别祖霍夫或卡拉塔耶夫等主角，就是出于假想的人物。托尔斯泰固然也自有不可争议的权利，把他自己所钦慕的一切属性，例如谦抑，以及不被官僚、科学或其余理性至上的种种盲目所陷泥，等等，赋予这些虚构角色。但是，库图佐夫实有其人；《战争与 47
和平》初稿依据信实资料，写此人为阴滑、老迈、虚弱的骄奢淫逸之徒，腐败且工于谄媚的朝臣。定稿以后，他竟一变而为令人难忘、无比单纯朴实、充满直觉智慧的俄国民族象征。观察托尔斯泰转化此人的几个步骤，委实引人深思。书中某段，托尔斯泰写这位老人在列塔舍夫卡军营中被部属叫醒，关报法

[1]《战争与和平》(epilogue，part 1，chapter 2)，T xii 239；W 1249。

[2] 见 V. B. Shklovsky，同前引（页 26，注 3，chapters 7 and 8)；并见 K. V. Pokrovsky《历史小说〈战争与和平〉》（‘Istochniki romana “Voina i mir”’），出自 Polner 与 Obninsky，同前引（页 27，注 2)，页 113—128。

军撤退。这一段，可以列入古今文学中最动人的文字。读到这段文字，我们已经超迈事实，置身一个想象境界，境中之历史与情绪气氛，证据稀薄，但在艺术上是托尔斯泰全书机杼所必需的一种气氛。他再三信誓，自称终始专忱，不曾违悖传达真相的神圣大义。但是，他如此神化库图佐夫，全然不合史实。

《战争与和平》里，托尔斯泰随机制宜，大大方方编派事实，因为他耿耿固执以下两面对比的主题：一边为人人皆有、无比重要但滋生错觉的意志自由经验、责任感，以及一般私人生活的价值；一边是牢固无情的历史决定论的现实——对于历史决定论，人虽无直接经验，但由无可反驳的理论根据而知其有真理。这项对比，与托尔斯泰心力交瘁的许多内在冲突里的一项，即公共生活与私人生活这两个价值系统间的冲突，又彼此呼应。一方面，个人与历史学家素常依循的价值都倚为究竟根据的感觉与直接经验如果只是一大幻相，则务须本真理之名，证实其为大幻相，不稍宽假；由此大幻相导出之价值与解释，亦须揭破，毁其信用。在某层次上，这正是托尔斯泰用力所在。他以哲学说法知人论世之处，尤其如此。《战争与和平》中的重大公众场面，那些战役、民族运动的描述、形而上学的专论，都是例子。但是，另一方面，他又有与此完全相反的作法，既写大众生活之全貌大观，又标举个人经验的经验价值，以个人生活具体且多彩多姿的现实，反衬科学家尤其是历史学
48 家苍白的抽象；他力斥“从吉本到巴克尔”[1]的历史学家误以一己的空洞范畴为现实事实。不过，欲能赋予这些私人经验与

[1]《战争与和平》(epilogue，part 2，chapter 1)，T xii 297；W 490。

关系一个优越地位，必须先有《战争与和平》精华文字所描写的那种富于责任感、相信自由、相信人类能有天机自发的行动的人生观。然而，若要正视真理，这种人生观又正是必须祛除的幻觉。

这可怕的两难困局，未曾得到任何终定解决。《战争与和平》最末部分问世以前，他刊出一文[1]，解释此书用意，文中即逡巡不决。惟己一人涉事，则个人“在某种意义上”是自由的，在肉体极限内，他自由举起他的手臂。一旦涉及人我关系，他就不再自由，他就是牢固无情的洪流的一部分。自由是真实的，但只限于琐屑的行动。有时候，连这线微弱的希望之光也熄灭，因为托尔斯泰又宣称普遍定律没有例外，连细微末节的例外，他也不能承认。因果决定论若非贯彻万事万物，就是一无作用，而浑沌当令。人之行动可能似乎自由，不带社会关系，但它们并不自由、无法自由，是社会关系的一部分。科学无法摧毁自由的意识（没有自由意识，就没有道德、没有艺术），但能反驳它。“力量”与“意外事件”，不过是无知于因果之链而强为之名。但因果之链是存在的，不管我们有无感觉；幸好我们感觉不到，要是感觉到它们的分量，我们就寸步难行；生活的基础在快乐的无知；幻觉既去，人生势将瘫痪。不过，现下形势大妙，我们永远不会尽知所有运作中的因果链：原因的数目无限大，原因本身又无限小；历史学家从中择取数目小得荒唐可笑的原因，然后，将一切归系于这武断选

[1]《略论〈战争与和平〉》（‘Neskol’ko slov po povodu knigi: “Voina i mir”’, 1868），T xvi 5—16。

出的小部分。然则理想的历史科学应如何运作？利用一种微积分学，取“微分”、无限小——无限小的人类与非人类行动与
49 事件——而求其积分，历史的连续体就不会再因为被碎裂成武断的切片而遭扭曲。[1] 托尔斯泰阐述这个微积分概念，澄明透彻，遣词用字一如其素常，简洁、生动、精确。柏格森以实在理论著名于世，说实在是一连续不断的流动（flux），被自然科学以人为手段打碎，而被扭曲、被剥去周流不殆与生生之意。柏格森此说，与托尔斯泰十分相近，但繁言长论，莫知涯际，而且喜欢于不必要处搬弄术语，殊不如托尔斯泰昭畅而切理。

这不是神秘主义，也不是直觉主义的人生观。人事之如何发生，我们所以无知，并非由于第一原因天然不可知，而只是由于第一原因繁复之至，其终极单位又颇为细小，而且我们没有能力看到、听到、记忆到、记录到、串连到足够的可用资料。原则上，囿于经验的人类也可能全知，但实际当然不可能。人类的自大，我们种种荒唐的错觉，本源在此，别无什么更深、更有趣的出处。我们并不自由，但是，若不相信自由，即无法生活。我们怎么办？托尔斯泰至终没有任何清楚结论，只得出一个与柏克差相近似的看法：我们最好就以我们事实上对世事的了解，作为我们对世事的了解——一如天机自发、正常、单纯、未被理论污染、未被科学权威之尘雾所蒙蔽的人民实际上那样去了解人生，不要偏取各门伪科学来推翻这种以常识为本的信念。常识至少具备禁得住长久经

[1]《战争与和平》（vol. 3，part 3，chapter 1），T xi 264—267；W 909—911。

验测试的优点，伪科学则因为以贫乏得荒谬可笑的资料为根据，不过陷阱、错觉而已。托尔斯泰以此立场，反驳一切乐观的理性主义、一切自然科学、一切自由主义的进步理论、德国的军事技术、法国的社会学，以及种种信心十足的社会工程。他发明一个凡事以自己单纯、俄国式、未经调教的本能为依归，而鄙视或忽视德国、法国、意大利专家的库图佐夫，理由在此；将库图佐夫提升成民族英雄，理由也在此（库图佐夫的民族英雄地位迄今不坠，部分就是托尔斯泰如此刻画他的结果）。

一八六八年，《战争与和平》末篇刊完，阿赫沙鲁默夫注 50
意到托尔斯泰的人物是真实的，不只是难以理解的命运手中的卒子而已；[1] 至于作者的理论，则别具匠心，可惜不得要领。此语成为俄国文学批评家的普遍看法，外国的文学批评家也大多作如是观。俄国左翼知识分子抨击托尔斯泰的“社会冷漠”，指责他把一切高贵的社会冲动贬抑为无知与愚蠢偏执狂的混合物，并以一种“贵族的”犬儒看法，将人生视为一片无法开垦致用的沼泽。如前所述，福楼拜与屠格涅夫认为他素性不改，妄谈哲学，殊为不幸。惟一严肃看待托尔斯泰所谈义理，并试图提出一种理性的反驳者，是历史学家卡列耶夫。[2] 卡列耶夫耐心且温和指出，以个人生活之现实与社会蚁丘之生活相互对照，固然迷人，但托尔斯泰结论不对前提。人既是一粒自营其

[1] 同前引（页 26，注 4），页 34，页 40。
[2] N. I. Kareev，《〈战争与和平〉的历史哲学》（‘Istoricheskaya filosofiya v “voine i mire”’），《欧洲前锋报》（22，No. 4，July—August 1887），页 227—269。

“自身”有意识生活的原子，同时也是某个历史潮流的无意识媒介——这巨大的整体由众多相当微不足道的元素构成，而他是这些元素之一。卡列耶夫告诉我们，《战争与和平》是“一部以哲学二元论为主题的史诗”，其中之二元即上述“人类的两种生活”；[1] 托尔斯泰力言历史并非由天真历史学家假定的“力量”或“心灵活动”所促成，也是十分精当之论。心存形而上学的作家喜欢说“英雄”“历史力量”“道德力量”“民族主义”“理性”之类抽象物是人事之动力，或者，将这些抽象东西理想化，以至于犯下两项大罪：既空撰不存在之物以解释具体事件，复陷溺于个人、民族、阶级或形而上偏见。据卡列耶夫所见，做此指斥，是托尔斯泰最高明卓绝之处。

至此，托尔斯泰之言，甚为精到，卡列耶夫判定他比绝大多数历史学家显出更深刻的洞识——“更伟大的现实
51 主义”。所谓取历史的极小事件而求其积分，也是中肯之论，而且正是他自己所行之事，因为他在他小说里创造了一些个人，这些个人并非琐屑角色，他们的性格与行动“总摄”了无数彼此“推动历史”的其他人。这**就是**微积分——当然，不是以科学手段，而是以“艺术与心理”手段完成的微积分。托尔斯泰憎恶抽象，固有其理，然恶之太过，终至于不仅否认历史和化学一样是自然科学（这项否认是正确的），更根本否认历史是一门科学，是一种本身自具适当概念与概括的活动。后面这项否认若是真理，势将废去一切历史。托尔斯泰

[1]《〈战争与和平〉的历史哲学》，页 230；见《战争与和平》（vol. 3，part 1，chapter 1），T xi 16；W 665（“每一个人的生活都有两个方面［……］”）。

指前代历史学家所举的非个人“力量”与“目的”是神话，是令人歧误的危险神话。此说至当，但是，除非容许我们径问某群个人——归根究底，当然个人才是真实之物——为何有某种作为行径，而不必先就群中的个人一一完成心理分析，然后一一“积分”，否则，我们将根本无法思考历史或社会。不过，我们确实使用了径问因由之法，而且用起来获益甚丰；使用社会观察、历史推论以及类似手段，我们能够大有发现；卡列耶夫认为，否认这些手段能作成许多发现，等于否认我们有任何多多少少尚称可靠的标准来分别历史之真伪。作这种否认，的确纯属成见，的确只是热狂的蒙昧主义。

卡列耶夫断言，造成社会形式者是人，并无可疑，但这些形式——人的生活方式——也转而影响出生于其中之人；个人意志或不可谓全能，但也并非完全无能，而且其中某些人的意志比别人的意志有效。拿破仑可能不是半神，但也不是一个没有他也会照样发生的过程的附带现象；“重要人物”不如其本身或更为愚蠢的历史学家所想的那么重要，但也不是幻影；个人，除了托尔斯泰认为真实的私密内在生活以外，还有社会目的，有些个人甚至怀抱强烈的意志，而且这些意志有时转变了群体的生活。托尔斯泰所谓牢固无情、无关人类任何思想或 52
愿望而自行运作实现的定律，本身就是个暴虐逼人的神话；定律，至少在社会科学里，只是统计上的概然事物，而不是可憎且牢固无情之“力”。卡列耶夫指出，以定律为可憎且牢固无情之“力”的观念，托尔斯泰在其他场合——当他认为对手太天真、太聪明，陷入某种可怖的形而上学而难以自拔时——也曾以无比精彩、嫉恶如仇之笔，揭发为无知无明。但是说如果不是人创造历史，则是历史本身创造历史，而如果是历史本身创造历史，则人，尤其他们之中的“伟大”人物，就只是“标签”。又说，惟有社会这个蜂窝，惟有人类这堆蚁丘的无意识生活，才有纯正的意义或价值或“真实”——这话不是完全不合历史、完全独断的伦理怀疑主义，更是什么？揆诸经验证据，此说有何可取？

卡列耶夫的异议非常合理，为托尔斯泰史观所受反驳中最通情达理、条理明晰者。不过，在某一层次上，卡列耶夫也挂漏了要点。托尔斯泰的基本急务，不是要揭破以某种形而上图式为根据的历史著作，不是要暴露以作者本人特嗜的某一因素来解释太多事情的历史著作的谬误（揭露这些谬误，卡列耶夫赞成），也不是要反驳经验主义社会科学的可能性（这项反驳，卡列耶夫认为不合理），然后自建一家之言，与之抗衡争胜。盖托尔斯泰对历史的关心，其来源深于对历史方法的抽象兴趣，而且不只是想在哲学上对某几类史学惯例作风提出异议而已。他这关心，似乎还有更切实属于他个人的起源，似乎发源于一个痛烈的内在冲突：他的实际经验与他的信念之间的冲突；他的生命慧见，与他关于人生、他自己应当如何、他那些慧见如何才能持久的理论之间的冲突；他太诚实、太聪敏，而无法漠视直接资料及其诠释之间的冲突——前人一切看法都幼稚荒唐，他不要他自己的诠释也弄得那么幼稚荒唐。他的气质与才智使他毕生拳拳固执的一大信念，就是认为，关于某件世事如何如何发生、为何如此发生、为何在它发生之时发生，而其如此发生以及在那时发生，又为何是幸、为何是不幸，前人所做一切理性神正论的解释都是怪妄的荒唐尝试，都是一句锐

利、诚实言语即足以戳破的下劣欺人之谈。 53

关于托尔斯泰，举世历来的最精到批评，出于俄国批评家艾亨鲍姆之手。艾亨鲍姆主要的论点，认为托尔斯泰的最大困扰是缺乏积极信念：在《安娜·卡列尼娜》某著名片段中，列文之兄告诉他，说他——列文——没有积极的信念；又说，便是徒以人为、“几何”式均齐对称为能事的共产主义，也胜于他——列文——那种完全的怀疑主义。此语其实可以回施于列夫·尼古拉耶维奇本人，而且也适用于其兄弟尼古拉·尼古拉耶维奇对他的抨击。[1] 托尔斯泰生平述作固然甚少不带自传成分，不过，列文之兄所言无论能否径视为托尔斯泰夫子自道，艾亨鲍姆之说似乎都大体成立。托尔斯泰天生本非灵视家（visionary），他充分见得天地间千般万种事物繁复多样，而且以无匹的清明眼光，掌握其个别本质，以及其真伪分野。有徒逞快慰之理论者，企图收集、联系、“综合”、揭露深藏的下层（substrata）与隐匿的内在关系，认为这些下层与内在关系虽不见于肉眼，却保证万物浑然归一。他们以此证明万有“终究”相关互属，其中没有散置无着的头绪。一切这类学理教条，他都鄙夷，而且不费工夫，一语点破。他的天才，就在于善能体悟每一事物本身独具的特性，亦即那种使一对象独特分别于他物，但似乎难以言喻的个别性质。然而他又渴望有一普遍的解释原则，也就是说，在显然多样、彼此排斥，但构成世界内容的点滴碎片里，他渴望察出其相近之处、共同起源、

[1] B. M. Eikhenbaum，《托尔斯泰》（*Lev Tolstoy*，Leningrad，1928—1960，i），页123—124。

单一目的或者统一性。[1] 他像一切见解非常透辟、想象非常丰富、目光非常明彻，将事物解剖或碾碎以探取毁无可毁的核心，并且由于相信有此核心存在而认为自己的破坏活动（他们无论如何都无法克制的活动）有道理的分析家一样，继续不断
54 把对手岌岌欠稳的建构视为不值智者之物，而以冷酷的鄙蔑，全数打杀，并且时时刻刻希望，在假冒与诈欺——体衰质弱的十八世纪与十九世纪哲学流派——既破之后，“真实的”统一立即浮现。当探求或许竟是徒劳，当核心与统一原则或许永远无从发现的疑念日益萦怀困心，其人即以日益狞猛的手段，用愈趋无情且精巧的手法，处决愈来愈多僭称真理的学说，以期驱除自己这个疑念。托尔斯泰渐由文学转向问难式的述作以后，这趋势即日益突出。心中深处既知原则上永远没有终定的解决，托尔斯泰激怒之余，更加蛮悍抨击各种虚谬的解决法，指责其提供虚伪的慰藉——以及侮辱智慧。[2] 托尔斯泰纯属智性的天才做起这种致命的活动，显得伟大而且格外胜任；而终其一生，他又都在寻找一座足以抵住他的破坏机、他的地雷与破坏槌的坚强结构；他希望受阻于一个无可摇撼的障碍，希望有些无懈可击的堡垒能抵住他狂猛的炮弹。他想要有一块终定、无懈可击、不能再简化的固实真理磐石，在上面建构他毕

[1] 此处又有个矛盾：理想的史学家要整合“至微至细的事物”，这些至微至细之物必须具有合理的一致性，才可能做这种整合，而“现实”感知，正在于感受它们各自独特、彼此不同。

[2] 我们当代的法国存在主义者因与此类似的心理学理由，而反对一切这类解释，因为这类解释只是用以压制严肃问题的麻药，是用在无可忍受但必须忍受、不容否认或“解释”的伤口上的短暂减痛剂。一切解释，都是解释其名、搪塞其实，而如此正是对既有——存在——事实的否认。

生希望找到的颠扑不破的人生诠释。卡列耶夫那种出色的讲理、试探性的方法，以及他温和的学院式规谏，同托尔斯泰要求的磐石极不相像。

这项绝望的探索所得到的，只是《战争与和平》里关于历史变迁的单薄、“实证”义理而已；又因为托尔斯泰的攻击武器远优于他的防御武器，在对这部小说具有合理批判性与适度敏感力的一般读者心目中，他的历史哲学——微粒整合说——往往就显得陈腐且做作。于是，《战争与和平》问世当时，以 55
及年深月久之后，谈论此书者绝多倾向阿赫沙鲁默夫之说，认为托尔斯泰的天才在于他的作家特质，在于能创造一个比人生更真实的世界；至于理论研讨，即使被托尔斯泰视为书中最重要的成分，其实既无助于发明此书本身的性格或价值，也不能为我们照见此书的创作过程。后世有心理学派批评家承认此说，论定作者本人经常不知道自己活动的来源：他看不见他天才的泉源，他的创作过程大致是一个无意识的过程；创作过程涉及一些无意识的动机与方法，作者本人明言的创作目的，只是他心里就这些真正的动机与方法做成的合理化而已，因此，对于不动情绪、致力于就此书起源与演变做“科学”分析——亦即自然主义分析——的艺术与文学研究者，这个合理化徒然形成阻挠而已。

上述观点，我们无论作何感想，托尔斯泰遭受这种待遇，都有几分历史弄人的讽刺。原来，他正是如此看待学院派史学，而以深得伏尔泰真髓的讽刺法嘲弄他们。不过，托尔斯泰得此待遇，仍然大有天理昭昭、报应不爽的况味。他本人哲学说理中的批判成分所以远胜于建设成分，似乎由于他的现实感

（认为个人、个人之间的关系才真实）惯于打破一切大而无当、对此现实意识之种种发现漠视不顾的理论，而他本身又证明不足以提供一个基础，来对事实做某种更圆满的通诠。此外，现实的事实与圆满的通诠无法兼得，可能就是“二元论”之根，可能就是人类的两种生活无法调和的本因。没有证据显示托尔斯泰曾经想到这一点。

因此，托尔斯泰既相信个人生活的属性是惟一真实之物，又认为个人生活属性之分析不足以解释历史进程（人类社会的行为）。其间的冲突，他至终不能解决；在一个更深刻且更切身的层次上，这冲突与他作为作家、作为一个人的禀赋和理想（他毕生深信、毕生希望造达，并且偶尔相信自己已经造达的
56 种种境界）之间的冲突并驾齐驱，可以互考。

请回想一下，我们在前面把艺术家区分为刺猬与狐狸：托尔斯泰体悟到现实的繁复，体悟到现实是各别单体的集合，并且以古来几无伦比的清明与透辟，识得这些各别单体的本质，但他又只相信一个浩大、一元的整体。对于生命的千变万化——人与人、事与事、状况与状况的差别、对比与冲突，自有作者以来，无人显露他这等洞识力，也无人如此妙悟各人、各事、各状况的绝对独特，而且如此直露表达，出以如此精确的具体意象。无人比托尔斯泰善于表达一个感觉的独特韵味、准确特质——其“往复荡漾”、起伏高下、细微动静（屠格涅夫讥笑他逞奇弄怪之处），也没有人比他精于表达一个眼神、一丝念头、一缕情绪，乃至于一个特殊状况、一整体时期，以及个人、家庭、社群、整个民族生活的内在外在质地与“触感”（feel）。他小说世界中的一人一物所以有那种脍炙人口的

逼真，良由他具有惊人能力，凡写人表物，必得其最完满的个体本质，并且兼呈其诸多层次，而未尝只呈现某股意识流中一项轮廓漫漶的资料（无论何其生动的资料）、一个大略、一个影子、一个印象，凡经他表出者，都不是读者需要在心中再事推理始能了解之物，也不是依赖读者在心中推理始能尽展奥妙之物，而是置于自然、不扭曲物相的天光下，同时从所有可能视角远观近玩而得，并且具有绝对特定时空关系位置的固实对象——一个所有面貌都充分具现于感官或想象之前、所有微妙变态都一一明锐且坚实呈露的事件。

他的信念，却与此相反。他鼓吹一个无所不包的灵见。他宣扬的不是多样，而是单纯，不是多层次意识，而是将多层次化简成某个单一层次——在《战争与和平》中，以好人，以单一、自发、开放的灵魂为一切的标准。后来，他根据农民的标准来化简一切，或者取一种单纯、与任何复杂的神学或形而上学都离异无涉的基督教伦理，亦即某种单纯、准功利主义的标准，而据此标准，为万物之间寻找直接的关联，用这一简单的尺度，使一切物事相互评较。托尔斯泰之天才，原在于能重现难以重视之物，而精确入妙：巧摄个体完整、难以移写之个 57
性，灵现如神，引使读者切悟客体直即目前之本相，而非仅见一平白应付之描述；为造此境，他运用能凝定某一经验特质的象喻，而力避一般语词，俾免其因为偏利于事物通性而漏失个别差异——“感觉的振动”——以至于特殊经验与类似事例浑连不分。但是，这位作家，尤其在他最后的宗教阶段里，竟然极力辩陈，简直可说色厉辞激，宣扬与此恰恰相反之事。一切事物，只要不符合某种非常概括、非常单纯的标准，都必须排斥。而他所举的标准，是农民喜不喜欢，或者福音书是不是断定为好。

托尔斯泰无法摆脱经验资料。再说，他当然毕生坚信经验资料为惟一真实之物。但是，他也怀抱着形而上意味极深的信念，认为有一个体系在，经验资料**必定**归属于这个体系——无论表面上是否如此。这剧烈的冲突，即本能判断与理论信念——他的天赋与他的见解——之间的这项冲突，反映了道德生活的现实与主宰一切的定律之间一项永难解决的冲突。道德生活带来责任感、喜悦、哀伤、罪恶感、成就感——但这些全是幻觉；至于主宰一切的定律，我们所能得知者不过是它们微不足道的一小部分，故凡自称知道这些定律、凡自称依循这些定律行事的科学家与历史学家，无非撒谎欺人——但这些定律仍是惟一真实之物。世人常取果戈理与陀思妥耶夫斯基的不正常，同托尔斯泰的“清醒”相对照，实则三人都有相当完整的人格，都具有连贯的看法与单一的灵见。不过，上述的冲突，产生了《战争与和平》。此书之结体，固然妙造坚实，但是，每当托尔斯泰记得，或者应该说，每当他提醒——未能忘记——自己在做什么，以及为什么这么做，就必定有一道深邃的裂隙豁然展开。这裂隙，我们捧读《战争与和平》之际切莫
58 失察。

四

理论甚少凭空而生。因此，托尔斯泰的历史灵见，其根何在的问题乃是个合理问题。凡托尔斯泰论述历史的文字，都带

有他自身独特人格的表记——论述抽象题目的作家绝大多数都没有的一种第一手特质。写抽象事物，他是业余，而非本行，不过请记住，他处身于重大事务的世界之中，他是他的国家、他那个时代的统治阶级的一分子，而且完全知道、完全了解那个国家和那个时代；他生活在一个理论与观念异常热闹争鸣的环境里；他博观详考，写成《战争与和平》（虽然几位俄国学者已经显示[1]，他在此书中取材之广与选材之精，俱不如一般所想）；他广泛游历，在德国与法国会晤过许多位高名重的公共人物。

他博极群言，而且受其读物影响，俱无可疑。他获益于卢梭颇多；他对社会问题的分析，他的反历史取径，导源于卢梭之处，与导源于狄德罗及法国启蒙运动之处，分量大概不相上下。尤其值得一提，他倾向于以永恒、逻辑、道德及形而上范畴处理社会问题，而不像德国历史学派在社会成长，在社会对变动不居的历史环境的反应里寻索社会问题的本质。他终身景仰卢梭，晚年仍推崇《爱弥儿》为历来关于教育的最佳著作。[2] 他逐渐将土地及其耕耘者——农民——理想化。他这股趋势，卢梭纵非实际发轫之人，亦必有推波助澜之功。依托尔斯泰所见，简朴的农民是“自然”美德的蕴藏所，美德储量之富，几乎等如卢梭所谓“高贵的野蛮人”。托尔斯泰本人，有

[1] 例如，什克洛夫斯基（Shklovsky，文中各处）与艾亨鲍姆（Eikhenbaum，i[页259—260]）在前面所引著作里都曾提及（见页 29，注 1 与页 54，注 1）。
[2] “卢梭尚未受到世人公允的对待[……]我已通读卢梭全部作品，总二十卷，包括《音乐辞典》（*Dictionnaire de musique*）。我不只仰慕他而已，更付出真正的崇拜[……]”（见页 56，注 1）。

59 一面是质理粗糙、朴拙无文的农民，具浓厚的道德主义与清教主义禀性，疑忌且憎恶富裕、权势、幸福之辈；他又有地道的汪达尔气息（vandalism），时或暴发成盲目、十足俄国式的狂肆，力斥西方的圆熟世故与干练优雅，而夸扬“美德”与单纯的品位、“健康的”道德生活，以及尚武而反自由的野蛮精神（卢梭对雅各宾观念的特殊贡献之一）——他这一面，也必定曾因阅读卢梭而强化。他赋予家庭生活一种极高价值，并且倡言心优于脑、道德价值优于思想或美学价值——这些，或许也有卢梭的影响在。凡此皆经有识者标出。诸家之论，切合实情，而且发人深省，但未能解说托尔斯泰的历史理论。卢梭之学，颇非以历史为主，其中很难索得托尔斯泰历史理论的踪迹。卢梭以社会契约里的权力转移理论，解释人对他人的统治权利。关于这点，托尔斯泰就曾充满鄙蔑地加以驳斥。

如果考虑托尔斯泰同时代的浪漫与保守的斯拉夫主义者对他的影响，我们即能稍稍比较接近他历史理论的真正来源。写作《战争与和平》的六十年代中期，他与其中数人，尤其与波戈金与萨马林，过从甚密，而且与他们一同敌视当时蔚为风尚的科学历史理论，即孔德及其信徒的形而上学的实证论，车尔尼雪夫斯基和皮萨列夫，连同巴克尔、密尔与斯宾塞的比较唯物的观点，以及一般的英国经验主义传统——英国经验主义传统带有法国与德国科学唯物论的色彩，后面这几位家数各异，但殊途而同归于此传统。斯拉夫主义者（诗作深受托尔斯泰钦佩的丘特切夫或许最值一提）可能使他不相信以自然科学为范型所塑成的历史理论。托尔斯泰与陀思妥耶夫斯基都认为这些理论未能为人类的作为与苦难提出一个合乎真理实情的说明。

单论一事，它们就已不足为法，它们忽略人的“内在”经验，将他视如与物质世界其余成分受到相同力量左右的自然物，并且听信法国百科全书派一面之词，研究社会行为，如同研究蜂 60
巢或蚁丘，却因自己所造定律无法解释活生生的芸芸众生的行为，而满口怨言。此外，这些浪漫的中世纪主义者可能也强化了托尔斯泰天生的反智主义与反自由主义，以及他由于认为非理性动机既支配人类、又使他们自欺，而对人类的非理性动机抱有的那种深具怀疑与悲观意味的看法——简言之，他们可能使他与生俱来的保守看法变本加厉。这保守精神很早就使托尔斯泰深深招忌于五十年代与六十年代的俄国激进知识分子，并且致使他们忐忑不安，认为即使以他对政治制度的无比大胆抗议，即使以他的异端论调与他毁灭性的虚无主义，他到底仍是个伯爵，是个官吏，是个反动派，非我同志，既未真正启蒙，亦非由衷反叛。

不过，托尔斯泰与斯拉夫主义者可能敌忾同仇，但他们的积极观点南辕北辙。斯拉夫主义的义理对黑格尔及其诠释者大献口惠，其本身主要却导源于德国唯心论，而尤其得助于谢林之说：真知无法借理性获得；惟一可致真知之道，是与宇宙的中心原则作一种想象的自我认同，如灵感神动的艺术家及思想家，与世界灵魂合而为一。有些斯拉夫主义者将此义理视同正教的天启真理与俄罗斯国教的神秘传统，而将它遗传给下一代的俄国象征主义诗人与哲学家。托尔斯泰的立场与此互成极端。他相信，耐心的经验观察是惟一致知之道，只不过，如此获致的知识往往不够而已；单纯之人所知往往较学问之士切近真理——原因不在单纯之人是神明感悟的灵应媒介，而在他们对人与自然的观察比较不为空洞理论所蔽。斯拉夫主义的眼光以形而上的妄念与漫无节制的神秘经验趋向，或者以诗与神学的生命诠释为中心，因而嫌恶一般所谓政治学或经济学，并且走向神秘的民族主义（西方反工业的浪漫主义可为类比）；而
61 托尔斯泰凡有述作，笔端无不挟带一种硬实锐利的常识锋刃，上述妄念与趋向及诠释，都迎刃而自动溃散。此外，斯拉夫主义者是历史方法的崇拜者，认为个别建制与抽象科学的真正性质都只在时间中的无形成长里透露消息，故只有历史的方法能揭得这个真性质。

凡此，无一可能在十分顽强、十分实际的托尔斯泰身上获得同情的回响，在中年萦心现实的托尔斯泰身上，尤其不可能。农民普拉东·卡拉塔耶夫与斯拉夫主义（甚至泛斯拉夫主义）观念论者的土地精神容或有些共通之处——以单纯的乡野智慧反衬过度聪明的西方人所犯种种荒谬——但《战争与和平》初稿里的皮埃尔·别祖霍夫是个十二月党人，流放而老死西伯利亚；在他一切精神流浪里，我们无法设想他终于会在任何形而上体系里，更遑论在正教或任何其他固有教会里寻得慰藉。斯拉夫主义者识破西方社会科学与心理科学的虚张声势，此点，托尔斯泰有所同情，但是，他们的积极义理，他兴趣乏乏。他反对无法理解的神秘事物，反对古代的朦胧，反对任何迷信崇拜。《战争与和平》以带有敌意的手法刻画共济会，即是他此生这个一贯态度的表征。他对蒲鲁东作品的兴趣，以及一八六一年走访流亡中的蒲鲁东，只有更增强他这个态度。蒲鲁东混乱的非理性主义、清教徒式的严谨、对权威与资产阶级知识分子的憎恶，以及他的卢梭主义与激烈语调，显然颇得他意。说他从蒲鲁东同年出版的《战争与和平》（*La Guerre et la paix*）借得自己小说的题目，委实非仅可能而已。

古典的德国唯心论者对托尔斯泰或无直接影响，但至少有一位德国思想家，他曾表示钦佩。而他何以心仪叔本华，确实也不难见得。这位孤特的思想家以郁黯之笔，刻画无能的人类意志奔命似的冲撞强硬固定的宇宙定律；他极言一切人类激情的虚妄、理性体系的荒谬、世人对行动与感觉之无理性来源的懵然不解，以及众生之苦，从而认为，欲减轻人类弱点，宜将人本身化归于极度寂静无为之境，在此境地，人既无激情，遂不会受 62
挫、受辱、受伤。这个传颂于世的义理反映了托尔斯泰的后期看法——人之多苦，由于多欲，由于妄图多得以及高估本身能力；此外，他也可能祖述叔本华之意，苦苦强调意志自由的幻觉与支配世界的真实铁律间的习见对比，尤其力陈因为无法除灭这个幻觉而必然引起的痛苦。依叔本华与托尔斯泰所见，人生之中心悲剧都寓于此；人应该明白，最聪明、最高天赋的人所能控制之事也极其细微；世界历史是由千万因素的有秩序运动所构成，对这些因素，他们可得而知者也极为稀少；但凭迫不及待地相信必定有个秩序存在，就自称察觉到一个秩序，最是胆大妄断的瞎说：你察觉的其实只是了无意义的一团浑沌——这团浑沌的升华形式，亦即强烈地反映了人生之漫无秩序的缩影，就是战争。

托尔斯泰最明言自承的文学渊源，当然是司汤达。在他一九〇一年与保罗·布瓦耶那场著名的会谈里，托尔斯泰举司汤达与卢梭为他受惠最多的两位作家，并且说，他自己所知于战争的一切，都学自司汤达的《帕尔马修道院》中对滑铁卢战役的描述——书中，法布利斯在战场上徘徊，却对战争“一窍不通”。托尔斯泰又说，这个观念——“未经 panache”，亦即未经“夸饰”

的战争——他兄长尼古拉曾与他谈过，他自己日后服役于克里米亚战争，也获得亲身验证。[1] 托尔斯泰以简劲画面呈现战争事件插曲，描述亲预其事者对战役的观感，最受现役军人众口交誉。

这种干直无饰的写法，托尔斯泰自称大半取法司汤达，诚属实言。不过，司汤达背后有个更干直无饰、更具破坏力的
63 人物，司汤达诠释社会生活的新方法，至少部分可能源出此人。这位著名作家的作品，托尔斯泰当然熟识，他受益于此人之处，也深于一般所料，因为二人观点之显著相近，既难归结于偶然，也不可解释为**时代思潮**的神秘作用。此人就是著名的约瑟夫·德·迈斯特。他对托尔斯泰的影响，研究托尔斯泰的学者，以及至少一位迈斯特批评家，都曾予点出[2]，但详情全貌仍有待探讨。

五

《战争与和平》写成一半的一八六五年十一月一日，托尔斯泰在日记中写下“我在阅读迈斯特”[3]；一八六六年九月七日，他致函为他担任总务助理之类职位的编者巴尔捷涅夫，请他寄来“迈斯特档案”，亦即迈斯特的书信与札记。托尔斯泰为何研读这位如今相当乏人闻问的作者，理由不一而足。迈斯特是十八世纪末年以写作反革命小册子而成名的萨瓦保

[1] 参见前文页 39，注 2（‘il n’y a point de panache à la guerre’）。
[2] 见 Adolfo Omodeo，《一个反动分子：约瑟夫·德·迈斯特伯爵》（*Un reazionario: Il conte J. de Maistre*，Bari，1939），页 112 注 2。
[3]《读迈斯特》（“Chitayu Maistr’a”），T xlviii 66。

皇分子，世人通常将他列为信奉正统天主教的反动作家、波
旁王朝复辟的支柱，以及革命前现状尤其是教皇权威的辩护
士。但他远不止此而已。对于个人与社会的本性，他怀抱着
冷峻而不主习套的、怨恨人类的看法，而以干硬且讥讽的激
烈笔意，论述人类野蛮且邪恶至于无可救药的本性、永久杀
戮之无可避免、战争之为神意所定，以及自我牺牲的激情在
人类事务中压倒一切的重大角色——他认为，创造军队或市
民社会者，即是这股激情，而不是天生的社会性或人为协同；
他极言，文明与秩序若想长存，就需要绝对权威、惩罚以及
不断的压制。他作品的内容与语气，接近尼采、邓南遮以及 64
现代法西斯主义的先锋，而远于他自己当代著有名望的保皇
党员，使当时的正统主义者与拿破仑治下的法国都为之震动。
一八〇三年，他的主君，即当时流亡罗马、受拿破仑迫害而
随即被逼迁往撒丁岛的萨伏依公国国君，派他为半官方代表，
出使圣彼得堡朝廷。迈斯特颇富社交魅力，而且敏感于环境，
给俄国首都社会留下深刻印象，见称为练达廷臣、才子兼精
明观察家。他由一八〇三年留驻圣彼得堡至一八一七年，在
向政府复命，或在他与俄国贵族中的朋辈与顾问往来之间，
写就文笔细腻、往往出奇透辟且多先见之明的外交急件与书
信、私人通信以及种种有关俄国及其居民的零星札记，成为
研究拿破仑时期与随后年代里俄罗斯帝国统治阶级生活与见
解的珍贵资料。

他一八二一年去世，作有神学政治论文数篇，但他作品的定本，尤其是称颂一时的，以柏拉图对话形式探讨人类政府本质与法则、兼论其余政治与哲学问题的《圣彼得堡之夜》，以

及他的《外交通信》与书信，至五十年代与六十年代初期始由儿子鲁道夫与另外一些人编全问世。迈斯特对奥地利的坦率憎恨、他的反拿破仑主义，连同克里米亚战争前后皮埃蒙特王国日渐升高的重要地位，自然增加了世人对他人格与他在此时期里的思想的兴趣。讨论他的书籍开始出现，在俄国文学与史学界激起众多议论。托尔斯泰拥有《圣彼得堡之夜》，并有迈斯特的外交通信与书信。这些作品，亚斯纳亚·波里亚纳的图书馆里亦可拣得。十分明显，托尔斯泰在《战争与和平》里大量运用这些资料。[1] 包路奇介入得利沙俄国参谋部辩论的一段
65 著名描述，即是照录迈斯特一封书信，几乎只字不易。瓦西里公爵在舍列尔夫人会客室与某“甚为可取之人”以库图佐夫为题的谈话[2]，显然也根据迈斯特一封信写成；点缀这场谈话的法文片语，在此信中可以一一索得。此外，某说故事者向美貌的海伦与一群欣羡的听众述说拿破仑在著名女伶乔治小姐席上与翁齐安公爵相遇的荒唐轶闻[3]，托尔斯泰初稿里有“在安娜·帕夫洛夫娜处的迈斯特”一条笔记，就是参考此事。再者，老保尔康斯基公爵逐房移床而眠的习惯，大概典出迈斯特所述史特洛加诺夫公爵一个类似习惯的故事。最后，迈斯特的名字赫然出现于小说之中[4]——他与另外一些人一致认为，将拿破仑的显赫王侯与高级将帅俘虏，会徒然造成外交难题，既

[1] 见前引 Eikhenbaum（页 48，注 1，i），308—317。

[2]《战争与和平》(vol. 3，part 2，chapter 6)，T xi 127，128；W 782，783。[此人即迈斯特，认为库图佐夫最适合总领俄军抗敌。——译注]

[3] 同上，(vol. 1，part 1，chapter 3)，T ix 13—16；W 10—13，注释见 T xiii 687。

[4] 同上，(vol. 4，part 3，chapter 19)，T xii 167；W 1182。

增困窘，且无意义。[1] 日哈列夫一八〇七年邂逅迈斯特，事后对他盛加美誉。[2] 我们知道托尔斯泰使用过日哈列夫的回忆录；托尔斯泰在《战争与和平》开章描述安娜·帕夫洛夫娜·舍列尔客厅中的法国流亡名人，以及在别处论述当时彼得堡的时髦社交圈，都很能掌握这些回忆录里的一些气氛。凡此回响与偶合，都经过托尔斯泰学者仔细点检比对，托尔斯泰倚傍借用他人之多，已无可疑。

这些可以互勘的例子中，又有一种比较重要的类同。依迈斯特解释，传说中的贺拉提乌斯兄弟所以制胜库里阿提乌斯兄弟[3]，有如一切胜利，是由于无形的士气因素；托尔斯泰也谈到这个未知数——军队及其指挥官这种无从触摸的“精神”——在决定战争后果上的至高重要性。对不可称量与不要 66
计算因素的如此强调，正是迈斯特全面非理性主义的本质所在。迈斯特比历来诸家更明白也更大胆断言，若与自然力相抗，人智不过一薄弱工具而已；以理性解释人类行为，鲜能解明任何事情。他主张，非理性因素，以其不受解释、又因不受解释而为理性的批判活动所无法挫损，遂独能持久而生强力。他举例说明：非理性的建制，例如世袭君主与婚姻，都能累

[1] 托尔斯泰在此称迈斯特与另外几人是“当代最精练的外交家”。——译注

[2] S. P. Zhikharev，《当代记事》（*Zapiski sovremennika*，Moscow，1934，ii），页112—113。

[3] 贺拉提乌斯兄弟（Horatii）与库里阿提乌斯兄弟（Guriatii）是罗马传说里的人物，各是三兄弟。贺拉提乌斯兄弟属于罗马，属于阿尔巴·隆加（Alba Longa），有的说法则相反。图鲁斯·荷斯梯利乌斯在位期间（传统定为公元前672—公元前642），罗马与阿尔巴·隆加为争土地而交战，双方决议由贺拉提乌斯兄弟与库里阿提乌斯兄弟决斗以平息纷争。决斗中，贺拉提乌斯兄弟死亡二人，余一人佯败而施计一一手刃对方三人。——译注

世长存，而理性建制，如选举君主政体（elective monarchy）或者“自由的”个人关系，无论何处，其冰消瓦解，都迅若飚尘，而且其消失毫无明显“理由”。迈斯特认为一切层次的生命都是野蛮的战斗，个人与国家如此，植物与动物亦然，而且不是为了谋利取益而如此，盖生命所以即战争，发源于上帝所深植的某种原始、神秘、嗜血、自殉渴望。理性之士试图由规划社会生活，来臻至和平与幸福（和平与幸福绝难谓为人心的最深欲望，它们只是人心的漫画像——自由理智——的最深欲望），而未计及迟早不免使它们的薄弱结构像一切纸牌房子般崩塌的种种剧猛力量。战争本能之强大，理性人士这些微弱的努力只如螳臂挡车。

迈斯特视战场为众生一切层面的典型，于是对自以为控制军队运动、自以为指挥战役动向的将军，大加讥嘲。他断定，身处实际热烈战局者，无人能丝毫辨知其中事态：

> 人喜谈世上的战争，而不知其为何物；战争笼罩一国的三四区域，而我们往往想成某几个地点之事；大家一本正经问你：你亲历那次战役，何以竟不知其中情形？——虽然我们答得上来的，经常与实局正好相反。在右边的人，知道左边发生之事么？甚至他了解近在自己周围的战况吗？一个广阔的场野，万事俱备，只等屠杀，似乎一待人马开步，便即触发；火蹿烟扬，眼花眩乱，人在回响震天的金铁交鸣声中，在喝令声、尖叫声、丧命声中神迷狂走，已死者、濒死者以及断手残脚的尸体，遍布周遭，恐惧、希望、愤怒，百感攻心；
> 67 这些可怖景象，我轻易可以想见一二。人处其中，情形如何？

他何所见？一两个钟头以后，他还知道什么？自己或他人，他能明白什么？竟日苦斗之后，战士群中，包括将官在内，往往无有一人晓得何方是赢家。我拿不定要不要为你举出几场近代战役做例子——都是谁也不会忘记的著名战役、改变了欧洲局势面目的战役。这些战役里，战败的一方所以称为战败，只是因为某人认为己方战败；而假设所有条件相同，这边也没有比那边多流一滴血，还是会有一边的将军下令部属高唱赞美歌，并且屈迫历史说出完全与历史本身所言相反的话来。[1]

又说： 68

我们还没有看够虽胜而实败的战争么？……我相信，统而论之，物质条件并非战争之胜败所寄。[2]

又用同样的语气说：

同理，一支四万人的军队，实体上不如一支六万人的军队；但是，史乘昭昭，前者若更具勇气、更富经验、更有纪律，必将击溃后者，盖其人数虽少，而行动更有效率。[3]

[1]《圣彼得堡之夜》（*Les Soirées de Saint-Pétersbourg*，1821），第七谈：OC v 33—34；SPD（英文版译文来源于此）。
[2] 同上，页 35；SPD 223。
[3] 同上，页 29；SPD 220。

最后：

> 战争之为胜为败，乃见仁见智之事。[1]

胜利与物质实体无关，而系于道德或心理：

> **何谓战败？［……］战败，是你认其为败之谓。此是至真之理。**二人互击，一人仆死于地，一人犹自屹立，则仆死于地者败；但军队不可与此并论，一方屹立不坠，另方可能亦未仆死。尤其火药之发明，已使毁灭手段更趋平等，人既众，死数亦与之相当，故人物方面多损失，未可遽称为败，亦即不可因一方死数较多而指其为战败。略有自知的腓特烈二世尝言：胜利，是能勇往直前之谓。然则勇往直前者是谁？勇往直前者，是能以意识与气势击退对
> 69 方者。[2]

没有而且不可能有军事科学，因为“所谓战败，乃想象之事”[3]，此外，“甚少战争因物质之败而论败——双方互有得失进退……自信本身为胜利者，是真胜者，正如自信失败者，是真败者”。[4]

以上教训，托尔斯泰自称学自司汤达，不过，安德烈公爵

[1]《圣彼得堡之夜》，页 31（SPD 中省略）。
[2] 同上，页 32；SPD 221。
[3] 同上，页 33；SPD 222。
[4] 一八一二年九月十四日致前线伯爵：OC xii 220—221。

评论奥斯特里茨战役之语——“我们失败，是因为我们自称失败”，[1] 以及将俄人之战胜拿破仑归因于俄人极欲求存，则是迈斯特之说，而非司汤达之说的回响。

关于战役与战争之浑沌与不可控制，迈斯特与托尔斯泰竟有如此相近的看法。他们还推而广之，将这些看法概及人类一般生活，而且都鄙视学院派历史学家就人类暴力与战争嗜欲所提的天真解释。这几点，杰出法国历史学家索雷尔一八八八年四月七日对政治科学院（Ecole des Sciences Politiques）所做一次鲜为人知的演说，即曾点出。[2] 他取迈斯特与托尔斯泰并观互考，以见迈斯特虽为神权政治论者，托尔斯泰属“虚无主义者”，但二人皆认事件之第一因神秘难明，都将人类意志视如无物。索雷尔写道：“由这位神权政治论者到这位神秘主义 70
者，距离比如蝴蝶至幼虫、幼虫至蛹、蛹至蝴蝶远近。”[3] 托尔斯泰与迈斯特相似之处，为对第一因同感好奇，都问到类似的问题——诸如“请解释：为何人类全无例外，认为天真地屠杀无辜的权利很光荣”，[4] 都拒斥理性主义或自然主义的答案，而

[1]《战争与和平》（vol. 3，part 2，chapter 25），T xi 206；W 855。
[2] Albert Sorel，《史学家托尔斯泰》（‘Tolstoï historien’），《蓝色评论》（*Revue bleue*，41，January—June 1888），页 460—469。这篇演说的修订版收录于 Sorel 的《史学讲稿》（*Lectures historiques*，Paris，1894），历来研究托尔斯泰者皆忽略，颇失公允。例如 P. I. Biryukov，《托尔斯泰：传记》（*L. N. Tolstoi: biografiya*，3rd. ed.，Berlin，1921），以及 K. V. Pokrovsky，同前引（页 47，注 2），都遗漏了迈斯特，后来的批评家和文学史家都依赖于这两人，更不用说。Sorel 的这篇演说大有助于匡正他们的看法。在比较早期的学者里，几乎只有 Émile Haumant 不理二手资料，而独自发现真相：参见其《在俄国的法国文化（一七〇〇——一九〇〇）》（*La Culture française en Russie[1700 – 1900]*，Paris，1910），页 490—492。
[3] 同上，页 462，这段文字在 1894 年再版中被省略了（页 270）。
[4] OC v 10；SPD 210。

强调无形的心理与“精神”因素——或者“动物学”因素——作为决定事件，就像迈斯特以急件向他在卡利亚里的政府所作的复命，强调这些因素，而不顾军事力量的统计分析。关于群众之移动——战役中之人群运动，以及俄人逃出莫斯科与法军窜离俄国，托尔斯泰的解释，简直就是刻意设计，要具体演证迈斯特重大事件未经规划且无从规划之论。不过，二人的搭配唱和，还有更深层次。这位萨瓦的伯爵与这位俄国人都反驳，而且激烈反驳自由主义关于人性之善、人类理性，以及物质进步为可贵或无可避免的乐观论，二人都厉声宣斥理性与科学手段能致人类于永恒幸福与美德的概念。

继宗教战争而起的第一道乐观理性主义大浪潮撞击着惨烈的法国大革命，以及随大革命而起的政治专制与社会经济疾苦：在俄国，则尼古拉一世先为了抵制十二月事变的影响，四分之一个世纪后，复为了抵制欧洲一八四八年至一八四九年革命的影响，而长期采取连串压制措施，粉碎了一股与欧洲类似的发展；除此，十年后克里米亚之败的物质与道德影响亦须计入。在欧洲、在俄国，赤裸暴力之出现，都扼杀许多温
71 厚的理想主义，从而造成种种类型的现实主义与强硬作风——其中有唯物社会主义、集权的新封建主义（authoritarian neo-feudalism）、铁血民族主义，以及其余激烈的反自由运动。迈斯特与托尔斯泰之间纵有许多难通的深刻心理、社会、文化、宗教差异，但他们的幻想破灭以后的表现，都是痛切怀疑一切科学方法，不信任各种自由主义、实证主义、理性主义，以及一切志高气昂而当时风靡西欧的世俗主义，终而刻意强调那些温情的浪漫主义者、人文主义历史学家与乐

观的社会理论家似乎决意不理不睬的“不愉快”人类历史面貌。

谈到政治改革家（其中的代表——俄国政治家斯佩兰斯基，即为有趣例子），迈斯特与托尔斯泰都使用辛辣鄙薄的语气。斯佩兰斯基之失势及放逐，迈斯特疑曾插手；托尔斯泰则假安德烈公爵之眼，描述亚历山大这位一时宠臣的苍白面容，他细嫩的双手、作张作致而妄自尊大的仪态、矫情而空洞的动作[1]——暗示其人及其自由派活动虚幻不真；托尔斯泰描述之传神，迈斯特亦当绝倒。谈知识分子，二人俱怀鄙蔑与敌视。迈斯特认为知识分子是历史过程中的可怕灾祸——是天意所造，使人类引为警惕而重新皈依古代罗马信仰的丑怖怪物，而且危害社会，有如瘟疫，专寻问题而腐化青年的一批人，其腐蚀活动，凡谨慎的统治者，皆须有所举措，加以防制。托尔斯泰对此等人物，则鄙视多于憎恨，将他们说成可怜、方向错误、智力薄弱而妄图大成之流。迈斯特视他们为一窝社会与政治蝗虫、基督教文明内心深处的一块坏疽——基督教文明乃万物之至圣，惟赖教皇及其教会发挥英雄之力，方能保全。托尔斯泰则视其为自作聪明，以编造空洞深文诡说为能事，对单纯之人所能掌握的现实都耳聋目盲的愚夫；经过多年沉默以后，他大举报复，不时借用一位严峻、无政府老农的野蛮猛烈语 72
气，斥责这群愚蠢、喋喋不休、人语人样，俨然无所不知、巧言善辩、自感优越却无能且胸中空洞的猴子。凡不以权力本质为探讨中心的历史诠释，二人尽予摒斥，但理性主义对权力本

[1] 安德烈与斯佩兰斯基之晤。——译注

质所做的解释，二人又嗤之以鼻。迈斯特以嘲讽百科全书派为乐事——嘲讽他们聪明一时的肤浅、他们齐整但空洞的范畴。一个世纪以后，托尔斯泰讥讽他们的苗裔——科学的社会学家与历史学家，手法亦大同小异。二人都声言相信未经腐化的平常人民有深刻智慧——不过，对于俄国人那种无可救药的蛮昧、见利忘义以及无知，迈斯特另有高论，其说尖刻入骨，托尔斯泰若曾寓目，必定不喜。

迈斯特与托尔斯泰都认为西方世界可以说正在“腐烂”、正在迅速朽败。这是罗马天主教反革命人士发明于世纪之交的义理。二人视法国大革命为神所降于悖离基督教信仰者（尤其悖离罗马天主教信仰者）的惩罚，部分即本此义理而来。对世俗主义的这种宣斥，起于法国，经由诸多迂回路径，然后，主要由二流新闻业者及其学院读者，到达德国与俄国（到俄国，又有直接输入，以及经由德国说法转来者），而植入一块现成的土壤。俄国有人因幸免于革命的动荡剧变而沾沾自喜，认为西方毁于古老信仰之隳败，道德与政治急遽解体，而我们仍然稳据致身权势荣华之路。托尔斯泰西方腐朽日速之见，其源出斯拉夫主义者及其余俄国沙文主义者之处，与直接取自迈斯特之处，至少等量，殆无可疑，但是，这两位耿直、出身贵族的观察家心中这股信念都格外强大，而且主宰了他们异常相似的看法，故仍值得注意。二人根本上都是直往不返的悲观思想家，摧陷流行的幻觉，不稍容情。时人纵或勉强承认他们所言有理，却也悚然退避。迈斯特狂热奉持教皇绝对权力主义，支
73 持固有建制，托尔斯泰则早期作品不涉政治，并且不曾授人以激进情绪之证据，然而二人都隐约被视为虚无主义者——他们

反掌覆手之间，十九世纪的人文价值纷纷粉碎。二人都力图逃出自己所造而逃无可逃且无可解答的怀疑主义，想遁入某种浩大无涯、至坚不摧的真理，以求摆脱自己天生性向与气质的影响。迈斯特进入天主教，托尔斯泰则游入未经腐化的人心与单纯的四海兄弟之爱——这状态，他可能了解，但鲜有了解。面临这个理想的灵见，他的描述技巧一筹莫展，而每每生出艺术拙劣、质鲁木强兼且天真幼稚之作；他为这个理想而作的文字，极其动人，非常不足取信，而且与他自身的经验分明全不相属。

然而，以上的类比，也不可过分强调。迈斯特与托尔斯泰固然都认为战争与冲突无比重要，但迈斯特，一如其后起的蒲鲁东[1]，歌颂战争，断言战争为神秘与神意，托尔斯泰则厌恶战争，并且认为，原则上，只有得知够多的细微原因——其著名的历史“微分”——我们才可能了解战争。迈斯特信仰权威，因为权威是一种非理性的力量；他相信人必须服从，相信犯罪难免，审讯与惩罚为至要之事。他视刽子手为社会柱石。司汤达称他为“刽子手之友”（I'ami du bourreau），拉

[1] 一八六一年，托尔斯泰在布鲁塞尔拜访蒲鲁东。同年，蒲鲁东出版《战争与和平》（*La Guerre et la paix*），此书三年后译成俄文。艾亨鲍姆据此事实，推论蒲鲁东对托尔斯泰有影响。蒲鲁东亦如迈斯特，认为战争的根源黑暗且神秘。此外，蒲鲁东所有作品里，非理性主义、清教主义、对矛盾的爱好，以及笼统的卢梭思想，混淆一炉。不过，这些特质，在激进的法国思想界随处可见，托尔斯泰的《战争与和平》，除了书名，很难找到特属蒲鲁东专有的成分。蒲鲁东对这时期各类俄国知识分子当然具有广大的普遍影响，因此，要论定陀思妥耶夫斯基——或高尔基——是蒲鲁东主义者，不但与论定托尔斯泰是蒲鲁东主义者一样容易，而且可以说更容易。不过，做这种论定，徒然掉弄批评工夫而已，并无大益。因为托尔斯泰与蒲鲁东，相似之处模糊而笼统，歧异则更深刻、更多、更明确可指。

梅内说他只知两种真实——罪与罚，“他仿佛高踞绞刑台而述
74 作”。[1] 二氏所言，并非无的放矢。依据迈斯特的世界观，人皆野人，彼此相残活剥，剧战溅血，为杀戮而杀戮。他视此为一切众生之常境。托尔斯泰距此等恐怖、犯罪、虐待狂之说甚远。[2] 无论索雷尔与沃居埃如何看法，他都绝非神秘主义者。他的做法是事无不可问，莫有禁忌，而且相信必有个单纯答案在——答案如果原本就在我们脚旁近处，我们不可执意自苦而往奇僻与遥远之处寻觅。

迈斯特支持等级制原则，相信自我牺牲的贵族，相信英雄主义、服从，以及群众应由其社会与神学中的上级施予最严厉控制。因此，他倡言将俄国教育置于耶稣会士手中；耶稣会士至少会将拉丁文授予野蛮的锡西厄人。余事勿论，但因其体现了历代的偏见与迷信，拉丁文即已是人类的神圣语文，因为那些偏见与迷信是久试于历史与经验而不破的信念——也只有这些信念能筑成至坚之墙，以摒拒无神论、自然主义及思想自由的可怕酸蚀。最重要的是，他认为，自然科学与世俗文学有其弊害，在教化涵养未全而不足以抵抗这些弊害者手中，是危险物品——一种烈酒，任何尚未惯饮此酒的社会，都有兴奋激狂，终而为其所毁之虞。

托尔斯泰毕生反击公然的蒙昧主义，以及对求知欲的

[1] 一八三四年十月八日致皮尔萨赫伯爵夫人（Senfft von Pilsach）：Félicité de Lamennais，《一般通信集》（*Correspondance générale*，ed. Louis le Guillou，Paris，1971—1981，letter 2338，vi），页 307。

[2] 不过，托尔斯泰也说：千万人明知杀人在实质上与道德上是恶事，仍然互相杀戮，因为这是“必要的”，因为他们由此而“实现……一个根本的、动物学的法则”。（同前引 49 页，注 2）这是纯粹迈斯特之说，去司汤达与卢梭甚远。

人为压制。他最严厉的言词，正是抨击十九世纪末二十五
年间奉行这位天主教大反动分子格言的俄国政治家与政论
家——波别多诺斯采夫及其朋辈与附庸。《战争与和平》作
者分明痛恨耶稣会士；亚历山大在位期间，他们竟能变化时 75
髦俄国仕女的信仰，尤其令他憎怒——皮埃尔那位了无可取
的妻子海伦，其生平最后几桩事件，几乎可能就是根据迈斯
特对圣彼得堡贵族传教的活动而写成。的确，有十足理由可
以认为，耶稣会士所以被逐出俄国，迈斯特本人所以被罢黜
离境，就是由于皇帝认为他的干预太明目张胆，而且太过
得逞。

因此，最令托尔斯泰惊怒交加之事，将莫过于得知他与这位黑暗的使徒、这位无知与农奴制度的辩护士，竟有许多共通之处。遍观论述社会问题的作家，语调最近托尔斯泰者即迈斯特。对于借理性手段、由实行良好法律或传播科学知识以改善社会，二人都横加讽刺、有近乎犬儒的不信。对于一切时髦解释、所有社会万灵药，尤其对于凭据某种人为公式而整理与规划社会，二人俱热嘲怒讽。对于一切专家与一切技术、一切世俗信仰的高远声称，以及理想主义者用心良苦的改善社会的企图，二人皆持深心怀疑的态度，惟迈斯特公然明言、托尔斯泰较不显著而已。凡以观念应物处事、凡相信抽象原则者，二人同样不喜，二人都深染伏尔泰的脾气，又都厉声拒斥伏尔泰观点。迈斯特宣斥卢梭为伪先知，托尔斯泰态度则比较暧昧不明，但二人极究事理之后，都援他之例，往人类灵魂中推求暗藏的根本来源。个人政治自由之观念——以某种非个人的司法制度保障民权，二人尤其拒斥。迈斯特视任何个人自由之欲

求——无论其为政治、经济、社会、文化或宗教上的个人自由——为任气使性的漫无纪律与愚蠢的犯上。他支持最黯无理性与最具压制性的传统形式，因为惟传统能赋社会机构以生命活力，使之持续、安泊；托尔斯泰拒斥政治改革，则因为他相信最终的新生只能出自内在，而惟一真实的内在生活又寓于人
76 民大众内心里难以探触的深层之中。

六

但是，托尔斯泰的历史诠释与迈斯特的观念另有一个更大且更重要的互通之处，而此事牵涉到他们在人类关于过去的知识上所抱持的基本原则。这两位互不相似、直可谓彼此敌对的思想家最显著共同成分之一，为二人俱全心关切事件的“坚决无情”性格——事件的“迈进”(march)。托尔斯泰与迈斯特都认为，凡发生之事，都是一张张网，由事件、对象及特征结成，厚厚纠缠、密不透光、复杂难解，既以无数无法辨指的环节相互系扣而成，又由无数有形无形的间隙与突断为之区分界隔。这种现实观，使一切清晰、逻辑与科学的建构——人类理性所获致的轮廓精详、匀称均齐的样式——显得滑巧、单薄、空洞、“抽象”，若取以描述或分析任何有生命或曾有生命之物，完全无效。所以如此，迈斯特归因于人类观察与推理力量不可救药的无能——至少，若无超人知识来源之助，它们就是如此无能；所谓超人知识来源，指信仰、天启、传统，尤其天主教的伟大圣徒与博士，以及其无法分析的、特殊的真实感受——对此感受，自然科学、自由批评及世俗精神乃致命

之毒。依迈斯特所见，希腊人中最睿智者、许多伟大的罗马人、支配中世纪的重要教士与政治家，皆拥有这种洞识；他们的力量、尊严与成功，即源出这种洞识。此种精神的天敌是聪明与专业化。因此，罗马人鄙视专家与技术人员——鄙视饥不择食的希腊人（Graeculus esuriens）[1]，极有道理。近世的亚历山大时代（可怕的十八世纪）里这些精明伶俐、肠脑凋枯的人物——由掠食为生、卑龊下劣、嬉皮笑脸的伏尔泰领头，因对神的真道耳聋目盲而专事害人害己的一群可怜的涂鸦弄文之士，其遥远但确定的祖先，就是希腊人。了解世界之“内在”节奏、“深层”潮流，了解事物无言之迈进者，只 77
有教会。这节奏、潮流及迈进，不在争攘动乱的君主、不在嘈杂哄闹的民主宣言、不在喋喋喧腾的宪法公式，也不在革命暴力里，却在由“自然”法则支配而永恒的自然秩序中。惟解此秩序者能知何事可为而何事不可为，何事应尝试而何事不应尝试。这些人而且惟有这些人，掌握世俗成就与精神救赎之锁钥。全知者惟上帝。我们也惟有将自己浸入上帝之道——浸入他的神学或形而上原则，方可冒昧指望有智慧。这些原则的最低境界体现于本能与古代迷信之中，因此，本能与古代迷信只是卜测并服从上帝法则的原始方式——但仍是已试诸百世的方式；运用理性，则是妄图以我们自己的武断规则取代这些方

[1] 语出罗马讽刺诗人尤维纳尔（Juvenal，公元 55 或 60—127 或 130，有作 140 首）。其《讽刺诗》（*Satires*）第三首言罗马已毁于希腊人及其他移民：“学者、演说家、几何学家、画家、体格训练家、预言家、跳绳家、医生、魔术师：饥不择食的小希腊人无事不能——送他登天看看（他也上得去）。”录自《牛津名言大典》（*The Oxford Dictionary of Quotations*，Oxford University Press，1941 初版，1979 三版，1980，1983 修订），页 287。——译注

式。实际的智慧（practical wisdom）大致都是关于无可避免之事的知识：在我们的既有世界秩序内，何事不得不发生，何事无法完成或者不可能完成，以及某些计划何以必定失败或者不得不失败。何以不可避免，并无任何证明或科学的理由可以解释。但识其为不可避免，是一种稀有的能力，此种能力，可以称为“现实感”（sense of reality）——感知何物与何物相适、何物与何物无法并存。此感名称很多：洞识、智慧、实用天才、对于过去的感受，以及对生命、对人类性格的了解，等等。

托尔斯泰的看法与此并无多大差异，只除一点：我们夸称能了解或决定事件，这种夸大是一种愚蠢，所以有此愚蠢，他认为理由不在于我们愚蠢或亵渎神明，妄图不假特殊（即超自然）知识之助以成事，而在于数目浩瀚的事物交互关系——事件的细微决定原因——我们所不知者太多；我们若但稍知因果之网变化无限，便应停止称赞与责备、夸言与悔吝，或者不再将人视为英雄或恶棍，而怀抱适当的谦抑，虚心伏首于无可避免的必然性之前。不过，我们若言止于此，是曲解他的信念。在《战争与和平》中，托尔斯泰曾明言一切真理在科学——在关于物质原因的知识，因此，我们若以太少的证据作成结论，将是自陷于可笑——不如农民或野蛮人，农民与野蛮人不会比我们无知太多，其主张却至少比较谦虚适中。但是，这种世界观又并非《战争与和平》、《安
78 娜·卡列尼娜》或托尔斯泰这个时期任何其余作品的根本看法。库图佐夫睿智且聪明，但不只是趋炎附势的德鲁别兹柯依或毕利宾那种聪明；他也不像那些德国军事专家那般执迷

于抽象的理论或教条——他不像他们，而且比他们明智，然而他所以如此，并非由于他比他们多知事实，亦非由于他比他的顾问或敌手——普菲尔、包路奇、贝尔蒂埃或那不勒斯国王——熟谙更多事件的“细微原因”。卡拉塔耶夫能令皮埃尔开悟，而共济会员不能。所以如此，并非因为卡拉塔耶夫的科学知识凑巧优于共济会莫斯科支部；列文下田而获体悟，安德烈公爵在奥斯特里茨战场受伤而生大悟，然此二悟皆非寻常所谓新事实或新定律之发现。相反，事实之累积愈多，你的活动愈徒劳，你的失败也愈是无望的失败——由亚历山大身边那群改革者，可以观知此点。他们及他们一类人只因愚蠢（如那批德国人、军事专家，以及一般专家），或虚荣（如拿破仑），或浮薄（如奥布朗斯基），或麻木（如卡列宁），方得免沦于浮士德式的绝望。

皮埃尔、安德烈公爵与列文发现什么？他们又在追寻什么？一项体验点化了他们的生命而解决了他们的精神危机，那场精神危机的中心与高潮何在？不在于皮埃尔与列文等人痛悟自己能声称发现的拉普拉斯式全知观察者所知的全体事实与定律有多么少，也不在于学苏格拉底干脆自承无知，[1] 更

[1] 拉普拉斯承古典力学的物质、运动与时间观念，以原子及其运动的完全知识为人类知识的理想。设有一智慧在某刹那得知所有原子（或者万有）的精确位置及其彼此之间的所有作用力，它就能回溯并预测“最大物体与最小原子”在过去与未来任何刹那里的位置与运动。宇宙里于是“没有这个智慧不能确知之事，未来，如同过去，都尽现于眼前”；见其《哲学论文：论概率》（*Essai philosophique sur les probabilités*）；引文录自《近代欧洲思想》（*Modern European Thought: Continuity and Change in Ideas*, ed. Franklin L. Baumer, 1600—1950, New York: Macmillan Publishing Co., Inc., 1977），页 460。苏格拉底自承无知，“真知属于上帝”；见柏拉图《对话录》《申辩篇》。——译注

不在于几乎与此相反的情形，亦即，不在于他们对主宰人生的“铁律”获得更精确的新觉悟。也就是说，不在于如狄德罗、拉美特利、卡巴尼斯等伟大的唯物主义者，或者是屠格涅夫在《父与子》中当作偶像来描写的“虚无主义者”巴扎罗夫那样的十九世纪中叶科学作家的宇宙论一样，悟见自然是一部机器或一座工厂。复又不在于他们对古往今来诗人、神秘家与形而上学家都曾证言的万有合一获得的某种先验感
79 受。然而他们**确实**有所感悟，有个灵见，或者至少是天机一闪，是一刹那的启示，恍兮惚兮而释万疑、调万事；那是某种神义论，使一切存在之物与发生之事皆有其存在与发生之理，而且同时使此理豁然澄明。此悟此理是何悟何理？托尔斯泰未曾明说。他（在后期明白说教的作品里）开始费辞详述，但说法已非复旧观。然而，凡读《战争与和平》者，无人能完全懵然不晓托尔斯泰所言何事。在库图佐夫或卡拉塔耶夫为主的几幕戏里，或者在书中其他准神学、准形而上学的文字里，固然已可略窥其意；全书结尾里纯用叙述而不涉哲学的一段，写皮埃尔、娜塔莎、尼古拉·罗斯托夫、马丽娅小姐安系于扎实、清醒的新生而过其安定的日常生活，托尔斯泰用意尤更昭然若揭。在此，他分明有意要我们看出，十余载风雨忧患之后，这部小说的“主人公”——“好”人——已造就一种平静，一种基于了解而来的平静；了解何事？安忍顺受之必要；顺从何物？非仅顺从上帝意志（至少，在写作几部伟大小说的一八六〇年代或一八七〇年代，非仅指顺从上帝意志而言），亦非仅顺从科学里的“铁律”，而是顺从事物的永恒关系（the permanent relationships of

things)[1] 以及人类生活的普遍质地（the universal texture of human life）；真理与正义只在此关系与质地之中，而只有用一种“自然的”（有点亚里士多德式的）知识，才能发现。

欲造此境，最要者为掌握人类意志与人类理性何所能、何所不能。然则如何可以得知人类意志与人类理性之能与不能？其法不在做某种特殊的探讨或发现，而在对人类生活与经验的某些普遍特征有所知觉（不必是明示或有意识的知觉）。这些特征中最重要且最普及者，为“表面”与“深层”之判然分野。所谓“表面”，指可以触知、可以描述、可以分析的物理与心理、“外在”与“内在”、公众与私人资料，亦即科学能处理的资料世界，尽管科学在某些领域里——例如物理学以外的领域——进展极微；所谓“深层”，则指“包
含”并决定经验结构的秩序，亦即我们与我们的经验必须置 80
入其中，方能设想的架构——也就是说，我们的思想习惯、行动、感觉，我们的情绪、希望、心愿，我们的谈话、信仰、反应、存有方式等等所以如此之理。我们——有知觉的造物——部分生活在一个世界里，这个世界的成分，我们能以理性、科学、精细计划的方法来发现、分类，取为行动根据；但我们又部分（托尔斯泰、迈斯特以及与他们一般见解的思想家，可以说大部分）浸没于一媒介中，此一媒介，我们无可避免地在某程度内认为当然是我们自身的一部分，在这程度内，我们并未而且无法由外观察它；我们无法辨认、测量、

[1] 此处“事物的永恒关系”，意思与孟德斯鸠《论法的精神》（*De l'esprit des lois*，1748）开章首句几乎相同（“源自事物本质的必然关系”）。

操纵它；它如果与我们的经验极为亲密相触，与我们以及我们所作所为交织过密，而不能从流变（生命与经验是一种流变）里提出，作为可用科学之超脱加以观察的对象，我们对它甚至就无法完全知觉。它是我们存在其中的媒介，决定了我们最恒久的范畴，我们判断真与伪、实相与表相、善与恶、中心与边末、主观与客观、美与丑、动与静、过去与现今与未来、一与多的标准。因此，以上范畴或其他任何可明确构想的范畴与观念，无一适用于它——因它本身只是包含凡此范畴、凡此观念之全体（totality）的笼统称呼，亦即我们所借以作用之终极架构与根本前提的总名。

我们惟有获得这媒介以外的某一有利据点（不可能的据点，因为无“外”），始能分析此一媒介。不过，对于自身与他人生命中“浸没”部分的质地与方向，还是有人比他人敏觉，比忽略此一无所不在之媒介（“生命之流”）而当受“浅薄”之名者敏觉，比试图将表层对象亦即将相当有意识、相当可操纵的经验所专适的工具——科学、形而上学等工具——应用于此媒介，因而理论上造成种种荒谬、实践上落空蒙羞者敏觉。所谓智慧，一能斟酌而承认我们在其中行
81 动的不变（至少非我们所能改变）媒介——例如我们一切经验都带有时间与空间特性，此时间与空间之普泛性即是必须斟酌之事；二能多多少少有意识地斟酌“无可避免的趋势”，“无从秤量的至轻至细之物”，“事物的动向大势”，而妥为因应。此非科学知识，而是对我们适巧置身其中的环境形势有一种特殊的敏感；这是在不抵触某种无法改变，甚至无法充分描述或计算的恒定条件或因素下生活的能力，亦即，凡遇

科学在原则上不适用之处，即善于遵循经验规则——农民或其他“单纯人民”据说具有的“远古智慧”——而行事。对宇宙取向（cosmic orientation）的这种无法言喻的感悟，谓之“现实感”，谓之生命正道之“知”。

托尔斯泰有些说法似乎认为，科学实际上虽不能但原则上能研透并征服一切；而他言下之意是，若果如此，我们应该得知一切实有界的原因，得知这些原因，我们也就应该知道我们是不自由的，是完全被决定的——最智慧者所知，亦仅止于此。迈斯特有些说法也似乎认为，教授因技术较优而比我们多知。但言下之意，他是认为他们所知不过“事实”，亦即，他们所知只是诸门科学的题材而已。圣托马斯所知比牛顿无限多，而且更精准、更确定，然而他的知识与牛顿同属一类。迈斯特与托尔斯泰口头上都故示承认自然科学与神学有寻获真理之能，但这些认可始终纯属形式，他们的积极教条表现的是与此迥然不同的信念。迈斯特称赞阿奎那，并非因为他是比达朗贝尔或蒙日优秀的数学家；同理，据托尔斯泰所见，库图佐夫之高明，并不在于他是比普富尔或包路奇更高明、更具科学头脑的战争理论家。库图佐夫之类伟人是智慧高而非知识多；使他们成为大师者，不是他们的演绎或归纳推理，而是因为他们见地“比较深远”，见人所不见；他们看出世界之道，见得何物与何物相合而何事与何事绝难一致；他们看出何事可能而何事不可能、人如何生活及人生目的何在、人有何作为及痛苦何在、人如何行动、人为何如此行动以及为何应该如何行动。

此“见”并未传出关于宇宙的任何新消息；它只是悟见

82 至轻难量之物与可得而秤量之物的交互作用、一般事物或某一特殊情况的“形状”，或者悟及某个特定性格——凡此，已非科学决定论所需要的自然定律可得推知或陈述之事。能归入此类自然定律的事物，科学都能处理；处理这些事物，毋需“智慧”。如果因为这优上“智慧”存在而否认科学有其权利，是妄为而侵犯科学领域，是混淆范畴。托尔斯泰至少即未曾失检至于否认物理学在其本身领域内的效用；但是他认为，与科学家所难涉及之境——社会、道德、政治、精神世界——相较，物理学领域微不足道。没有一门科学能整理、描述、预测这些世界，因为这些世界里所“浸没”的、无法检视的生活的比例过高。显露这些世界之本质与结构的洞识并不只是一时权宜使用的代替物——不是有关的科学技术不够精到时才来乞灵的经验变通办法。这洞识的要务完全不同，此事是没有一门科学能自称有办法的事；它辨别真实与赝伪、值得与不值、可为或可以持久与不可为或无法持久之事；它若有所判断，亦不必为其判断提出理性的根据，原因无他，“理性”、“非理性”是由于与此洞识发生关系，亦即须为“从此洞识中生出”，才有其意义与用法的措辞，而不是这洞识由于与它们发生关系才有其意义与用途。此中本末，不容倒置，因为我们一切思想作为是在某块终极土壤上，在某个架构、气氛、格局、媒介里受到不可避免的感觉、评价、判断，而上述洞识了解就是根据这终极土壤、架构、气氛、格局、媒介（难以定名，以最能尽意者为上）而来。

托尔斯泰的决定论、他的现实主义、他的悲观论，以及他（和迈斯特）鄙视科学与世俗常识对理性的信心，追根究底，就在于他们时刻感知这架构——事件的运动不拘，或者其特色的多变样态——“牢固无情”、普遍、周及万物、非我们所能改变、非我们力量所及（此“力”，指我们由科学知识进步所得而控制自然之力）。这一切的架构、一切的基础，就在“那里”，而惟智慧者识之：皮埃尔摸索之，库图佐夫确信之，卡拉塔耶夫与之合一。托尔斯泰所有主人公都至少获得 83
断断续续的一窥，只此一窥，已令一切习套的解释——科学、历史的解释，由没有反省能力的“良知”（good sense）作成的解释——显得空洞至极，而且这些解释法最不自量力之处，又即可耻的谬误。托尔斯泰本身也知道真理在彼而不在“此”——不在可供观察、分别以及可作建设性想象的地区；不在细微体察与分析的力量（关于此道，他是我们当代的最伟大能手）；但是，他不曾亲自与此真理正面相照，因为他无论怎么说，都不曾有个整体之见；他不是、根本不是刺猬；他所见者不是一，而是多，他那苦执困心、逃无可逃、不屈不挠、穿透一切而令他疯狂的清明眼光，看到的是一个比一个细微，一个个充满个性的许多事物。

七

我们处身于我们无能了解的巨大事物图式中。外在对象，或者别人的性格，我们将它们析离它们存在其中的历史之“流”，析离它们被“浸没”的、深不可测的部分（托尔斯泰所谓职业历史学家甚少留意的部分），即能加以描述。然对此图式，此法不通，因为我们自身即生活于此整体之中，而且依此整体而有生命，我们与此整体顺受相安，才可谓有智慧。据埃斯库罗斯[1]与《约伯记》[2]可知，我们惟饱经辛酸苦难之后，才会以此整体自安自适。臻至此境之前，我们抗争、受苦；而除非臻至此境，我们一切抗议与受苦将全属徒然，而且使自己沦于自愚出丑的可悲下场（如拿破仑）。由于愚蠢以及高傲的自我主义而抵触这环流（circumambient stream）的本质，将使我们的行动与思想自取挫败。对此周连不殆的环流有意识，即是有见于经验之统一，即是有历史感，即是有真正的实在之知，即是相信贤哲（或圣徒）那种不可言传的智慧（托尔斯泰与迈斯特细节上或有差异，但都有这种智慧）。二人的现实主
84 义是同一类现实主义，是浪漫主义、感伤主义与“历史主义”的天敌，也是侵略性“科学主义”的天敌。他们的目的不是要借自然科学知识、形而上知识、历史科学知识之进步，或由返取过去以及其他方法，将已知已行之事区分于原则上可知可行或有朝一日将可知可行之事；他们的宗旨，是要确定我们知识与力量的永恒疆界，将其划别于人原则上永远无法得知或无法改变之事。依迈斯特所见，我们的命运寓于原罪，寓于我们是人——有限、容易犯错、悖德败行、虚妄；我们一切经验知识

[1] 埃斯库罗斯著名悲剧《俄瑞斯忒斯三部曲》（*The Orestia*）以斗争到和谐、血仇到和平、革命到法治的演变，呈现希腊（推而广之，人类）文明一段复杂的挣扎进步过程，可为例子。三部曲中第一部《阿伽门农》（*Agamemnon*）起头不久，合唱的老人即唱出“智慧随苦难而至”（或“苦难生智慧”）。——译注

[2] 约伯努力事功，一生向善，老境优裕，突遭家破人亡、无处立锥之惨祸，于自认无辜之中，与友人讨论祸因，不得要领，复质问于上帝，最后虽不能探明自己何以罹此百忧，但仍俯首承认上帝做法必有其神秘而我无法了解的用意与目的。事见《旧约圣经·约伯记》。——译注

（与教会训谕相违的知识）都深染错误与偏执。据托尔斯泰之论，我们一切知识必属经验知识——此外别无知识；这知识永远不会将我们导向真理的了解，只会累积以武断之道抽取的零碎消息见闻；不过，托尔斯泰还认为（正如他极度鄙视的唯心派形而上学家所认为），如此累积之知既无价值且不可解，除非它取源并指归于惟一值得追求、无法言喻但非常容易感觉的这种卓异的理解力。

了解何事，托尔斯泰时亦近乎明言。他告诉我们，我们所知于某件人类行动愈多，就愈觉得该件行动无可避免、决定难移。何以故？知道愈多相关条件与前因，即愈难不考虑种种环境，并且愈难臆测若非这些环境，事情可能如何。我们在想象里将我们知道为真的事实一一剔除之后，这种臆测非仅困难，亦且不可能。托尔斯泰此言之意，并不隐晦。我们就是我们，而且生活于有其特性——物理、心理、社会等特性——的处境之中；我们所思、所感、所为，包括我们设想现今、未来或过去可能有何选择的能力，皆为这处境的条件所制。我们的想象、我们的计算能力、我们设想过去某方面若是另种模样则情形可能如何的力量，很快达到天生极限：一因我们对选择——“可能之事”——的计算能力薄弱易穷；更因（托尔斯泰说法的逻辑引申）我们的思想就是如此，我们的思想条件及其所出 85
之符号本身就是如此，而且受世界的实际结构所决定。我们的想象，其意象与力量有限，因为我们的世界具有一定的特性，一个太过不同的世界根本无法（凭经验）设想，人的想象固有强弱高下之异，然有止境则一。

世界是一个体系、一张网。将人设想为“自由”，就是将他们设想成在过去某个关口上能够另有做法；是设想出这些未曾实现的可能事物会有何后果，以及世界因此将如何有别于如今实有之状。即使以人为、纯粹演绎的体系而论，例如棋局，这种想象便已困难至极，棋的布法，数目既有限，形态亦分明（由我们以人为之道安排而成），故其组合犹可计算。但是，若将此法应用于现实世界的模糊、丰富质地，而试图根据你的因果律，或然率知识，来讨究某项未曾实现的计划或某件未曾履现之行动的底蕴——该项计划或行动对全体后来事件的影响——你就会发觉，辨出愈多“细微”原因，将这些原因一一解离互相扣连的枢纽环节而“演绎”其任何后果的工作，也愈加困难骇人。因为你演绎出来的每一个后果，都影响到其余无法计数的全部事件与事物的整体。这整体与棋有别，并非能以武断择取的一套观念与规则来加以界定之物。在现实生活中，甚或在棋局中，你如果妄行逞弄基本观念——诸如空间之延续、时间之分割等，你很快就达到符号失灵、思想混乱而瘫痪之地。所以，我们对事实及其关系所知愈充分，即愈难设想有何选择方案；我们所据以设想及描述世界的术语——或范畴——愈清楚、愈精审，我们就愈觉得我们的世界的结构固定难变，人事行动并不“自由”。识知这些极限——想象力之极限，以及究竟而言，思想本身之极限——你就会正视这世界
86 “牢固无情”的统一样式；亦即领会到，与此样式合一，俯首顺从这样式，才是寻求真理与平静之道。这看法一非东方的宿命论，二非托尔斯泰那一世代俄国革命“虚无主义者”深心景仰的著名德国唯物论者毕希纳、福格特或摩莱肖特等人那种机械决定论，三非对神秘开悟或整合的渴求，而是惟谨惟慎的经

验主义和理性、顽强的现实主义的看法。不过，所以如此，是出于情绪上的原因，托尔斯泰这只狐狸苦苦追求刺猬的见事眼光，慷慨激昂地谋求一个一元论的人生观。

托尔斯泰上述看法相当切近迈斯特的独断肯定：我们必须努力养成一种顺从历史要求的态度——历史的要求，是上帝借其仆人及其神圣机构所传之语，既非人手所造，亦非人手能毁。我们必须配合上帝的真言——万物的内在“活力”。但是，上帝真言的具体例子何在，我们应如何调理我们的私人生活或公共政策来与之配合，这两位批评乐观自由主义的人很少明告我们。我们也不能指望他们告诉我们，因为他们并没有积极正面之见。托尔斯泰的语言——迈斯特的语言亦然——特别适用于与积极建设相反的活动。他的天才，其登峰造极之长，在分析，在敏锐辨同，在指异，在孤立具体事例并透入个体本身核心；迈斯特达成其精彩效果之法亦相近似，是紧扣敌手所犯的荒谬错误，montage sur l'epingle，[1] 高举供人嘲骂。他们敏于观察经验的繁复变化，凡有以虚谬之道解说经验、提出虚妄解释的企图，他们都当下察觉，严词讽刺。但二人又都知道，完足的真理——使宇宙一切成分彼此关联的究竟基础，亦即能使他们或别人任何言论成真或落空、琐屑或重要的惟一情境格局——寓于一个总摄一切的灵见，而这灵见，他们因为并未拥有，所以无法表达。

皮埃尔所领悟、马丽娅小姐由结婚而接受、安德烈公爵毕生苦求者，究是何物？托尔斯泰亦如奥古斯丁，只能说何者非

[1] 即“高举示众”。——译注

是此物。他的天才专工破坏。他只能试着点向真理，方法是揭露虚伪的路标；他只能试着孤立真理，方法是消除非此真理之
87 物——亦即，消灭狐狸以非常清楚但必然有限的眼光看见，而能以清晰、分析式语言表达之物。他有如摩西，必须在应许之地（the Promised Land）边界上止步[1]；无此应许之地，他的旅程毫无意义，但他又不得其门而入此地；然而他知道有此应许之地，并且能以旷古未有的方式告诉我们何物非此地——此处尤其不是艺术、科学、文明或理性批评所造之境。

迈斯特亦然。迈斯特是反动的伏尔泰。他以狞猛的技巧、狠厉的居心，将基督教时代以来所有新义理一一粉碎。妄称真理者逐一现形、溃灭；他以他的武器挞伐自由主义与人道主义学说，效果空前。然而王位始终空悬。他的积极义理太不足以令人信服。迈斯特浩叹黑暗时代之不再，但当他的流亡者同侪提出消灭法国大革命的计划时——回复大革命前原状之义——他乃立斥为荒唐见地，是试图将已经发生、已经改变我们而不可挽回之事视同无物。他说，欲消除法国大革命，有如试图以瓶子装尽日内瓦湖之水而藏于酒窖。

有人真相信某种复旧为可能之事——由瓦肯罗德而葛理斯，自科贝特至切斯特顿、斯拉夫主义者、分产主义者(Distributist)、拉斐尔前派等新中世纪主义者，以及其余怀

[1]“应许之地”，即迦南，为上帝许予亚伯拉罕及其子孙之地，事见《旧约圣经·创世纪》12：7。但以色列人怀疑上帝，上帝怒而不许以色列人进入应许之地，“摩西，连你也不能进入那块土地”（《申命记》1：34；32：52）；摩西登上毗斯迦山，远望迦南全境而死，“我已让你看到这片土地，但是你没有进去”（《申命记》34：1—4）。——译注

旧的浪漫派人物，皆属之。迈斯特与此辈并无血缘；他和托尔斯泰相信之事与此恰恰相反，他相信此时此刻的力量“牢固无情”，对于总和累积而决定了我们的基本范畴的条件，我们没有能力消除——这总和，我们永远无法充分描述，若非当下直觉，就永远无法得知。

此处有两种互相争胜的知识类型：一类出于请求方法的探讨，一类比较难以捉摸，源于“现实感”、“智慧”。二者相争，远古已然。一般而言，双方的声称历来都有人承认其效力，最剧烈的冲突，则关乎双方领土的准确界线何在。为非科学知识提出巨大声称者，敌手指斥他们是非理性主义与蒙昧 88
主义、偏取情绪或盲目成见而蓄意摒拒可以格致的真理所凭倚的可靠公认标准；他们本身则指斥这些敌手——野心勃勃的科学斗士——制造荒唐的声称、轻信不可能之事、提出虚伪纲领、妄行解释历史或艺术、妄行解释个人灵魂的状态（而且妄图改变之），其实又分明丝毫不解其为何物；科学斗士汲汲奔忙，所得结果纵非一无价值，也往往走向难以预测、导致灾祸之途——凡此，总因他们过于虚妄且刚愎自用，不肯承认太多状况里都有太多因素无从得知，而且并非自然科学方法所能发现。因此，最好不要妄图计算不可计算之物，不要妄称世界外面有个可凭以测量与改变一切的阿基米德点；最好衡情度事、因势制宜，以谋（实用上的）最佳结果；最好莫学普洛克路斯忒斯[1]；最重要的是，在可以孤立、可以分类，以及可供

[1] 普洛克路斯忒斯（Procrustes），希腊神话中的强盗，备一铁床，捕得旅人，即缚于床上，视其高矮，或削截，或强拉其肢体，使合此床上长短。“普洛（转下页）

客观研究或者可作精确测量与操纵之物，与世界最恒久、无所不在、无可逃避、深入现下的特征之间，你应该知所分别：此类特征，我们过于熟习，其“牢固无情”的压力，我们过习而不觉、不察，因而不可能以透视法观察，不可能取为研究对象。

这是濡透帕斯卡与布莱克、卢梭与谢林、歌德与柯勒律治、夏多布里昂与卡莱尔思想的一项识别；凡主张心的理由(reasons of the heart)、人的道德或精神本质，喜谈崇高与深度，主张诗人与先知之洞识“更深奥”，以及推阐特殊理解、力倡内在摄悟世界或内在与世界合一者，其思想无不浸濡这项识别。托尔斯泰与迈斯特即在这些思想家之列。托尔斯泰将一切归咎于我们懵然不知经验原因，迈斯特将一切归咎于我们遗弃托马斯主义的逻辑或天主教神学。但是，他们的实际言论，其语气与内容，戳穿了他们这些明示的信念。二人都再三强调“内”与“外”的对比；“外”即科学与理性之光
89 仅及的“表面”，“内”即“深层”——“人类的真实生活”。在迈斯特看来，正如后来的巴雷斯所见，真知——智慧——寓于了解与神交大地与死者（这与托马斯主义的逻辑有何干涉？），亦即，死者、生者、未生者以及其生活之大地环环相连而造成一个不可改变的大运动。柏克、泰纳及他们的继踵者各以其道试图传达的，也许就是这个运动，或者与此运动类似之物。

（接上页）克路斯忒斯之床”，因此演为成语，泛指一切预先设定而缺乏弹性，不知变通、拘制素材的观念、制度、政策及主义学说。——译注

托尔斯泰极为厌恶这种神秘的保守主义，认为它规避核心问题，但借华丽夸饰之词藻护身，不过重述问题，作为答案了事而已。但是，他终究也提出库图佐夫与皮埃尔恍惚有像有物的灵见——关于浩大无垠的俄国，以及她何事可为或不可为、何事能忍或不能忍、如何可为或不可为、如何能忍或不能忍、何时可为或不可为、何时能忍或不能忍的灵见，凡此，拿破仑及其参谋毫无所知（他们所知甚多，但都无关要旨），遂走上覆灭之路（尽管他们的历史、科学及细微原因知识或许胜于库图佐夫与皮埃尔）。迈斯特歌颂昔日伟大基督教斗士的优异科学、托尔斯泰哀叹今人科学之无明，但我们切勿为所迷惑而错失他们事实上维护之事的本质，他们维护的是“深层洪流”之知、心的理由（raisons de coeur）——这些，他们确无直接经验之知，但他们相信，科学的设计与此相较，不过陷阱且幻妄而已。

二人深不相似，甚至剧烈对立，但托尔斯泰充满怀疑的现实主义与迈斯特独断的权威主义实是亲兄弟。两者俱发源于苦苦相信一个灵见，一个所有问题尽得解决、所有怀疑尽获餍足而终于臻至平静与悟解的单一、静穆的灵见。既不得此灵见，他们尽举他们迥然相异，甚至经常不能并存的立场里的强大资源，致力消灭一切可能敌对与批评这个灵见的人。他们都为他们只有抽象可能性的信念而奋斗，但二人信念实不相同。不过，他们处身的困境——致令他们毕生以摧陷廓清为要务的困
境，他们的共同敌人以及他们强烈相似的气质，使他们在二人 90
至死犹耿耿自觉而尽粹不辍的一场战争里成为如此怪异不伦又千真万确的盟友。

八

托尔斯泰是人类皆兄弟的福音使徒，迈斯特是为暴力、盲目牺牲与永恒苦难之说鼓吹的冷酷辩护士。二人实大相背反，竟以无能脱免相同的悲剧矛盾，而有结合为一之势。二人都天生是目光锐利的狐狸，对于使人类世界灭裂分割的赤裸、实际的差异与力量，俱有所觉，而无所逃于天地之间；浅薄之徒，或急迫之士，以种种精微的设计，以种种统一的体系、信仰与科学，掩饰浑沌，妄图自蔽蔽人，而他们是完全无法为其所惑的观察者。二人都寻找和谐的宇宙，而处处只寻得无论多么层层伪饰的欺蒙之道都丝毫无法掩藏的战争与混乱；彻底绝望之余，他们倡议舍弃可怕的批评武器（二人的批评天赋俱过度丰厚，托尔斯泰尤甚），而偏尚单一的大灵见——一个至单纯而不可析分，远离正常思想过程而理性工具无法攻击，也许因此而可望导致和平与救赎的灵见。

迈斯特以温和的自由主义者始，终则独抱其别树一帜的绝对无上天主教，据此孤堡，欲粉碎十九世纪之新世界。托尔斯泰则自始就信奉一种与他所有知识、所有禀赋、所有意向都相矛盾，他容或引为怀抱，但他无论身为作家或个人，都不曾拥抱到身体力行地步的人生观与历史观。及至暮年，他由此观点转入一种生活形式，欲本此生活形式，解决他关于人和事件的信念，与他认为他有或者应该有的信念之间的明锐矛盾；到得末了，他的解决办法竟是认为真实问题另有所在，上述实际矛盾完全不是根本问题，只是一种闲散、失调的生活才会有的琐

屑开心。然而他最后这个办法也徒劳无功，缪斯不受骗。托 91
尔斯泰是最不浅薄的人，他纵或与时推移、顺潮而泳，也忍不住潜游其下，查究比较晦暗的潮底；他免不了有所见，却又怀疑所见；他能闭目不见，但也无法忘记自己在闭目；他对虚妄之事那种惊人、无所不破的感受力，使他最后这次自欺之图一如他前此所有自欺之图，受挫不遂；思想上刚健不懈而道德上常年自感一误再误，他满怀迫促之苦，惘惘不甘而终，成为无法调和，又不甘无法调和实然与应然之冲突的人里最伟大的一位。

终其一生，托尔斯泰的现实感都太善于破坏，与他的智力将世界粉碎而后建构的任何道德理想都无法并存。他毕生竭尽心智力量与意志力量，否认这个事实。既疯狂自负又满腔自恨，既无所不知又事事怀疑，既冷静自持又慷慨激烈，既纵横睥睨又自谦自卑，既饱自折磨又超然自高，既环处于孺慕他的家人与忠挚的信徒之间，既为整个文明世界所景仰，却又近乎完全孤立的他，是伟大作家中最富悲剧意味的一位——科洛诺斯一个自己把自己弄瞎、流离失所、身心尽瘁、人力难救
的老翁。[1] 92

[1] 伯林这是将托尔斯泰比拟于俄狄浦斯。俄狄浦斯其事，最详细且著名的表现，是索福克勒斯三部曲悲剧《俄狄浦斯王》(*Oedipus Rex*)、《俄狄浦斯在科洛诺斯》(*Oedipus at Colonus*)、《安提戈涅》(*Antigone*)。心高志大、慷慨激烈、刚愎、关怀真理的俄狄浦斯，在《俄狄浦斯王》结尾因弑父娶母事发而自掘双目以后，集盲人、解谜者、国君、罪犯、逐客于一身。至《俄狄浦斯在科洛诺斯》，此生大部分在命运摆弄与宇宙作用之道里颠沛横逆的他，由女儿安提戈涅陪同，流浪到科洛诺斯，卒获新生，言语有金声玉振之势，字字智慧，成为先知，指引人类生命之真道，并且获得诸神护佑，在神秘而幸福的气氛里终寿，其去世之处还成为一块福地。引俄狄浦斯喻托尔斯泰，可谓高明，但甚多细处可以商榷。——译注

赫尔岑与巴枯宁论个人自由

“人生是一大社会义务，[路易·布朗说道]人**必须**不断为社会牺牲自己。”

“为什么？”我劈头直问。

“你这‘为什么’是什么意思？——社会的福祉当然是人整个目的和使命所在罢？”

“但是，人人牺牲而无人自得其乐，社会也永远不会幸福。”

“你在玩弄文字。”

“我这是野蛮人的糊涂。”我大笑回答。

赫尔岑，《往事与随想》[1]

十三岁以来……我就致力一个理念，在一面旗帜下迈进——本个人绝对独立之名，反击一切强加的权威，反击对自由的各种剥夺。我要像个道地的哥萨克，像德国人说的，“只手擎天”[2]，继续我这场小小的游击战。

赫尔岑，致马志尼[3]

一

十九世纪俄国革命作家中，赫尔岑与巴枯宁至今仍最令人

[1]《往事与随想》(part 6)，《英国（一八五二年至一八六四年）》(‘Angliya[1852—1864]’, chapter 3)，《伦敦移民》(‘Emigratsii v Londone’, 1870)，H xi 48；《英国一八五二年至一八五五年》(‘England 1852-1855’)，《伦敦移民》(‘The Emigrants in London’)，M iii 1060。
[2]“由我带头”(on my initiative)。
[3] 一八五〇年九月十三日致马志尼，H xxiv 140。

瞩目。他们在义理学说与气质上都甚多差异，但一致以个体自由的理想为思想与行动中心。二人都奉献此生，反抗社会与政治、公众与私人、明揭与暗藏的各种压迫；不过，也正由禀赋才具繁复多姿，二人在这项重要课题上的观念的价值反有因此隐而不彰之势。 93

巴枯宁是天资秀出的新闻写作者及独特权力的煽动家；赫尔岑则属天才作家，其自传至今犹在俄国伟大散文杰作之列。以政论家而言，他绝伦当世，兼具火热的想象、纤悉必至的观察、道德的热情以及知识上的自怡自得。若其落笔，则尖利而出众拔群、善讽而激烈白热，精彩之处，夺人眼目，时复升华为高贵的情绪与措辞。赫尔岑对他同胞的功劳，正如马志尼对意大利之建树。在俄国，他几乎单人匹马创造了有系统地鼓动革命的传统与“意识形态”，是为革命运动之发轫。巴枯宁文学禀赋比较有限，但也发挥了即使在那个民间群起论政的英雄时代也无人匹俦的个人魅力，并且留下一脉在我们本世纪历次巨大动荡里扮演重大角色的政治谋反的英雄记忆与传统。不过，使这二位朋好兼战友赢得不朽声名的这些成就，又适足隐没他们各人作为政治思想家与社会思想家的重要性。巴枯宁雄辞妙辩，批判力明澈、慧黠、强健、善于破坏，而言论鲜见任何整全、深刻、信而有征——经过亲自“身体力行”——之处；赫尔岑才华横溢，于不经意之中，自然兴发，以“机锋灿若烟火”驰名，而观念雄奇恣肆、成果丰硕，是重要的政治思想家（以及道德思想家）。将他的看法与巴枯宁的看法同列为半无政府主义的“民粹主义”形态，或与蒲鲁东、洛贝尔图斯、车尔尼雪夫斯基的看法同列为具有农村改革偏见的早期社

会主义变体，都挂漏了他对政治理论最值得留意的贡献。此种不公，应该得到补救。不但由俄国标准，即衡以欧洲标准，赫
94 尔岑的基本政治观念也意义非凡。俄国并不盛产一流思想家，因此不能忽略其本土出生的三位天才道德导师之一。

二

赫尔岑成长于一个由法国与德国历史浪漫主义支配的世界。法国大革命失败，毁损十八世纪乐观自然主义信誉之深，犹如二十世纪俄国大革命之削弱维多利亚激进主义信誉。依十八世纪启蒙运动中心概念，人类之苦难、不义、压迫，主因在人无知与愚妄。主宰物理世界的定律既已一劳永逸地由天纵英才牛顿发现并陈明，假以时日，这些定律的准确知识必将使人能支配自然；由自知之明、由调整自己去适应无可移易的自然因果定律，人即能在此实有世界中获致最完善、最幸福的生活——至少，他们将能免除以虚妄或无知之道反抗或胜过这些定律而引起的痛苦与不谐。有人认为牛顿解释了事实如此的世界（the world as it is de facto）；世界事实上如他所言，而理由无法发现——亦即，他提出了一个终极的、不劳解释的真实。另外有人则相信能发现一个理性的计划——一个由所有造物都努力以赴的终极宗旨所主宰的“自然”天意或神性天意，所以，人顺从这天意，并非屈服于盲目的必然，而是在自觉中认明他在一个连贯、可以理解，因而名正言顺的过程里扮演的角色。不过，无论只视为一项描述，或者视为一种神正论，牛顿的图式都是一切解释的理想典范；日后，由洛克天才

之指引，道德与精神世界终于有条理而可解释——他所指的路向，就是以牛顿原理为体用。自然科学既使人能依其所欲而塑造物质世界，道德科学亦将使他们依样调节行为，永远免除信念与事实的不谐，从而结束一切弊恶、愚行、罪恶与挫折。原 95
则上，若自然哲学家与道德哲学家（亦即科学家）取代国君、贵族、教士及其愚徒与帮闲而掌理世界，天下将能臻至安乐太平。

法国大革命的后果打破了这些观念的迷咒。诸多学说试求解释这些观念差池致误之因。新起诸家之中，德国非理性主义（其主观、神秘形态及民族主义形态）取得支配地位。这反过来被黑格尔唯理性主义继承。此处无法详论，单举一事，或可足用。此说恢复一项独断，认为世界服从无可理解的定律；进步是可能的——依照某一无可避免的计划而进步，而且与“精神”力量的进步相同；专家能发现这些定律，而且能将其了解授予他人。据黑格尔信徒所见，法国唯物主义者的最严重失策，在认为这些定律是机械定律，宇宙由可以彼此孤立的片断，由性状统一的分子、原子、细胞构成，以及借量化，如物体的空间运动，万事万物皆可得而解释并预测。但是，人不仅为物质碎片之排列而已；他们是自具独特与复杂质的法则的灵魂与精神。人类社会亦非只由个体排列而成之物：它们也拥有与个体灵魂的精神组织相类的内在结构，而且追求构成它们的个体可能不自觉的目标（不自觉的程度各有差异）。知识的确有解放作用。惟有知道万事何以如此，何以如此作用，何以若非如此、若非如此作用，即是不理性者，其自身方能完全理性，亦即才会心甘情愿与宇宙合作，而不至于徒费工夫，与不屈的“事实逻辑”顶撞。惟一可得而获致的目标是嵌在历史发展样式里的目标；这些目标理性，因为历史发展的样式是理性的，行动中的理性致使精神自我实现。人类有失，由于不理性、由于误解时代要求、由于误解理性进步的下一阶段必定进至何处；理性人，其成长是理性的历史样式的一部分，在他成长的某一阶段，他会争取价值——善与恶、公正与不公正、美
96 与丑。为无可避免之事之残酷或不公而哀叹，为必然之事而怀怨，是拒绝对应该有何做法、应该如何生活的问题提出理性答案。与潮流对立，是自杀，而自杀纯是抛弃理性——精神错乱。依此观点，“究竟”而论，善、高贵、公正、刚强、无可避免之事和理性，乃是一事；逻辑上，此说已先天排除上述诸项之间的冲突。至于历史发展样式的性质，则家各一说。赫尔德视其为不同部落与种族之文化的发展，黑格尔见其为民族国家的发展。圣西门看到比较广泛的样式——西方文明，并且在其中区分科技演进的主导角色，以及由经济条件形成的各阶级之间的冲突，而在这些冲突中，又强调突出具有道德、知识或艺术天才的个体的重大影响。马志尼与米什莱眼中，各民族的内在精神各以其道肯定共同人性，反抗个体之压迫或盲目的自然。马克思设想由物质生产力的成长造成并决定着阶级斗争的历史。德国与法国的政治宗教思想家则看到神圣历史：所谓历史，是堕落的人类力求与上帝合一，以期终于达成神治，亦即使世俗力量顺服上帝在尘世上的统治。

这些中心义理有许多变体，或从黑格尔、或主神秘、或回归十八世纪自然主义；各家激烈论战，彼此互诬为异端，粉碎顽抗者。至于众说共信之事是：一、宇宙有其法则与样式，这

些法则与样式或可以理性了解，或可由经验发现，或需借神秘之道启示；二、人是比其本身更大、更强的整体里的成分，故个体行为可借这些整体来解释，但整体无法借个体行为来解释；三、人或顺本意，或违己愿，都涉入客观的历史过程，故应有何作为的问题，可由此过程之知推得答案，而且，凡是真知者，亦即，凡理性之人，所得答案必定相同；四、凡有利于实现客观既定之宇宙目的者，都不可能邪曲、残酷、愚蠢或丑恶——“终究”而论，或“分析到最后”，它们都不可能如此 97
(无论表面看来如何)；反之，凡反对该项伟大目的者，皆是。关于这些目标是否无可避免——进步是否自动发生，或者，人是否能自由决定去实现它们或自由决定去放弃它们（而自取灭亡），诸家见解可能互有差异。但是，诸家一致认为，具有普遍效力的客观目的可得而发现，并且这些目的是一切社会、政治、个人活动仅有的适当目的；否则，世界无法视为具有真实法则与“客观”要求的“宇宙”；一切信仰、一切价值于是可能都是纯属相对、主观之事，是妄念与意外事件的玩物，名不正、言不顺，而且不可能名正言顺——这是不可思议的。

这个宏大而性格专制的灵见，这道由德国形而上学天才所揭示、崇拜，以无数意象与华藻装饰，并得法国、意大利及俄国最深刻、最受景仰的思想家众口交誉的当代思想之光，赫尔岑激烈反抗。他拒斥其基础，宣斥其结论，不仅因他（一如他的朋友别林斯基）认其道德上可憎，而且因为他认其思想上华而不实、美学上俗丽虚饰，乃德国庸人与学究妄图以其赤贫之想象拘制自然而造之物。在《法意书简》、《彼岸书》、《致老友书》，在写给米什莱、林顿、马志尼的《公开信》，以及全本

《往事与随想》中，他缕述他自己的伦理与哲学信念。其中，比较重要者如下：自然并无计划，历史亦无剧本；原则上，并无任何单一锁钥、任何公式能解决个人或社会问题；普遍的解决并非解决，普遍目的亦绝非真实目的，每一时代各自有其质地，各自有其问题；捷径与概括不能代替经验；自由——特定时地之实际个体的自由——是一种绝对价值；起码的自由行动范围对一切人都是一种道德性的必需。不得假借任何时代伟大思想家随意掉弄的抽象事物或普遍的原则，诸如永恒救赎、历
98 史、人性或进步，而予压制；国家、教会或无产阶级，更不成名义——凡此巨大名目，只堪为可憎的残酷与专制辩护而已，都是专为窒扼人类感受与良知之声而设计的法术公式。赫尔岑以上这种自由态度，与当时单薄但尚未死亡的西方自由主义（libertarianism）传统有些渊源；其精义在德国也还维持不坠——康德、洪堡皆有，席勒与费希特早期著作亦然，在法国与瑞士法语区，则残存于意识形态家（Idéologues）之间，以及贡斯当、托克维尔与西斯蒙第的看法之中；此外，在英国功利主义激进派中，也仍有强韧的成长。

赫尔岑如早期的西欧自由主义者，深喜独立、多样、个人气质之自由发挥。他希望个人本色尽可能得到最丰富的发展，他珍惜自发、直接、特色、自尊、热情、诚意以及自由个体的风格与色彩；他厌恶妥协、怯懦、对野蛮势力或意见压力的屈从、武断的暴力以及惶恐的顺服；他怨恨权力崇拜，对过去、机构、神秘事物或神话的盲目敬意；他憎恶以强凌弱、宗派主义、平庸无识（Philistinism）、多数派的愤怒与妒嫉、少数派的强蛮横傲。他也希求社会正义、经济效率、政治稳定，但这

些仍必须永远次要于保护人性尊严、支持文明价值、保护个体不受侵犯、维护感性与天才不受个人或机构凌虐。任何社会，无论因何理由，未能防止对自由的这些侵犯，而启开门路，使一方可能施辱、一方可能受辱，他都断然谴责，并拒斥其一切作为——包括它可能以十分纯正之道提供的一切社会或经济优点。他的道德义愤与伊凡·卡拉马佐夫相同：只要还有一个纯洁无辜的儿童受苦，即使由此换得永恒幸福之诺，伊凡也摈斥不取；不过，赫尔岑维护自己立场时所使用的论辩，以及他宣斥并击破敌人时所使用的描述，其语气内容，与他当代的神学或自由主义论辩，都少有共同之处。 99

以敏锐而且具备先知之见的时代观察家言，他或可拟伦于马克思与托克维尔；以道德家视之，则其意趣横生与富于独创，俱过此二人。

三

人类欲求自由，是众所肯定之事。此外，论者认为人有权利要求一定程度的行动自由。这些公式本身，赫尔岑认为空洞无物。它们必须有某种具体意义——但是，即使得到具体意义——视为人类实际信念的假设——它们仍悖实不真；历史并未坐实这些公式，因为群众鲜少欲求自由：

> 群众只想制止那只把他们赢得的面包卤莽攫走的手[……]对于个人自由、言论自由，他们漠不动心；群众爱权威。他们至今仍目眩神迷于权力的傲慢闪光，有人特立

> 独行，他们就怫然不悦。所谓平等，他们作“大家一律受压迫”的平等解[……]他们要一个为他们的利益而统治的社会政府，不要一个现在这样违反他们利益的政府。但是，他们从无自治之念。[1]

这个题目，历来已有太多“取悦心灵的浪漫主义”（romanticism for the heart）与太多“取悦智性的理想主义”（idealism for the mind）[2]——太多人渴求文字魔力，太多人渴望以文字代替实事。结果，只因一些空洞的抽象名义而浴血争斗，无辜之人大遭屠戮，连最恐怖的罪行也获得宽宥：

> 世界上[……]没有哪个民族像法国人为自由流过这么多血，也没有哪个民族比法国人更不了解自由，更不想[……]在街上、官廷、家中实现自由[……]法国人是世界
> 100 上最抽象、最信宗教的民族；他们既狂热盲信观念，也同样不尊重个人，同样鄙视邻居——法国人将一切化为偶像，不对当今偶像屈膝者，都要遭殃。法国人为自由而战，固然有英雄之风，你要是不同意他们的见解，他们照样拖你坐牢[……]保皇派与民主人士的意识里同样深铭着专制独裁的“人民的福利”（salus populi），以及血腥审讯的“即使毁灭世界，也要让正义实现”（pereat mundus et fiat justitia）[……]读一读乔治·桑、皮埃尔·勒鲁、路

[1]《彼岸书》（‘S togo berega’，1850，2nd. ed.，1855），H vi 124；F 133—134。
[2] 同上，页 23；F 24。

> 易·布朗、米什莱，你会处处发现，诸家篡改基督教与浪漫主义来强合各人一己的道德；处处是二元论、抽象的义务、强迫推行的美德以及官方华辞巧辩的道德——无一丝毫关系现实生活。[1]

赫尔岑说，归根究底，这是麻木不仁的轻浮，是将人类牺牲于文字，这些文字固是激燃热情，一旦推求其意，则终无归指，不过“令欧洲兴奋陶醉”[2]，但也陷欧洲于非人且不必要屠杀的一种政治儿戏而已。依赫尔岑所见，“二元论”乃文字与事实的混淆，是根据并非以已发现的真实需求为基础的抽象措辞来建构理论，是以无关于真实状况的抽象原理来演绎政治计划。这些公式落入狂热空论家之手，即成恐怖武器，此辈持之以束缚人类，若有必要，甚至不惜借暴力强作活体解剖，以遂行某种抽象理想。所谓理想，则寓于某种未经批判与无从批判的灵见——或为形而上、或为宗教、或为美学灵见，反正都是与实际个人的实际需求无关之见；革命领导者奉此理想之名，于是本安详自得的良心，行杀戮、施酷刑，因为他们知道这是而且惟此才是——必定是——一切社会与政治与个人疾苦的惟一解决法。赫尔岑继续发挥这项论旨，他所循理路，我们由托克维

[1]《法意书简》（‘Pis’ma iz Frantsii i Italii’, tenth letter, 1848），H v 75—76；L 160—161。[“人民的福利是最高法则”（salus populi suprema lex），语出西塞罗《论法律》（*De Legisbus*）；“即使毁灭世界，也要让正义实现。”（pereat mundus et fiat justitia）为神圣罗马帝国皇帝斐迪南一世（Ferdinand Ⅰ，1503—1564）之言。圣奥古斯丁有类似说法：“即使毁灭世界，也要让正义实现。”（fiat just et pereat mundus）——译注]
[2] 同上，H v 176；L 161。

尔及其余批评民主制度者之持论，已耳熟能详：群众妒才，欲
101 人人随流俗思想，对思想与行为之独立，深相嫌忌。

> 个人之屈从社会——屈从人民——屈从人类——屈从观念，是活人献祭的延续[……]为有罪者而钉死无辜者[……]社会真实单元所在的个人经常作为牺牲被献祭于某个一般概念、某个集合名词、某块旗帜。牺牲之目的[……]何在[……]则未尝有谁闻问。[1]

这些抽象事物——历史、进步、人民福利、社会平等——都曾是无辜者被献祭其上而未引起主事者良心丝毫不安的残酷祭坛，值得注意。赫尔岑将它们逐一检视。

历史若有牢固不易的方向，有理性结构，有目的（或许还是个嘉惠我们的目的），我们即必须迁就配合之，否则不如自行殒灭。然此理性目的为何？赫尔岑遍索不获；他未见历史有何意义，但见其为“世代遗传、慢性疯狂”的故事[2]：

> 例子千百，似乎毋需赘举。你打开任何历史，触目惊心：主宰一切者并非真实利益，而是假想的利益、荒诞的妄念。请看令人溅血命丧者、令人极惨至苦者是何种名义，你就会相信一项乍看似乎伤怀、细思又大可释然的真理——亦即，凡此种种，全是人智错乱的结果。这边，库尔提乌斯

[1]《彼岸书》，H vi 125—126；F 135。
[2]《克鲁波夫医生》（‘Doktor Krupov’，1847），H iv 263。

为救城而投身裂坑。[1]那边，一个父亲为了祈得顺风而牺牲女儿，还找到一个老白痴来为他宰杀这可怜的少女[2]，而这位疯汉没有收押上锁、没有进疯人院，反而受封为大祭师。又有个波斯国王下令臣属鞭打海洋[3]，对此举之荒 102
唐，他同他的雅典敌人——想拿毒芹汁来治疗人类智力与理解力的雅典人[4]——一般盲目无知。此外，使那些皇帝迫害基督徒的，可又是什么可怕的热狂呢？[……]

基督徒饱受野兽撕咬折腾以后，反过来迫害折磨自家人，荼毒之惨，犹过于他们自己从前所受迫害。多少无辜的德国人和法国人就这样毫无道理地身死命除，而拿问他们的那些疯狂审判者犹以为自己不过执行义务，在活活烤死异端的数步开外，高枕入眠，心安理得。[5]

[1] 马尔库斯·库尔提乌斯为古罗马一个传奇英雄。根据传说，公元前三六二年，罗马广场（Roman Forum）裂开大缝。预言家断定，除非将罗马最可贵的财产抛入，否则此缝永不重合。库尔提乌斯声称珍贵莫过于勇敢的公民，遂披挂上马，跃入裂缝，裂缝随即重合。——译注

[2] 此为特洛伊战争一段插曲，情形大抵如下：希腊各部族联军舰队齐集欧里斯港（Aulis），由阿伽门农率领，准备启程赴特洛伊，而风浪大作，连日不开。预言家卡尔克斯（Calchas）谓阿尔忒弥丝（月神、猎神及生育、处女、贞洁之神）因其兔子为希腊人所杀，怒而作梗，希腊须以一名王室处女为牺牲，以息其怒。阿伽门农万不情愿，但在名誉、野心及众议压力下，献出长女伊菲格妮娅（Iphigenia），伊菲格妮娅死，而大军得发。卡尔克斯在特洛伊战争过程中有许多著名预言，都能应验，荷马对他盛赞有加。——译注

[3] 波斯王大流士一世征希腊，公元前四九〇年败于马拉松一役。其子薛西斯一世（又称薛西斯大帝，公元前516—公元前465）于公元前四八六年即位，公元前四八一年兴兵雪耻，取道达达尼尔海峡，连船为桥，毁于暴风雨，薛西斯命臣下鞭打海水，以示惩罚。——译注

[4] 根据柏拉图对话录《斐多》篇所记，苏格拉底接受雅典法庭的判决，饮毒芹汁而亡。——译注

[5]《克鲁波夫医生》，页263—264。

“历史是一个疯子的自传。”[1] 此语亦能以同等怨厉之气，出诸伏尔泰与托尔斯泰笔端。历史的目的何在？我们既未创造历史，亦不为历史负责。历史纵非白痴所说的故事，那么，为压迫与残忍辩解，奉空洞抽象之名——“历史”、“历史命运”、“国家安全”或“事实逻辑”之“要求”——而将一己的武断意志强加于千万人类，确是罪行。“**人民的福利是最高法则，即使毁灭世界，也要让正义实现**都带有焚死活人、血、宗教裁判、酷刑以及一般所谓‘秩序之胜利’的浓烈气味。”[2] 抽象事物，纵不论其邪恶后果，也不过是企图规避不合我们自己预设图式的事实而已。

> 人惟不屈物以从其理，亦不屈己以就物，始可谓自由待物；敬重某物，如果不是自由的敬重，而是强迫的敬重，则此敬重将会限制一个人，将会狭隘其自由；设有一物，谈论此物，不得微笑，微笑即成亵渎[……]那么，这就是
> 103 拜物教——你被它压服了，不敢将它与**日常**生活相混。[3]

此物成为一个偶像，成为盲目、懵然不解的崇拜的对象，以及一个使种种暴虐罪行变得冠冕堂皇的神秘因由。同理：

[1]《克鲁波夫医生》，页 264。
[2]《彼岸书》，H vi 140；F 159。
[3]《法意书简》（fifth letter，1847），H v 89；L 80。此外，由制造偶像与违反第二诫 [十诫之第二诫为偶像崇拜。——译注] 而逃避思想责任，是人心皆有的欲望。关于这欲望，赫尔岑也有出色的分析，见《旧调新弹》（‘Novye variatsii na starye temy’，H ii 86—102），原刊于《现代人》（1847）。

> 一切宗教、政治之事化为单纯且人性之事，成为可以批评与否认之事以前，世界将不知自由为何物。逻辑，当其成熟，就会厌恶神圣化的真理[……]逻辑不知何物神圣不可侵犯，共和国如果僭取君主国的权利，则逻辑之鄙薄共和国，亦将如其鄙薄君主国，甚至犹有过之[……]鄙视皇冠，是不够的——面对弗里吉亚帽[1]，也不可心怀畏怖；认叛国为罪行，是不够的，我们必须把人民的福利也视为一种罪行。[2]

他更说，爱国——为国家牺牲自己——无疑是高贵的；但是，与国家并存，岂不更美。赫尔岑论“历史”，大致如此。人类“将会使自己摆脱 [这种] 理想主义，正如他们已经摆脱了各种历史疾病——如骑士精神、天主教、新教”。[3]

其次，有人高谈“进步”，情愿牺牲现在，以期未来，情愿令人受苦于今日，以求邈远后代之幸福；他们宽宥兽性的罪行与人类的堕落，说这些罪行与堕落是保证未来福祉的必要手段。持此态度者，是反动的黑格尔信徒与革命的共产主义者、空想的功利主义者与绝对崇拜的狂热教徒——质言之，凡以高贵但遥远之目的为名而替可憎的手段辩白者，都是这种态

[1] 弗里吉亚帽是一种圆锥形软帽，戴于头上，帽尖前弯，源出小亚细亚古国弗里吉亚，希腊艺术中多表现其为东方民族头饰。罗马时代，为获得解放之奴隶所戴，象征其自由。法国大革命期间，复成自由象征，革命者称之为“自由的红帽子”。此后，弗里吉亚帽一直与自由的形象相连。画家德拉克罗瓦一八三〇年名作《自由引导人民》（*La Liberté guidant le peuple*）中，自由所戴小红帽，即是一例。——译注
[2]《彼岸书》，H vi 46；F 51。
[3] 同上，35；F 38。

度。赫尔岑最猛烈的鄙视与讽刺，即针对这种态度而发。《彼岸书》——他的政治信仰告白，是为哀惋一八四八年的破碎幻想而写，其精华即在此中。

若进步是目标，则我们是为谁工作呢？这摩洛神是谁？辛苦劳作的人接近他，他不予酬赏，反而后退；对心
104 神尽瘁、在劫难逃、喊着“命在旦夕之人向您致敬”的人群，
他只能给个[……]揶揄的答复，聊作安慰，说：他们死后，世上一切就会美好。你真的想害今天活生生的人担任女像柱的角色，去撑起一块其他人有朝一日可以在上面跳舞的地板么？……或者，你真的想把他们打成狼狈惨苦的船役奴隶，在笨重的船上挂起旗子，写着寒酸的“未来进步”几个字，教他们在及膝的泥沼里拖？[……]无限遥远的目标不是目标，只是[……]欺骗；目标必须近一点——至少，劳动者的工资，或者工作的乐趣，就应该是目标。每个时代、每一世代、每个人生，都是自圆自足的；有此自圆自足，才顺便有新要求、新经验、新方法[……]各世代皆自以其本身为目的。自然非特不曾以一个世代作为达成某未来目标的手段，而且未来根本非所存问；她有如克里奥佩特拉，宁以醇酒溶化珍珠，取片时之乐[……][1]

[……]如果人类前迈而直取某一结果，则没有历史，只有逻辑[……]理性的发展很慢、很费力，**既不存**

[1]“命在旦夕之人向您致敬”（morituri tesalutant），为古罗马斗技场中之格斗者向罗马皇帝打招呼的传统用语。——译注

> 于自然之中，亦不存于自然之外[……]人生必须自求多福，因为没有剧本。设使历史依照写定了的脚本而展开，历史将索然无趣，变成不必要、乏味、可笑[……]伟人也将是舞台上摇头摆尾、装模作样的角色[……]历史全是即兴创作、全是意志、全由临场发挥，既无界限，亦无预定路线。其中有横逆困厄；有神圣的不满；有生命之火；有连绵无尽的挑战，要奋斗的人去发挥力量，运其意志而行，夺路而行；无路之处，天才会打出一条来。[1]

赫尔岑又道，历史或自然过程可能重演千百万年，也可能遽尔停顿；某颗彗星的尾巴可能扫中我们这个星球而熄灭其上一切生命；这，就是历史的终局了。然而此事无文章可作，并无任何道德教示。事情将如何发生，并无保证。一人之死，其荒谬与不可理解，并不下于全人类之死；其事神秘，我们认了就是，没有必要拿来惊吓小孩子。 105

自然不是一种平稳顺利、具有目的的发展，当然亦非一种专为达成人类幸福或实现社会正义而有的发展。依赫尔岑所见，自然是一群潜在事物，这些潜在事物之发展绝无任何可以理解的计划。其中，有的发展，有的败灭；遇有利条件，则可能实现，但也可能偏向、崩坏、死亡。有人因此走向犬儒主义与绝望。人生难道是成长与衰退、成就与崩坏的无尽循环？其中难道全无旨趣？人类的努力难道势必以坏空为下场，随后

[1]《彼岸书》，页 34—34，36；F 36—37，38—39。

紧跟又一个同样注定坏空的新开始？赫尔岑认为这是误解实相。[1] 自然何必是专为人的进步或幸福而设计的功利器具？无限丰富、无限宽大的宇宙过程何必有功利作用——何必实现什么目的？问奇妙的色彩与纤美的香气对植物有何用处；问它既然变灭如此之速，则它能有何目的。这般问法，岂不深嫌庸鄙？自然之富蕴多力，是无限的、肆行无忌的——“她径往极限而去 [……] 直造远在一切可能发展之外的境地——直到死亡，惟死亡冷却她的热情，抑止她奔放无羁的诗情、她无所羁勒的创造激情。”[2] 怎可期望自然依从我们枯闷无力的范畴？我们有何权利可以坚持说，历史除非服从我们强加予它的样式、追求我们的目标、实现我们瞬变无常而且平凡乏味的理想，就了无意义？历史是即兴之作，它“‘同时叩问千百门户……而谁知道其中哪些会打开来？’‘也许波罗的海诸国……然后俄国——会大举扑出而掩有欧洲？’‘可能。’”[3] 自然、历史中之一切皆如此，皆以自身为目的。现下（the present）要成全的是现下本身，它不为某未知的将来而存在。若一切皆为他物之故而存在，则每个事实、事件、每个生灵都是达成宇宙计划

[1] 伯林本章所引《彼岸书》文字，大抵出自《暴风雨前》一篇，原篇为对话体，根据赫尔岑与当年莫斯科友人加拉霍夫的谈话写成，畅论历史，以及上起希腊七智者、罗马帝国，中经基督教世纪，下至维柯（历史循环论）、卢梭（人生而自由）、启蒙运动等各种“违背人生自然条件、驰逐武断谬论”的哲学、宗教、政治学理与理想——世界与生命乱象之主源。“自然与历史之目的”是机缘与人类意志交互作用下的“你、我以及事物现状”，此外无非陷人于嗔怨失望之空想。人之要务，要将眼光稍降一格、收短一程，体认内在外在的实际限制，而惜取眼前，实事求是。——译注

[2]《彼岸书》，页 31；F 33。

[3] 同上，页 32；F 34。

中某件他物的手段了。或者，我们只是由无形线索拉动的傀儡、宇宙剧本里神秘力量的牺牲品？我们所说的道德自由，是此意吗？基本上，一个过程的完成是该过程的目的吗？只因为人类成长的秩序如此，老年就是青年的目的么？生命的目的是死亡吗？ 106

歌者因何而歌？只为了他唱完以后，他的歌能为人所记，从而使他的歌给人的乐趣能唤起人去想望无可复还之事？不对。这是虚谬、蒙昧且浅薄的人生观。歌者目的在歌。人生之目的则在生活。

万事皆逝，然逝去之事能报偿旅人行脚之苦。歌德曾说，没有保险，没有万全，人须以目前为足。但是，人未以目前为足；他拒绝美、拒绝满足，因为他连未来也硬要拥有。对号召世人为眼前或未来的文明、平等、正义或人类作最高牺牲、受最高苦难的马志尼或科苏特、社会主义者或共产主义者等等，赫尔岑提出这样的答复：他们这是“唯心主义”、形而上的“二元论”、世俗的末世论。生命之目的即在生命本身；为自由而奋斗，目的是求个人今日、此地的自由；个人各自有其自身目的，个人的目的对他们自己是神圣的，他们为此而奋斗、吃苦；为无法言喻的未来幸福之故而粉碎他们的自由，阻断他们的追求，毁坏他们的目的，是盲动，因为未来总是太不确定、总是邪恶的——未来凌暴我们仅知的道德价值，践踏真实的人类生命与需求；它假借什么名义？自由、幸福、正义——种种狂热的概论、神秘的声音、抽象的事物。个人自由何以值得追求？个人自由本身即值得追求，因为个人自由就是个人自由，而非因为多数人欲求自由。卢梭“人生而自由”的赞叹固然著称于世，但一般人并不寻求自由；赫尔岑（呼应迈斯特）认为，说人生而自由，简直有如说“鱼生来是要飞的，但它们却全是游”。[1] 爱鱼者尽可设法证明鱼“天生”要飞。然而鱼天生不飞。[2] 绝大多数人并不喜欢使人自由的解放者；他们宁愿因循千年故辙、承受千年旧轭，不肯一冒建设新生活之大险。他们（赫尔岑再三陈明
107 此点）甚至宁愿死抱眼前所有，认为现代生活反正强过封建与野蛮。“人民”并不欲求自由，惟文明的个人希冀自由，因为自由的欲求与文明相连互带。自由、文明与教育皆非天生而有，亦非不用大费努力即能获致之物；自由的价值与文明或教育的价值相似，没有自由，个人人格无法实现其全部潜能——无法以每一历史时刻都提供，但不同于其他任何历史时刻，而且与其他历史时刻都完全不同基准的不可限量的方式去生活、行动、享受、创造。人“既不想被动地为过去当掘墓人，也不想在不知不觉中成为接生未来的产婆”。[3] 他要在他自己的时代里生活。他的道德不能导源于历史定律（历

[1]《彼岸书》，页 94；F 108。[卢梭“人生而自由”（“但处处受束缚”）一语，为《社会契约论》一书第一章首句。——译注]

[2] 此语引页 82，注 1 之引文，出自《彼岸书》《安慰》一章，中年医生与一女郎对话。女郎认为自由与独立是人类世世代代追求的目标，医生指自由与独立乃少数个人之理想，是某些社会阶层在特别幸运的环境下养成的倾向，卢梭之言，是以先验命题为事实，误特例为常理。同理，爱鱼者取鱼之骨架，指某些细骨虽实际完全无用，然其末稍有发展成足与翼之倾向，然后举飞鱼为证，谓“鱼类”非但天生欲飞，而且有时的确飞行。论者，如卢梭，谈人、历史、民族，多以飞鱼立论，理想非不崇高，于人非不厚爱，惜盘空远取、不切实际，非仅自取失败，而且贻害无穷。——译注

[3]《论意志自由》（‘Letter sur le libre arbitre’，致其子亚历山大，1868），H xx/1 437—438。

史定律并不存在），也不能导源于客观的人类进步目标（这类目标纯属子虚——它们随环境与人之变而变）。人为自己而追求自己的道德目的。“真正自由的人，**创造**自己的道德。”[1]

如此挞伐普遍道德规则——毫无拜伦或尼采那种夸耀——并非十九世纪常闻之论；其完足义蕴，则到我们当代才蔚为常谈。它左右开弓：诋斥浪漫历史学家，诋斥黑格尔，甚至有几分反对康德；诋斥功利主义者，诋斥超人；诋斥托尔斯泰，诋斥艺术崇拜，诋斥“科学的”伦理学以及一切教会；它是经验主义与自然主义的，既承认绝对价值，也承认变迁，既无惧于进化，亦无畏于社会主义。戛然独创的程度，令人屏息注目。

赫尔岑宣称，现有各个政党若应受谴责，并不由于它们未能满足多数人的愿望，因为多数人无论如何都宁喜奴役而不取自由。况且，将内心仍是奴隶之人解放，往往导致野蛮与无政府：“将巴士底狱片片拆毁，并不就会使囚徒变成自由人。”[2]“[一八四八年法国激进分子的]致命错误是……尚未解放自己，却妄图解放他人……他们不改变监狱[之]墙，只是给它一种新功能，仿佛监牢的蓝图可以移作自由生存的蓝图。”[3]只求经济上的正义，当然不够。各社会主义“宗派”都忽略此点，将自致于毁灭。至于民主制度，民主制度很可能是一个不成熟的民族——例如一八四八年要实行普选的法国——几乎可以拿来割断自己喉咙的一把“剃刀”；[4]欲济之以独裁 108

[1]《彼岸书》，H vi 131；F 141。
[2] 同上，页 29；F 31。
[3] 同上，页 51；F 57。
[4]《致老友书》（‘K staromu tovarishchu’，1869），H xx/2 584。

(“彼得大帝的方法”，Petrograndism)，反而导致更暴戾的压制。失望于法国大革命后果的巴贝夫宣扬平等的宗教——“监禁而服苦役的平等”。[1] 至于我们今日的共产主义者，他们提供我们什么？卡贝的“强迫的共产主义劳役”[2]？“布朗所谓古代埃及的劳役组织”？[3] 傅立叶那种整齐规划，使一个自由人无法呼吸，为了生活的一面而永远压制另一面的共产村庄？[4] 野蛮无论来自何方，都可憎可恨：“谁将收拾我们，结束这一切？衰老昏庸的野蛮王权，还是共产主义？血渍斑斑的军刀，还是红旗？”[5] 自由主义者诚然软弱、不切实际、怯懦，不了解贫弱人民的需求，不了解新起的无产阶级的需求；保守主义者诚然表现残酷、愚蠢、卑劣、专制；教士与地主诚然接近群众，了解群众的需求，即便自身居心并非仁厚或诚实；斯拉夫主义者诚然只是逃避主义者，只是维护一个空悬的王位，以假想的过去为名而宽宥恶劣的现在。这些人惟残忍且自私的本能
109 或空洞的公式是从——但是，当前这种毫无拘束的民主制度也好不到哪里去，它对人与自由的压制，甚至可以酷烈于可憎可恨的拿破仑三世政府。

群众关心“我们”什么？群众不惜痛斥欧洲的统治阶级，“我们饥饿，你们谈笑处之，我们裸袒无衣，你们把我们打发到国境外面去杀其他无食无衣的人”。[6] 英国的议会政府当然

[1]《致老友书》，页 578。
[2] 同上。
[3]《彼岸书》，H vi 472（另一说法是“共产主义者提供的埃及奴隶劳役者”，F 132）。
[4] 同上，H xx/2 578。
[5]《法意书简》（fourteenth letter，1851），H v 211；L 194。
[6]《解放之肉》（‘Myaso osvobozhdeniya’，1862），H xvi 29。

无以为答，因为这个政府也像其余所谓民主机构（“自由绿洲其名，陷阱其实”[1]），专事保障财产权，为公共安全而行放逐，并且豢养武装一批不问情由，耳闻命令即当下开火的人。对于自己相信之事以及其后果，天真的民主人士毫无所知。“信上帝……以及天堂，既然是愚蠢，那么，相信尘世的乌托邦，怎么就不是愚蠢？”[2] 至于相信尘世乌托邦的后果，是人间有朝一日真会有民主——群众主治。那时候，好戏就上台了。

> 整个欧洲将乖离常轨，陷入一场全面的惊天剧变……饱受暴乱与劫掠的城市将陷入贫困匮乏，教育将衰微，工厂将停顿，村落将逃空，乡间将无人耕作，一如三十年战争以后。心疲力竭、饿极待毙的各民族将俯首任由摆布，于是军事纪律取代法律以及一切循理守序的行政。然后，胜利者为分赃而自相残杀。文明与工业不堪惊恐，出奔英国与美国，有人携卷钱财，有人带着科学知识或未竟之业，逃离这遍地的荒败破坏。欧洲将变成胡斯信徒起事以后的波希米亚。[3]

[1] [未找到来源，但可对比《论俄国革命思想的发展》，H vii 185。]

[2]《彼岸书》，H vi 104；F 120。

[3] 胡斯（John Hus 或 Huss，1372/1373—1415），波希米亚人，述作于中世纪与宗教改革之间的过渡期，为十五世纪最重要的捷克宗教改革家，心仪威克里夫（Wycliff）之说（在圣餐里，面包与酒仍是面包与酒，石化为圣体；《圣经》为基督教教义惟一来源；教皇无权代理教徒等）。胡斯毕生陷入基督教一三七八年起的内部“大分裂”及其间牵涉的政争，于一四一五年在康斯坦茨全教大会（1414—1418）中被诬为异端，受火刑而死。胡斯死，其波希米亚徒众群起抗争，绩倡改革；与教皇对立，兵戎相见，经过宗教改革高潮期、“三十年战争”。二十世纪的捷克新教仍有其余绪。——译注

然后，当苦难与灾祸濒临极致，一场新的内部战争就爆发，是**贫者对富者**（the have-nots against the haves）的报复！

110 [……]共产主义于是横扫世界，掀起一场剧烈的暴风雨——可怖、血腥、不公、风驰电掣；在雷霆与闪电中，在燃烧宫殿的大火里，在工厂与公共建筑的废墟上，又有新的十诫发布[……]作为信仰的新象征。

这些新象征与历史上的生活方式将会有千百种关系[……]不过，其基调将由社会主义设定。我们这个时代与**文明**的建制与结构就会毁灭——借蒲鲁东的客气说法，将会被**清算**。

你憾惜文明的死亡？

我也心有戚戚焉。

但是，群众——只从文明的死亡得到眼泪、匮乏、无知与屈辱的群众，不会憾惜。[1]

日后，使我们当代苏联的批评家和圣徒传作者们困窘难安的，就是新秩序这些开宗人物所做的这类预言。苏联批评家对付这类预言的办法，通常是忽略它们。

海涅与布克哈特也有梦魇式的灵见，而且都谈过新世界的不公与“矛盾”所产生的恶魔，这些不公与矛盾所保证的，不是乌托邦，而是众生涂炭。赫尔岑亦如二人，不存幻想。

[1]《法意书简》（fourteenth letter），H v 215—217；L 198—199。

你没感觉到这些[……]迈进直前，去从事破坏的新蛮人么？[……]他们就像熔岩，在地表下面猛烈翻搅[……]时辰一到，赫尔库拉内乌姆与庞贝会被抹除，善与恶、义与不义将一体毁灭。这将不是一场审判，也不是一场报复，而是惊天剧变、总体革命……这熔岩、这些蛮人、这新世界、这些来结束无能者与衰朽者的拿撒勒人[……]比你所想的更近在眼前。正在受冻、挨饿的，没有别人，就是他们；我们在楼上房间里就着"面包与香槟"闲谈社会主义，从阁楼和地窖听到的咕哝[……]也正是他们发出来的。[1] 111

与扫除了对手的"乌托邦"的"科学"社会主义者比起来，赫尔岑的"辩证"可谓一贯。我们不妨选录他以下数行文字，与《共产党宣言》中恩格斯的无阶级牧歌景致对照：

它必将发展出它的所有阶段，直到到达它本身的极端与荒谬境地。届时，起而反抗的少数人的巨大胸膛里又将会爆出否定的一喊。然后，再起一场殊死战，社会主义处于今天的保守主义地位，被那场顺势而至，但我们还看不见的革命击败……[2]

历史过程没有"顶点"。人类只因无法面对可能的无尽冲突，故而发明这个概念。

[1]《彼岸书》，H vi 58—59；F 66—67。
[2] 同上，110；F 147。

上引数段文字，黑格尔与马克思的严厉预言中颇有可以比类之处；此二人亦会预测资产阶级在劫难逃，以及死亡、熔岩与新文明。但是，想到脱缰而出的巨大毁灭力量，想到一切纯洁无辜之人、愚妄之徒以及可鄙的平庸无识之辈都大难临头而犹懵然不知可怕命运，黑格尔等人冷嘲热讽、幸灾乐祸之意，溢于言表。赫尔岑想见权力与暴力扬威横行之景，则并不如此拜服迎接；他对人类弱点既无鄙视，也没有虚无主义与法西斯主义核心性格里那种浪漫的悲观，因为他认为这巨变既非不可避免，亦非光荣之事。自由主义者发起革命，欲消除革命后果，既打破旧秩序，又依恋旧秩序，既点燃引线，复企图阻止爆炸，而且惊惧那位神秘人物出现——他们那位“被他们骗走遗产的不幸弟兄”，[1] 亦即劳工，亦即要求权利，浑不明白自己无可损失，知识分子才可能亏输净尽的无产阶级。赫尔岑
112 鄙视这些自由主义者。出卖一八四八年巴黎、罗马、维也纳革命的，就是自由主义者，他们不但惶然溃窜，协助落败的反动势力重新掌权来踏杀自由，而且以走为上策，事后以“历史力量”过强、莫之可御为由，为自己辩解。人对问题若无答案，宜乎诚实承认，并将问题条理陈明，而不应先隐晦问题，犯下软弱与背叛之行，然后以历史难敌为由，设辞脱罪。一八四八年那些理想固然空洞已甚；至少，在一八六九年的赫尔岑视之，它们空洞至极：“其中无一建设性的、有机的观念……尽是些经济上的失策盲进，[那些盲进] 并不像政治上的失策般

[1]《彼岸书》，53；F 60。

间接地，而是直接且深刻地导向毁灭、僵滞以及遍地饿殍”。[1]其实，一八四八年的某些理想，他一语道破：是“经济上的盲进，加上普选这种算术泛神论”（the arithmetical pantheism of universal suffrage）和“对共和国的迷信”[2]，或者对议会改革的迷信。以上种种，诚然如此。但是，那些自由主义者竟连自己这些愚蠢计划也不出力奋斗。而且靠这些手段，并不能争得自由。我们这时代的要求十分清楚，是社会性的要求，甚于其为经济上的要求；社会主义者倡议的，仅属经济上的变革，如果没有更深层的变化伴随俱来，将不足以消灭文明的吃人习性、君主政体与宗教、法庭与政府、道德信念与习惯。私人生活的成法旧制也必须改变才行。

> 人类由现代科学而解脱贫穷与无法无天的巧取豪夺，却并未自由，反竟不知怎的，被社会吞噬，宁非怪事？要既了解人权的全盘广度与真境，以及所有神圣性质，又不至于摧毁社会，不至于将社会化为原子，是社会问题里最困难的一个；这问题大概有一天会由历史本身来解决；在过去，则从未解决。[3]

对不起，圣西门！科学不会解得了这问题；亦不会对不加拘束的竞争所造成的恐怖施以声讨、力倡消灭贫穷，等等，如果 113

[1]《致老友书》，H xx/2 576。

[2]《往事与随想》（part 6），《约翰·斯图尔特·密尔及其著作〈论自由〉》，H xi 70；M iii 1079。

[3]《法意书简》（fourth letter，1847），H v 62；L 56。

只是转而又将个人化解成单一的、一块大石般的、压迫性的共同体——则巴贝夫那种“监禁而服苦役的平等”[1],亦非解决之道。

历史未定。生命幸甚，并无剧本；临场的即兴创发，永远可能；没有什么使未来必然实现形而上学家拟定的节目。[2]社会主义既非不可能，亦非无可避免，自由信徒的要务，则在预防自由沦为资产阶级的庸碌平常，或者沦为共产主义之奴役。人生既非美事，亦非恶事，人造成自己的样子。人无社会意识，即成猩猩；无为己之心，则成驯弱的猴子。[3]但是，也没有所谓牢固无情的力量来强迫他们成为猩猩或驯猴。我们的目的并非由外力为我们造成，而是我们自己造成；因此，以明天在**客观**上保证有自由，而为今日的践踏自由辩白，乃是以一个残酷而邪恶的错觉，作为这种践踏自由的不义行动的借口。“人如果不要救世，而要救自己——不求解放人类，而求解放自己，我们将大有助于世界的得救与人类的解放。”[4]

赫尔岑又说，在生理、教育、生物学上，正如在更有意识的那些层次上，人当然有赖于环境与时代；他也承认，人反映时代，而且受生活环境影响。[5]但是，人也同样可能起而反抗社会媒介，向社会媒介抗议——无论有效无效，无论出以社会形式或个人形式。信从决定论，只是为自己的软弱设辞狡辩。

[1] 见前引（页 109，注 3）。
[2]《彼岸书》，H vi 36，93；F 39，107。
[3] 同上，页 130；F 139—140。
[4] 同上，页 119；F 128。
[5] 同上，页 120；F 128—129。

永远会有一班宿命论者说："历史道路的选择不在个人力量之内。不是事件倚决于个人，而是个人倚决于事件：我们只是看似在控制自己的方向而已，其实是随波逐流。"[1] 然而此说非真。 114

> 我们的道路根本不是无可改变。相反，我们的道路随环境、随了解、随个人能力而变。个人由……事件造成，但事件亦由个人造成，而且带着个人的印记——此中有个永恒的相互作用……承认独立于我们的势力，而成其被动工具……非我们所当为；人要有天真的信仰、无知的单纯、野蛮的狂热，以及一种纯粹、未经沾染、幼稚的思想质地，才会甘心自任命运的盲目工具——上帝之鞭，上帝的刽子手。[2]

强说我们今天正是如此，将是欺诳。领袖如俾斯麦之流相继兴起，自感为命运的特选工具，声称引领其民族或阶级取得命运保留给他们的无可避免的胜利；他们假神圣的历史使命为名，肆行摧残、酷刑、奴役。然而他们始终不过蛮昧凶残的骗子而已。

> 有思想者所宽谅于阿提拉、公共安全委员会[3]甚至彼得一世之事，若出于我们之手，他们将不会宽谅我们；我

[1]《致老友书》，H xx/2 588。
[2] 同上。
[3] 公共安全委员会（Committee of Public Safety），法国大革命"国民会议"于一七九三年四月初成立的全国最高行政机构，先由丹东主持，六月以后，山岳党人取得政权，即由罗伯斯庇尔主持，以雅各宾分子为主导，是恐怖统治（一七九三年九月至一七九四年七月）期间的独裁机构。——译注

> 们不曾听见天上有什么声音召唤我们去实现某一命运，也不曾听见冥界有什么声音为我们指路。我们只听见一个声音、一个力量，**理性与了解的力量**。拒绝这些，我们就成为不穿法袍的科学教士、背叛文明的变节之徒。[1]

四

上述文字固然谴责俾斯麦或马克思，但更显然直指巴枯宁与俄国雅各宾主义者，直指新一代年轻革命分子奉为圣物的卡拉科佐夫的手枪与车尔尼雪夫斯基的“斧头”[2]；直指扎伊奇涅夫斯基或谢尔诺-索洛维耶维奇的恐怖主义宣传，涅恰耶夫达于极点的恐怖活动，以及终于走火入魔，远迈西方本源，将荣誉、同情与
115 文明的矜谨视为人身侮辱的革命教条。这教条推进不远，即为普列汉诺夫一九〇三年对中止公民自由加以认可的著名公式：“革命的安全是至高法则”；[3] 同理，不远之处，就是“四月提纲”，以及将“人身不可侵犯”视为困难时刻应予弃置的奢侈品。

赫尔岑与巴枯宁之间的鸿沟无法讲通。苏联史家颇做了些

[1]《致老友书》，H xx/2 588—589。

[2] 一八六〇年代初期，俄国革命气氛日益浓厚，配合一八六三年波兰之叛，愈加激烈，开始有革命团体出现，且付诸个人小型恐怖活动。一八六六年，卡拉科佐夫谋刺亚历山大二世，未成。车尔尼雪夫斯基曾有惟农民之斧头能解决问题之说。——译注

[3]《俄国社会民主党第二次大会，一九〇三年七八月：协议》（Vtoroi s"ezd RSDRP, iyul'-avgust 1903 goda: protokoly，Moscow，1959），页 182。[一九〇三年，俄国社会民主党第二次大会，有一派主张民主原则并非绝对价值，应从属于党的需要，一切考虑，包括个人尊严，不得妨碍革命目标。——译注]

勇气热心俱缺的尝试，若非含混带过他二人的差异，就是只将其解说为一个过程的演进里必然且顺势相承的阶段——视其为逻辑与历史之必然（因为这些苏联史家说历史与观念的发展有其“逻辑”定律）。这些尝试，可谓黯然无功。有一种人，例如赫尔岑（或者密尔），以个人自由为其社会与政治的中心义理，视个人自由为至职之事，认为让弃此物，其余一切活动，不论自卫或出击，都毫无价值；[1] 另一种人适成相反，或者以改造社会为其活动的惟一目的，仅视个人自由为一项可欲的副产品，或者认为个人自由是一个因历史而无可避免的短暂发展阶段。这两个态度彼此对立，毫无可能调和或妥协，因为弗里吉亚帽子横阻其间。革命以前，有种种重大问题致使俄国自由党派与革命党派分裂交争，诸如：中央集权与自由联邦之说，纷纷竞陈；由上而下的革命与自下而上的革命，议论不决；政治活动与经济活动互抗；农民与城市劳工相对；有人主张党派合作，有人拒绝党派合作而疾呼“政治纯粹性”与独立；有人相信资本主义的发展无可避免，有人相信可能绕道而不经资本主义。赫尔岑认为，凡此，以及其余一切这类关键问题，与个人自由的问题相较，都黯然失色。在“敬畏弗里吉亚帽”者心目中，人民福利是衡量一切考虑的终定标准。据赫尔岑所见， 116

[1] 赫尔岑曾评论西方与俄国的对比：“那些政府……无论沦人多么低级的境地，斯宾诺莎犹未至于遭受充军之刑，莱辛也不曾挨鞭子或没入军籍。”（《彼岸书》，H vi 15；F 12）在二十世纪，这种对比的力量看不出来。[赫尔岑由此认为，对道德力量与对个人的承认，“是欧洲生活的重大人性原则之一”。在俄国，则彼得大帝以来取法西欧，凡能模仿之处，模仿殆尽，惟个人仍受压制，言论自由仍被视为无礼、独立仍被视为颠覆——“道德上对权力的抑制，本能上对人权、思想权利、真理权利的承认”，并未输入。——译注]

人民福利始终是个“罪恶”原则，是最大的暴虐；接受这原则、这暴政，是将个人自由牺牲于某种巨大抽象物——形而上学或宗教所发明的怪物；是逃避现实与尘世问题；是犯下“二元论”之罪，亦即，将行动原则析离经验事实，而另从某种特殊观物模式所见的“事实”里推取行动原则；是走上一条往往终于导致“吃人”的道路——亦即为“未来幸福”[1]而屠戮今日众生。《致老友书》的首要指斥目标，正是这项严重谬误。他见解确当，认为巴枯宁有此谬误；巴枯宁自称畏见武断暴力或纯真之人受屈遭辱，但是，在这位朋友（赫尔岑个人毕生敬爱不渝的朋友）热切的语句，豪壮如狮的勇气，宽大能容的俄国天性，以及其乐天、魅力与想象背后，他察觉与此声言迥不相当之物，即对个人命运的一种犬儒式漠不关心，为社会实验而草菅人命的幼稚热情，为革命而革命的嗜欲。他察觉巴枯宁有一种道地的非人性质（别林斯基与屠格涅夫懵然不觉的一点）：憎恨抽象的奴役、压迫、伪善、贫穷，对显现这些东西的具体例证，却并无实际的厌恶。巴枯宁这是成色十足的黑格尔主义眼光，觉得既能登上高处而综览历史本身结构，则对历史之工具加以斥责，并无用处。巴枯宁憎恨沙皇制度，对尼古拉其人，却并未表现多少特殊的嫌恶；这位皇帝驾崩之日，他绝不会给特维肯汉的小孩子几文钱，教他们高喊：“尼古拉皇帝翘辫子了！”农民获得解放，他也绝不会有感同身受的幸福之意。他不大关心个体命运；他所取的基本单位模糊不清、大而无当；“先破坏再说”。气质、灵见、宽宏、勇气、革命之

[1]《彼岸书》，页 34；F 37。

火、基本的自然力量，这些，巴枯宁富蕴横溢。但是，在他启示录式的灵见里，个人权利与自由并无多大分量。

关于此事，赫尔岑则立场清晰，且终身不变。任何遥远的目的、任何凌掩一切的原则或抽象名词，都不足以辩解自由之受压制，或者欺骗、暴力以及暴政。人生俯抑动止所寄托的道德原则，须是我们依当下本有处境而实际凭倚的原则，而非我们根据或许有、可能有、应该有的情况而采取的原则。此理一旦抛弃，废除个人自由及一切人性文化价值之路即豁然大开。赫尔岑满怀由衷的恐惧与厌恶，看出并宣斥年轻一代俄国革命分子好勇斗狠、狂野粗暴的反人文作风；此辈无所忌惮，而强悍刻忍，满腔蛮昧的义愤，但对文明与自由亦含敌意，是卡利班[1]横行的一代——有如赫尔岑自己那一代染患"革命激情之梅毒"[2]的人。他们以一场有系统的中伤运动回报他，丑诋他为"优柔无能"的贵族身段玩票家、软弱的自由派骑墙分子、革命的叛徒、过去时代的多余残遗。他以一幅辛辣而精确的"新人"素描为反击。新的一代会对旧的一代说："你们是伪君子，我们要当犬儒；你们说话像道德家，我们开口就要像无赖；你们对上多礼、待下粗暴，我们对谁都要粗暴；你们鞠躬而无敬意，我们将推挤冲撞而不道歉……"[3] 117

赫尔岑欲求个体自由，甚于幸福、效率或正义；他宣斥组

[1] 卡利班（Caliban），莎士比亚《暴风雨》中的精灵，具有智力，貌丑，性狡黠、残忍而实际，作风粗鄙，行事悖德邪门，但整体不失诗质魅力，《暴风雨》中由他发言之处，全用韶文。——译注

[2] 一八六八年五月一日至二日致奥加廖夫，H xxix/I 330。

[3]《往事与随想》（part 7，chapter 3，1870），H xi 351；《年轻一代移民：共同基金》（'The Younger Emigrants: The Common Fund'），M iii 1349。

织规划、经济集中、政府权威，因为凡此都可能戕害个人自由发挥奇思幻想的能力，以及个人生命在一个广阔、丰富、“开放”的社会环境里造就无限深度与变化的能力；他憎恨圣彼得堡的德国人（尤其“德裔俄人与俄裔德人”）[1]，因为他们所受的奴役并非“算术”奴役（就像在俄国和意大利，对人数优胜的反动势力屈服），而是“代数”奴役，亦即，他们所受的奴役源出他们的“内在公式”，是他们的生命本质。[2] 历史之弄人，
118 在他身上可谓奇绝无匹。如此赫尔岑，只因列宁随兴的片言口惠，[3] 今日竟然配享苏联万神殿至圣大位——将他供上此位的这

[1] 一八五九年一篇文章的标题为《德裔俄人与俄裔德人》（‘Russkie nemtsy i nemetskie russkie’），H xiv 148—189。

[2]《论俄国革命思想的发展》，H vii 15。卢格颇以此说为侮辱，一八五四年获得此文德文版，在写给赫尔岑的信中严厉抗议。见《卢格一八二五年至一八八〇年间书信与日记》（*Arnold Ruges Briefwechsel und Tagebuchblätter aus den Jahren 1825—1880*, ed. P. Nerrlich，Berlin，1886，ii，1848—1880），页 147—149。

[3] 伯林所指列宁言论为何，待考。不过，列宁关于赫尔岑的议论，自以一九一二年（赫尔岑百龄）《社会民主党人报》二十九号所刊《纪念赫尔岑》短文最著名。列宁夹叙夹议，想“阐明这位在俄国革命的准备期起了伟大作用的作家的真正历史地位”，大意谓赫尔岑早年即觉醒而展开革命鼓动，是“俄国”社会主义，即“民粹主义”的创始人，而且“在国外创立了自由的俄文刊物，这是他的伟大功绩”。但他究竟是“地主贵族中的人”，虽鼓吹农民的解放，却曾寄希望于“上层”改革，向亚历山大写了许多“现在读起来真是令人作呕”的“甜言蜜语的书信”。一八四八年绝望于西欧革命以后，仍和他去国之年（一八四七年）一样，不能在“俄国内部看见革命的人民”，因此“精神破产”，落入“深厚的怀疑论和悲观论”，无所寄托。他咒骂一八四八年出卖革命的自由主义，但“没有识破它的阶级本质”，此后，也没有了解“马克思以前各种社会主义的资产阶级民主实质”，遂更不了解历来“俄国革命的资产阶级性质”。这期间，他还把“没有丝毫社会主义气味”的村社制度错认为社会主义。所幸，他的怀疑论其实是“无产阶级严峻的、不屈不挠的……阶级斗争的转化形式”，所以，逝世前一年（一八六九年），他终仍弃绝自由主义，视线“转向国际，转向马克思所领导的国际，转向已经开始集合无产阶级‘队伍’……的那个‘劳工世界’的国际”。依列宁之见，此后，经过车尔尼雪夫斯基，赫尔岑与“无产阶级这个惟一彻底革命的阶级”有如一脉相承。——译注

个政府，其创生来由，他所知、所惧，俱深于陀思妥耶夫斯基，而其言行对他的信念、他的人格，也都一直是个侮辱。

赫尔岑处处力倡具体，指斥抽象原则，不过，他自身时或极尽乌托邦之能事，亦无可疑。他畏惧暴民、不喜官僚与组织，却又相信，正义与幸福之浩然流行，不仅在少数人而且在多数人亦为可能之事——即使西方世界不可能，至少俄国仍可能。他持此信念，大抵出于爱国情操，即有所私于俄国的民族性格——历经拜占庭之僵滞、鞑靼之桎梏、日耳曼人之棍棒以及自家官吏，俄罗斯民族性格光荣屹立，并且安然保全民族的内在灵魂。他将俄国农民、村落公社、自由的**工匠集合事业体**（artel）[1] 理想化；同理，他相信巴黎工人天性善良且道德高贵，相信罗马人民；此外，即使“俄国竖琴的三弦……感伤、

[1] 赫尔岑绝望于西欧自由理想以后，返取俄国农村公社，以其为社会主义典范及俄国未来政治与社会制度的基础，artel 即其中一种。关于 artel 的性质，说法甚多，赫尔岑自言有第一手知识，并极称其独立自主（官方无法干涉）与和谐互助；artel 由不同公社来的建筑工、木匠及其余各种匠人组成，约数百人，时间一二年不等。期满，工人根据年来工作，依公决而分配所得产物；日常事务，亦由 artel 之组成分子共同负责，外界势力如政府、警察无法控制。见《致米什莱的公开信》。按，米什莱一八五一年为文批评俄国，赫尔岑起而反驳，将沙皇及其压制且落后的制度与俄国人民分开讨论，力言默默忍受暴政的俄国人民纯洁、无辜、神圣：“俄国的未来寓于农民，正如法国的再生寓于工人。”赫尔岑生长富贵家庭，目睹政府及他本身阶级的无能与苛虐，非常能了解农奴何以有那些著名的懒惰、冷漠、狡猾、酗酒行为。正义感极其锐利，同情之余，不免溢美，认为农奴在虐政里养成的这些自保习性底下，其实纯良如赤子。此外，赫尔岑对于农村公社里的多种弊端，也没有充分认识。赫尔岑终身善于打破一切学说主义的妄念，惟有自己这项执迷未能祛除。不过，将农民（或所谓被压迫与受屈辱者）美化、理想化，是十九世纪俄国文学与思想的一贯主题，托尔斯泰、陀思妥耶夫斯基都未能免俗。别林斯基、屠格涅夫、契诃夫及高尔基可能是少数的例外。民粹主义大学生在一八七四年夏季“走入民间”，灵感大半得自赫尔岑，他引他们注意到村社组成。——译注

怀疑与反讽”[1]日益急奏，他既未变成犬儒，也不曾走入怀疑主义。他这是一种没有根据的乐观主义，而俄国民粹主义所得于此之启迪，独多于其他任何出处。

与巴枯宁的义理相较，赫尔岑的看法却是纯正的现实主义。巴枯宁与赫尔岑多有共通之处，他们对马克思主义及其创始者都有尖锐的反感；以一个阶级的专政取代另一阶级的专政，他们看不出有何益处，他们看不出所谓无产阶级的美德。但是，赫尔岑至少还正视真正的政治问题，例如：无限的个人自由，同社会平等或者同最低度的社会组织与权威无法并存；人必须在个人主义
119 的“原子化”与集体主义的压迫这两大险境之间战兢戒惧而行；许多同等高贵的人类理想之间，都有令人为难遗憾的悬异与冲突；无论是高压政治，或者对高压政治的反抗，都没有“客观”、百世不移、四海皆准的道德与政治标准可以依据；遥远的目的，无非海市蜃楼，但人也不能完全不用此物。对照之下，巴枯宁无论使用他变化多端的黑格尔式语句，或者在他的无政府主义时期，都欣然搁置上述问题于不顾，飘然航入革命口头禅的乐地，而其沾沾自得，以及快意于口头的不负责作风，也正是他那长久停滞青春期而且根本轻浮的眼光的本色。

五

巴枯宁的敌人与信徒都能作证，他奉献毕生，为自由奋

[1]《俄国人民与社会主义：致米什莱书》（‘Le Peuple russe et le socialisme: Letter à Monsieur J. Michelet’，1851），H vii 299/330；F 194。

斗。他以行动与言论，为自由奋斗。欧洲无人挺身直前如他，不断反叛一切组织权威，并且秉持各国与各阶级受侮辱与受压迫之名，行不断的抗议。他陈词恳切、论事明澈而善于破坏的能力，迥绝寻常，惟未曾获得世人适当赏识，至今犹然。他反驳神学与形而上学概念，抨击整个西方基督教社会、政治、道德传统，厉斥暴政——将国家、阶级，或者特殊的当权团体如教士、军人、官僚、民主代表、银行家、革命精英，一律斥为暴政，所用语言至今可作雄论辩难文章的模范。他以富赡的才华，复以高昂出奇的精神，发扬十八世纪哲人（philosophes）中激烈急进一派的好斗传统。他具有此辈的轻捷，然亦得其弱点；他的积极义理正如他们的积极义理，往往只是一串串动听的陈腔常谈，或以情绪上的模糊关联，或以修辞上的灵感呼应，接凑而成。他的肯定命题，则比他们的更单薄。因此，对自由的定义问题，他的积极贡献是“人人为我，我为人人”[1] 120
一语。最具轻浮无度、耽好妄想、行动与言语俱欠慎笃的巴枯宁其人本色者，即正是这句徒以音响巧妙取胜、充满“三剑客”回声、披着历史演义灿烂色彩的小学生口诀，而不是他信徒所绘、因听信他放肆无度的雄辩而或遭发配西伯利亚或遭处死的许多青年革命分子远近顶礼膜拜的专志解放者画像。他尽取一切美德，而这些美德能否并立（或者各有何指意），他丝毫不加细验（枉费了他的黑格尔学养、他声名昭著的辩证技巧），即以最精妙也最欠批判性的十八世纪手法，将之总汇为

[1]《致〈平等〉杂志委员会》（‘Lettre à la Commission du journal L’ Égalité à Genève’，19 December 1868），O v 15。

一个巨大而不含区别的混合物：正义、人性、善良、自由、平等（“人人平等以致个人自由”[1]是他另一句空洞的真言）、科学、理性、良知，对特权与垄断的恨恶，对压迫与剥削的痛恨，对愚蠢与贫穷、软弱、不平等、不公道、势利作风的憎恶——这些，他并未各别细究其所以然，只说所有美德形成单单一个明澈、具体的理想，而且此一理想的实现手段拈来即是，只要人不盲目或邪恶到无法利用这手段。巴枯宁看到自由沛然流行的“一个新天、新地，一个迷人的新世界，在此新天、新地、新世界里，所有不和谐都汇流成一个和谐的整
121 体——民主而普世的人类自由教会”[2]。

[1] 见，比如：(a)《素质教育》（‘L’Instruction intégrale’, July—August 1869），O v 140（‘la liberté de chacun dans l’égalité et par l’égalité de tous’）；Mikhail Bakunin，《素质教育》（‘All-Round Education’），出自《垃圾桶之外：巴枯宁基础写作 一八六九年至一八七一年》（*From out the Dustbin: Bakunin’s Basic Writings 1869—1871*，trans. and ed. Robert M. Cutler，Ann Arbor，1985），页113，“经由个体平等达致个体自由”（‘the freedom of each individual through the equality of every individual and in that context’）；(b)《国际革命组织或兄弟同盟》（‘Organisation de la Fraternité International Revolutionary Society or Brotherhood’，1865），《兄弟同盟章程》（‘The Program of the Brotherhood’），出自《没有主子，没有上帝》（*No Gods No Masters*，ed. Daniel Guérin，trans. Paul Sharkey，Edinburgh etc.，1998），页134，“平等缺席之处无自由”（‘there is no liberty in the absence of equality’）。

[2] 出自 Bakunin，《德国的反动：一个法国人的笔记》（‘Die Reaction in Deutschland: Ein Fragment von einem Franzosen’），《俄国科学与艺术年鉴》（*Deutsche Jahrbücher für Wissenschaft und Kunst*，No. 247—251，17—21 October 1842），页985—1002（以笔名“Jules Elysard”发表），于页986；Michael Bakunin，《德国的反动：一个法国人的笔记》（‘The Reaction in Germany: A Fragment from a Frenchman’），出自《俄国哲学》（*Russian Philosophy*，ed. James M. Edie and others，Chicago，1965，i），页385—406，于页300；同时也是阿尔诺德·卢格（Arnold Ruge）在他关于巴枯宁的回忆里所引的句子，见《回忆米哈伊尔·巴枯宁》（‘Erinnerungen an Michael Bakunin’），《新自由报》（*Neue Freie Presse*，Vienna，28 September 1876），页1—3，（29 September 1876），页1—3（见第一部分）。

你一旦搭上这类十九世纪中叶激进派顺口溜的浪头，其余如何，可知过半。容我意译他另一妙句：你如果不自由，我也不自由；我的自由必定“反映”于他人自由之中——个人主义者大谬，认为我的自由的疆界与你的自由相邻；因为自由是互补的，你我的自由互不可缺，而非相邻竞争。[1] 将社会等同于可憎的国家，是应该论罪的文字滥用，而这文字滥用的最主要来源是“政治与司法”[2] 的自由观念。这种观念剥夺人的自由，因为它将个体置于与社会互逆之地；以此观念为基础，彻底邪恶的社会契约理论遂得建立——依社会契约说，为求和谐的组合，人必须放弃他们相当部分的原有、“自然”自由。巴枯宁指此为谬说。人惟在社会中，方得其人性，才自由；“惟集体与社会劳动使 [人] 解脱自然……的桎梏”，无此解脱，“任何道德或思想自由”都不可能。[3] 自由是一种互惠形式，无法孤立生成。必惟他人自由、得其人性，我才也自由，才也有我的个性。我的自由无限，因为他人的自由也无限；我们的自由互相反映——只要有一位奴隶，我就不自由、不成我的人性、没有尊严、没有权利。自由不是一个肉体或社会条件，而是心灵条件，其内涵为普世相互承认个体自由。奴役乃一心理状态，

[1]《对圣伊米尔谷工人的三次演说（一八七一年五月）》（‘Trois conférences faites aux ouvriers du Val de Saint-Imier’ [May 1871]），出自《巴枯宁档案》（*Archives Bakounine*，ed. Arthur Lehning，Leiden，1961—1981，vi），页 228；《对瑞士国际组织成员的三次演说》（‘Three Lectures to Swiss Members of the International’），出自 Cutler，同前引（页 121，注 1），页 48。
[2]《拿鞭子的德意志帝国与社会革命》（‘L’Empire knouto-germanique et la Révolution sociale’，1870—1871），出自《巴枯宁档案》（见上一注释，vii），页 171。
[3] 同上。

奴隶主为之奴隶，正如其所拥有的奴隶[1]。巴枯宁作品里累累充斥的这种卖弄口舌的黑格尔式噱头，连一般言而无证的黑格尔主义长处也不具备。盖巴枯宁尽其巧设，只依样再造十八世纪思想里最拙劣的混淆而已。其中之一，是将比较清楚、虽然
122 也比较消极的个人自由观念（人不应受压迫去行其所不欲），混淆于乌托邦的，而且也许无法理解的自由观念（人不受制于法则，而此法则指另一种意义的“法则”而言——亦即自然所必有，甚或社会共存所必要之事）。据此混淆，巴枯宁推出：由于向自然要求自由是荒谬之求，由于我是“自然”的一部分（因为我与其余人类的关系是“自然”的一部分），所以，向人类要求自由，也同样毫无意义——你应该寻求的是你与他们形成“和谐的团结”的“自由”。

巴枯宁反叛黑格尔，并且自称憎恨基督教，但他的语言正是两者语言的习套混合。他认为所有美德并行不悖，非仅并行不悖，更互为必然；人若是理性的，则不可能欲求彼此冲突的目的，则人与人的自由不相冲突；无限的自由不但与无限的平等并行不悖，而且，苟无后者，前者无从设想。他不愿意认真分析自由概念与平等概念；他认为，妨阻人类天性之善及其天生智慧此刻立即造成尘世乐土，或者至少在暴虐的国家及其邪恶、白痴法律制度连根消灭以后立竟此功的，是原本可以避免的人类愚行与邪恶——凡此十八世纪人十足能解，而在他自己那个精到老练的世纪里饱受无穷批判的种种天真谬误，竟是他普告众生的实训的实质；他向拉绍德封与圣伊米尔谷的钟表匠

[1]《拿鞭子的德意志帝国与社会革命》，页 172。

发表训示，训示中令他们心迷神醉的激昂言论，尤其处处是这种谬误。

巴枯宁的思想几乎时时单纯、浅薄而清晰；其语言慷慨激烈、直接而欠精确，举证善于夸饰而高潮迭起，时主阐述衍释，但以激促或辩难为多，常用反讽，偶尔精彩闪烁，经常快意无忧，往往乐趣横生，每每畅利可读，罕与经验事实相关，绝无独创，极少严肃，更缺乏明确归指。自由一语，无时不在。巴枯宁有时在亢奋的半宗教层次上谈自由，宣称反叛——违抗——的本能是人类发展里的三大基本“要素”之一，并且揭斥上帝而颂扬撒旦——说撒旦是第一位叛徒，是自由的真朋友。在这类“阴郁”心境里，他以近似革命进行曲开头歌词的 123
言语，宣称俄国（或任何地方）惟一真正的革命分子是勇猛的（likhoi）盗匪与亡命之徒，此辈因为再也无所顾虑，将会摧毁旧世界——旧世界既毁之后，新世界将如凤凰，自动由灰烬中升起。[1] 他把希望寄托于破落士绅的子弟，寄托于以暴力突破困厄环境来消忧平愤的所有人。他有如魏特林，号召下层社会之糟粕，尤其心怀怨懑的农民，如普加乔夫与拉津之流[2]，呼

[1] 见他一八六九年的宣传小册子《革命问题的一个陈述》（‘Postanovka revolyutsionnogo voprosa’），出自《巴枯宁致赫尔岑与奥加廖夫的信》（*Pis'ma M. A. Bakunina k A. I. Gertsenu i N. P. Ogarevu*，ed. M. P. Dragomanov，Geneva，1896），页 469—477，于页 472—474。

[2] 十七世纪，俄国农奴处境非人（以后皆如此），不堪沙皇、贵族、地主及教士剥削荼毒，乱象频生。一六六七年，拉津聚合逃亡农奴、哥萨克人及投机之徒起事，在里海击败一支舰队，劫掠俄国船只，侵入波斯，回头沿伏尔加河烧毁，声明对地主、贵族及教士宣战。一六七一年被捕，不久处死。

一七七三年，顿河地区的哥萨克人普加乔夫自称真命沙皇，起事于乌拉尔山区，宣言废止农奴制度、税赋及征兵制。乌拉尔山区、伏尔加河流域及里海（转下页）

吁他们做现代参孙，奋起打倒不公不义的殿堂。有时候，他比较单纯，只呼吁反抗一切父祖长辈与一切学校教师：子女必须自由选择自己的事业；我们“不要半神人，也不要奴隶”[1]，要一个平等社会，尤其要一个不被大学教育分化的社会——大学教育创造思想优越性，比贵族政治或财阀政治导致更多痛苦的不平等。有时候，他说，由今日“靠鞭子立威的德国式”[2]军队与警察横行的社会，到明日没有国家、不受任何约束的社会的过渡期间，需要“铁一般的独裁专政”。[3]有时候，他又说，一切独裁专政都不免力图永保其位；无产阶级专政只是又一个阶级对阶级的可怕专制而已。他疾呼，凡“强加”的法律，因出于人为，必须立即抛弃，却又承认，“自然”而非“人为”的“社会”法则必须服从[4]——言下之意，这些法则固定、不移、非人所能控制。十八世纪理性主义者那种乐观的混淆，极
124 少不会在他作品里出现。宣布反叛的权利——反叛的责任——宣布急需以暴力推翻国家以后，他高高兴兴宣称他相信绝对的历史与社会决定论，并且赞同并援引比利时统计学家凯特莱的这句话：“社会……使人犯罪，罪犯只是执行犯罪的必要工

（接上页）一带农奴与下层各行人民群起来附，杀掠地主与教士。莫斯科震动，征剿无功。一七七四年，伏尔加河流域饥荒，普加乔夫声势大弱，旋遭部属出卖，解往莫斯科，受车裂之刑。以上二人叛乱不成，但抗暴英雄之名都长留民间。——译注

[1] 同前引［页 121，注 1（a）］。

[2] 同前引（页 122，注 1），页 221；Cutler，页 41。另见页 122，注 2 所引之作。

[3] 一八六〇年十一月七日与八日致赫尔岑，出自 Bakunin，《书信全集》（*Sobranie sochinenii i pisem*，ed. Yu. M. Steklov，Moscow，1934—1935，vol.4），《在狱中及流亡途中 一八四九年至一八六一年》（*V tyur'makh i ssylke 1849—1861*），页 305，360。

[4] 同前引［页 121，注 1（a）］，页 158—159；Cutler，页 122。

具。”[1] 自由意志的信念不理性，因为他亦如恩格斯，相信“自由是 [……] 自然与社会所必生而无可避免的终端结果”。[2] 我们完全由我们的人类与自然环境塑造，但仍必须奋求人的独立——不是独立于“自然或社会法则”，而是独立于其余人类“违反他的个人信念”而强加于他的“政治、刑事或民事”法律。[3] 这就是巴枯宁最后、最老练精到的自由定义，至于其意思，尚请细细寻索。惟一清楚浮现的，是巴枯宁反对任何时候、任何情况下向任何人强加任何约束。此外，他同霍尔巴赫或戈德温一般相信，盲目的传统，或者愚妄，或者“因利害关系而生的奸弊”[4]，所强苛于人类的人为约束一旦解除，万事将自动归正，正义、美德、幸福、乐趣、自由会立即开始聊合起来左右人间。往巴枯宁论述中寻觅比这更扎实有物之言，必定徒劳无功。[5] 他运用文字，主要目的不在描述，而在刺激，而且是此道能手。便至今日，他的文字也尚未失去煽动力。

[1] 同前引 [页 121，注 1（a）]，O v 161；Cutler，页 122。
[2]《国际革命协会纲领》（‘Programma obshchestva mezhdunarodnoi revolyutsii’ [c. 1865]），出自《巴枯宁传记资料》（*Materialy dlya biografii M. Bakunina*，ed. V. A. Polonsky，Moscow，1923—1928，iii），页 121。
[3] 同前引（见页 122，注 3）；参考页 124，注 5。
[4] [以赛亚・伯林一般将其称作“interested error”（“因利害关系而生的错误”），此语源自塞缪尔・威尔金森（Samuel Wilkinson）对于霍尔巴赫（Holbach）在《自然的体系》（*Système de la nature*，1770，part 1，chapter 1）中的句子“recourons à nos sens, que l'on nous a faussement fait regarder comme suspects”的英译（London，1820—1821），英文译文为“let us recover our senses, which interested error has taught us to suspect”；参考“erreurs utiles”（‘useful errors’），同上（part 2，chapter 12），以及“hommes fortement intéressé à l'erreur”（‘people with a strong interest in error’），《常识》（*Le Bon Sens*，§82）。]
[5] 在一八六二年十一月十日致屠格涅夫的一封信里，赫尔岑有‘fatras bakuninskoi demagogii’（“巴枯宁煽言惑众的大杂烩”）一语，可谓允当，H xxvii/1 264。

他像赫尔岑，不喜欢新兴的统治阶级——“当权的费加
125 罗”、“费加罗银行家”及“费加罗部长”——此辈之制服已与皮肤相连，无法蜕除。[1] 他喜欢自由人，以及不屈不移的人格。他厌恶精神奴役，甚至其余一切性质。他像赫尔岑，认为德国人甘自奴屈，无可救药。他更意存侮辱，三复斯言：

> 一个英国人或美国人说“我是英国人”、“我是美国人”，他是在说“我是自由的人”；一个德国人说“我是德国人”，其意则指“我是奴隶，不过，我的皇帝强过所有皇帝，现在掐紧我脖子的德国军人会把你们也都掐住”……每个民族各自有其嗜好——德国人魂牵梦系的是国家的巨棒。[2]

巴枯宁看见压迫，也识得那是压迫；他由衷反叛一切形式的既有权威与秩序；他碰到集权主义者，也知道那是集权主义者——无论其为沙皇尼古拉、俾斯麦、拉萨尔或马克思（据他的看法，马克思是德国人、黑格尔信徒、犹太人，因此是加重三倍的集权主义者）。[3] 然而他不是严肃的思想家；他既非道德家，亦非心理学家；在他身上能找到的不是社会理论，不是政治义理，而是一种眼光与一种气质。从他任何时期的述作

[1]《法意书简》（second letter，1847），H v 35，33；L 30，28。

[2]《国家主义与无政府主义》（‘Gosudarstvennost’ i anarkhiya’，1873），《巴枯宁档案》（见页 122，注 1，iii），页 159，358；Bakunin，《国家主义与无政府主义》（*Statism and Anarchy*，trans. and ed. Marshall S. Shatz，Cambridge，1900），页 192。

[3] 同上，页 119，317；Shatz，页 142。

里，抽不出连贯的观念，可得者惟热火与想象、暴力与诗，以及一股无法克制的欲望：要强烈的悸动，要高度紧张的生活，要崩解日常生活的单调散文里所有平静、隐退、整齐有致、井然有序、小规模、平庸凡俗、固有、温和的部分。他的态度与教示极其轻浮，而大体上，他于此亦自知甚明，每遭揭穿，厚道一笑。[1] 他要尽可能趁早放火而尽可能多所烧毁；任何一种 126
混乱、暴力、剧变念头，都使他无限快活。在狱中写给沙皇的那篇著名的《忏悔书》里，他说他最恨之事是平静的人生，说他最热切渴盼的恒是异想天开之事——凡异想天开之事皆可——以及闻所未闻的冒险，永久不断的变动，行动、战斗，说他在平静状况里有窒息之感。他如此说法，一语撮尽了他作品的品质与内容。

六

他们都憎恨俄国体制，都相信俄国农民，理论上赞同联邦主义，服膺蒲鲁东社会主义，厌恶资产阶级社会，鄙视中层阶级德行，反对自由主义，信奉好斗的无神论，毕生矢志奉献——尽管有这么多表面的相似，以及社会出身、品味、教育上的近似，这两位朋友的差异仍既深且广。赫尔岑（此点连

[1] “我生性并非江湖郎中，”他在一八五一年七月至八月写给沙皇的信里说，“不过，这不自然而且不幸的困境（以事实言，我自己要对这困境负责）有时候使我不由自主，变成江湖郎中。”《忏悔书》（‘Ispoved’），出自 Steklov，见前引（页 124，注 3，iv），页 143；《巴枯宁的忏悔》（*The Confession of Mikhail Bakunin*，trans. Robert C. Lowes，ed. Lawrence D. Orton，Ithaca，NY，1977），页 79。

他最富心得的仰慕者也罕见认识）是创意特多的思想家，独立、诚实，而且深刻至于出人意表。当万灵丹、大体系以及单纯的解决法由黑格尔、费尔巴哈、傅立叶，由基督教与非基督教社会神秘家的门徒宣扬而处处弥漫，当功利主义者、新中世纪主义者、浪漫的乐观主义者与虚无主义者、“科学”伦理学与“进化”政治学的贩卖者，以及各种品牌的共产主义者与无政府主义者提供短程解药与长程社会、经济、神智学(theosophical)、形而上学乌托邦之际，赫尔岑安于他不惑不乱的现实感。他明白，概括与抽象措辞如“自由”或“平等”，除非转译成特定确指而能应用于实际状况的条件，否则最上只可能搅起诗的想象、动人以慷慨的情怀，至其最下，不过为
127 愚妄与罪行辩白而已。“人生意义何在？”“历史的目标或模式或方向为何？”“世事一般多如此如此发生，如何解释？”等问题，仅以其提出，即已荒谬——在他的时代，发现这种问法荒谬，是天才的发现。他明白，这类问题必惟特指某事而问，方有意义，答案则视特定状况中特定人类的特定目的而定。一径追问“究竟”目的，是不知何谓目的；追问歌者歌唱的究竟目标何在，你的兴趣就不在歌曲或音乐，而是以外之事。人是为自己个人切身目的而行动（无论他多么相信、多么正确地相信那些目的与别人的目的相关或相同），那些目的在他是神圣的，他不惜生死以之。赫尔岑信仰个体独立与自由，认真严正且慷慨激烈如是，理由在此；他了解他所相信之事，而且对形而上学或神学咒语以及民主辞藻之掺杂蒙混事体，反应痛心疾首如是，理由亦在此。据他所见，究竟而论，只有特定个人的特定目的才可贵；蹂躏这些目的，恒是罪行，因为没有任何原

则或价值高于、可以高于个体的目的，因为（承上因）你没有任何原则可恃以侵暴或辱贬或摧残个体——一切原则与一切价值的惟一作者。除非保证许给所有人一个让他们能行所欲行的起码范围，否则，仅余的原则与价值，将是自称识透人在宇宙中的地位，以及他在该地位上的功能与目标等真理的神学、形而上学或科学体系所保证的原则与价值。这些体系的声称，赫尔岑一概视为欺诈。这种特殊的非玄学、经验主义、“幸福论”（eudaemonistic）[1] 个人主义，使赫尔岑成为一切体系、一切压制自由之说的死敌——无论你以功利考虑或集权原则为名，或者以神秘启示之目的，对不可抗拒力量的尊重，“事实逻辑”或其他任何类似理由为名，而压抑自由，他都誓死敌对。

巴枯宁有何丝毫足堪与他争色比伦之处可言？沾沾自喜、擅长逻辑、滔滔雄辩，浑身挖墙脚、煽风点火、粉碎一切的欲 128
望与本领，时或童稚而令人不防、时又病态而非人的巴枯宁；敏锐尖刻的分析力与漫无拘束的暴露狂出奇兼具的巴枯宁；在极度漠不经意中尽承十八世纪五花八门遗产，既不烦考虑其中某些观念是否相互抵触（用“辩证”打点），也不费心细察其中多少成分已经不合时宜、失去信用，或者自始即已荒谬的巴枯宁——他，绝对自由的公认挚友，不曾遗赠世人一个本身值

[1] eudaimonia，希腊文，意为“生气活泼的精神幸福”。eu 为“好”、“善”，daimōn 为“灵”、“神”、“内在力量”等。此为亚里士多德用语，意指幸福。人有臻至充分的理性生活的潜力；一个人将这潜力实现于极致，并且充分表现他各种能力，斯之谓 eudaimonia。如此寻求自我实现，是人的本质；个体充分实现其本质（理性），即是个体之“善”。见《哲学辞典》（*Dictionery of Philosophy*，ed. Peter A. Angeles，New York: Barnes & Noble Books，1981），‘eudaimonia’ 与 ‘good’ 条。——译注

得考虑的观念；他没有任何新鲜的思想，更无一丝信实由衷的情绪，只有逗趣的酷评毒骂、昂奋的精神、恶意的插话小品，以及一二差堪回味的警语。舍此而外，所余于是仅得一个道德上漠不关心、思想上漫不负责的历史形象——他素喜自称的“俄国熊”，正足为传神写照：一个满腔抽象人类爱，却如罗伯斯庇尔般不惜漂杵之血，而在犬儒式恐怖主义，在对个体麻木不仁的传统里位居一环的人（实践这个传统，是我们本世纪目前为止对政治思想的主要贡献）。巴枯宁这一面——罗亭内里包藏的斯塔夫罗金、法西斯气息、阿提拉手法，种种与他自称的可爱“俄国熊”（来自“die grosse Lise”）[1] 全不相符的“邪门品质”，陀思妥耶夫斯基曾经觉察而予夸大讽刺。但是，不仅陀思妥耶夫斯基而已，赫尔岑本人亦会识破，提出强烈指控而作成《致老友书》（*Letters to an Old Comrade*），十九世纪论人类自由前途的著作里，也许最富教益、最具先见、最冷静明
129 理、最动人肺腑的一本文集。

[1] 赫尔岑三岁的女儿与巴枯宁友善，呼其为“俄国熊”（‘The big Lise’），赫尔岑也习惯跟着她叫他“俄国熊”。

辉煌的十年

一、俄国知识阶层之诞生

一

本文标题——“辉煌的十年”——以及其中题旨，都取自十九世纪俄国批评家兼文学史家安年科夫一篇去此时期三十余年后追写当日朋辈的长文。安年科夫其人随和、聪慧、极端文明，是最善体人意、最可靠的朋友。他也许不是很深刻的批评家，学识或者亦非广博——他是半调学者，一个周游欧洲、喜欢结交显赫人士的旅行家，热切而观察入微的知性观光客。

其余品质以外，他显然还富于个人魅力，韶致之盛，马克思亦极心仪，至少写给他一封论及蒲鲁东而为马克思主义者重视的信。关于青年马克思的容貌姿仪，以及其黠惊狞猛的思想路数，他也为我们留下一段极为生动的描述——一幅妙造超然而带讽意的小影，也许还是至少所见传世的最佳马克思画像。

安年科夫返回俄国以后，对马克思失去兴趣。马克思原本认为自己已在此人心上留下永难磨灭的印象，遽遭背弃，极为痛心，晚年说起巴黎四十年代自己身边风发踊跃，终于露出毫无任何严肃居心之本相的那批俄国知识帮闲，仍颇多痛楚。不
130 过，安年科夫对马克思虽未忠诚不渝，但毕生珍惜别林斯基、屠格涅夫与赫尔岑这几位同胞的友谊，且安年科夫在写他们时最为有趣。

“辉煌的十年”描写俄国知识阶层某些早期成员——创始者——一八三八年至一八四八年间的生活。当时，诸人年事尚轻，有的还是大学生，有的新出校门。这个题材引人兴趣之

处，超乎文学或心理学，因为这些早期俄国知识分子创造了某种最后注定在全世界产生社会与政治后果的东西。以俄国革命为这场运动最大的一个效果，我想是公平之论。贯穿十九世纪与二十世纪初期，而在一九一七年达到最后高潮的那种言论与行动，其道德基调就是由这些反叛的早期俄国知识分子奠定。

俄国革命并未依循这些作家与谈家所预期的路线发生（连法国大革命在内，不曾有何事件在事前一个世纪里经过这么多讨论与思索）。不过，思想家如托尔斯泰与马克思之类，其活动的重要性尽管素有遭受小看的趋势，一般的观念仍然的确有重大影响力。纳粹似乎深谙此理，征服异国，立即刻意消灭其思想领袖，因为他们可能成为最危险的挡路分子；就此而论，纳粹的历史分析可谓正确。但是，关于思想在左右人类生活上扮演的角色，你无论作何想法，如果否认十九世纪初期的观念——尤其哲学观念——对后来的局势有过巨大影响，你将招不求甚解之讥。当时盛行的思想观念，如黑格尔哲学，既是诸种事变的肇因，也是其症兆；没有这些思想观念，后来之事很多也许未必发生，即令发生，其形势亦可能不同。职是之故，从历史上来看，本文所论作家与思想家所以如此重要，盖因他们蓄就一些观念，这些观念注定导致的惊天动地效果非但掀翻俄国本身，更远播俄国境外。

这些人应该垂名史册，另有几个比较特殊的理由。设非这
些人创造并推动的特殊气氛，十九世纪中叶的俄国文学，尤其 131
那些伟大的俄国小说竟能诞生，颇难想象。屠格涅夫、托尔斯泰、冈察洛夫、陀思妥耶夫斯基，乃至其余次要小说家，作品都充满时代意识、充满作者对某种社会与历史环境及其意识形

态内涵的感受，濡染程度之高，犹过于西方的“社会”小说。关于此点，容后详论。

最后，他们发明了社会批评（social criticism）。我作此说，似嫌鲁莽，甚至荒谬；但是，我所谓社会批评，一不指诉诸某些判断标准而认为文学与艺术有或者应该有一基本上以说教为先的目的；二不指浪漫散文家，尤其德国浪漫散文家所发展，将英雄与恶棍视为人类本质形态来检验的那种批评；三不指法国人尤其技巧高超的一种批评手法，欲图重建艺术创作过程，不由艺术家纯属艺术的方法或性格或特质入手，反而力主分析他的社会、精神与心理环境，以及他的出身与经济地位。以上三者皆非，虽然俄国知识分子在某种程度内都曾涉入。

这种意思的社会批评，当然已有西方批评家先他们而行，而且做来远更当行、远更谨慎、远更深刻。我此处所谓社会批评，是实际可说由俄国大散文家别林斯基发明的一种方法——这种批评，对生活与艺术的界线故意不予过分清楚画出；对艺术形式与人物角色，对作者的个人特质与小说内容，评者自由发抒其褒贬、爱恨、钦佩与鄙薄；以上种种态度所动用的标准，无论为有意的或含蓄的动用，都与判断或描述日常生活里活生生人类的标准相同。

这当然是一种饱受批评的批评。论者斥其混淆艺术与生
132 活，并因此混淆而斫伤艺术纯粹性。这些俄国批评家是否蹈犯这项混淆，姑且不论，但他们都汲源于他们的特殊生命眼光，而引进了一个对待小说的新态度。这眼光，后来被界定为知识阶层成员所特有的眼光——一八三八年至一八四八年间那几位

年轻激进分子，亦即安年科夫在他书中以耿耿赤忱之笔描写的别林斯基、屠格涅夫、巴枯宁、赫尔岑，则是其真正创始者。“知识阶层”（intelligentsia）为杜撰于十九世纪的俄国字，如今已有通行世界的意义。我想，这现象本身，连同其历史后果，以及其名副其实的革命后果，是俄国对世界上的社会变化最大的一项贡献。

知识阶层的观念，切勿与知识分子（intellectual）的概念混淆。[1] 知识阶层的成员自认使他们结合的不只是他们对观念的兴趣而已；他们以一个忠忱专志的流品自居，迹近世俗教士，献身传播一种特殊的人生态度，犹如散布福音。就历史而言，他们的出现需要一些解释。

[1] intelligentsia 一词起源于俄国，但字根为法文 intelligence 与德文 Intelligenz。十九世纪上半叶，西欧以此词指社会中受过教育、经过启蒙、主张进步的分子。此词一八六〇年代进入俄国，俄人加以拉丁化，成 intelligentsia，并有广狭、旧新二义。广义（旧义）指受过教育的阶级里享有公共位望的成员。不过，久而久之，此词从描述性与客观性，变成以规范性与主观性为主。一八七〇年代，抱持激进的哲学、政治、社会见解的年轻人坚持他们才能拥有 intelligentsia 之名。演变至一八九〇年代，“一个俄国人只受过教育、在公众生活里扮有一角，已不足 intelligentsia 资格，还必须坚决反对旧体制的整个政治与经济制度”。易言之，入知识阶层，等于当个革命分子。

不过，intelligentsia 指涉范围极为混乱。激进派给予此词的专限定义并不可取。许多抱持自由主义或甚至保守主义原则的人士也反抗当道独裁体制，但也不接受革命的意识形态。排除这些人于 intelligentsia 之外，违反史实。为求切实，Pipes 以“谋求公众福利的献身感”为标准：“Intelligentsia 的成员，或者一个 intelligent，不只完全关心其个人福祉，至少还同等关怀，甚至更加关怀社会的福祉，并且愿意尽力谋求社会的利益。在此定义之下，一个人的教育水平与阶级身份是次要的。一受有良好教育且生活富裕之人自然比较能了解国家差错何在，并有所作为，但他未必肯立起而行。同时，单纯、半识字的工人，若努力掌握其社会如何作用，并致力于谋求社会福利，即是知识阶层之一员。是故，十九世纪末期，俄国有‘劳工阶级的知识阶层成员’，甚至‘农民知识阶层成员’之说。”——译注

二

绝大多数俄国史家同意，俄国历史上，受过教育者与“愚暗人民”间的巨大社会分裂起于彼得大帝所加予俄国社会的创伤。彼得变革心切，选派青年前往西方世界，待其习成西方语言，以及发源于十七世纪科学革命的各种新艺术与新技术，即召回国，任为新社会秩序的领袖。这样，他往他的封建国土上强加一个新的社会秩序，又因求功孔急，用事遂无情而强横。如此，他造成一个小小的新人阶级，这些新人都是半个俄国人、半个外国人——即使出身为俄人，也是在海外受教育；不久，这些人化作数目极少、以管理为职掌、以官僚为结构的寡头政治，站在人民头上，不复分享人民仍然属于中世纪的文化，而且终至与人民两相断绝，无可挽回。当俄国社会与经济
133 条件日益歧异于不断进步的西方，要治理这个巨大而且不易驾驭的国家，也日益困难。鸿沟日广，统治精英必须运用愈来愈重大的压制。这一小群治人者与他们原本要治理的人民逐渐疏远失和。

考十八世纪至十九世纪初叶俄国政府之治事，是压抑与自由化交相为用。当叶卡捷琳娜女皇感觉束缚有过重之势，或者事态演成过于残暴无道，她便松弛专制的苛酷严厉，并由此赢得伏尔泰与格理姆的称许。专制既松弛，一旦似乎道出太多内部骚动、太多抗声横议，太多受过教育的人开始将俄国状况与西方状况作不利的比较，她就嗅到蠢蠢欲动的颠覆；法国大革命终于又教她心惊胆战；她重新加紧钳制。俄国体制再度逐渐严峻压抑。

亚历山大一世继位，情况几乎不变。俄国广大民众依旧在封建黑暗里讨生活，有一个薄弱不振、大抵无知的教士阶级在发挥相当微小的道德权威，同时，一大批十分忠诚、偶尔并非全无效率的官僚紧压着日益顽抗难驯的农民。压迫者与被压迫者之间，有小小一个教养开化的阶级，大致操法语，知晓西方的可能生活方式——或实有生活方式——与俄国大众的生活方式间的巨大隔阂。对公道正义与失义不公的差异、文明与野蛮的差异，此辈大部分有痛切敏锐的意识，但也觉得情况难以改变，并且知道体制与我休戚相关，而改革可能使整个结构溃决倾覆。他们之中许多人于是自甘于一种逍遥闲适的准伏尔泰犬儒作风，既赞成自由主义原则，同时又鞭打农奴；其余则沦入高贵、滔滔长言而无济于事的绝望。

拿破仑入侵，将俄国带进欧洲之时，情势大变。几乎一夜之间，俄国发觉自己是欧洲核心强权，意识到自己是锐不可当的力量，支配全局并且为欧洲人所接受。欧洲人在惴栗忐忑而 134
大不情愿之中，勉强承认这股非仅与他们分庭抗礼，甚至优胜于他们的势力。

在俄国观念史上，战胜拿破仑、进军巴黎，与彼得改革是同等攸关重大的要事。经此二事，俄国知觉到她的民族统一，意识到自己是欧洲大国，而且已获承认为欧洲大国，不再是中国长城外面一群生口众多、久遭鄙视、沉陷在中古黑暗里、半带热心而笨拙模仿外国范例的乌合蛮人。此外，长期的拿破仑战争引发重大而持久的爱国热忱，全民参与一个共同理想，阶级平等的感觉随之增加，一群比较理想主义的青年于是开始感到自己与国家有新的连属相系之处。这种连属感，是他们所受教育不可能鼓动启发之物。爱国的民族主义既增长，同时便带来无可避免的附属品，对于俄国的混乱、污秽、贫穷、效率不彰、野蛮、极度漫无秩序，油生匹夫有责之感。即使统治阶级中最欠温情、最麻木不敏、最顽冥强硬的半文明成员，也染上这股普遍的道德不安。

三

另有其他因素促成这一集体罪恶感。其一当然是浪漫运动之兴起与俄国之进入欧洲凑巧同时并至（确是巧合)。浪漫主义基要义理有一条认为，世上一事一物所以这个样子，所以生于其地、出于其时，是因为它参与一个宇宙目的（此说与下列同源义理彼此关联：历史依照可得而发现的定律或样式进行，民族不只是集合，更是浑成一元的“有机体”，以“有机”之道而非以机械或随意方式“演化”)。浪漫主义又助长以下这个观念：不但个人，而且群体，不但群众，而且建制——邦
135 国、教会、职业团体等，为了明确目的，往往为了纯属功利的目的而创设的组合——都有一种“精神”附身，于此精神，这些建制自己很可能懵然不觉；达成这知觉的过程，正是启蒙的过程。

每个人、国家、种族、建制，皆自有其本身独特、个别、内在的目的，这目的又是万有更广大目的里一个“有机”成分；意识到那个目的，就是参与迈向光明与自由——由古老宗教信念转成的这种世俗说法，在俄国青年心灵上刻下强大的印象。由于两个原因，他们对这说法的吸收更顺当有加。这两原因，一是物质上的，一是精神上的。

物质上的原因是，政府不愿臣民旅游法国。法国，尤其一八三〇年以后，被视为革命已成长期痼疾，终岁苦于剧变、流血、暴力、混乱之国。两相对比，德国在一个非常高尚体面的专制制度脚下雌伏平治。因此，俄国政府鼓励青年前往德国大学，学取公民守则方面的完善训练；当局认为，他们学成之后，会成为俄国独裁体制更忠实的仆人。

结果适得其反。是时也，德国本身内部，亲法情绪暗涛汹涌。经过启蒙的德国人信起观念来——法国启蒙运动的观念——竟比法国人本身犹更强烈且狂热，俄国这班遵命前往德国的年轻安纳卡西斯们[1]于是染上危险的观念，习染之深剧，他们若在路易·菲利普当政最初那几个逍遥年头里求学巴黎，也会远远不及。尼古拉一世的政府实难逆料自己命定如此阴沟翻船。

如果这是酿成浪漫骚动的第一原因，第二原因正是第一原因的直接后果。游学德国，或者读过德国书籍的俄国青年，迷上一个简单的观念，如魔附身，陶醉忘我。法国信奉教会至上的天主教徒与德国的民族主义者百般极力主张，法国大革命及随后的堕落是法国人抛弃古老信仰与祖宗成法而招来的天罚；这些俄国青年于是相信，若此说为真，则俄国人当然不曾蹈犯这些恶事，因为，俄国人无论其他方面如何，都没有革命降临 136
到他们身上。德国的浪漫历史学家尤其热心倡言，说，如果西

[1] 安纳卡西斯（Anacharsis）为古国锡西厄王绍柳斯（Saulius）之弟，但有些史家怀疑其存在。绍柳斯派他出使希腊，极受尊重，希腊人称他代表“锡西厄人的雄辩”。据希腊史家希罗多德记载，安纳卡西斯遍游异国，返回锡西厄，或因试图引进外国信仰，或因恋慕希腊习俗，而丧生于锡西厄人之手。——译注

方是因为怀疑主义、理性主义、唯物主义以及抛弃自身精神传统而沦堕衰微，则未曾遭罹这种悲惨命运的德国人应该视为一个鲜活清新而青春勃发的民族；习惯尚未被逐渐腐朽的罗马污染的德国人，野蛮自不待言，但充满猛健的精力，即将承接从法国人虚弱的手里掉落的遗产。

俄国人仅仅将这个推理进程更带进一步。他们做了言之成理的判断：假使年少、野蛮以及缺乏教育是光荣未来的标准，则俄国人比德国人更有希望实现这个未来。因此，大量倾泻而出，所谓德国人力量未竭、德国语文纯粹如初、德国民族青春年少而尚未疲乏（反衬“驳杂不纯”、拉丁化、颓废无力的西方国家）的德国浪漫主义宏言雄论，俄国人热衷接受，遂不难理解。此外，这种夸辞激起一股社会理想主义浪潮，由十九世纪二十年代初期至四十年代初期，所有阶级尽为所迷。一个人的切当要务，是献身于他“本质”所定的理想。这理想不在科学理性主义（如法国十八世纪唯物论者所倡言），因为，生命由机械定律主宰之说，是个错觉。认为由研究无生命物质而获取的科学定律，可以应用于理性的人类政府与世界规模的人类生活组织，是更下一乘的错觉。人所当务，非常不同——是要了解万有生命的质地、“精气”（the ‘go’）、原则，是要参透世界灵魂（谢林与黑格尔信徒披上理性主义术语外衣的一个神学与神秘概念），是要掌握宇宙深藏的、“内在”的计划，是要了解他自己在其中的地位，并依此地位而行动。

哲学家的要务是体察历史的迈向，或者神秘主义说法里的
137 “理念”（the Idea）的迈向，并发现它将人类带往何处。历史为一巨河，然惟能作特殊的一种深刻、内在之静观者可得而察

见其流向。再大量的外在世界观察，都无法告诉你，这内在冲动（*Drang*）、这潜伏的潮流，导往何处。抉发之道，为与之共化合一；你——作为理性生命的个人自我——的发展，以及社会的发展，有赖于正确评估你归属其中的这个更大“有机体”的精神方向。至于这个有机体如何辨认——它是什么——则各主要浪漫哲学流派的开宗形而上学家的答复莫衷一是。赫尔德断言其为一种精神文化或生活方式；罗马天主教思想家将之视为基督教会的生活；费希特与随后的黑格尔则断定其为民族国家，只不过费希特之论稍入隐晦，而黑格尔毫不含糊而已。

整个有机方法的概念倾向于使人认为，十八世纪得意钟爱的工具——不论无生命物质、社会机制，都付诸化学分析，观其成分，索其最后、无法再分解的原子——并不足以悟解任何事物。如今管领风骚的是新词“成长”（growth）。所谓新，指其应用范围远超科学的生物学之外。要悟解何谓成长，你必须有一种能悟解这无形国度的特殊内在意义，亦即，对某物所恃以成长的无形原则，要有一直觉的掌握。成长，并非单只增加“无生命”部分，而是某种奥妙的生命过程，这奥妙过程，你对生命之流、对历史力量，对在自然、艺术、个人关系中起作用的原则，以及经验科学无从见识的创造精神，需有一种近乎神秘的灵视力、一种特殊的意识，才能把捉其本质。

四

以上，是柏克至我们当代一切政治浪漫主义的核心。针对自由主义改革、针对各种以理性手段救济社会疾弊之议而提出 138

的许多激情反论，来源于此。持此义理者，认为这些改革与救济之议，其基础是一种“机械”眼光，亦即误解社会为何物，并且误解其发展演变之道。法国百科全书派的计划，或者德国莱辛信徒的计划，莫不见斥为可笑的普洛克路斯忒斯式的企图：社会乃一脉动旺盛的活生生整体，而此辈强欲视其为无生命细碎材料的混合，视其为区区机器而已。

这种宣传，俄国人如响斯应。至于俄国人据此而走的方向，则反动与前进兼有。你可以相信生命与历史是河流，抗拒其流动，或扭转其流向，皆属徒劳且危险之举，你只能与之合一俱往——合一之法，依据黑格尔，有赖于精神（the Spirit）的推论、逻辑与理性活动；依据谢林，则资借直觉与想象而出以一种灵感（神话与宗教、艺术与科学，发源于天才，而天才之高低，随此灵感之深浅而论）。这说法，导致保守方向，规避一切分析、理性、经验之事——规避一切以实验与自然科学为基础之事。另一方面，你可以断言你感觉到地球内一个新世界挣扎着要出生的阵痛。你感到——你知道——旧有建制的壳子就要在精神的剧烈内在鼓胀之下破碎了。如果你由衷相信此事，又，如果你是理性的人，你就会不稍迟疑而甘冒认同革命号召之险——否则革命将会摧毁你。宇宙万事都是进步的，万物都在运动。假使未来寓于将你目前的宇宙打碎，爆炸成新的存在形式，则不与此剧烈且无可避免的过程合作，愚不可及。

关于此事，德国浪漫主义内部，尤其黑格尔学派里，见解纷歧。俄国在思想上简直可说是德国学院思想的附庸；德国有上述两个走向，结果俄国亦然。但是，在西方，这种观念已盛行有年——哲学、社会学、神学、政治理论与意见，至少由文艺复兴以远，即已纠结成种类繁多的样式，彼此冲突、撞击，形成一个普遍而丰富的思想活动过程，在此过程中，没有任一观念或意见可以长期立于不容争议的至尊之地。在俄国，情形并非如此。 139

东方教会与西方教会支配的地区有许多重大差异，其中之一是，前者不曾经历文艺复兴，也不曾有宗教改革。巴尔干诸民族之落后，可以归咎于土耳其人之征服。然俄国亦不过五十步与百步之别。在俄国，启蒙最大与最欠启蒙的人之间，没有一个逐渐扩大、识字、受教育的阶级借着一连串社会与思想步骤为之连接。文盲的农民与能读能写者之间的鸿沟，比其余欧洲国家阔大——如果此时俄国可称为欧洲国家的话。

因此，你游走圣彼得堡与莫斯科沙龙，可得而闻的社会或政治观念，其种类变化，远不如你在巴黎或柏林的思想激动中所能入耳。巴黎当然是当时巨大的文化麦加，但即使处在压抑甚烈的普鲁士检查制度下的柏林，其思想、神学、艺术争论之剧，视巴黎亦不稍逊。

所以，你必须想象一下，俄国受三项主要因素支配：一个死气不化、压迫成性、缺乏想象力的政府，专事钳制臣民，预防改变，因为一变可能引发再变——即使政府中比较明智的成员隐然认为改革，根本的改革，例如农奴制度，或司法与教育制度的改革，既属可欲，而且无可避免。第二因素是广大俄国人民群众的处境——饱尝苛虐、经济破灭的农民，心中愠怒，作无言之呻吟，但分明太软弱、太没有组织，不能有效行动以自卫。最后，是以上两者之间一个人数稀少、受过教育的阶级，深受西方观念影响（时或不无悔恨之意），或由亲访欧洲所见，或因得闻欧洲文化中心如火如荼的重大社会与思想运动，而心痒难禁。

容我再提醒诸位，俄国不下于德国，处处弥漫一个浪漫的信念，谓人人必当实现其独特使命——只要他知道该使命何
140 在；这类信念，造成众人热心于社会观念与形而上观念，宗教日泯，这些观念或许就是宗教伦理的代替品。前此一个多世纪以来，法国与德国有人寻找新的神正论（与某些已失信誉的政治或宗教体制无关而未遭玷污的神正论）。俄国人热衷于社会与形而上观念，与此辈热烈盛称某些哲学体系及政治乌托邦，不无相似。但是，除此以外，俄国教育阶级还有一个道德与思想真空——这个真空，由于俄国缺乏一个文艺复兴的世俗教育传统，又因为政府实行僵硬的检查制度，文盲普遍，一切观念都受疑忌与冷落，以及神经质且往往极为愚妄的官僚的种种举措，而历久难填。当此情势，在西方必须与其余诸多义理及态度相竞，必待一场凌厉生存斗争始能获胜而取支配地位的观念，在俄国遂经常只因别无其他观念可以满足思想需求，竟而进驻才智之士心中，甚至深植而成为他们固执不去的顽念。再者，俄罗斯帝国两个首府城市中，存有一股猛烈的知识渴求——渴求任何一种心灵滋养。与此相连的，是一种世罕其匹之物：感受的真诚由衷（有时是一种使人疑惧全消的天真）、思想的清新生猛、决心的激昂热烈（决心参与世界事务），以及对一个巨大国家的社会与政治问题的忧患意识。这是一个新的心灵状态。求可以与此心灵状态相生互应的观念，寥寥无几，即或有之，亦绝多由海外输入——十九世纪，俄国境内可得的政治与社会观念几乎无一出自本土。托尔斯泰的不

抵抗观念或许是纯正的俄国货——他这观念是重述一个基督教立场[1]，而重述之法极具独创，宣扬之下，含有一种新观念的健劲。但是，总括而论，我认为俄国未曾贡献任何新的社会或政治观念，俄国任何社会或政治观念不但都有其长远的西方本根，而且，每个观念初现此地以前八、十或十二年，早已先出 141
于西方。

五

因此，诸位必能想见一个印象感受之敏捷极其惊人、观念吸收之能力闻所未闻的社会。观念之来，都偶然之至。某人从巴黎带回一本书，或者宣传小册子的合编（或者由大胆书商走私）。某人在柏林听过一位新黑格尔主义者演说，或者与谢林结交，或者邂逅一位观念奇异的英国传教士。圣西门或傅立叶门徒发出的一个新“信息”，法国最近的社会弥赛亚蒲鲁东、卡贝、勒鲁的一本书，据说出于大卫·施特劳斯、费尔巴哈、拉梅内或其他某位被禁作家的观念，一到此间，都激起由衷的兴奋。这些观念，或观念碎片，在俄国至属稀有，因此，俄人奋臂而取，止渴惟恐不及。欧洲社会与经济先知对一新万古的革命性未来似乎信心十足，其观念遂令俄国青年后生陶然而醉。

当这些学说流播于西方，有时也使闻者兴奋，偶尔还导致党会或宗派形成，但是，闻问这些学说者，率多不以其为终极

[1] 主要是《新约·马太福音》5—7的《山上宝训》；“不要抵抗邪恶”，语出5：39。——译注

真理；即使认为它们攸关重大的人，也并未遽尔用尽手段，付诸实践。这，正是俄国人所优为之事。他们对自己辩称：若前提为真，且推理正确，则结论自亦为真；若这些结论认定某些行动为必要且有益，那么，如果你诚实且认真严肃，则你的明显义务即是设法尽速、尽可能充分将其实现。一般素来多认为俄国人是阴郁、神秘、自苦、略带宗教性的民族。我不作如是观，愿在此地妄备一说：就其善于言论的知识阶层视之，他们是有些夸张的十九世纪西方人；他们远非动辄流于不理性、远
142 非以神经质的自我专注为能事之流；相反，他们拥有极端发达的推理能力，拥有极端的逻辑与清明——非但有之，而且可谓过分。

欲将这些乌托邦图式付诸实践，而立即受挫于警察者，幻灭之感油生，而且容易陷入一种冷漠忧郁或狂暴激怒的状态。不过，这是后话。初起阶段既不神秘，也不内向，相反，是理性主义，是大胆、外向、乐观的。据我所知，著名的恐怖主义者克拉夫金斯基曾说，俄国人无论其余特质如何，有一点是，由自己推理所得的后果，他们从不畏避。研究十九世纪，乃至二十世纪的俄国各种“意识形态”，我想诸位会发觉，大体而言，一项结论愈窒碍难行、愈吊诡、愈怪味，某些俄国人即愈激切热烈拥抱它；他们认为，这么做，正足以证明一个人的道德诚意，正足以证明他忠诚献身于真理、献身于他作为人类的严肃性；纵令其推理后果表面上可能显得不近真理，甚至显得完全荒谬，他也切切不可因此而畏缩不前；畏缩不前，无非怯懦、软弱，以及——最恶劣者——面临真理而巧设遁辞以徒自安慰。赫尔岑曾说：

我们是大空论家、大推理家。这项德国本领之外，我们更加上我们自己民族的……要素，一个无情的、枯直乏味到盲狂地步的要素，即使要砍人之头，我们也欣然以赴……我们以无畏的步履，迈向极限，而且迈越极限而去，步法从未与辩证不合，只与真理不合而已……[1]

这段颇具本色的尖刻评语，用以论断他某些同代人，并非全然不公。 143

六

承上所述，请想象一群在尼古拉一世僵化体制下生活，对观念的酷爱欧洲社会中也许无可比拟，而且以不假思索的热情，急取西方传来的观念，并且筹谋定计要将之付诸实践的年轻人。作此想象，俄国知识阶层早期成员风貌如何，你就有几分概念了。他们是一小群文人，职业、业余兼杂，自知孤处于一个荒凉世界，往上，是敌意而武断无道的政府，往下，是受压迫、无言而完全不解事的农民。他们自视为一种自觉的军队（a kind of self-conscious army），高举理性与科学、自由、改善生活的大旗，号召四方。

只因人数寡少，又远远孤悬于政府与农民之间，只因薄弱，只因忠于真理，只因诚挚，只因与别人极其不同，于是，

[1]《往事与随想》（part 5），《俄国的影子》（'Russkie teni'），《萨佐诺夫》（'Ⅰ：N. I. Sazonov'，1863），H x 320；《俄国的影子》（'C. Russian Shadows'），《萨佐诺夫》（'Ⅰ. N. I. Sazonov'），M ii 956。

他们有如置身黑暗森林中的人，油然而生某种同仇敌忾的团结感。此外，他们接受了浪漫派的学说，认为人人有义务要履行一项超乎自私物质生活目的之上的使命，因为他们的教育优于他们的弟兄同胞，他们有直接切身的义务要协助他们走向光明；这项义务对他们特别有拘束力，如果他们实现此事（历史当然要他们实现此事），则俄国过去即使空洞而黑暗，仍可能有光荣的未来；为达此事，他们这群专志献身的人必须保持群内的团结一致。他们是受到迫害的少数派，正因受迫害而生力量；他们是自觉的人，负载着一项西方的信息。某位伟大的西方解放者——一位德国浪漫主义者、一位法国社会主义者——转变了他们的眼光境界，使他们脱弃了无知与成见、愚妄与怯懦的桎梏。

欧洲思想史上，解放并非甚不寻常之事。所谓的解放者，不是解答你的问题（理论或行为方面的问题），而是转化你的
144 问题——他将你置入一个新架构内，从而结束了你的焦虑与挫折。在新架构里，旧问题不复有意义，新问题会出现，但新问题的解决法在你如今处身的新宇宙里其实已有相当程度的预示。我作此语，意思是指，被文艺复兴时代的人文主义者或十八世纪的哲学家解放的人，不只认为柏拉图或牛顿对旧问题的解答比大阿尔伯图斯或耶稣会士更正确而已——应该说，他们意识到一个新宇宙。在此新宇宙内，先辈烦惑不解的种种问题忽然显得既无意义，亦不必要。旧桎梏掉落，你感到自己再造为一个新形象的刹那，即是新生之始。在这层意思上，你很难说谁不能使一个人豁然自由——伏尔泰自己一生所解放的人，数目之巨，大概前无古人、后无来者；席勒、康德、密

尔、易卜生、尼采、塞缪尔·巴特勒、弗洛伊德，都曾解放人类。管见所及，阿纳托尔·法朗士，甚至阿尔道斯·赫胥黎，亦皆可说曾奏此功。

本文谈论的这些俄国人是由几位伟大德国形而上学作家解放的。这几位德国作家一方面使他们脱弃正教的教条，一方面使他们脱弃十八世纪理性主义者的枯直公式（那些公式并不是被驳倒，而是由于法国大革命之失败，而不再令人信服）。费希特、黑格尔、谢林，以及他们许多阐述者与诠释者提供的，几乎是一种新宗教。这新心态的一个必然结果，就是俄国人对文学的态度。

七

对待文学与艺术的态度，可以说至少有两种。将此两者作个对比，或许不无趣味。为求以简驭繁，我称其一为法国态度，其二为俄国态度。不过，这只是标签，取其简赅与方便而已，希望不要有人认为我主张每位法国作家都抱持我所谓“法国”态度，或者凡俄国作家都抱持我所谓“俄国”态度。拘守文字而害其义，所作识别当然就有严重导误之处。 145

总体而言，十九世纪法国作家相信自己是供应者。他们认为，一个知识分子或一个艺术家，对自己、对公众有个义务——生产他所能产出的最佳作品。你是画家，你就生产你所能画出的最美画作。你是作家，就生产你能力所及的最佳述作。这是你对你自身的义务，也是公众对你的正当预期。作品好，就得到赏识，你就成功。你品位、技巧或运气单薄，你就不成功。事情就是如此，别无道理。

依此“法国”看法，艺术家的私生活亦如木匠的私生活，俱非公众所应关心。你订一张桌子，则木匠做这张桌子的动机良好与否，或者他与他妻子儿女亲爱和乐与否，都不是你兴趣所在。说因为这位木匠道德低级或堕落，所以他的桌子必定低级或堕落，将招顽固不化之讥，简直就是愚蠢。对于他作为木匠的优点，当然更是可怕低劣的批评。

十九世纪重要的俄国作家，无论是明具道德与社会偏见者，或是相信为艺术而艺术的唯美作家，几乎人人厉声严词拒斥这种心智态度（这态度，我在前段稍予刻意夸大）。“俄国”态度（至少在十九世纪）是：人之为物，一而不可分割；说某人一方面是公民，一方面是赚钱牟利之徒，两种功能彼此十分独立，可以分持；说他作为选民时是一种人格，作为画家，另是一种人格，身为丈夫，又是一种人格——凡此，乃失真悖实之论。人不容分割。“以艺术家发言，我感觉如此；以选民发言，我感觉如彼”之论，恒属谬说，而且不道德、不诚实。人一而不分，凡所云为，皆为其整体人格所出。人之义务，是善其行为、真其言语、美其制作。凡有云为，无论使用何种媒介，都必须出以真理。是小说家，即应以小说家身份说真理，
146 是芭蕾舞者，则必在舞蹈中表现真理。

这种人格完整与整体献身（total commitment）的观念，正乃浪漫态度之核心。设使有人告诉莫扎特与海顿，说作为艺术家，他们特别神圣，高升于凡众之上，是教士——他们专职崇拜某一超越的真实（背逆这真实，乃极大之罪）。闻此说法，他们必将惊诧莫名。他们自视为地道的艺师技匠，偶尔也自居为天赐灵感而服事上帝或自然的仆人，凡有所作，都是赞

美制造他们的神；不过，在此一切之先，他们是收受订单而写作品，并尽力使作品美妙动听的作曲家。十九世纪，艺术家为圣器、品类超凡、灵魂独特、身份独特的概念，遐迩流行。我想，这概念主要源出德国人，而且与下述信念颇相关联：人人有义务致身于一个理想大义；于艺术家与诗人，这大义特别紧切，因为他是献出整个身心的人；他这种命运特别崇高，也特别悲剧性，因为他的舍己形态是将整个自己完全献祭于他的理想。此事之根本要义为：奉献自己，不稍计算；为内在光明之故（无论这光明照出什么），而以纯粹的动机，舍我所有。凡事惟动机是问。

每一位俄国作家都由某种原因而意识到自己是站在公众舞台上发表证言。于是，他最微末的疏失、一句谎言、一项欺骗、一丝自我放纵的举动、对真理缺少热心，都成十恶不赦之罪。你若是以赚钱营利为要务，则你对社会或许没有严明的责任。你一旦当众发言，则不问你是诗人、小说家、历史学家，或者任何公共身份，你都负有指引与领导人民的完全责任。如果这是你的职志，你就是立下了希波克拉底誓言[1]，亦即：言必合真理，永不背叛真理，且无私无我、用志不分，致力于你的目标。

秉此原则而循名责实，而直造极端后果者，分明有数人，

[1] 希波克拉底（公元前460—公元前377），希腊名医，对医学发展、理想及伦理有长远影响，一般称为医学之父。其传世《全集》中（许多为后人所托），有一套医科教师与学生守则，通称“希波克拉底誓言”，医科学生毕业之际，常须依此立誓。誓文分两部分，第一部分条列医科师生彼此的义务；第二部分要医生善用能力与判断，例如非有益之药方不开，力避伤害，并谨慎生活、尽忠执业等。——译注

托尔斯泰即其一。不过，由托尔斯泰的特例，你看不出这在俄国竟是众势所趋之事。试举屠格涅夫为例，一般人素来认为他
147 是俄国作家中最入西方风调的一位，说他比陀思妥耶夫斯基或托尔斯泰更相信艺术的纯粹与独立本质，其小说有意且刻意避免说教，而且，其余俄国作家确曾严厉警告他过度——言下之意，指他以令人遗憾的西方作风——专注于美学原则，在作品形式与风格上付出过多时间心力，未能充分探索其角色人物之深刻道德与精神本质。即使如此“唯美”的屠格涅夫，也全心相信，社会与道德问题乃人生与艺术之中心要事，而且，这些问题惟置于其本身特殊历史与意识形态格局脉络中，才能理解。

我在一张周日报纸上读过某杰出文学批评家的一篇评论，文章里说，数尽作者，屠格涅夫对自己所处时代的历史力量特无所觉。见此说法，我为之瞠目，盖实情正好相反。屠格涅夫部部小说都明白处理特定历史背景里的社会与道德问题，都描述一定年代的特殊社会状况里的人类。屠格涅夫充分接受作家告大众以客观真理（客观的社会与心理真理）的义务。他虽是地道的艺术家，并且了解人类性格或困境的普遍层面，仍不必使我们昧于上述事实。

若有人证实巴尔扎克是效力于法国政府的间谍，或者说司汤达在证券交易所运用悖德手段，此事可能震动他们一些朋友，不过，大体上不至于被目为有损他们的艺术家地位与天才。但是，假使这类行事在俄国遭人揭发，十九世纪的俄国作家无一会须臾怀疑这种罪名是否攸关他的作家活动。我想不出哪位俄国作家会力图设辞脱免，说身为作家，他是一种

人，我们只可以他的小说为评判他的依据，身为私人，他是另一种人，也另有一套受评标准。“俄国”本色的人生与艺术观念，与乎“法国”本色的人性与艺术观念，隔阂在此。我并非意指每位西方作家都会接受我在此划归法国人的理想，亦非意 148 指每位俄国作家都会赞成我所谓的“俄国”观念。不过，取其广义，我认为这是正确的识别，而且，即或施之于唯美作家，例如鄙视一切功利、说教、“不纯粹”艺术形式，对社会分析与心理小说毫无兴趣，奉行并夸张西方唯美主义至于过分造作地步的十八、十九世纪之交的俄国象征派诗人，依然可用。即使是这些俄国象征主义者，亦未尝认为自己没有道德义务在身。他们自居为守护某种神秘祭坛而代神传旨的祭司、为视通真境的灵眼先知（于此真境，这世界只是一个冥渺的象征与玄奥的表式）；他们与社会理想主义远不相关，但他们仍满怀道德与精神热诚，信守他们本身的誓言。他们是神秘境界的见证者——为这神秘境界做见证，是他们的艺术清规在道德上不许他们违背的理想。如此态度，与福楼拜有关艺术家忠于其艺术的任何主张，都绝不相同（在福楼拜所见，忠于其艺术，是艺术家的确当功能，也是他成为好艺术家的不二法门）。我划归这些俄国人的态度，是一种特别属于道德的态度；他们的人生态度与他们的艺术态度相同，而诘其底蕴，这态度是一种道德态度。这态度，我们切勿与功利的艺术概念混淆。当然，有些俄国人也相信功利的艺术概念。不过，本文谈论的人——十九世纪三十年代至四十年代初期诸人——并不相信小说与诗以惩恶劝善为要务。功利主义得势，是很后来的事，而且，传播功利主义之人，其心灵远比我此处关注者板滞而粗糙。[1]

最具俄国本色的作家相信作家首先是人，以及对于自己一切言论，不问作于小说或私人书信，发为公开演说或交际会谈，作家负有直接且长久的责任。这看法反过来影响到西方的人生与艺术观念，是为俄国知识阶层最值瞩目的思想贡献之一，对欧洲良心造成了非常剧烈的冲击。至于这冲击是利是
149 弊，则有待考究。

八

在本文谈论的时代里，黑格尔与黑格尔主义支配少年俄国的思想。乍获解放的青年尽其全副道德热情，深信必须完全埋头涵泳于他的哲学。黑格尔是伟大的新解放者，因此，你无论以私人或以作家之身，都有义务——绝对义务——在生活的一举一动之中表现你吸收于他的真理。此等忠忱（后来转向达尔文、斯宾塞、马克思），不读这时期里衷肠炽热的文学——最重要者，不读当时的文学通信，难以了解。为详其概，无妨征引赫尔岑几段讽刺文字。这位伟大的俄国政论家后半生客寓海

[1] 此辈当指所谓“六十年代人”，即“四十年代人”下一代的社会主义激进与革命分子。别林斯基对文学本身颇为尊重，但他在真理、历史进步、人性、观念的功能、社会本质，以及个体与社会的关系方面的看法有浓厚的政治化与道德化倾向，有喧宾夺主之势，后辈青年才气远逊，以不学为高、以偏激为尚，断章取义，引其说为社会行动与革命文学理据。革命以后的苏联政府亦择取其说，作为所谓“社会主义现实主义”的核心基础。关于别林斯基被“粗糙化”的详情，Rufus W. Mathewson, Jr. 名作《俄国文学里的正面英雄》（*The Positive Hero in Russian Literature*; Stanford: stanford University Press, 1958；1975 再版）说之甚明，《别林斯基》一章所论尤精，可以补足伯林此处以及下篇《别林斯基》未尽之义。——译注

外，回首前尘，述及青年时代气氛，笔法仍循这位无与伦比的讽刺家的惯例，稍涉夸张，有些地方甚至径自出以刻意扭曲的滑稽漫画，不过，深得当时情境，十分传神。

文中，先说专事沉思静观的态度与俄国性格完全相反，继则谈到黑格尔哲学传入俄国以后的命运：

> 连续几场无比激烈心切的长夜辩论以后，《逻辑学》全书三部、《美学》两部、《哲学全书》的两部[……]无一段不入掌握。只因无法同意“超验实在”的一个定义、只因将彼此关于“绝对人格”与“自在之物”的意见视为人身侮辱，原本互相钦慕的人就疏远不和几个星期。柏林及[德国]其他乡镇与村子流传出来的德国哲学小册子，再无价值，只要里面提到黑格尔，就有人为文研讨、读个糜烂——翻得满纸黄渍，不数日而页页松散零落。正如弗朗克尔教授在巴黎听说他在俄国被当作大数学家，听说我们的年轻一代用他的代数符号运算微分方程式，他感动泪下——这班身没而名忘的韦尔德、马海内克、米什莱、奥托、 150
> 瓦德克、沙莱尔、罗森克兰茨们，乃至于阿尔诺德·卢格本人……要是知道他们在莫斯科的马洛西卡和莫霍瓦亚[莫斯科两条街名]之间引发多少决斗、多少争战，以及俄国人如何捧读、如何抢购他们的著作，也会喜极而泣……
>
> 我有权利这么说，因为，在当时洪流里随波上下的我，写出来的东西就是这副德性。我们著名的天文学家佩列沃希科夫指此全是“鸟语”，我还曾惊其故作骇人之论。“抽象观念在造型领域里的汇合，代表了自我探求的精神的

一个发展阶段，在此阶段中，自我界定的精神化生潜力，由自然的内在性进入美的形式意识的和谐境界。”[1]这种句子，当时没有人会否认是自己的手笔。

他继续写道：

> 一个到索科尔尼基[莫斯科一处郊外]散步的人，不只是去散步而已，更是为了将自己投入自我与宇宙合一的凡灵感受之中。如果途中遇到一个酩酊踉跄的士兵与一个农妇对他说了些什么，这位哲学家不单会与他们攀谈起来，还会断定眼前之人就是民粹实质（popular element）的直接与偶然体现。他可能更会热泪盈眶。这热泪有严格的分类名堂，有适当的范畴可以指归——叫作Gemüth，或者“心中的悲剧因素”……[2]

读赫尔岑这些讽刺句子，不必太过拘实，不过，这也生动显示了他那些朋友生活里那种过度提升而浮空的思想气氛。

本章起首曾提到安年科夫那篇题名《辉煌的十年》的卓越文章，在此，我愿指出其中一段，与诸位共赏。赫尔岑令人莞

[1]《往事与随想》(part 4)，《莫斯科、圣彼得堡和诺夫哥罗德（一八四〇年至一八四七年）》(‘Moskva, Peterburg i Novgorod[1840—1847]’, chapter 25, 1855)，H ix 18—19；《莫斯科、圣彼得堡和诺夫哥罗德 一八四〇年至一八四七年》(‘Moscow, Petersburg and Novgorod 1840—1847’)，《回归莫斯科与思想论争》(‘Return to Moscow and Intellectual Debate’)，M ii 398—399。
[2] 同上，页20（400）。

尔的速写，可能使人以为这一切思想活动只是一群可笑的、过 151
度亢奋的年轻知识分子间毫无价值的胡诌呓语。若然，未能殊失公正。安年科夫所写，时同人同，而刻画笔法有别，值得引述，以救其偏。安年科夫这段文字描写一八四五年索科洛渥村一幢别墅里的生活。当年夏季，格拉诺夫斯基、克切尔与赫尔岑三人租下这幢别墅。格拉诺夫斯基是莫斯科大学历史教授，克切尔是杰出翻译家，赫尔岑则是没有固定职业的富家青年，仍在为政府做些若有若无的公事。他们租下这别墅，专用于招待友朋，享受夜间雅集里的知性谈话。

> 仅有一事不许：庸俗。诸人并非务求辩才无碍、雄辞奔放，或者智珠焕耀、机锋灿烂——相反，专心本行的学生，在此也深受敬重。但是他们要求一定的知识水平与一定的性格特质[……]他们善自持守，不接触任何稍似腐败之事[……]腐败之事如果入侵来犯，无论其如何偶然、如何微不足道，他们都忐忑不安。他们并未与世界一刀两断，只是敬而远之，却因此而引人侧目；由于引人侧目，他们又对任何造作与虚假养成一种特殊的敏感。道德上可疑的情绪、推诿蒙混的言谈、不诚实的暧昧、空洞的巧辩、不由衷的言行，其蛛丝马迹，他们都立即使其败露，并且[……]当下激起他们阵阵猛烈的讽刺讥嘲与无情抨击[……]这圈子[……]近似一个骑士修会、一个武士兄弟会。它没有成文律法，但知道它的成员遍布我们这个地广人众的国家；它没有组织，而一股相得会心的了解周行通贯。它可说是张大自己，横覆于时代生活巨流之上，
> 护持其流势，使之不至漫无目标而泛滥决堤。有人钦慕它， 152

也有人厌恶它。[1]

九

安年科夫描写的这种结社，依前文度之，稍有伐善自高之意，不过，大凡一个思想少数派（例如布卢姆斯伯里或其他任何地方）自认因抱持某些理想而与周遭生活世界相隔，并且试图推行某些思想与道德标准（至少，推行于本身成员之间），往往就容易形成这种结社。一八三八年至一八四八年间这些俄国人正是如此。这圈子在俄国独一无二，其中有少数人出身寒门，但整个圈子并非自动来自某一社会阶级。他们必定是中上出身，否则他们获得充分（亦即西方）教育的机会极其细微。

他们彼此相处的态度里，打从心底就没有资产阶级的自我意识。对财富，他们无动于衷，于贫穷，亦无自觉。他们并不羡慕名成利就，简直可说有意避免；其中，变为世俗所称成功人物者，寥寥可数。有些人放逐以终，有的是常年受沙皇警察监视的教授，有的是收入微薄的穷文人与翻译家，有的更干脆就消失无踪了。一两人离开运动，被视为变节之徒，例如米哈伊尔·卡特科夫。卡特科夫是禀赋优秀的新闻业者兼作家，原是运动里颇具创意的成员，后来投靠沙皇政府。又有别林斯基与屠格涅夫的知交瓦西里·博特金，其人初为雅好哲学的茶

[1] P. V. Annenkov，《辉煌的十年》（'Zamechatel'noe desyatiletie'，1880），《文学回忆录》（*Literaturnye vospominaniya*，Moscow，1960，chapter 26），页269—270；P. V. Annenkov，《辉煌的十年：文学回忆录》（*The Extraordinary Decade: Literary Memoirs*，ed. Arthur P. Mendel，trans. Irwin R. Titunik，Ann Arbor，1968），页137—138。

商，日后翻成顽固的反动派。不过，这些是例外。

屠格涅夫，则素来被视为近乎无所归属的中间案例：心性仁厚宽大，非无理想，而且深知启蒙为何物，却又不十分可靠。当然，他厉斥农奴制度，《猎人笔记》一书，社会影响力之巨，公认有过于俄国此前出版的任何其他书籍——类似美国稍后的《汤姆叔叔的小屋》，二作之主要差别，在《猎人笔记》是艺术品， 153
而且是天才之作。据这群年轻激进分子所见，屠格涅夫大体上是正当原则的支持者，大体上可与论交、可结盟友，可惜软弱、轻率，每因率意享乐而贼伤信念，又容易消失——原因难解，外带些许罪恶感——而与政界朋友不相闻问；不过，仍是“自己人”，仍是吾党一员；他不幸迷恋法国首席女高音维亚尔多，有德的左翼期刊杂志付不起他在歌剧院里买包厢的价钱，他竟把他的小说——暗中——售予反动报纸，而且，由此恋情，经常另有值得严厉批判的行径。但是，他仍然与我们同群，而非异类。一个游移摇摆、未可全信的朋友，不过，数尽种种，根本仍在我们这边，是个汉子、弟兄。

文学上与道德上，这些人有一股非常自觉的团结意识，而这意识在他们相互之间造成一种用诚如兄弟的感觉，以及满腔齐心一志的襟抱。这种感觉与怀抱，俄国其他任何结社确实绝未曾有。赫尔岑这位人类的审判者，苛求而少宽容，往往极度讥刺，时或愤世嫉俗，日后曾与许多名声卓著之士相过从；安年科夫则原就饱历西欧，交游遍及形形色色当世名流——这两位精于评鉴人类的行家，日后都坦承：终此一生，他们在任何地方都不曾再遇到如此文明、和乐而自得，如此开明、天机兴发、率性合契，如此诚挚、敏慧，各方面都如此禀赋出众而令

154 人心仪的结社。

二、彼得堡与莫斯科的德国浪漫主义

研究俄国思想史或文学史的学者，其他方面无论如何分歧，有一件事，则似为诸家一致——或者几乎一致——之见：十九世纪第二个二十五年间，对俄国作家产生主导影响的思潮是德国浪漫主义。这项判断，亦如绝大多数同类概论，亦非十分贴实。即使认定普希金属于上一世代，莱蒙托夫、果戈理以及涅克拉索夫（仅举本时期最出名作家为例）亦仍不能视为这些思想家的弟子。不过，德国形而上学在俄国的确使观念方向剧烈改变，无论左派右派，无论民族主义者、正教神学家、政治激进分子，皆然，而大学中比较先觉的学生，乃至于一般具有思想倾向的青年，也都深受感染。这些哲学流派，尤其黑格尔与谢林学说，所演成的种种现代化身，今日犹不无影响力。这些学说留给现代世界的主要遗产，则是个声名狼藉而势强力大的政治神话，这神话又有其右翼与左翼形态，而为我们当代几场最蒙昧反智与最具压迫性的运动假借为缘饰。同时，浪漫学派诸项重大历史成就已深深熔解于西方文明思想质地之中，它们当初如何新奇，令某些人多么心醉，已经不容易言传了。

早期德国浪漫思想家——赫尔德、费希特、谢林、弗·施莱格尔，以及其信徒，作品并非易读。例如谢林那些论文，当
155 日极受钦服，却好比一座黑森林。至少，在这里，我不拟逞勇妄探——这是满目足痕之地（vestigia terrent），已有太多热切的探究者一去不返。不过，这些形而上学——尤其谢林——

引发了人类思想一大转移，即由十八世纪的机械范畴，变为依据美学或生物学概念解释人事。对这件事实没有相当掌握，本时期的艺术与思想，至少本时期德国以及德国思想附庸东欧与俄国的艺术与思想，即不可解。机械性的科学意气风发时，十八世纪启蒙运动认其方法为惟一可靠的发现或诠释方法。浪漫思想家与诗人打破了这项中心教条。自然科学标准之应用于人类事务，法国哲学家或有所溢美，德国浪漫主义者亦可能有所溢恶。但是，余事不论，浪漫主义对科学唯物主义的反动，的确使我们从此怀疑人的科学——心理学、社会学、人类学、生理学——是否足能接掌大势，从而终止人类历史或艺术之类活动，或者宗教、哲学、社会及政治思想的难堪乱避。正犹培尔与伏尔泰嘲讽他们当代的神学反动派，这些浪漫主义者讥刺孔狄亚克与霍尔巴赫学派的独断唯物论者。他们最喜欢的战场，则是美学经验。

如果你想知道一件艺术品如何造成，例如：你想知道某几样颜色与形状为何产生某件绘画或雕刻；某几种写作的风格或字词的集合为何对某些知觉状态中的人类产生特别强烈或特别值得回味的效果；或者，某些乐音并置齐奏，何以有人称其浅薄，有人读其深刻，或者指其抒情、庸俗、道德高贵、品格卑下、曲尽这个民族或那位个人的特色；等等。那么，物理学中采用的那种普遍假设，以及科学上依据声音的活动方式、色 156
块、纸上的黑点、人类发声的定律所做的一切普遍假设、分类或归类，无一丝毫能解答这些问题。

科学无法解释生命、思想、艺术、宗教之事，非科学的解释模式却能够。这些非科学的解释模式是什么？浪漫派形而上学家返取他们归源于柏拉图传统的致知法门：精神的洞识（spiritual insight），即以“直觉”致知科学不能分析的关系。谢林以宇宙性的神秘灵见申论此事（关于艺术想象的作用，特别是关于天才的性质，他本有他隐晦难明但极具独创且妙得神思之见）。他视宇宙为浑一的精神，一个伟大、生动的有机体，一个灵魂，或者从一个精神阶段演化成另一个精神阶段的自我。个体人类实是这巨大宇宙体、这“活生生整体”、这世界灵魂、这超验精神或理念的“有限中心”（finite centres）、“层面”（aspect）、“刹那”（moment）。这“活生生整体”、世界灵魂、超验精神或理念，观乎谢林所作形容，几可令人想起早期诺斯替教的幻思狂想。走怀疑论路子的瑞士史学家布克哈特就说过，他耳聆谢林，而目见成群多臂多足之物四方破空逼来。这启示录般灵见引出的结论，倒又没有这么古怪。这结论是：有限的中心——个人——了解彼此、环境、自身、过去，对现今、乃至于未来，也能有某种程度的了解，但是，这了解，与人对人相互沟通之法，并不一样。举个例子：我认定我了解另一个人——我认为我与他交感莫逆，我循索、“参悟”他心灵的作用变化，因此，我特别有资格判断他的性格——他的“内在”自我。做此认定，我是在声称一种境界，这境界既不能化约成一套有系统的分类运作，复不能化约成一种由这些运作里导取进一步消息的方法，而后又将这消息化约成一种能授予学生，让他做多多少少机械性应用的技术。对人、观念、运动、个体或团体眼光的了解，无法化约成社会学上根据科学实验与仔细表列的观察统计，加上预测，而做
157 成的行为形态分类。没有什么能取代同情交感、了解、洞识、

“智慧”。

同理，谢林主张，比如说，假如你想知道什么使一件艺术品美好，或者一个历史时期为何具有其自身的独特性格，则你使用的方法必然要有别于实验、分类、归纳、演绎，以及其余自然科学技术。据此义理，比如说，假如你想了解法国大革命的巨大精神剧变因何发生，或者歌德的《浮士德》何以较伏尔泰的悲剧深刻，则使用孔狄亚克或孔多塞所预示的那种心理学或社会学方法，你不会有多少收获。除非你能作想象的洞识——能了解个人、社会、历史时期的“内在”、心理、情感、“精神”生活，了解机构、民族、教会的“内在目的”或“本质”，否则，你永远无能解释何以某些组合形成“统一”，而某些组合不形成“统一”；何以某几个音、字、行动与“整体”其余成分相关相适，其他音、字、行动则否。“解释”一个人的性格，一个运动或党派的兴起，艺术创作的过程，一个时代、一个思想流派、一个神秘实在看法的特征，皆同此理。依据我此刻讨论的这种看法，以上诸事之解释所以必循此理，亦非偶然。盖实在非仅有机，且为一元，亦即：实在之成分不是只由因果关系而相连——它们形成一种样式（pattern）或和谐，但在这样式或和谐里，各元素并非因为其他所有元素如何配置，才“必需”如何，而是各元素都“反映”或“表现”其他元素，即有个一元的“精神”或“理念”或“绝对”在，凡存在之物，都是这精神、理念或绝对的独特层面或表达——这层面愈成其为这精神、理念或绝对的一个层面，则表达愈生动，而且“愈深刻”、“愈真实”。一种哲学表现绝对或理念所达到的发展阶段，即“真”。诗人是否有天才，政治家是否伟大，有赖于他们从环境——国家、文化、民族——的“精神”
158 中获得多少“灵感”，以及将此环境表达到何种程度。这环境本身乃宇宙精神之自我实现的“化身”；至于宇宙精神，以泛灵之道视之，是一种无所不在的神性。一件艺术品如果只是这发展里的意外偶发之物，即为死亡、造作、鄙琐之作。有限的人类力图捕捉并表达宇宙和谐的“回响”于万一，遂有艺术、哲学、宗教。人是有限的，他的识见永远片断残碎；个体愈“深刻”，所得片断愈大、愈丰富。因此，这些思想家高其取法，鄙薄“止于”经验或“机械”之物，鄙薄日常经验的世界：对于我们借以“真正”了解任何事物——以及一切事物——的惟一凭据，即“内在和谐”，居栖于日常经验世界者永远听不见、听不懂。

有时候，这些浪漫批评家非但自认揭露了某几项至今未得世人认识或充分解析的知识、思想或感觉的本质，而且认为自己在建立新的宇宙论体系、新的信仰、新的生命形式。简直可以说，他们自认是宇宙之精神救赎或“自我实现”的直接工具。他们的形而上学幻想，如今已死亡——容我加一句：幸好。不过，他们附带投在艺术、历史及宗教上的亮光，转化了西方的看法。由于留心察考无意识的想象活动、非理性因素的角色、象征与神话在心灵里扮演的角色、人对无法分析的关系与对比的知觉，以及传统理性分类路线之间的种种根本但无形的关联与差异，因此，对于诗与灵感、宗教经验、政治天才等现象，以及艺术与社会发展的关系、个人与群众的关系、道德思想与美学事实或生物学事实的关系，他们往往提出了完全新颖的解说。这解说较前人历来任何解说更令人信服——至少，比十八世纪的教条令人信服。十八世纪并未系统处理这类题目，大致只由具有神秘倾向的诗人与散文家当作零星之谈而已。

是故，黑格尔尽管造成哲学上种种迷障困惑，但他推动了一些观念，这些观念已经举世皆知、耳熟能详，我们习常据之以思考，而不察其原是相当尖新之物。思想史为一连续过 159
程，而且可以自成一门独立研究的观念，即其中一例。古代世界或中世纪某些哲学体系，当然曾经有人加以解脱——通常不过做成附加注释的分类目录；以特定思想家为题的专论，亦已有之。但是，黑格尔首先考虑到，一个时代或社会为一群特定观念所濡染，那些观念对其他观念有其影响，而且，一个世代的感觉、情怀、思想、宗教、法律、一般看法——今日所谓意识形态——通过许多无形环节而与其他时地的意识形态相互联系。黑格尔有别于前辈维柯与赫尔德，欲就此事提出一个连贯、持续、能以理性分析的发展历程——从孔德、马克思、施宾格勒绵延到汤因比，以及所有在人类漫无定则的历史洪流里寻得巨大排比对称以为精神慰藉的重要一脉史家，即是由他首启端绪。

此类计划多属幻妄，或者，至少可说是一种高度主观的散文诗。不过，人类精神的许多活动都互有关联的概念，以及艺术或科学思想同艺术家、科学家生活工作其中的社会所追求的社会、经济、神学、法律活动有其相互作用，考察这相互作用，乃了解时代艺术思想或科学思想之最上法门的观念——亦即，文化史为真知光源的概念，本身实为思想史上一重大进步。谢林（即效赫尔德）即造成一个浪漫本色十足的概念，即诗人或画家对时代精神的了解可能深于学院派史家，且其表现方式可能更生动且久远；索其原因，他们是比较容易感荡激动的有机体，对于自己当代（或其他时代与其他文化）的轮廓形势，他们的感性高于训练有素的博古家或专业的新闻人员；对于新始萌发、世人半解未解而作用于某一环境表面之下、到以后某一时期才可能完全成熟的因素，他们也更能敏应、更有知觉。举个例子，马克思之论巴尔扎克，即含此意。他认为，巴
160 尔扎克小说描述的，与其说是他当代的生活与性格，不如说是十九世纪六十年代与七十年代人的生活与性格：六十年代至七十年代生活与性格的形貌，当其初萌始兆，去其充分显现于天日之下尚远，就已触及艺术家的感性了。这种直觉或诗性洞识的力量与可靠性，浪漫主义哲学诸家颇予夸大；他们这种炽热的灵见，虽厚饰于准科学或准抒情术语之中，仍难自掩其神秘主义与非理性主义的本质；不过，正是这种灵见，使十九世纪三十年代与四十年代的俄国青年知识分子如痴如狂，而且，似乎在沙皇尼古拉一世治下帝国的龌龊现实之外，别开一高贵与安详世界之门。

在俄国，辩才最胜，导使一八三〇年代教育青年高翔飞越经验事实，进入纯粹光明、万物和谐且永符真理之境者，是莫斯科大学一位年方弱冠即已拥有成群忠心仰慕者的学生：尼古拉·斯坦克维奇。斯坦克维奇这位青年系属贵族，心智殊优而仪表出众，人格温良而近理想主义，性情异常和善可亲，酷嗜形而上学，而且禀赋述事证明之才，生于一八一三年，享寿甚短（二十七岁），而道德与知识造诣远胜侪辈。他在世之日，他们奉他如偶像，他去世以后，他们祷念不忘。连素来取人颇

严、不轻露敬意的屠格涅夫，也让他化身为《罗亭》里的波科尔斯基，作丝毫不带讽刺的刻画。斯坦克维奇博览德国浪漫文学，宣扬一种世俗、形而上的宗教，取代他与朋友流辈都已不再相信的正教教义。

他倡言，恰当了解康德与谢林（后来加上黑格尔），会使人领悟：在日常生活表面的漫无秩序、残酷、不公与丑恶之下，可以察觉永恒的美、平静与和谐。艺术家与科学家路途虽殊而目标无二（颇得谢林神髓的一个观念）：同归于此内在和
谐。惟艺术（包括哲学与科学真理）不朽，泰然屹立。经验 161
世界的混乱，不可理解，杂漫无状而顷刻泯灭遗忘的政治、社会、经济事件乱流，弗能丝毫毁损艺术。艺术与思想上的杰作是人类创造力的永久纪念，因为永恒不易的模式超乎表相流变之外，而惟有这些杰作体现人类对此永恒模式的洞识。斯坦克维奇有个信念（许多人有此信念——尤其在社会生活发生重大惨变之后；此处，这惨变或许可指一八二五年十二月党人革命之败）：社会改革只能影响生活的外表，人应舍弃社会改革，转图改造自己的内在，本身内在改革，其余一切水到渠成，天国——黑格尔所谓自我超越的精神——寓乎内在。救赎来自个人的自我更生，要想得到真理、真实、幸福，人必须学习具有真知者：哲学家、诗人、圣贤。康德、黑格尔、荷马、莎士比亚、歌德是和谐的精神，是圣徒与圣哲，见人群所永不得见之境。惟研究温习，无尽的寝馈温习，能使人略窥他们的极乐世界——使残碎片断归原复一的仅有真境。惟能诣此至福灵见者可称智慧、善良且自由。追逐物质价值——任何一种社会改革或政治目标——都是追逐梦幻泡影，是自取失望、挫折与悲惨。

对一八三〇年至一八四八年间俄国任何年轻且具理想主义的人，或者，在任何只凭充足的人性就可以对俄国社会状况感到失意的人听来，这真是良足宽慰之说。俄国生活中的可怕弊疾——农奴之无知与贫穷，教士之无知与伪善，统治阶级之腐败、干预、残酷、武断无理，商人之猥琐、媚世、无人性——总之，整个野蛮的体系，据这些西方贤哲视之，不过生活表面的浮沤泡沫。追根究底，这一切都无甚重要，是表相世界的难免属性，由一优越据点观之，并未侵扰到更深刻之处的和谐。本时期的形而上学频频取譬于音乐。他们告诉你：单是聆听某
162 一乐器的孤立音符，你可能发觉它们丑陋、无意义、无目的；但如果你了解整部作品，如果你细听整个乐队，你就会见得，这些音声乍看仿佛随意奏出，其实正与其他音声相协而形成一种满足你对真与美的渴望的和谐整体，这是将前代科学的解释法化为一种美学的解释法。斯宾诺莎——以及十八世纪某些理性主义者——曾主张，你如果了解宇宙的样式（或由形而上直觉，或由一种数学或机械秩序之悟而了解），就不会再作无益的抗争，因为你会明白，天地间一切现实所以如此样子，所以出于此时此地，无非必然，是宇宙中和谐理性秩序的一部分。苟见及此，你就处顺自安而内心平和了。因为你既成为一个理性的人类，就不会再随意任性反抗一个逻辑必然的秩序。

将上述义理转换为美学说法，是德国浪漫运动里一个主导因素。它不要你谈论科学上的必然关联，也不要你用逻辑或数学推理来解开神秘，却请你使用一种新的逻辑，这种新逻辑为你展开一幅画的美、一曲音乐的深境、一件文学杰作的真理。如果你将人生设想为某种宇宙神性的艺术创作，将世界想象成

一件艺术品的不断启示——简言之，如果你由科学的人生观与历史观转依一种神秘或“超越”的人生观与历史观，你大有可能体验到一股解放之感。在此以前，你是你懵然不解的混局的受害者，你忿懑而惨然不乐——是一个体系里的囚徒，这体系，你一心要改革、匡正，而徒劳无功，只落得失败与挫折。但是现在，你觉得自己愿意且渴望参与宇宙的大计：一切发生之事，都必然是在成全宇宙计划——而成全宇宙计划，也就是成全你的个人计划。你明智、幸福、自由了，因为你与宇宙目的合一。

以当时俄国的文学检查情况，政治与社会观念甚难公开 163
表现，文学是传达这类观念的惟一工具（无论传达得多么隐秘）。在此情况下，一个招引你忽视可憎的（十二月党人之变以后，危险重重的）政治现状而专志于个人——道德、文学、艺术——自修独善的计划，对不想太难过的人，是莫大安慰。斯坦克维奇信仰黑格尔，既深且诚，而以他发自纯洁敏感之心的无碍辩才，加上终身拳拳不渝的坚定信心，传扬他寂静主义的实训。凡有疑虑，他概使平息于内心；因此，至逝世之日，他一直是个超世拔尘的圣徒，友朋相游，总觉有一种灵神清平之气，由他独特奇美的完整人格、由他煦煦然令人沉迷陶醉的女性化纤细魅力中源源流出。这股影响力，随他身殁而绝：他留下数首优雅、褪色的诗，数篇残碎文章，一束写给朋友与几位德国哲学家的书信；信件之中，有写给他最仰慕的一位朋友的动人誓言，这位朋友，是他视如天才的一位柏林剧作家兼教授，为黑格尔弟子——至于其人姓名，当然，如今已湮没无闻。资料残缺如此，这位俄国唯心论领袖的人格全貌，实已无从重建。

他天资最高，而且最容易受感染的弟子，为一心性迥然不同之人，巴枯宁。与斯坦克维奇相从之日，此人是业余哲学家，且早以性格横暴专制而声名藉甚。巴枯宁已于一八三〇年代末期退出军队，此时在莫斯科，大致以卖弄小聪明度日。他天赋异能，善于吸收别人义理，热心阐述，仿如己出，而在吸收阐述过程中稍加变化，使更简单、清晰、粗糙，偶尔更令人信服。巴枯宁性格里有相当浓厚的犬儒成分，不大关心他的训示对朋友可能有何影响——只要那影响够强；那些训示使他们兴奋或颓丧，或者毁坏他们一生或招他们厌烦，或使他们盲狂信从某种走火入魔的乌托邦图式，他一概不问。巴枯宁是天
164 生的煽动家，体内生具的怀疑性又恰足使他不为自己的滔滔雄辩所骗。支配个人与左右群众，是他拿手绝活；他属于奇异而幸好数目不多的一类人：巧于催眠别人，使之投入某些理想目标——不惜为那些目标杀人或舍命，而对于自己祭出的符咒的效果，他们始终反有冷静、清楚的知觉。巴枯宁的欺世伎俩也偶有揭穿之时——例如，被赫尔岑揭穿。遇此情形，他付之以最天真善良的一笑，大方坦承一切，然后为害如故，以更大的事不关己之心，继续肆虐，所过之处，留下遍地牺牲品、死伤之人，以及忠实、理想主义的信徒，他自己则始终当个放怀无忧、自由自在、招摇撞骗、无比亲切随和、镇定冷静而包藏祸害、迷人、宽宏大度、目无纪律、言行怪僻的俄国地主。

他掉弄观念，熟巧灵便而充满孩子气的乐趣。其观念源出多方：圣西门、霍尔巴赫、黑格尔、蒲鲁东、费尔巴哈、青年黑格尔派、魏特林。这些义理，他一边作短促但密集的搬演应

用，一边吸收，随即着手阐释，阐释之间所发挥的热情与个人磁力，即使在那个伟大民间论坛风起云涌的世纪里，也许亦可谓独步。在安年科夫描写的那十年间，他是狂热的正统黑格尔主义者，夜夜以明澈的言词与顽强的热情，对他的朋友宣扬这派新形而上学的矛盾原则。他宣布历史——以及其余一切事物——有其铁律与牢固无情的法则。黑格尔——与斯坦克维奇——所言甚当。反抗那些铁律，或者抗议它们似乎引起的残酷与不公，是无聊无益之事；做此反抗，是不成熟之征，表示你不了解由理性原则组成的宇宙的必然与美妙——亦即，未能掌握宇宙的神圣目的。加以恰当的了解，你就知道，个体生命的苦难与不谐，都正在成全宇宙的神圣目的，而且都会由于成全那个目的而得到解决。

黑格尔倡言，精神之演化并非连续无间，而是由“对立面”的“辩证”斗争，透过一连串尖锐的爆发而推动（有点像柴油引擎）。这概念与巴枯宁的气质相得益彰，因为，正如他
自已所津津乐道，他最厌恶之事，莫如和平、秩序、资产阶级 165
的自满。区区波希米亚作风、没有组织的造反叛乱，历来嗤点者已经太多，难以令人信从。黑格尔主义借一个永恒的理性体系、一种客观的“科学”为外饰，披上齐全的推理判断装备，提出其悲剧性的、暴烈的人生观。先以永恒理性之名，辩说必须顺从一个残酷无道的政府与一个昏庸愚妄的官僚制度，复又以同样一套论证，辩说造反有理，是巴枯宁乐而不疲的一件矛盾工作。在莫斯科，他尽情施为，将平和的学生变成苦修僧人，狂喜恍惚而追寻某种美学或形而上学目标。晚年，他这些才具还有规模更广的发挥，在一些难以雕琢的人类材料——瑞

士钟表工人与德国农民——心中煽起了空前绝后、令人难信的盲狂热情。

在我谈论的这个时期，他这些邪门才具是集中于一件比较寒碜的工作：向仰慕他的朋友逐段阐释黑格尔的《哲学全书》。这些朋友里，有一位也是斯坦克维奇心腹之交：格拉诺夫斯基。此人是性情温良而心志高洁的史学家，尝游学德国，成为温和的黑格尔信徒，回国以后，在莫斯科讲授西方中古史。格拉诺夫斯基将他这个看似遥不相干的题目化成一种手段，引发听众敬重西方传统之心。他特别措意于罗马教会、罗马法以及封建制度各种机构的文明教化效果，无视于日益高涨的沙文主义，发扬这些论旨——沙文主义强调俄国文学的拜占庭根源，当时俄国政府极加鼓励，作为对西方危险观念的解毒剂。格拉诺夫斯基学问渊博，兼以智力持平，并不执迷忘形于浮夸空疏的理论。但是，他也深信黑格尔，至于相信宇宙必定有一模式与目标，人类正徐徐趋近这目标，迈向自由，虽然此路绝非顺畅或笔直：其中多有障碍——退步既频繁，而且难以避免。除
166 非出现够多具备个人勇气、力量与奉献意识之人，否则人类将不时陷入反动的长夜，必须付出可怕代价，才能挣脱这些泥沼。不过，人类还是正在缓慢而痛苦，但坚定不变地走向一个理想的幸福、正义、真、美境界。一八四〇年代初期，格拉诺夫斯基在莫斯科以末代墨洛温王朝与新加洛林王朝为题的讲演，虽似冷僻，而听者云集，且不乏知名之士。“西化派”以及与西化派为敌的斯拉夫民族主义者，都把这些讲演视为亲西方、自由主义与理性主义情绪的准政治表现。总之，认为这些讲演是反对神秘的民族主义与教会万能主义，而信奉启蒙观念

的转化力量。

我引格拉诺夫斯基这些朋友热烈称赞而保守派力加抨击的讲演为例，旨在说明，在俄国，社会与政治自由主义要能出声，必须采取何等奇特的伪装（德国亦然，惟不到如此地步）。检查制度既是一种沉重的桎梏，又是一根刺棒——引生了奇特一派暗中革命的作品。当局镇压，先使作品日趋隐谲曲折、日益词激情切，终将整个俄国文学变成赫尔岑所谓对俄国生活的“一大张起诉书”。[1]

检查官代表官方，是敌人，不过他有别于他的现代继承者，他几乎完全只作消极否定。沙皇的检查制度钳制言论，但不会直接要教授们在课堂上教什么；它没有指定作家说什么、如何说话，也没有命令作曲家要在听众心里激发什么情绪。检查制度之立意，只要防止表达某些经过当局挑选的“危险观念”。这是一道障碍，有时候足以令人气极发狂。但是，因为它像旧俄时代许多机构一样，颟顸无能、腐败、懒惰，往往愚昧妄行，或者刻意怀柔施恩——以及，因为善用心机与拼命走险者永远能找到漏洞，所以，能有效堵塞的颠覆成分并不多。属于激进知识阶层的俄国作家毕竟出版了他们的作品，而且大致是以几乎未遭扭曲的形式印行。镇压的主要效果，是将社会与政治观念驱入比较安全的文学领域。德国已经有此情形，在 167
俄国规模更大。

文学被迫转入政治性格，政府的压制固有以致之，但我们切勿夸大其角色。“不纯”的文学所以产生，文学所以充满意

[1]《论俄国革命思想的发展》，H vii 247。

识形态内容，浪漫运动本身就是个同样有力的激素。当代“最纯粹”文人，常因“纯粹”而遭陀思妥耶夫斯基等苛刻说教家或六十年代“唯物主义”批评家非议罪责的屠格涅夫本人，就曾一度考虑走入学院生涯——当个哲学教授。他受劝而打消此意，但是，他早年迷恋黑格尔，这对他整个人生观有一股长久不去的影响。十八世纪的小册子作家把人分为有德者与邪恶者、愚昧者与开蒙者，把事情分为善事与恶事，并认为人与物都能以机械、因果的连锁关系来了解并预测。黑格尔的教论驱使一些人走向革命、一些人走向反动，而无论使人革命或反动，它都使它的信徒摆脱这种过度简化的分类与看法。据屠格涅夫所见，万事万物都由不断变化的特征构成；这些特征无限复杂，在道德上与政治上又暧昧难分，相互溶成不断变易的组合，只有根据富于弹性，而且往往属于印象式的心理与历史观念，才能解释，因为这类观念才会斟酌到数目极多、瞬息万变而无法化约为科学图式或定律的因素，以及其精微复杂的相互作用。屠格涅夫以自由主义与温和执中而饱受批评。他的自由主义与温和执中，表现于外的形态，是以浑融权变之道应物处事：始终以警醒谛观、若即实离之姿，超然局外，不作固常的投入，但镇定自持而进退游动——以不可知论的态度，自得于无神与信仰之间，既相信进步，又保有怀疑主义，做个常驻于冷眼静心、情绪收放自如的存疑状态中的观察家，以面对生命景观；生命大观之中，一切并非十分表里合一，任何性质都染有其反面性质，道路绝非笔直，亦绝非以几何般规则的方式交错。据他所见（他自成一说的黑格尔辩证法），实在恒非一切人造意识形态之纲所能包罗，恒非一切僵硬、独断之假设所得

定执。实在永远不受编派整理、永远搅乱一切条理匀称的道德 168
或社会学体系。惟一可行之法，当如不泥于道德利害计较的观察家，以好奇入妙之眼观世，亦即以细心、情绪中立、谨慎经验之道，尝试描述世界的点滴片断。赫尔岑也拒斥明截而干枯的体系与计划，他与屠格涅夫都未接受积极的黑格尔义理，都不接受他那浩大空茫的宇宙论妄念——那个使他们诸多同代人震撼动摇的历史神正论。二人所深受的，都是它消极一面的影响——打破时人对前世纪乐观思想家活力来源的新社会科学那种不加批判的信仰。

十九世纪三十年代末期与四十年代俄国前卫青年中，较为突出而有名者，以上是其中几位——另外尚有许多，篇幅所限，无法详及。以哲学家、激进分子出道而后来以反动新闻记者成名，而且炙手可热的卡特科夫，哲学家列德金，散文家科尔什，翻译家克切尔，演员谢普金，玩票的富家青年博特金、巴纳耶夫、沙佐诺夫、奥加廖夫、加拉霍夫，大诗人涅克拉索夫，以及许多只有文学史家或社会史家才感兴趣的次要人物，皆是。但诸子之上，巍然耸立着批评家别林斯基。别林斯基在教育与品位上的缺点，尽人皆知；他貌不惊人，散文风格亦多可憾之处。然而，他成为他那时代的道德与文学独裁者。受他影响者，在他去世以后长承其遗绪；无论利弊，其流风余韵都根本而且似乎永远地转化了俄国人的作品——尤其文学批评。 169

三、别林斯基

一八五六年，著名的斯拉夫主义两兄弟之一，对政治激进主义并无好感的伊凡·阿克萨科夫，写成一文，记述他旅游俄国欧洲辖地重要乡镇的见闻。他视此行如一种民族主义的朝圣，用意在直接探触未受外界沾染的俄国人民大众，以求心安、兼寻灵感，并且警告需要警告的人提防西方的恐怖害处与西方自由主义的陷阱。结果，阿克萨科夫大失所望：

> 每一位能思考的青年[他写道]，每一位在乡下生活的龌龊沼泽里渴求一丝新鲜空气的人，都熟知别林斯基之名。乡下教师无人不知道——无人不熟记——别林斯基写给果戈理的信[……]你要是想寻找诚实的人，关怀贫穷与受压迫者的人，诚实的医生、不惧奋战的律师，在别林斯基的信徒里就能找到[……][1]

斯拉夫主义的影响微不足道……别林斯基的影响与日俱增。

一望即知，我们是在处理某种重大现象——去世已八年，处于十九世纪最惨烈压制下的理想主义青年仍奉为领袖的一个
170 人。三十年代与四十年代的激进青年——巴纳耶夫及其妻、屠格涅夫、赫尔岑、安年科夫、奥加廖夫、陀思妥耶夫斯基——这些人回忆当时，一致强调别林斯基的这一面：他是俄国知识阶层的“良心”，是天赋灵感且大无畏的政论家；在俄国，几乎只有他是独具足够性格与辩才，而能将众人感受但无法或不

[1]《阿克萨科夫的信件》(*Ivan Sergeevich Aksakov v ego pis′makh*，Moscow，1888—1896，iii)，页 290—291。

愿明言之事加以清晰且厉声宣白的作家。

阿克萨科夫谈到的是何种青年，我们很容易想象。屠格涅夫的小说《罗亭》中，以微含讽刺但同情且动人的笔法，刻画了一个在某乡间别墅里受聘为西席的典型当代激进分子。此人是个相貌平凡、行事别扭、应对拙劣的大学生，既非聪慧，亦无趣味，说穿了，迟钝、狭隘，简直就是蠢夫，但心性纯洁、诚挚、坦白，至于令人难以为对，天真处又足以令人发噱。这位学生，就是个激进分子。不过，说他激进，不指他持有清晰的思想、道德或政治看法，而是说，对于他这个国家的政府，老朽、残酷的军人，麻木、不诚实、畏事的官吏，无知不文、迷信、谄上媚世的教士，他满怀模糊但痛切的敌意；俄国人畏事、贪婪、不喜一切新生或者与生命力量有关之事——对形成当时俄国主流气氛的这三样奇特混合，他深为厌恶。当时又有一种怪诞的犬儒式认命，认为农奴的挨饿与半野蛮状态，与俄国乡下社会的致命僵滞状态，不但是自然之事，而且具有深刻、传统的价值，近于一种精神之美，自成一个独特的、民族主义的、准宗教的神秘境界。这种认命，他更完全反对。罗亭是别墅雅集里的灵魂人物，这位青年家庭教师尽信罗亭似是而非的自由主义浮辞丽藻，崇拜他踩过的地面，而且一厢情愿，以自己的满腹道德热情，以自己对真理与物质进步的满腔信仰，充填他那些轻率的概论。当罗亭一边仍然怡然自得、魅力焕发、令人不能抗拒，仍然满嘴空洞的自由主义陈腔，一边却不肯面对一场道德危机，只知捏造薄弱遁辞，如懦夫愚子，以小小一桩龌龊的悖信忘义伎俩，自顾脱出难以处理的困局以后，他的信徒，这位单纯的真理追寻者，就困立当场，目

眩心慌、无助无援、委屈忿懑，不知何事可信，也不知何处可
171 去，落入典型的屠格涅夫式处境。屠格涅夫式处境是，事到临头，人人以人性使然、难以苛责，但贻害无穷的软弱与不负责任方式应付局面。这位家庭教师巴西斯托夫是十分次要的人物，但俄国社会里原来的“多余人”，[1] 即普希金的连斯基，相对于奥涅金，有其陪衬角色，巴西斯托夫就是这些陪衬角色的嫡裔——寒碜的嫡裔，有时候，也是他们愚弄的对象；他与《战争与和平》的别祖霍夫（相对于安德烈公爵）、《安娜·卡列尼娜》的列文、卡拉马佐夫兄弟、赫尔岑《谁之罪？》的克鲁奇菲尔斯基、《樱桃园》的那位学生、《三姊妹》的维尔西宁上校与男爵，属于同一族系。他产生于一八四〇年代格局，而成为俄国社会小说里最具特色的角色之一。他是困惑的理想主义者，是天真动人、过度热心、心地纯洁的人，是本来可能避免而事实上从未避开不幸状况的受害者。他时或近乎喜剧，时而近于悲剧，经常大惑不解、误事、没有效率，但也没有任何虚伪，至少，他没有任何无可救药的虚伪，做不出任何稍微卑污或悖信之事；他时而软弱自怜如契诃夫的主角，时或坚强愤烈如《父与子》中的巴扎罗夫，但他总是有一种内在的尊严、一种至坚不摧的道德人格，从未丧失。与此尊严、与此人格对照之下，正常社会里居于大多数的寻常凡庸人等显得既可悲复可憎。

[1] [“多余人”的概念之名出自屠格涅夫所著《多余人日记》（*Dnevnik lishnego cheloveka*，1850）中的类似名词：见一八五〇年三月二十三日的条目。陀思妥耶夫斯基在《地下室手记》（*Zapiski iz podpol'ya*，1864），D vi 7—80 中也将此语用作一种流行语。]

这些诚挚、偶尔幼稚、时而愤怒，为受迫害的人类挺身而起的斗士，这些为屈辱者与失败者牺牲的圣徒与烈士，这最具俄国特色的典型道德与思想英雄主义，其原型，亦即其实际的、历史上的体现，是别林斯基。他的名字成为十九世纪最大的俄国神话，为独裁政治、正教、狂热民族主义之支持者所憎恨，令文雅而苛求的西方古典主义爱好者心烦不安，却以同样理由，成为十九世纪下半叶改革派与革命派的理想化祖先。一九一七年，他临终前几年逐渐宣斥的社会秩 172
序被推翻，是为一场运动的高潮，而他其实也可以算是那场运动的创始人之一。几乎没有一位激进作家，几乎极少自由主义者，未在某一阶段声称直承他的衣钵。甚至同在反对阵营中而战兢胆怯、三心二意的成员，如安年科夫与屠格涅夫，也缅怀其人。连保守的政府检查官冈察洛夫都说别林斯基是他所知的人里最好的一个。至于一八六〇年代真正的左翼作家——革命宣传家杜勃罗留波夫、车尔尼雪夫斯基、涅克拉索夫、拉夫罗夫、米哈伊洛夫斯基，以及追随他们而起的社会主义者普列汉诺夫、马尔托夫、列宁及其信徒，他们在形式上承认他为群雄并起的四十年代先声，与赫尔岑并列为当时最伟大的英雄——他们认为，在俄罗斯帝国，有组织的争取充分的社会与政治自由、经济与民权平等，始于四十年代。

职是之故，至少而言，他分明是俄国社会思想史上一位值得瞩目的人物。读其朋友赫尔岑、屠格涅夫，以及当然还有安年科夫的回忆录者，自能发现何以如此。但是，便至今日，别林斯基在西方也仍相当寂寂无名。不过，凡稍微博涉他作品之人，皆知他非仅在俄国，也许在欧洲，都是文学的社会批评之父，是唯美、宗教及神秘主义人生态度最具天赋、最顽强可畏的敌人。终十九世纪，他的看法一直是俄国批评家，亦即两种不能并立的艺术与人生态度交锋的热闹战场。他经常苦贫，赖写作维生，也因此写作过多。察其作品，大部分急就而成，很多是灵感全无的劣构。他出道之初以降的作品，都受过敌意的批评（容我加按一点：别林斯基至今还是热烈争论的主题——去世一个世纪以上而激起俄国人这么多敬仰、这么多非难的，别无第二人），但他最好的作品在俄国被视为不朽的经典。在苏联，他的地位安如磐石，因为（尽管他毕生力抗独断教条与
173 顺从主义）他早已被奉为新生活形式的一位开创者。不过，在西方，他关心的道德与政治问题仍待商榷。仅此一点，已足使他成为我们目前感兴趣的人物。

他的生平，表面无大波浪。一八一〇年或一八一一年，生于芬兰斯韦瓦博尔格（Sveaborg）一个清贫之家，而在奔萨省（Penza）的僻远城市舍姆巴尔（Chembar）长大。父亲为海军医生，退休后自家开业，生意寥落，终日酗酒。别林斯基长成一个瘦削、患有肺病、过度严肃、身躯佝缩的小男孩，年少而老气，不苟言笑，遇事死命认真，随即以专心文学，又以酷爱真理，凡真理所关，峻切不苟，不论场合，勇往直前，而早得学校教师注意。他前往莫斯科大学，是接受政府补助的清寒学生。当时莫斯科大学仍是士绅与贵族的大本营，他在其中经历赤贫的寒门学子照例不免的困厄迍邅以后，遭受退学，退学原因至今不明，不过，欠缺扎实知识，以及一篇宣斥农奴制度的剧本，大概有关。这篇剧本至今存世，是一篇劣作，修辞夸

张，略带颠覆性，作为文学作品，毫无价值；对被吓倒的大学检查官来说，道德批判意味显而易见，而别林斯基穷困又缺乏保护者。纳杰日金当时是大学自由年轻的欧洲文学教授，编有先锋类期刊。[1] 他对别林斯基明显的严肃态度与文学热情印象深刻，自认在此人身上察得灵感的火花，于是约他撰写评论。自一八三五年起，以迄他十三年后去世，各家不同期刊里，别林斯基的文章、短评及书评源源不绝，倾泻而出，使受过教育的俄国人分裂为各种互敌的意见阵营，并且在俄罗斯帝国每个角落成为进步青年的福音。大学生尤其成为他最忠心狂热的信徒。

论外貌，别林斯基身材中等，瘦骨嶙峋，微佝；脸色苍白，麻斑略多，兴奋时容易通红。他患哮喘，容易疲倦，通常一副恹恹之相，形神憔悴，而略嫌冷峻，举止拙稚如农夫，紧张又突兀，生人在前，羞涩、局促、沉闷自闭。知交如年轻激进分子屠格涅夫、博特金、巴枯宁、格拉诺夫斯基在座，则 174
生龙活虎、意气风发。文学或哲学讨论的热烈气氛里，他目光精闪、瞳孔放大，绕室剧谈，声高语疾而意切，咳嗽连连，双臂挥舞。入社会之中，迟拙不安，往往沉默寡言，但耳闻他认为邪恶或油滑不实之语，即凭原则而干预。据赫尔岑证言，遇此情形，他可怕的道德愤怒，有万夫莫当之势。他因辩论而激动之际，最有可观。此处不妨引用赫尔岑一段文字为证：

[1] 纳杰日金所编刊物即为一八三六年因刊载恰达耶夫《哲学书简》而遭查禁的《望远镜》。案发以后，他被放逐。——译注

> 若无争论之事，除非动怒，否则他木讷寡言；但一旦他觉得受伤，一旦他最珍惜的信念受到碰触而双颊肌肉开始抽搐，开始厉声发言——你真该看看他这时候的样子：他会像一只豹，扑向他的牺牲品，将他片片撕碎，使他狼狈可笑、凄惨可怜，同时，他以惊人的力量与诗意，展开他自己的思想。辩论往往是鲜血由这位病人喉咙喷涌出来而结束；他脸色死白，声气哽噎，双目盯紧他说话的对象，颤抖的手举起手帕捂嘴，打住——形容委顿，体力不继而崩溃。每逢这些时刻，我对他真是既爱又怜！[1]

叶卡捷琳娜女皇朝廷残存下来的某位衰朽大老邀宴，席上，别林斯基不自拘检，盛赞路易十六之被处决。有人在他面前大放厥词，说：恰达耶夫（一个同情罗马天主教、斥责俄国野蛮的俄国人）在这个国家里，因为侮辱自己民族最珍爱的信念，而被宣布为疯子，非常恰当。别林斯基暗扯赫尔岑衣袖，附耳要他介入，见无动静，终于自己挺身而前，以森冷沉慢的声音说，在更文明的国家，发表这种见解的人有断头台侍候。
175 那位仁兄如遭霹雳，主人大惊，宴席随即不欢而散。不喜极端、厌恶争吵场面的屠格涅夫缺少这种社交上的大无畏，正因此而敬爱别林斯基。

与朋友相处，别林斯基打牌，说平凡的笑话，彻夜高谈，令他们迷醉，也教他们精疲力竭。他不耐寂寞。他因贫极、孤极而娶非偶之妇。一八四八年初夏，死于肺疾。后

[1]《往事与随想》（part 4，chapter 25[见前文页 151，注 1]），H ix 31；M ii 411。

来，警察头子大表遗憾，恨别林斯基自己死亡，说："我们本来要让他在牢里烂掉。"[1] 他三十七或三十八岁去世，方当盛年。

别林斯基生活表面极为单调，实则紧张激烈至于不正常，其中错落着痛切锐利的思想与道德危机，交相侵寻而更加败坏他的身体。他选定的主题——他即使在思想上也分离不开的主题，是文学。中伤他的人指责他在这方面缺乏可信的能力，但是，对于纯属文学的性质，对于文字的音节与节奏及精微曲致，对于意象与诗的象征作用，以及其中纯属感性的情绪，他仍极为敏感。不过，这不是他生命的核心因素。他生命的核心因素是观念的影响力；此处所谓观念，不是单指思想或理性层次上作为判断或理论的观念，而是也许大家比较熟悉，不过也比较难以表达的一种意思的观念。这种意思的观念体现思想，也体现情绪，体现人对内在与外在世界的含蓄与明示态度。这种意思的观念，比意见甚至原则更广义、更出于持有观念者的内在本质，而且构成，甚至就是一个人对他自己、对外在世界的核心关系综结，可能有深有浅，有真有伪，可能是封闭的，也可能是开放的，可能是盲目的，也可能具有洞识的力量。在有意识及无意识的行为、风格、姿势、行动以及细微的习惯作风里，正如在明言的义理或信仰的告白里，都可以发现这一点。长年在别林斯基心中激起热情、焦虑或憎恶，并 176
且使他长驻于一种有时近乎道德狂乱状态中的，就是人类生活与工作里表现的这层意思的观念与信仰——有人笼统称为

[1] 同前引（页 14，注 1）。

意识形态。他热烈地信他所信，整个天性尽付其中，凡有所疑，也同样热烈疑他所疑，凡为问题所苦，则不惜代价，以求答案。至于这些问题是哪些问题，亦可想而知：个人对自己、对其他个人、对社会的恰当关系，人类行动与感觉的动源，人生之目的，尤其艺术家的想象作品以及艺术家的道德目的。

关于别林斯基，一切严肃的问题终归都是道德问题，亦即何物完全可贵、本身即值得追求，亦即何物为惟一值得知道、言说、实践、奋斗——不惜舍生以求——之物。书本或谈话中寻得的观念，他并不先求其本身有趣、可喜，以及思想上重要而可以某种超脱与不偏不倚的方式检验、分析及反省。观念非真即伪，此为首要辨识。伪，则当祛除如恶灵。凡书籍都体现观念，纵使表面上毫无此意，而批评家之首务，即是往书中探索观念。为了演证此点，我想提出一个例子，此例甚为出奇，近乎谲怪，但我认为颇能显明他的手法。他的批评家与传记家不提这个例子，因为这是他的一篇小作品。《威克菲尔德的牧师》有个十九世纪法文译本。这个法文译本又有一俄文译本。在他无日或已的杂志写作活动里，别林斯基据此俄文译本，写过一篇短评。[1] 这篇短评，起笔十足传统路数，然后口气逐渐

[1] [此文章发表之时，别林斯基的研究者普遍认为这篇于一八四七年十一月发表于《现代人》(1847, vol. 6, No. 1, part 3, “俄国文学” [‘Russkaya literatura’], 页 77—86) 的（未署名）短评——出自别林斯基之手。然而，后来浮现的事实表明，其作者实为卡拉霍夫（A. D. Galakhov），他于《我的期刊合著》(‘Moe sotrudnichestvo v zhurnalakh’),《历史期刊二十六》(*Istoricheskii vestnik* 26, 1886)，页 312—335 的页 323 中提及此作。不过，卡拉霍夫与别林斯基所持态度甚近，前者或许确实颇受后者影响。]

恼怒、敌意渐深：别林斯基不喜欢哥尔德斯密斯这部杰作，因 177
为他认为此书伪篡道德事实。他指责说，哥尔德斯密斯假书中牧师之性格，申明冷漠无感、平静愚讷与颟顸无能终究优于斗士、改革者及进取的观念维护者所具备的特质。书中写那位牧师是一单纯之人，满怀基督教的隐忍、不重实际、连连受骗；这天生的善良纯真，哥尔德斯密斯言下之意，既难兼容于而且优越于聪敏、思想及行动。在别林斯基看来，这是个深重、该下地狱的异端看法。凡为书籍，都体现观点，都有其基本的社会、心理、美学假设，而据别林斯基所见，《牧师》的根本义理俗恶且虚伪。基本上，此书荣颂不作人生奋斗，站在人生边缘上，无所执着、洒落不羁，而一入世即为行动之士与邪曲之徒欺诳连累的人；其人物质上失败，但道德上胜利。这，别林斯基大声疾呼，是取媚于非理性主义——是对天下一般资产阶级都执迷深信的“混日子”作风迎合讨好。就此而论，本书不诚不实，以怯懦为比较深刻的智慧，将失败、因循敷衍、姑息求全说成深刻的人生理解。你可以回答别林斯基，说他这讲法荒唐夸张，说他摆在这位可怜牧师肩上的担子重得可笑。但是，他的做法彰示了一种新的社会批评的开始。在文学里，这种批评不是寻找理想的人类或状况“形态”（如早先德国浪漫主义者所为），也不是寻找可以直用于改善人生的伦理工具，而是寻找作者、他的环境或时代或阶级的人生态度。判断文学中的人生态度，亦当如判断生活中的人生态度，首先考察其纯正程度，是否充分照应主题，以及索问其深度、信实、究竟动机。

“我是**文人**，”他写道，“我说这话，痛苦但自豪而快乐。

俄国文学是我的命，我的血。”[1] 他出此语，是作为一种道德立
178 场的宣言。本世纪初，激进作家柯罗连科说：“我的国家是俄国文学。”[2] 言下分明维护的，就是别林斯基这种立场。而柯罗连科作此语，是代表一个十分正确地尊奉别林斯基为创始人的运动说话；在这个运动、这个信条看来，只有文学未为俄国的日常生活所出卖，只有在文学里，才存在着正义、自由、真理的希望。

于别林斯基，书与观念乃攸关生与死、攸关得救永生与万劫不复的大事，因此，对书与观念，他的反应无比惨烈凌厉。论气质，他不近宗教，不是自然主义者、唯美主义者，亦非学者。他是道德主义者——彻底世俗而反教权的道德主义者。于他，宗教是对理性的可恶侮辱，神学家是江湖郎中，教会是阴谋。他相信自然、社会与人心中有客观真理可寻。他不是印象主义者，对于人生或艺术，他雅不欲自限于伦理中立的分析，亦不愿自安于不带成见、不含批评的精细描述。这种分析与描述，他曾和托尔斯泰或赫尔岑一样，指为浅薄、一己快意或者轻浮的批评，或者（如果你明知道德真理而宁取外在组织）是刻意作伪而气味可憎的批评。外在组织是外衣；你想了解人生真貌（或者人生的可能变化），则永恒而迫切紧要之事，与虽引人而短暂之物，你必须知所分辨。单单注视，甚至再创弗

[1] 一八四〇年三月［十四日及］十五日致博特金，B xi 494。［别林斯基于一八三八年九月十日写给巴枯宁的一封信里也写过“我是文人”，B xi 293。］
[2] ［原文是：“我找到了我的国家，我最先也最重要的国家是俄国文学。”］出自《我这一代人的历史》（*Istoriya moego sovremennika*，chapter 27）：V. G. Korolenko，《全集五卷本》（*Sobranie sochinenii v pyati tomakh*，Leningrad，1989—1991，vi），页 270。

吉尼亚·伍尔夫所谓我们由生至死皆为所包含的“半透明封袋”，[1] 并不足够；你须得沉入生活的流变的底层，检看大洋底下海床的结构，查验风来风去与潮起潮落的情形，并且不是为检验而检验（没有谁会不关心自己的命运），而是为了掌握自然力量，以便控驭你的船只，以便冒着无尽的苦难而发挥英雄气概，或者冲着无限重大的横阻困厄，航向目标——真理与社 179
会正义；事实上，你也知道（因为此事无可怀疑）这是惟一本身值得寻觅的目标。逗留表层、耗费心力对其性质与你自己的感受从事精益求精的描述，若非道德的白痴，就是刻意的不道德，即非盲目也是懦夫的谎言，而说谎者终必自毁于谎言。惟真理美好，而且真理永远美好，永远不可能丑怖、毁人、苍白或琐屑。真理亦不在外表上。真理在“底下”（如谢林、柏拉图、黑格尔所示），惟有只关心真理者能获得真理启示，因此，中立、超然、矜慎者看不到真理。惟作道德寄托，不惜舍我所有以发现并辨明真理，使我本身与他人解脱幻觉、习俗与自欺之蔽，以见世界及众人在世界中之天职者，可与论真理。这个当时揭橥、古来首见的信条，就是俄国知识阶层的信条，而当时诸子亦即本此信条，在道德上与政治上反对当局支持者标举的君主专制、东正教义、民族至上三口号。

以其类如卢克莱修或贝多芬的气质，别林斯基作为一个批评家，与同代西方人自然不同。他既非兰多之类古典式专研柏拉图形式的纯粹行家，亦非圣伯夫之类锐利、悲观、已由幻想

[1] 弗吉尼亚·伍尔夫，《现代小说》，出自她的《普通读者》（*The Common Reader*, London, 1925），页 189。

中觉醒的天才观察家，而是一个痛苦但满怀希望、努力分辨是非真伪的道德主义者。凡遇他以为新颖、可贵、重要甚或真理之事，他当即热烈狂喜，以急促煎迫、全无伦次、激动昂奋的句子，向世人宣告这项发现，仿佛稍待片刻，大势即去，因为游移无主的大众可能分神他顾。此外，传达真理，须出以奋迅喧腾之道，因为以平稳之声口，或将不足显示其攸关重大。在这种充沛横溢之中，别林斯基发现且过誉了几位比较名气不彰，而且鲜有可取的作家与批评家——这些人，如今当然已寂寂无闻。但他也慧眼先识，十分昭显了俄国文学巨星普希金的光彩。他还发掘莱蒙托夫、果戈理、屠格涅夫及陀思妥耶夫斯
180 基，铨评之间，颇中诸家真才实值。至其品藻二流作家如冈察洛夫、格里戈罗维奇、科尔佐夫，更不待论。当然，别林斯基操觚谈文以前，已有人识出普希金为天才作家，但确立普希金重要地位者，是别林斯基。他以十一篇著名文章，论定普希金不仅是天才焕发的诗人，更创造了俄国文学，以及俄国文学的语言、方向和俄国文学在俄国民族生命中的地位。普希金之于文学，犹彼得大帝之于俄国，为激进改革者、破旧立新者，民族传统之死敌兼孝子；外则侵掠前此远不可及之异域，内则整合俄国历史中最深层且最具民族本色之要素——以上这个普希金意象，自别林斯基首创以来，一直支配俄国文坛。别林斯基一贯不懈，以热烈的信念，刻画一位诗人：这位诗人自视为信徒兼先知，颇称公允，因为他的艺术致使俄国社会知觉自身为一精神与政治实体，并连带使它知觉到它可怕的内在冲突、它不合时宜之处、它在国际间的反常地位、它巨大而未尝试用发挥的力量，以及它黯淡而令人忐忑不安的未来。别林斯基多方

举例，证实成就此事者为普希金，而非其前辈——御用的俄国精神与俄国国力吹捧者。他前辈中最富文明、才具最高者，如史诗诗人杰尔查文、博孚众望的史学家卡拉姆津，甚或他自己那位宽厚、浪漫、言行温婉、终身和乐可亲的恩师茹科夫斯基，都未有此成就。

文学如此管领人生，一人支配如此巨国的整个意识与想象，是奇特独绝、古今无尔之事，即但丁、莎士比亚、荷马、维吉尔或歌德在其各国意识中所占地位，亦不足比伦。这个非常现象，观者有何感想，另当别论，至于此一现象为别林斯基及其弟子门生所创，则世人至今未有充分认识。他们师徒视普希金为核心巨星，在这道光源辐射的光辉照耀下，俄国人的思想与感受有令人称奇的成长。普希金，这个恣意人生、斯文雅致，而在社交生活中倨傲不群、睥睨世俗、言行奇僻的人，反倒以此为尴尬困窘之事，把棱角尖锐而不投时尚的别林斯基说成“一个怪人，不知为了什么异乎寻常的原因，好像在崇拜 181
我”。[1] 他有点儿受惊，又半猜半知他必有话说，起意央他为他主编的刊物写稿，却转念朋友间认为此人不登大雅，于是打消会晤结纳之计。

普希金有势利习性，素常又喜故作贵族附庸风雅之态，而不以职业文人自居。别林斯基原本富于社会性的敏感，普希金

[1]［来源未找到，其他关于普希金对别林斯基的看法可见：普希金，《给出版社的信》（‘Pis’mo k izdatelyu’, 23 April 1836），《作品全集》（*Polnoe sobranie sochinenii*, Leningrad, 1937—1959, xii），页 97；纳晓金（P. V. Nashchokin）致普希金的回信（October/November 1836），同上（xvi，普希金的信并未留存）；别林斯基致果戈理的信（1843），B xii 109。］

此举，正搔中他痛处——恰如他与莱蒙托夫初次谋面，莱蒙托夫作张作致的世故犬儒姿态惹他恼怒。不过，天才当前，别林斯基一切置诸脑后。他忘记普希金的冷漠，他明白，莱蒙托夫那张拜伦面具背后，他那刺人的犬儒主义、那伤人及被伤的欲望底下，是个伟大的抒情诗人、严肃且透辟的批评家、内心痛苦而温和且深刻的人。这些人的天才令他着迷，如中符咒，而无论他自知与否，他其实就是根据他们——尤其普希金——的艺术与人格为尺度，界定他自己关于创作艺术家本有与应有境界的观念。

作为批评家，他终身是德国浪漫主义大师的信徒。他直斥当时法国社会主义者蔚为风尚的说教与功利艺术作用论。“诗没有本身以外的目的。诗就是诗自己的目的，正如真理是诗的目的、善是行动的目的。”[1] 同一篇文章稍早，他说：

> 整个世界，[它的……]颜色与声音，一切自然与生命形式，都可以是诗的现象；不过，它的本质掩藏于这些表相之中[……]而以生命的变化使人着迷、使人陶醉[……诗人] 是容易感应、容易刺激的有机体，恒常生气活跃，
> 182 稍一轻触，就放出火花，比他人感受更痛苦、更猛烈品尝乐趣、爱得更狂暴、恨得更激切[……][2]

他又说文学是“自由的灵感所产生的成果；某些人虽非

[1]《莱蒙托夫的诗》（‘Stikhovtvoreniya M. Lermontova’，1841），B iv 496。
[2] 同上，页 494—495。

统一地，但有组织地努力 [……] 充分表达 [……] 民族的精神 [……] 显现民族的最隐密深层与脉动 [……] 即文学”。[1] 他激烈拒斥乔治·桑与勒鲁所宣扬的以艺术为社会武器的概念：“不要担心观念的体现。你是诗人，你的作品就会在你不知不觉之中含有观念——放心自由信从你的灵感，你的作品就会既合乎道德，又兼得民族性。”[2]

这是施莱格尔及其同道说法的回响。别林斯基早岁获此观点，毕生不离。安年科夫说，别林斯基在艺术里寻求他对一切人类需求的“完整”[3] 解答——以艺术补全比较不充分的其余经验形式所留下的裂隙；他觉得，不断返取伟大的经典作品，将能使读者更新生命、高贵升华；惟有伟大的经典作品能变化读者的识见，向他启示事物的真正关系，从而解决一切道德与政治问题；他恒常认定伟大的经典作品永远是天机自发而浑然自足的艺术品：其本身自成世界，而不是供作道德或社会宣传的伪劣结构。别林斯基亦曾数易见解，且次次痛苦万分，但他至终相信，求真理者可在艺术——尤其文学——中寻得真理；艺术冲动愈纯粹——作品愈纯属艺术——其所启示之真理愈清晰且深刻；他至终诚信以下浪漫义理：最好、最少掺杂的艺术必然非仅为艺术家个人之表达而已，往往也必然是一个环 183

[1]《文学梦想》（‘Literaturnye mechtaniya’，1834），B i 24。

[2]《关于‘俄国观察员’的批评与文学意见》（‘O kritike i literaturnykh mneniyakh “Moskovskogo nablyudatelya”’，1836），B ii 154。[第二句原话为：“如果你是诗人，你的作品就会在你不知不觉之中，含有观念；无需试图追求民族性：自由信从你的灵感——你将会在不知不觉中获得民族性；无须操心道德，去创造，而非制作——你将拥有道德，哪怕你自身试图成为恶源！……”]

[3] 同前引（页 152，注 1，chapter 35），页 359；Titunik，页 221。

境、文化、民族性的表现；艺术家是环境、文化、民族的有意识与无意识代言人，无此功能，他琐屑不足道、了无价值，而且也惟有在此功能格局内，他本身人格方具任何意义。别林斯基那些斯拉夫主义敌人不曾否认以上任何一点，他与他们另有歧异。

一切浪漫主义者都执持历史主义，别林斯基固亦不免。但是，有一派历史主义者，其宗旨、其专长，是对艺术现象作仔细的批判与历史分析，将一件艺术品或一位艺术家关联于一个准确的社会背景，分析他的作品所受的特定影响，检验并描述他使用的方法，为他某些特殊效果的成败提供心理或历史解释，则别林斯基亦不在此等人之列。这类工作，他的确时或为之；其实，他就是第一位，也是最伟大的俄国文学史家。然而他恶谈细节，赋性不喜唯谨唯慎的学术工作；他读书不主系统，以博涉为尚；他兴奋、狂热疾读、不遑稍辍，读至不堪再读，即纵笔为文。这给他的作品带上一股马不停蹄的活力，但仅恃此活力，难成持平稳当的学术。不过，他对十八世纪的批评，并不如中伤者所言那般盲目且不分皂白而一笔勾销。他评论早先俄国作家，如特列季亚科夫斯基、克姆尼泽、罗蒙诺索夫、冯维辛及德米特利耶夫，铨次优劣，皆各当其分；尤其他论述诗人杰尔查文与寓言作家克雷洛夫，特足为洞识卓见与明澈判断的模范。此外，有几位十八世纪的平庸作者与模仿家，他也使其虚名永毁于一旦。

不过，立定百世不刊的文学评判，非他天才所长。作为文学批评家，他的特质，他在西方几乎无人可比的特质，是对于一切文学印象——无论风格、内容上的印象，他有令人惊异的新鲜与充分反应，而且以热烈的专诚与谨慎，在文字上再造并刻画他所获直接印象的生动本有性质、颜色、形状，以及——最重要者——道德特质。任何时刻，他若想传达一项文学经验，他都用上生命、他整个人，力图捕取该项经验的本质。他有超乎寻常的理解力及陈述力，不过，与其余诸家相 184
较，至少与这方面禀赋相当的批评家如圣伯夫或马修·阿诺德相较，他卓然特异之处，是他的眼光完全直接——可以物我无间称之。几位同代人，屠格涅夫即其一，说他形貌逼肖鹰隼。的确，他常像一只肉食鸟，扑击一位作家，酣畅尽言，将其人片片撕碎。他的论述解说往往流移芜蔓，文体参差不匀，时时冗赘而牵缠不清；他的学养是随兴凑成之物，他遣词用字颇欠优雅，殊少内在魔力。但是，当他适才量力而为，当他处理与他足堪伯仲的作者，则无论赞美或指斥，所谈无论为观念或人生态度、诗法或成语，他眼光紧切强烈、高论滔滔汹涌、说法直截、体验鲜活生动而出以不稍缓解且长驱流贯的气势，今日读来，其劲力万钧而惊心动魄，犹如当日。他自己也说过，要了解一位诗人或思想家，你必须暂时整个浸入他的世界，任令自己受他看法支配，与他的情绪浑同合一，简言之，体悟其经验、信仰及信念。别林斯基其实就是这样“体悟”莎士比亚与普希金、果戈理与乔治·桑、席勒与黑格尔的影响。他精神上的居处有变，态度也随之而变，于是斥其昨日之所美，美其昨日之所斥。后世批评家指他为变色龙，表皮敏感，反应过多，变态过度，是个不可靠的向导，没有持久的内在原则核心，太容易为外物感染，漫无纪律，虽生动活泼且雄言善辩，惜无明定、固实、严谨批判的人格，亦无明确路数，没有可以确指的观点。此论有失公允，与他相知之侪辈，必将无一能丝毫了解这种判断。试求一人于古往今来，其人秉持严格——过于严格——且狭隘的原则，终身对真理有一股了无愆悔、不曾间
185 辍、疯狂热烈的酷爱，不能妥协，苟非其全心彻底相信之事，则暂时且表面的委蛇变通，亦不肯为。若此人可得，别林斯基即是。“人如果不改变其人生观与艺术观，是因为他一意虚荣，而非力求真理。”他说。[1] 别林斯基两次根本改变见解，各次都在一场痛苦的危机以后为之。各次改变见解，他都遭受强烈的痛苦，这种痛苦，俄国人似乎特别善于言传。其中经过，别林斯基所记甚为详尽，主要出以信件，而成为俄文里最动人的书简作品。他的心智与感受里有一种严峻不移、不断反躬自省的诚实，近乎英雄气魄。读他这些书信者，当知我此话意思。

别林斯基生平有几个思想立场，他辗转往返其中，每至一处，必穷用其义蕴，然后耗费呕心剔肠的重大功夫，解脱而出，重新奋斗。他不曾造达任何终定或一贯的看法。注重条理格式的传记家将他的思想划分成三数个界线明晰、井然有序而浑成的“时期”，可谓见小失大：别林斯基经常“退回”他早先“放弃”的立场。他的一贯，是道德上的一贯，而不是思想上的一贯。他的哲学工作肇始于一八三〇年代中期，当时他二十三岁。尼古拉一世的警察国家里，心犹未死、良知尚存的青年知识分子率有厌恶与窒息之感，别林斯基亦然。他属于莫斯科年轻哲学家斯坦克维奇与巴枯宁的圈子，也就采行他们的哲学。一八二五年十二月党人起事流产后，当局厉行镇压，唯

[1]《论批判》（‘Rech’ o kritike’，1842），B vi 276。

心主义是这种镇压所引起的反动。出国的年轻一辈俄国知识分子受政府鼓励，前往德国，而非前往路易·菲利普治下民心暗沸、危机重重的法国，竟满怀德国形而上学而回。尘世的生活，物质的存在，尤其政治，令人憎恶，所幸并不重要。惟一要紧的，是精神所创造的理想生活，是想象的巨大建构。借这些建构，人超越挫折重重的物质环境，脱离其卑污，与自然、 186
与上帝合一。西欧历史里可见许多这种崇高成就，强称俄国举得出与此媲美之物，是游谈无据的民主主义谰言。俄国文化（别林斯基在一八三〇年代告诉他的读者）乃人工造做、由外输入之物，普希金崛起以前，都不能与莎士比亚、但丁、歌德及席勒同日而语，甚至无法与伟大的写实作家如司各特及（一切作家之最的）费尼莫尔·库柏相提并论。所谓俄国民族文学，无非法国模式的二三流模仿之作所形成的一堆可怜复制品的美名，而俄国民歌、民谣及民间史诗比这些仿作更可鄙。至于斯拉夫主义者，他们热爱俄国的旧风俗与旧习惯，热爱传统斯拉夫服饰及传统俄国歌曲与舞蹈，热爱老掉牙的乐器，热爱拜占庭正教的僵化物事，喜欢拿斯拉夫人的精神深度与精神财富同颓废而“正在腐烂”（被迷信与污秽的物质主义腐化）的西方对照——这，是幼稚的虚荣与错觉。拜占庭给人什么？它的嫡裔，即南欧的斯拉夫民族，可以列入全欧洲最死气、最僵滞的民族。在他某篇评论里，别林斯基高喊，要是黑山人明天死光了，这个世界也不会增加丝毫不幸。与十八世纪任一高贵声音相较——一个伏尔泰、一个罗伯斯庇尔——拜占庭和俄国拿得出什么来？只有伟大的彼得，而他属于西方。至于把驯顺而虔诚的农民——独被天恩的神圣愚夫——拿来歌颂，则别林斯基也不同于斯拉夫主义者。他并非出身贵族或绅士世家，而是浸在酒里的小镇医生之子。他没有认为农业浪漫或使人高贵，只认为它使人降志辱格，使人愚蠢。斯拉夫主义者大作浪漫而反动的妄论空言，试图以古老而往往不存在的传统遏阻科学的进步，也使他激愤。而最可鄙之事，莫如虚伪而以廉价哗俗之物取宠的民族主义、以古为美的服饰、仇视外国人，以及破裂彼得大帝胆力过人而辉煌开启的伟大英雄事功。别林斯基的脾气本来极像十八世纪法国百科全书派。他也同他们一样，自始（以及去世之前一段时期）相信，惟开明的专制君主——
187 借着强迫手段造成的教育、技术进步与物质文明——能拯救蒙昧、野蛮的俄国。在一八三七年写给朋友的一封信里，他说：

> 最要者，你应该抛弃政治，并提防政治对你的思想方式产生影响。在俄国，政治没有意义，只有脑袋空洞之人会同它沾上关系［……］如果构成俄国的每个人都由爱而臻于完美，那么，不用政治，俄国也会是世界上最幸福的国家——教育才是获取幸福之路。[1]

同一封信：

> 彼得是个明证，证明俄国无法自力发展其自由以及其民政结构——这，如同俄国其余诸多事情，须经沙皇之手，始克完成。我们固然尚未拥有权利——不瞒你说，我们是

[1] 一八三七年八月七日致伊万诺夫（D. P. Ivanov），B xi 148。

奴隶，但这是因为我们仍然必须当奴隶。俄国是婴儿，需要保姆，这保姆心中满怀对她幼儿的疼爱，而手里一支棍子，幼儿顽皮，就要处罚。让孩子完全自由，会毁了他，给现下状态的俄国一部宪法，会毁掉俄国。对于我们的人民，自由只是为所欲为的意思。解放了的俄国不曾组织议会，只会奔进酒馆，狂饮、摔杯子，把绅士吊死，因为他们刮胡子、穿欧洲衣服[……]俄国的希望在教育，而不在[……]立宪与革命。法国经两次革命，结果有宪法[……]而在这个立宪的法国，思想的自由远远不及独裁专制的普鲁士。[1]

同一封信：

我们的独裁政体给我们完全的思想与反省自由，但限
制我们扬声发言和干涉她事务的自由而已。它允许我们从
海外进口书籍，而禁止我们翻译或出版这些书籍。这是有 188
理且公正的，因为你知道的东西，农民（muzhik）可能
不知道；对你有益的观念，对农民可能要命——他们自然
而然会误解[……]对知道酒如何使用的成人，酒有益处，
对儿童可是要命之物，而政治就是酒，在俄国甚至可能会
变成鸦片[……]所以，去他的法国人罢。他们对我们的影
响至今有害无益。我们模仿他们的文学，扼杀了自己的文

[1] 一八三七年八月七日致伊万诺夫，B xi 148—149。

学[……]德国——德国才是现代人类的耶路撒冷[……][1]

即使俄国的民族主义学派，亦未至此极。当是时也，西化程度深如赫尔岑的思想家，遑论温和的自由主义者，如格拉诺夫斯基与卡韦林，都准备因势推移，甚至愿意相当认同斯拉夫主义者对俄国传统与固有生活形式的深刻诚挚情感，而别林斯基强硬不屈。西欧，更明确地说，开明专制，乃人类主要成就之所倚。惟西欧有生命力、严谨的科学轨范、哲学真理，而惟赖这些，始有进步可言。斯拉夫主义者已背弃此义。无论动机如何可取，他们终是盲人、盲人的领队。伟大的彼得煞费周章，才将他原始不化的人民由无知的野蛮与积弱中拔出或半拔出来，而此辈无非复陷于此万古泥沼。别林斯基此说，是激进、个人主义、启蒙、反民主之说。苏联作者引经据典，力辩苏联的无情统治精英扮演进步角色。别林斯基这些早期论述颇为他们所用。

同时，巴枯宁已开始对别林斯基宣扬黑格尔。别林斯基不谙德文。巴枯宁一如后来在巴黎向蒲鲁东灌输，此时夜夜向别林斯基宣讲这新兴的客观主义。经过一场可怕的内心挣扎，别林斯基终于皈依这派新的反个人主义信仰。早先，他由斯坦克维奇的阐释，赏玩过费希特与谢林的唯心主义，结果是他完全离弃政治问题，视政治为一团污秽的琐屑、经验浑沌世界，一道虚妄的障幕——掩蔽障幕外的和谐实在。现在，这已完结、

189 断绝。他移居圣彼得堡，在他新宗教的影响下，于一八三九年

[1] 一八三七年八月七日致伊万诺夫，B xi 150，152。

至一八四〇年间写成两篇著名文章，其一是评论一首诗、兼谈一篇纪念波罗季诺战役周年的散文作品，其二是批评某德国黑格尔学者对歌德的抨击。新的教条说："凡现实的，就是合理的。"攻击或试图改变现实，是幼稚、浅薄、短视之举。凡存在的，就是这样存在，因为它必须这样存在。有解于此，即能了解万事万物之美与和谐：万事万物都依可解且必然的法则而发生于指定的时间与地点。自然的巨大图式，就像历史的大地毯，展现其文样，在这大图式、大地毯里，一切合适其位。开口批评，仅仅表示你没有向现实调整适应，表示你没有充分了解现实。在别林斯基，并无所谓权宜变通。赫尔岑告诉我们，别林斯基一旦采定一个看法，"他 [……] 无畏于任何 [……] 后果。任何事情，或者道德上的考虑，或者他人的意见，往往吓住比较软弱与比较不那么坚强的人，而都不曾令他止步。他不知畏惧为何物，因为他刚毅而精诚，他良心清白。"[1] 他（或巴枯宁）就黑格尔学说所作的诠释，使他深信，静观与了解是精神上优于行动奋斗的态度。于是，他怀着激昂狂热，一头栽入"接受现实"——不过，才两年以后，他又以同样的激昂狂热，抨击寂静主义者，并且呼吁积极抵抗尼古拉一世的可憎行为。

一八三八年至一八四〇年间，别林斯基宣布强权即公理；历史本身——无可避免的力量的迈进——使现实变得神圣；独裁专制不得不尔，是神圣的；神的计划迈向一个理想目标，而俄国的现状是这计划的一部分；政府——权力与压制的代表——比人民明智；向政府抗争，无非轻浮、邪恶、徒劳。反

[1]《往事与随想》(part 4，chapter 25[见前引页 151，注 1])，H ix 22；M ii 402。

抗宇宙力量，永远是自杀。“现实是一只巨怪，”他对巴枯宁写道，“长着铁爪、巨嘴与巨颚。它迟早会吞掉每个反抗她、无法同它和平相处的人。要自由——不把它视为可怕的怪物，而
190 把它看成幸福之源——只有一个法子：**了解它**”[1] 同一封信里，他说：“我曾极端鄙薄现实，现在，认清了它的理性，领悟它一切都不可拒斥，它一切都不可谴责或蔑视，我看着它，浑身颤动着神秘的喜悦。”[2] 他又以同样理路，说：“席勒是 [……] 我的死敌，我费尽气力，才做到对他发乎恨，而止乎我所能的起码礼数。此恨所为何来呢？”[3] 他说，此恨之来，及因席勒的《强盗》、《阴谋与爱情》及《费斯科》“以一种抽象、同地理与历史发展条件毫无关系的社会理想，诱发我心里一股对社会秩序的狂野仇视”。[4]

此信所言，与他先前费希特唯心主义那些比较无害的座右铭彼此呼应—那时候，他习常宣称社会恒较个人有理，或者，“个体愈是作为宇宙的个别表达，才愈是真实，而非幻影”。[5] 不过，虽云前后呼应，此处在政治上已大失正道。

朋友们震骇之余，无词以对。这只能说是这位最专志、最无畏的激进派领袖的大背叛。这震骇极为痛苦，在莫斯科竟至于无人讨论。这项脱离将有何效果，别林斯基知之甚明，书信中也直言不讳。不过，他别无可行。他是以一个理性的过程，

[1] 一八三八年九月十日致巴枯宁，B xi 288。
[2] 同上，页 282。
[3] 一八三九年十月二日致斯坦克维奇，B xi 385。
[4] 同上。
[5]《聪明误》（‘Gore ot uma’，1840），B iii 480。

达到他的结论，倘使要在背叛真理与背叛朋友之间抉择，他必须做个堂堂男子，背叛朋友。他也想到，行此背叛，将为自己引来可怕的巨痛。然则愈思此巨痛，反愈适足以使他认定这项对原则的重大奉献牺牲是逃无可逃的必然。原来，他接受了社会发展与历史迈进的“铁律”，认为这些铁律非仅无可避免，而且公正、理性，具有道德上的解放作用。但是，就在当时以及后来，他兼而又有一股深刻的憎恶在——大则憎恶俄国社会的状况，小则憎恨他本身圈子的状况。

> 我们的生活［他一八四〇年致阿克萨科夫］，我们要
> 什么样的生活？我们的生活在哪里？为什么而生活？我们 191
> 是滞留在社会外面的许多个体，因为俄国不成社会。我们既无政治生活，也没有宗教生活、科学生活和文学生活。无聊、冷漠、挫折、徒劳无果的努力——这就是我们的生活[……]中国是可厌的国家，但更可厌的，是一个拥有丰富生活资料，但像软骨病的幼童般撑在铁架子上才站得起来的国家。[1]

救济之道？向当局的权势妥协，即适应“现实”。别林斯基犹如后来许多共产主义者，以自取铐手缚足的沉重桎梏而自傲，以自愿忍受的狭隘与黑暗而自豪。友朋惊骇、厌恶，适足证明我牺牲之巨大——因此，也证明我这项牺牲的壮丽与必要。

[1] 一八四〇年八月二十三日致阿克萨科夫，B xi 546。

这情形维持一年，他就忍无可忍。赫尔岑到圣彼得堡拜访他；乍会之初，场面僵冷，两下里局促尴尬，然后，别林斯基情绪爆发，不可收拾，承认他信从黑格尔而任气使性，对当局的黑暗反动加以“接受”并歌颂的这一年，是一场沉重的梦魇，供奉的不是真理，而是一种丧心病狂的逻辑。他关心、他从来不曾须臾或忘的，不是历史的过程、不是宇宙的条件，也不是黑格尔的上帝在世界上的庄严迈进，而是芸芸众生的个体生活、自由与希望——他们所受的苦难，没有任何崇高的宇宙和谐能够解释或补救。得此一悟，他未曾反顾。这次的解脱非常巨大：

> 我痛恨［他致书博特金］我要同一个可鄙的现实和解的可鄙欲望！伟大的席勒万岁——高贵的人性辩士、灿烂的救世之星、使社会脱离血腥传统偏见的解放者！普希金说得好，“理性万岁，但愿黑暗消灭！”现在，我认为**人性的人格**（the human personality）高于历史、高于社会、
> 192 高于人类[……]天啊，想到自己这一向的景况——发烧、疯狂，我悚然而惊。我如今的感受，有如大病初愈[……]我不会善罢干休，再不会向邪恶的现实委屈求和了。我要在想象的世界里寻求幸福，也只有幻想能使我幸福。至于现实——现实是刽子手[1]。

同一年里，他写道：

[1] 一八四〇年十月四日致博特金，B xi 556，559。

> 想到由于自己性格上可鄙的理想主义与软弱无能而逞弄的一时之快，我痛苦反侧[……]天知道，我那深刻而妄纵的信念使我在满腔诚意与盲狂里白纸黑字，说了多么邪恶、恶心的荒唐话！[……]啊，对奋发且高贵、为人类最神圣的权利而流血的法国，我吐出了多么疯狂的瞎说[……]我已觉醒，回思前梦，不胜恐怖[……]我在寻求真理的路上经过了多么可怕的曲折！为了真理，我付出了多么可怕的代价，犯下了多么可怖的莽撞，而这真理何其苦涩——这世界，尤其我们周遭的世界，多么邪恶！[1]

关于“精神”的无情迈进，他说（赫尔岑所记）：“我不是为自己而创作，倒是为精神而创作了[……]真的，它当我是什么样的白痴？我宁可不思不想——**它的**意识干我何事？”[2]此外，神圣的形而上实体，如普遍性、宇宙意识、精神，以及理性的国家等等，他在一些书信里指斥为抽象、生啖活人的摩洛神。

又过一年，他终于清算大师本人： 193

> 黑格尔关于道德的一切言论都纯属瞎说，因为客观的

[1] 一八四〇年十二月十一日致博特金，B xi 576—577。
[2]［可能是赫尔岑对别林斯基观点之评论的转述。原文出自《论俄国革命思想的发展》，H vii 107：“你试图让我相信人类的目标是将绝对精神代入自我意识中，并且你对这种任务十分满意；但于我而言，我可不会愚蠢到去充当任何人无知的喉舌。我思考，我受难，皆为我自己。你所说的绝对精神，即使它存在，也与我无关。我无须了解它，因为我和它没有任何相通之处。”］

思想境地里并没有道德这回事[……]即使我达到人类发展之梯的实际顶端，在那时候，我也仍然要［黑格尔］就人生与历史的所有受害者、意外事件与迷信的所有受害者，以及宗教裁判与腓力二世等等的所有受害者，提出解释；否则，我会让自己头朝下，笔直摔下去。听说，不和谐是和谐的一个条件。这，喜欢音乐的人[……]可能欣然赞同，但是，从命中不幸要以自家性命来表达这个不和谐成分的人看来，此说可没有这么圆满。[1]

同年，他试图解释这种错乱：

[……]由于[……]我们了解我们在现实生活里没有生命，由于我们的天性是没有生命就无法生活，所以，我们逃开，逃入书本的世界，开始依照书本而生活、而爱，把生活与爱变成一种职业、一种工作、一项焦心苦虑的劳动[……于是，到头来，]我们相互厌烦、相互激怒、使彼此疯狂[……]

走入社会，否则，不如死！这是我的口号。只要个人还受苦，普遍的东西对我有何意义？当人群在泥沼里打滚，孤独的天才住在天堂里，与我何干？我的人类弟兄、我在基督里的弟兄，只因无知，实际上就变成陌生人、敌人；即使我领悟[……]艺术或宗教或历史的本质，若不能与他们共享，则此悟亦于我何益？[……]阴沟里嬉戏的赤脚儿

[1] 一八四一年三月一日致博特金，B xii 22—23。

童、衣衫褴褛的穷人、烂醉的车夫、下班的军人、手夹公事包而步履蹒跚的官员、沾沾自喜的军官、倨傲的贵族——这些景象，我都无法忍受。向一名士兵施舍一文钱，我居然几乎哭出来，向一个乞丐施舍一文钱后，我一路跑开，仿佛干下了什么可怕的勾当，跑得好像不希望听到自己脚步声似的[……]世界如此，一个**人**有权利到艺术或科学里埋首自忘吗？[1] 194

他读了唯物主义者费尔巴哈的作品，变成革命民主派，日益痛斥暴政、无知，以及同胞们禽兽不如的生活。逃脱半知不解的德国形而上学的符咒以后，他有极端解放之感。这次反动，一如往常，是外在形式，至于其所倾吐，则是对个人主义的热烈赞美。在写给友人博特金的一封信里，他指斥他的思想环境不够严肃认真，缺少个人尊严：

[……]我们是新锡西厄不快乐的安纳卡西斯。为什么我们饥喘、张着大口喧闹、匆忙，对一切有兴趣而不能固守一事，吃尽一切而仍然饥饿？[……]我们彼此相爱，爱得既热且深[……]而我们是如何表现这友情的？我们曾经彼此兴高采烈、热心、狂喜，而我们又互相怨恨、彼此怀疑、彼此轻视[……]分开稍久，我们思念若渴，想到见面，就热泪盈眶，我们患着相思病，深情款款。一旦相见，我们的会面则既冷漠、又局促难安，往往再分手亦无憾悔。

[1] 一八四一年九月八日致博特金，B xii 67，69—70。

向来如此。我们早该停止自欺了[……]我们的饱学教授是炫学无实的冬烘、社会腐化的一群[……]我们是孤儿、无国之人[……]古代世界令人着迷[……]其生活含有一切伟大、高贵及英勇之事的种子，因为其生活根基是个人的自尊自重，个体的尊严与神圣。[1]

然后，他在一阵狂喜之中，以提比略·格拉古比喻席勒，而将自己并拟于马拉。“人性人格，我恐怕要爱得发狂了。我现在开始像马拉一般爱人类。我相信，只要能使极小一部分人类幸福快乐，我会毫无犹豫，用火和剑毁尽其余。”[2] 他只爱雅各宾党人——只有他们才有成事之效；他要“言行俱及的双刃剑——罗伯斯庇尔与圣鞠斯特一流”，而不取“甜蜜狂喜的掉
195 弄词句——吉伦特党人漂亮的理想主义”。[3] 由此，他走向社会主义——马克思以前那种“乌托邦”社会主义。这种社会主义，别林斯基并无了解，只因它力倡平等，他便趋前拥抱：“[……] 社会主义 [……] 观念中的观念、本质中的本质 [……] 信仰与科学的终始旨归 [……] 有朝一日，没有人会活活烧死、没有人会头颅落地 [……] 没有富户、没有穷人，无人是君、无人为臣，[人人] 都是兄弟 [……]”[4]

别林斯基去世多年以后，陀思妥耶夫斯基当言：“他相信 [……] 社会主义非仅不至于破坏个体人格的自由，反而会在新

[1] 一八四一年六月二十七日 / 二十八日致博特金，B xii 49，50，52。
[2] 同上，页 52。
[3] 一八四二年四月十五日致博特金，B xii 105。
[4] 一八四一年九月八日致博特金，B xii 66, 70—71。

兴，而且从此至坚不摧的基础上恢复其闻所未闻的光辉。”[1]言下之意，指的就是别林斯基这个神秘灵见。陀思妥耶夫斯基年轻无名之日，本是别林斯基首先识才，告诉他，批评家长篇累牍而徒费无功之事，他以《穷人》一挥而就——他发人所未发，揭露了苍白、受屈辱的俄国小公务员的生活。不过，他本身不喜陀思妥耶夫斯基其人，厌恶他的基督教信念，并刻意以美学上的激词苛论与宗教上渎骂神明之言，对他横施谤刺。他的宗教态度是霍尔巴赫或狄德罗的态度，而且理由相同：“在**上帝**与**宗教**这两个字眼里，我只看见黑暗、镣铐和皮鞭。”[2]

一八四七年，其天赋曾为别林斯基所盛称的果戈理发表一本激烈反自由、反西方的小册子，[3]号召国人重返古老的家长政治，复归于一个精神再生的农奴、地主、沙皇国度。别林斯基怒不可遏。久病虚耗，已至末日阶段的他，由海外驰书，痛责果戈理出卖光明：[4]

[1] Dostoevsky，《作家日记》（*Dnevnik pisatelya*，1873），D xi 12。
[2] 一八四五年一月二十六日致赫尔岑，B xii 250。
[3] 即前面《俄国与一八四八》所提到的《与友人书简选》。——译注
[4] 果戈理在名著《死魂灵》中立志揭露“世人闻所未闻的俄国灵魂富藏”，但书未成而身亡。他梦想这笔富藏，盛称农奴之美德，但他基本理想是要使农奴永保欺侮既有状态，以保此美德，似乎与沙皇政策殊途同归。《与友人书简选》更进一步，判定农民不应该受教育，教士的话比一切书本更有用，并且，对地主再三致意，要他们发挥智慧，善持立场，使农民谨守本分。在对待农奴方面，此书成为最直接明快的保守立场宣言。其中有一段以宗教立论（“俄国人民是世界上最具宗教心的民族”），颇为有名，值得引述，以见一斑：他劝地主“在真理兼合法层次履行地主职责。首先，召集农民，向他们解释你是什么、他们又是什么；说，你是他们上面的地主，并非因为你要统治、当地主，而是因为你已经是地主，因为你生来就是地主，因为你如果变换立场，上帝会惩罚你——因为人人必须以其本分，而非以他人身份服侍上帝，正如他们既然在权威下出生，就必须依出身而顺服那个权威，从一而终，因为没有哪个权威不是上帝授予的。说完，你要当场出示福音书，（转下页）

[……]以宗教作掩护、皮鞭为倚恃，虚伪与悖德被当成真理与美德来宣扬的此时，我们不能缄默。

是的，我爱你，就像一个与自己国家以血相亲的人，是全副热情，爱它的希望、它的光荣、它的尊严，以及带领它走上意识、发展与进步之途的伟大领导者[……]俄国的得救，不在神秘主义，不在唯美主义，也不在虔诚信教，而在教育、文明与人性文化的成就里。她需要的不是讲道（她已经听得太多）、不是祈祷（她已经咕哝太多），而是在人民心中唤起久已埋失于泥沼与污秽中的人性尊严意识。她需要法律与权利——不是教会提倡的，而是合乎常识与正义的法律与权利[……]结果，她拿出来的不是这些，而是一片恐怖景象，买卖人口，连美国人"黑人不是人"的行话也免了[……]一个个人自由、荣誉或财产毫无保障的国家；连警察国家也称不上，只是以官吏之偷盗抢劫构成的巨大集团[……]政府[……]十分清楚地主怎样对

196

（接上页）让他们人人眼见为信。其次，告诉他们，你所以强迫他们劳动工作，绝非因为你需钱享乐——为了证明此点，你要当他们面烧掉一些钞票，让他们实际见得金钱对你毫无意义。告诉他们，你强迫他们工作，因为上帝规定人在劳苦和汗水里赚取面包，说完，你要当下把《圣经》那段文字念给他们，好让他们明白。告诉他们全盘真相：上帝要你为村中每个恶棍负责，所以你尽力确保他们不但为你，而且为他们自己而诚实工作；因为你知道，他们也知道，只要农人懒惰，什么事都干得出来——会变成小偷、醉鬼，他会毁掉他的灵魂，使你没法向上帝交代。讲完每一点，你都要当场拿《圣经》里的话来证实，用手指把上面的字母一个一个指给他们看清楚；要他们在胸前画十字，打躬到地，并且亲吻写明这些话的《圣经》。总而言之，教他们看清楚，你所做关于他们的一切，都是遵承上帝旨意，既不是依照欧洲什么妄念，也不是依据你一己的狂想而来"。引自 Nicholas V. Riasahovsky，《农民问题》（'Afterword: The Problem of the Peasant'），收于《十九世纪俄国的农民》（*The Peasant in Nineteenth-Century Russia*，ed. Wayne S. Vucinich，Stanford: Stanford University Press，1968），页 276—277。——译注

待农民，每年又有多少地主被农奴屠杀……

你，提倡皮鞭的教士、宣扬无知的使徒、捍卫蒙昧主义与黑暗反动的斗士、鞑靼生活方式的辩护士——你在干什么？……瞧瞧你立足之地罢，你正站在深渊边上……你根据正教而发你的高论，这，我了解，因为正教向来偏爱皮鞭和牢狱，向来对专制独裁五体投地。然而这与基督有何关系？[……]比起你那班教士、主教、长老、大主教，那个以嬉笑怒骂将欧洲的迷信与无知无文之火扑熄的伏尔泰，当然更是基督之子、基督肉中之肉、骨中之骨[……]

俄国人讲述的粗劣通俗故事的主角是谁？[……]教士往往无非饕餮之徒、守财奴、阿世媚俗之流、寡廉鲜耻之人[……]我们的教士绝大多数不是迂腐炫学的烦琐冬烘，就是无知盲目得吓人[……][1]

只有我们的文学（在野蛮的检查制度下）仍然露出生命与前进运动的信号。此所以我们这般尊崇作家的志向，此所以小小的文学禀赋也能成器，此所以文学职业使炫目的徽章与俗丽的制服黯然失色，此所以一个自由作家即或才力微薄，也激起广大的瞩目，而出卖天资以服事正教、 197
独裁与民族主义的大诗人，很快丧失众望[……]俄国民族是对的，看出俄国作家是它仅有的领袖、辩护者，以及将它由俄国的君主专制、东正教义与民族至上的昏天暗地里

[1] 一八四七年七月十五日致果戈理，B x 212—215，217—218；《别林斯基、车尔尼雪夫斯基和杜勃罗留波夫：批评文选》（*Belinsky, Chernyshevsky, and Dobrolyubov: Selected Criticism*，ed. Ralph E. Matlaw，Bloomington and London，1962），页 83—87，89。

解放出来的救星。俄国民族可以原谅一本劣书，但不能原谅一本有害的书。

他在巴黎向朋友宣读这封信。安年科夫记下这一幕。赫尔岑低声对他说："这是天才之作。我想，也是他的遗嘱兼最后证言。"[1] 这项著名文件成为俄国革命分子的《圣经》。陀思妥耶夫斯基被判死罪、发配西伯利亚，就是因为在一个地下讨论圈子里朗读这封信。

最后阶段的别林斯基是人文主义者，是神学与形而上学的敌人、激进民主派，更由其信念极端强力猛烈，而将纯属文学的争辩变成社会与政治运动的开端。屠格涅夫由他说起两类作家：一种作家，他可能有精彩焕发的想象力与创造力，但始终停留在他所属社会的集体经验的外缘上；另一种作家生活在他的社会的核心里，而与这个共同体的情绪和心灵状态产生"有机"关系。别林斯基知道——而只有真正的社会批评家知道——一本书、一个见解、一位作者、一派运动、一整个社会的道德重心何在。俄国社会的核心问题不是政治问题，而是社会与道德问题。聪慧且觉醒了的俄国人最想知道的，是该做什么，[2] 如何过个体、个人的生活。屠格涅夫证言，俄国人民从来不曾像一八四〇年代与一八五〇年代那般关心人生问题、

[1] 同前引（页 152，注 1，chapter 35），页 363；Titunik，224。

[2] "该做什么"或"怎么办"，是响彻十九世纪俄国的大问题，赫尔岑（1874）、车尔尼雪夫斯基（1863）、陀思妥耶夫斯基（《罪与罚》女主角索尼娅问）、托尔斯泰（1882—1886）、列宁（1903）都曾以此问题为书名，其提法与解法也代表了各人、各时代改革者或革命派的思想路数。——译注

那般不关心纯粹的美学理论。日渐加紧的压制，剩下文学为惟
一可以稍稍自由讨论社会问题的媒介。当时，斯拉夫主义者与
“西化派”有其重大争论：一方认为俄国仍是未经腐化的精神
与社会有机体，以一体共同的爱、天生自然的虔诚、对权威的
敬重等无形环节为之密附结合，对此，人为的、“没有灵魂的” 198
西方形式与建制已经造成，而且会继续造成可怕的戕害；“西
化派”则认为俄国是一个迟滞不进的半亚洲专制体，连最初步
的社会正义与个人自由也无从得见。十九世纪这场使受过教育
的俄国人壁垒分裂的决断性争议，主要也就是在欲盖弥彰的文
学与哲学辩论里进行。当局权威对双方俱无偏爱，而且，认为
任何严肃问题的公开讨论，对现存体制都是一种威胁。当政者
持此看法，亦自有道理，不过，如我们现在所知，有效的压制
技术，当时尚未发明；于是，这半明半暗的争论持续不断，复
由于双方主辩者深切意识到自己的社会出身，社会出身又感染
各人的意见与感受品质，因此争论日益尖锐，而且愈来愈个
人化。

别林斯基时代，亦即一八三〇年代与一八四〇年代的俄国，大体还是一个封建社会，工业未兴，某些部分更处于半殖民状态。整个国家以截然划分的界线为基础，农民明别于商人与低级教士，而士绅与贵族隔阂更大。由下一阶层升到上一阶层，虽然非常困难，而且极不常见，但也不是全无可能。不过，要能如此，一个人非特要有格外的精力、格外的野心与才具，更需相当愿意、相当能够抛弃他的过去，在道德、社会、心态上认同上一阶层的环境；这些方面，如果他够努力，上一阶层根据某些条件，就可能愿意接纳他、同化他。十八世纪最

出色的俄国人、俄国纯文学与自然科学之父米哈伊尔·罗蒙诺索夫——“俄国的达芬奇”——出身寒微，但他爬上去，变了一个人。他的作品甚多强健雄壮之处，而毫不原始，绝无乡俚腔调。十八世纪晚期，他拳拳模范当时最精巧繁缛的欧洲——也就是说法国——作风，几乎独立树立了俄国散文与诗的形式 199 传统。到十九世纪前半叶为止，教育、闲暇与素养品位足具而能从事艺术尤其文学者，惟有社会精英，他们目注西方文坛巨子，心仪手摹，对于大帝国内冷僻角落里农民与匠人传习不辍而技巧想象力俱有可观的传统艺术与手艺，则殊少采撷，即有所取，至多也限于偶尔一点地方色彩。文学为雅致才艺，从事者主要是圣彼得堡的贵族玩票家，以及其附庸，其次是莫斯科一班人——圣彼得堡乃政府大本营，莫斯科所集则是富商，以及比较扎实而旧式的贵族，此辈以厌恶的态度，远观欧化首都里浇薄而世故的气氛。文学大复兴第一世代最具特色的姓名——卡拉姆津与茹科夫斯基、普希金与格利鲍耶陀夫、巴拉滕斯基与维涅维季诺夫、维亚泽姆斯基与沙霍夫斯科伊、雷列耶夫以及两位奥陀耶夫斯基——属于这个社会阶层。有几位外来的个人也得以加入：批评家兼新闻业者、俄国文学自然主义先驱波列沃依是西伯利亚商人之子；抒情诗人科尔佐夫终身是农民。不过，这些例外对固有的文学传统并无重大影响。社会地位低微的波列沃依，起初十分勇敢，抨击精英阶级，然后，尽抛本色，完全同化于主导集团的风格与方法，终其余生，都是正教与独裁政府一位驯服而戒惧的支持者（虽然仍受尽权威势力的迫害）。科尔佐夫因毕生保留乡间语法风格而驰誉。他的确也不虚其名：一个天才原始人、一个不因名声而败坏的单纯农民。他以他清新而灵动的天资，风靡那些老练世故的沙龙雅集，以他近乎夸张做作的卑微姿态，以他不幸而刻意谦退的生活，感动他那些出身高贵的仰慕者。

别林斯基打破、永远打破了这个传统。他能如此，因为他根据自己的条件，进入社会身份比他高的团体——他不曾捐弃任何本色。初抵莫斯科的他，是个粗鄙的乡下人，此后，以迄去世，也一直保留他那个阶级的许多品位、成见与习惯。他生 200
于贫穷，在落后省份一个僻远乡间的荒凉、粗糙未开气氛里成长。莫斯科确曾使他有某种程度的软化、文明化，但他的作品始终保持一个粗朴的核心，以及一个自觉、粗鲁、时或得理不饶人的格调。这种格调一入俄国文学，从此不曾离开。终十九世纪，对不关心政治以及保守的知识阶层那种温文尔雅极不耐烦的政治激进分子，其特征就是这种格调。当革命运动日增紧张，这调子即时或转趋尖锐而激越，时或掩抑而伺机突发。此调之使用，已经成为原则。思想上的过激分子抨击固有秩序的支持者，刻意用这调子为武器；无特权者与受压迫者的领袖决意消灭文雅其名、实则只为现行体制之死气、无用与丧心邪恶作掩饰的小说，也使用粗蛮而挑衅的口气。别林斯基使用这种口气，则是因为这种粗豪刺耳之气原本出于他的天性，同时也因为他博读群书而教育不足，激情风烈，既无传统教养的拘束，也没有天生温和的脾气，而且动辄陷入道德的暴怒，胸中如沸，不义或虚伪之事当前，即不顾时地、不顾何人在旁，抗声疾斥。追随他的人采用这种姿态，因为他们是**激愤**的一群。于是，这腔调成为新真理的传统腔调，凡说新真理，都须以受辱之痛犹新之感，出以怒气腾腾之口。

就此层次言，别林斯基的真实传人是屠格涅夫《父与子》里的“虚无主义者”巴扎罗夫。小说中，那位教养高尚而自负凌人的叔父代表文雅仪态、普希金，以及唯美人生观（屠格涅夫本人自觉相当认同这种人生观，但认同之中不无罪恶感）。他问，青蛙的解剖，以及现代解剖学的其余污秽道具，何以竟然被视为最有趣、最重要之事。巴扎罗夫刻意粗鲁倨傲，答说因为它们是“真理”。以这种激烈的**警刺**，肯定人生与自然中物质事实的至要地位，成为知识阶层间志存反叛的一派的正
201 式口号。他们的责任是：不但说出苦楚难咽的真理，还要尽可能说得大声、粗鲁刺耳、令人不快，更要由此以逾乎常度的残忍，践踏上一代纤巧细致的美学价值，以及运用惊吓战术。敌人为数众多、势力强大、据垒固守，因此，无论其防御工事本身如何可贵或吸引人，真理之道非将之全盘尽破，无以战胜。巴枯宁生前已开始将这个态度发挥到最充分、最具破坏力的境界，但别林斯基本人并未如此；他对艺术经验本身太敏感，对文学天才迷恋太深（不管是无赖或反动分子的文学天才），又太诚实，无法为无情而无情。但是，对真理抱持不移不惑的、清教徒式的态度；热爱发掘一切事物里丑恶黑暗、难以启齿的一面，坚持此面，不惜任何代价、不惜牺牲文学或社会中任何优美愉快成分，加以认定。因此，专以挑起某种尖锐的反应为宗旨，过分重视、蓄意选用棱角分明、直率露骨、毫不暧昧的措辞——这个特色源出于他，源出于他一人，而且改变了他去世以来百余年间重大政治与艺术争论的风格与内容。

在礼貌、文雅、兴致勃勃、热闹缤纷、社交作风圆熟的莫斯科与彼得堡知识分子社会里，他自始以他特有、不算悦耳的

言语说话，时或高声疾呼，而且，此生终了，一直独立、暴烈、拙于适应，甚至满怀今日所谓“阶级意识”；而这个圈子也正以此故，深觉他是制造不安的人，一个难以同化，用放肆不羁的行为威胁这个文明的文学与艺术世界固有传统的外来人、苦行僧、狂热道德家。不过，他保住这种独立，也有代价。他过度发展了他天性里比较粗蛮的一面，时做突兀而不必那么粗糙的判断，对求精求细太欠宽容，对纯粹的美太过疑忌，有时候，更因道德独断失之强横，在艺术与道德上俱成盲目。但是，由于个性极其刚强、语言极其有力、动机极为纯粹而直切，因此（如前面所言），他风格上的粗与拙卒能自成一 202
种修辞立其诚的传统。出身名门、教养高尚的一八四〇年代激进分子摇撼并终于摧毁了俄国文学“奥古斯都时代”的古典贵族门面。别林斯基这种抗议与反叛的传统，性质与他们迥然不同。他那时代，活动的圈子——或者，他活动的两个重叠圈子——主要由地主士绅的子弟构成。这个贵族出身的反对派后来逐渐失势，出身中层阶级与无产阶级而比较激烈的人物代兴，别林斯基就是这些人最伟大，而且最直接的始祖。

此辈后起左翼作家不免取效他品质上的缺点，尤其遣词用句方面的直野与率易——他们既热烈反叛雅致的**纯文学**那种细心且往往流于纤巧的品味，则愈直野、愈率易，愈能表示他们鄙视这种品味。不过，六十年代激进的批评家，如车尔尼雪夫斯基或皮萨列夫，其文学上的粗鲁，是刻意为之——他们蓄意以此为武器，抨击唯物主义与自然科学，抨击纯艺术的理想，抨击精致，抨击对社会与人生问题的唯美、非功利态度。别林斯基的情形则比较痛苦，也比较令我们感兴趣。他并不是粗糙的唯物主义者，当然更不是功利主义者。他视他的批评志向为本身可贵的目的。他手之所画，即他口之所言，用的是漫无句型、过于冗长、朴拙无饰、急促、纠结的句子——因为他别无更好的表达手段，因为那就是合乎他天性的感觉与思考媒介。

容我再提醒诸位：普希金之前、之后数十载间，俄国文学几乎专限于上层与中层阶级的“觉醒”分子从事，且以倚傍外国为得计——特别是法国，后来为德国，至其特征，则是以完全超乎常例的敏感，追求风格，经营细腻的情绪。而别林斯基对艺术创作过程固不乏洞识，但他所关注的，主要是社会与道德之事。他是传道家，热烈讲道，并非时时能控制自己的口气与腔调。复由于我手写我口，故嘎嘎不驯、偶尔尖厉刺耳的语
203 调，一皆形诸笔端。普希金那班朋友——美学家、文坛当道者——本能上就畏避这个嘈切絮聒、兴奋狂热、教育残缺的伧夫俗物。于此，对他们的辉煌成就全心钦佩、仰慕无极的别林斯基引为剧痛（他的确常遭蔑刺），有折辱之感。然而他无法改变他的天性，也无法改变、修饰或略过他见而痛心，但往往看得无比清楚的真理。他极重自尊，而且已献身于一项大义。这项大义是：忠于不加粉饰的真理。他愿为此而生，也可以为此而死。

文学精英，普希金那班朋友，亦即当时所谓阿尔札马斯集团（Arzamas group），在海外因各国对拿破仑之战胜利而学得激进观念，在国内又经历十二月事变这件插曲。但是，这群人大体上仍然保守——政治方面并非事事保守，在社会习惯与气质上却是，而且与朝廷及军方有相当联系，深怀爱国主义。别林斯基视此为退化作风，认其违背科学与教育之光。他相

信，西方科技进步，俄国有待学习之处多于可以教人之处；斯拉夫主义运动是浪漫的幻觉，论其极端，更是盲目的民族自大狂；欲起俄国于落后状态，西方艺术、科学及其文明开化的生活形式是首要、惟一希望。赫尔岑、巴枯宁、格拉诺夫斯基当然也如此相信，但他们受过半西方教育，旅居海外，与文明的法国人或德国人结成社会或个人关系，驾轻就熟而惬意自如。连喜说西方了无价值与颓废堕落的斯拉夫主义者，他们走访柏林、巴登-巴登、牛津，甚或巴黎，也引为乐事。

别林斯基思想上如此热衷西方，而情感上比他任何同代人都深刻而又痛苦地眷恋着俄国。他不谙外语，非在俄国，无法自由呼吸，居海外，辄感凄惨狼狈而困厄无状。他发现西方文化值得尊敬和效法，但是他很难忍受西方的生活习惯。由海路赴德国，甫离本土海岸，他就开始苦苦想家；拉斐尔的《西斯廷圣母》、巴黎的奇景壮观都不足安慰；海外一月，已乡思欲狂。他比他朋友与当代人更真实、更尖锐地体现斯拉夫气质与 204
生活方式里某些无法妥协的成分。他们无论如屠格涅夫，居德国与巴黎则怏然自足，在俄国，则郁郁寡欢，或如斯拉夫主义者，日常穿用传统俄国服饰，而读歌德一首诗、席勒一幕悲剧，私心窃喜，过于一切古老俄国民谣或斯拉夫编年史——他们体现这些不妥协成分，都不如他真实、尖锐。思想上的信念与情绪上的需求——偶尔几乎成为肉体上的需求——之间的这种深刻的内在冲突，原是十分俄国本色的痼疾。十九世纪渐进，社会阶级的斗争日益尖锐且明显，使别林斯基饱受折磨的这项矛盾也日益清楚浮现。马克思主义者、土地改革派的社会主义者、无政府主义者，如果既非贵族，亦非大学教授，也就是说，在职业上如果并非某种国际社会的一分子，往往会深怀诚信，向西方敬礼，亦即相信西方的文明，尤其西方科学、技术、政治思想与做法，而一旦被迫去国，则其海外生活却比其他放逐者更痛苦。赫尔岑、屠格涅夫、拉夫罗夫系出绅贵门第，其海外生活即使并非幸福愉快，至少并不特别因为与西方接触而痛苦怨懑。赫尔岑不大喜欢瑞士，尤其不喜欢特维肯汉与伦敦，却宁取此二地，不要尼古拉一世治下的圣彼得堡，况且他与法国及意大利友人结交，甚为愉快。屠格涅夫与维亚尔多夫人同在波吉瓦，似乎尤有过于适意知足而已。然而，别林斯基之不可视为自愿移民，犹如约翰生博士或科贝特。他猛击、怒骂、指斥最神圣的俄国体制，而并不离弃他的国家。他如果坚持下去，囚禁以至于徐缓且痛苦的死亡，势不能免。于此，他必有所知，但他不曾、显然也无法稍微考虑移居俄罗斯帝国边界以外。斯拉夫主义者与反动派是敌人，但是，你必须在本国土地上，才能与他们作战。他无法缄默，也不愿远徙异域。他的头脑亲近西方，而他的心、他多苦多病的身体，亲近
205 无言的农民与小商人群众——陀思妥耶夫斯基的“穷人”、果戈理丰富而可怕的喜剧想象世界里的居民。赫尔岑谈及西化派对斯拉夫主义者的态度，曾有此说：

> 对，我们是他们的敌手，但，是很奇特的敌手。我们只有**一个**爱，而**此爱所具形式不同**。
>
> 从早年起，我们就满怀一股强大的、无法解释的、生理上的热烈情感，这情感在他们是对过去的缅怀，在我们是对未来的灵见——一种无限而拥抱我们整个生命的爱：

> 爱俄国人民、爱俄国生活方式、爱俄国形态的心灵。我们像雅奴斯，或者像只双头鹰，往相反方向看，而**胸中跳着同样一颗心**。[1]

别林斯基并没有挣扎于不能并立的理想之间。他有一个完整的人格。也就是说，有人陷溺于某些感觉，但心中并不尊重这些感觉，于是生出自怜与感伤，而别林斯基相信自己的感觉，因此毫无上述情况而来的自怜与滥情。不过，他内心里有一种分裂：一方面，仰慕西方价值与理想，另一方面，对于西方资产阶级与典型西方知识分子的性格与生活形式，又深深缺乏同情——简直可说不喜欢，颇欠敬意。这种爱憎交错，乃历史，亦即乃十九世纪俄国知识分子的社会与心理条件所造成，且由下一代激进知识分子继承而更形突出。车尔尼雪夫斯基与涅克拉索夫、民粹主义运动、谋刺亚历山大二世者，甚至列宁，都深有此好恶纠难之情（列宁并未忽视或鄙视西方文化种种贡献，但他在伦敦或巴黎，其异类难合之感，远甚于比较“通常”一型的国际流亡人士）。在相当程度上，这种奇特的爱恨混合至今仍然内涵于俄国对西方的感受之中：一方面，是思想上的尊崇、艳羡、仰慕，以及媲美与凌驾之心；另一方面，是情绪上的敌意、疑忌、鄙视，以及自我拙陋、不受欢迎、不 206
获接纳——结果，对西方价值时或过度自卑，时又妄行嘲弄。今天进入苏联的访客，无人可能不留意到几分这种思想不足而情绪上有优越感的结合。你可以察觉，俄国人认为，西方之自

[1] 同前引（页 7，注 1）。

制、聪明、效率、成功，颇可欣羡，然而狭促不灵、冷酷浇薄、器小格卑、精打细算、设限自守，遂至眼光不能博大、情怀无法宽豁，偶逢必要之时，既不肯让情绪腾涨决堤，迎向独特的历史挑战，亦不能有尽抛顾虑、放胆施为的反应，因此，沦于永远不知生命的充分绽放为何物。

单论这种情绪意气的兴动自发与慷慨热烈的理想主义，已足使别林斯基有异于他那些比较讲究方法的传人。他不同于后来的激进分子，他本身不是功利主义者，关于艺术，尤其不是。去世以前数年，他主张将科学做更广泛的应用，主张艺术要有更直接的表达，但他毕生不曾相信艺术有预言或传道之责——直接服务社会，告诉社会何事为急务、提供口号、令艺术为某项计划服务。艺术要有这些作用，是六十年代车尔尼雪夫斯基与涅克拉索夫的看法，以及今日卢那察尔斯基、马雅可夫斯基和苏联批评家的看法。别林斯基与高尔基都相信，艺术家的职责是把他才有能力看到并吐露的真理，据他才有的看法，以他才有的说法道出来；秉笔为文之人，无论其为思想家、艺术家，整个职责在此。此外，他相信，由于人生活于社会，而且大致由社会造成，这真理必然大致是社会真理，所以，凡与环境隔绝、凡逃避隔境者、隔绝愈深、逃避愈远，必定愈扭曲真理、背叛真理。据他所见，人、艺术家、公民，是一体的；无论写小说、诗、历史或哲学著作、一首交响曲，或者画一幅画，你都是、都应该是在表现你整个本质，而非仅表现你受过职业训练的一部分，而且，在道德上，你作为一个人，须为你作为艺术家的所作所为负责。真理一而不可分，你举手投足、一言一语，都必须是真理的见证。没有纯属美学的

真理，也没有纯属美学的法则。真理、美、道德乃人生属性， 207
无法由其中抽离；思想上虚谬、道德上丑恶之事，艺术上不可能美，反之亦同。他相信，人类的存在是——应该是——真与伪、正义与不义之间一场恒久且险恶的战争，无人有权中立，亦无人有权结交敌人——艺术家尤其无此权利。他向官方民族主义者宣战，因为他们压抑、扭曲、粉饰事实，为此，他被视为不爱国。他指斥老套的温情，严厉陈明其背后未经修饰的真相，为此，他被目为愤世嫉俗。他告诉斯拉夫主义者，抱着空肚子，或者，在一个缺少社会正义、压制基本人权的社会，无法追求内在的自我修养与精神再生，为此，他被视为唯物主义者。

他的生活与人格变成了神话。在许许多多当代人心里，他是一个理想化、严峻、道德洁白无瑕的人物，因此，当局再度容忍提及他的名字以后，大家竞相以热烈的诗文追念他。他树立了文学与人生的关系，所用手法，即使以纯粹艺术为理想、对他观点毫无同情的作家，如列斯科夫、冈察洛夫及屠格涅夫，亦不得不予承认；他们可以拒绝他的义理，但他身去神在的力量迫使他们对他做清楚的交代——假使他们不依从他，如陀思妥耶夫斯基与果戈理，他们至少仍然觉得有必要就此事做个解释。最痛切感到这种解释之必要者，莫过于屠格涅夫。屠格涅夫一面受福楼拜吸引，一面眼前又终日浮现故友的可怕形影。由于无法两面照应，他一生费尽心力，试图让自己、让他的俄国读者相信他在道德上并非站不住脚、他并未出卖或逃
避。到一八九〇年代新古典唯美派与象征派由伊凡诺夫、巴利 208
蒙特、安年斯基、勃洛克领导反叛以前，大家在道德与社会宇

宙里这样寻找自己的适当位置，持续不辍，而成为俄国文学的核心传统。后来的这些运动，成果尽管辉煌，本身并不持久。苏联革命，又恢复别林斯基的宗规与社会性的艺术标准——不过，仅得其粗糙与扭曲的功利形貌而已。

别林斯基所受抨击甚多，自然主义的敌人对他非议尤力，而其中有些说法的确也难以否认。他反复无常，而尽举其热心、严肃、人格完整，亦不足补偿其洞识或思想力量之失。他断言但丁不是诗人；库柏足当莎士比亚；《奥赛罗》为野蛮时代产品；普希金诗作《鲁斯兰与柳德米拉》“幼稚如三岁小儿”，[1]《别尔金小说集》与《童话》毫无可取，《奥涅金》里的塔吉雅娜“道德上还在萌芽期”。[2] 关于拉辛、高乃依、巴尔扎克、雨果，他也有同样狂妄莽撞的评语。以上评语，某些是有激于斯拉夫主义者的伪中世纪主义而发，有些是针对他先师纳杰日金及其学派而发的过度尖锐反应——纳杰日金及其学派认为，人生与自然含有很多美好与和谐，处理黑暗、丑恶、荒怪之事，不是艺术之道。但是，以上评语，绝大多数起于他批判力方面的盲目。只因不喜欢不带道德热情的纤巧，他失手痛击出色的诗人巴拉滕斯基，并且抹杀普希金同代一位颇具禀赋的次要诗人——抒情诗人别涅季克托夫，使其埋没半世纪之久。他还怀疑自己误举陀思妥耶夫斯基的天才，他后来认为陀思妥耶夫斯基也许只是个庸人自扰、患有被迫害妄想症的宗教

[1]《亚历山大·普希金作品集》（‘Sochineniya Aleksandra Pushkina’, No. 6, 1844），B vii 358。
[2] 同上（No. 9，1845），B vii 499。

精神病人。他的批评，品质参差殊甚，艺术理论文章偶现佳
构，然而偏枯、矫枉过正，显然在削足适履的德国体系影响下
孕育而成，与他以具体、兴发冲动及直截见长的人生与艺术感
识格格不入。他文多、话杂，谈论太多无关之事，且出语每每
漫无伦次、天真率易，充满无师自通者不够严谨的夸张与半生
不熟的独断——永远兴奋战栗、时时热狂、刻刻遑忙，凡觉真 209
伪、生死之战危殆之处，他再仆再起、蹭蹬踉跄，有时只带着
贫乏可怜的装备，火急赶往接战。他又标榜脱略小家小气、不
斤斤于工整条理与学术精确，以不泥于细谨的判断自高，以不
拘法度傲人，于是而更加反复叵测。审慎、道德怯懦、思想温
文、避免危机，以及**设虑周到**而妥协求全之人，他一概不能忍
受，而以愤蔑交加的冗长拙劣语句肆行抨击。也许他太欠宽
容，道德上过于偏执失衡，而且太过放纵一己的感受。他也许
不必因为认为歌德的静穆沉潜使人（使他）疯狂，而那般痛恨
歌德，亦无须因为波兰文学深具波兰性格、自恋，而那么仇视
整个波兰文学。凡此，并非偶然的瑕疵，而是他整个人、他所
代表的一切里固有的缺陷。你如果过度不喜欢它们，最后会连
带累及他的正面态度。他所以有价值、有他的影响力，亦正由
于他缺少艺术上的超脱，而且有意反对艺术上的超脱。由于认
为文学是人的所感所思、对人生与社会的看法主张、对人类处
境与世界的核心态度的表现，以及人整个生活与活动的理由所
在，因此，他以无比深刻的关切，看待文学。一个看法，无论
如何怪异，他必尝尽其底蕴、“亲身”透彻体验，付出神经衰
弱的代价，感觉其不足用，甚至完全不灵光以后，才会放弃。
真理，纵使所见如电光石火，无论后来如何无趣或苍凉，他都

高举于其余目标之上，因此，他传给别人一种真理神圣之感，从而改变了俄国人的批评标准。

由于以炽烈如焚的激情贯注于文学与书籍，他极为重视新观念、新文学方法的出现——尤其文学与人生关系的新观念。由于天生敏感于一切生动与纯正之事，他在俄国改变了批评家对本身志业的观念。他作品的久长效果，则是改变、决断而
210 无可挽回地改变了当时重要青年作家与思想家的道德与社会眼光。他改变了众多俄国人思想与感觉、经验与表达的品质与格调。他在社会影响方面的支配角色反而凌掩他文学批评家的成就。每一时代皆各有其适当传道家与先知申斥其弊端，号召更美好的生活。然而揭示时代最深疾病者不是他们，而是以更痛苦且更艰难的创作、描述与分析为志趣的艺术家与思想家——以切身之经验，体悟社会之道德痛苦者，是诗人、小说家、批评家；是他们，他们的胜利与失败，在影响当世当代的命运，为战斗本身留下最可证信的见证，供有利害关系的后人借鉴取益。涅克拉索夫是禀赋非常的诗人，但他首先是天才传道家、天才宣传家。因此，以空前绝后的清晰、直接、率真之眼看出核心问题者，不是他，而是别林斯基。别林斯基似乎也不曾想到可以不要面对问题的所有意涵，无妨步步谨慎，更细心选择道德与政治立场，甚或超越争战的喧嚣，退藏自安于一种中立而不涉利害的态度。“他不知畏惧为何物，因为他刚毅而精诚；他良心清白。”[1] 由于激烈、义无反顾地寄托于一种非常特殊的真理灵见、一套非常特殊的道德原则，作为思想与行动的依

[1] 同前引（页 191，注 1）。

归，而使自己与有志追随者付出日益重大的代价，他让下一代惊骇、鼓舞交加。在世之日，他没有受到当局的判决。他祖国的官方后来奉祀他为圣徒，也不能祛除他怀疑与痛苦的幽魂，或平息他义愤填膺的声音。他毕生奋斗的问题，今天比以前更加鲜活——并且，由于他自己努力催动的革命力量所造成的结果，而更紧迫、更险峻。 211

四、赫尔岑

赫尔岑是最令人瞩目的十九世纪俄国政治作家。也许因为他手撰的自传本身就是一部伟大的文学杰作，他至今没有一部好传记。他的自传，英语世界知者不广。这种情形，说不过去，因为此书已有英文译本——第一部分由J.D.达夫译出，译笔精彩，康斯坦斯·加内特更有全译本，亦足当原作；与某些政治与文学天才之作不同的是，即使以翻译本而论，此书也极为易读。

在某些方面，此书最像歌德的《诗与真》，盖此书并非全属个人生平与政治回忆的集合；书中所写，遍及个人琐事，各国政治与社会生活的描述，作者青少年与成年时代俄国时论、人物、看法的记载，一八四八年至一八四九年革命期间的法国、瑞士、意大利、巴黎、罗马旅游（珍贵绝伦，是我们目前所有关于这些革命事件的最佳个人资料），以及关于政治领袖、各国政党目标与宗旨的讨论。全书穿插种种评论，尖刻痛快的观察，个人、民族性格锐利与兴感勃发、偶尔谐谑的素描，经济与社会事实的分析，关于欧洲未来与过去、关于作者本身对

俄国的希望与忧惧的讨论与警刺；其间，又交织着赫尔岑个人悲剧的详细、痛切记叙——有史以来，由一位敏感且苛求的人
212 写下而大众可以借鉴的自剖里，也许要数他这篇最不寻常。

亚历山大·伊凡诺维奇·赫尔岑，一八一二年拿破仑进据莫斯科前不久，出生于该城，为私生子，父亲伊凡·亚科夫列夫是富裕的俄国世家绅士，出身罗曼诺夫王朝近卫军，为人阴沉、难以相处、占有欲强、地位显赫、深染文明，对儿子多施威势而厚爱有加，使他生活苦楚，在爱憎交杂之间，对他发生巨大影响。母亲路易莎·哈格是出身符腾堡斯图加特的柔弱德国女士，为小公务员之女。伊凡·亚科夫列夫海外旅游期间与她认识，不过，不曾与她成婚。他带她来莫斯科，把她当作情妇。他为儿子取名赫尔岑，表示他是他心爱的孩子，但出身不合法，因此无权冠他的姓。

非婚生子的事实，对赫尔岑性格大概有相当影响，他原本不会有的那么强烈的反叛性，可能即由此造成。他接受富室贵族照例接受的少年教育，然后就读莫斯科大学，在此确立他这辈子鲜明活跃、特立独创而冲动不羁的性格。他出生的时代(他不断陈言这一点)，正逢俄国所谓“多余人”[1]的一代。关于这时代，屠格涅夫早期小说着墨颇多。

十九世纪欧洲文化史上，这个时代的青年自有其一席之地。他们系出贵门，而不顾家世，追随比较自由、比较激进的思想与行动模式。在文明、优雅的环境里出生，而终身保持其礼仪、生活质地、习惯及风格的人，常有特别迷人之处。这类

[1] [见页172，注1。]

人挥洒一种特别的、兼含天真自发与身份地位的个人自由。他们的心灵望向远大壮阔的境界，思想上流露贵族教育善于培养的独特的一种优游情趣，喜爱新颖、进步、反叛、年轻、尚未尝试、即将问世之事，向往一望无际的汪洋——先不问有无彼 213
岸。交接期的人物，诸如米拉波、查尔斯·詹姆斯·福克斯、富兰克林·罗斯福，属此类型。他们生活在新旧交界附近，一边是即将过去的**丰美人生**，一边是逗人而可能落空的未来——他们自己大力接生的危险新时代。

赫尔岑属于这种环境。在一个令人窒息、没有机会发挥天赋的社会里当这种人，是何滋味，他的自传里即有描述。新奇的观念不断流入，从经典古籍，从西方的古老乌托邦，从法国社会传道家与德国哲学家，从书籍、期刊杂志，从偶然的交谈里流进来，你兴奋昂扬，旋又记起，揆诸自己生活的环境，在西方已经成为生活形式的一些无害、温和建制，这个国家即令稍敢梦想，亦属荒唐；处此境地，是何况味，自传中也有描述。

这种情形通常导出两个结果：热血青年或者就此壮志消沉，向现实让步，成为中心惘惘而逆来顺受的地主，住在自己庄地上，翻阅彼得堡或海外送来的严肃期刊杂志，偶尔引进他在英国或法国一见起意的几件新农耕机械或其他巧妙设计。他们往往仍然长谈变革之必要，而言下每带悲凉，自念事不可为，或者可为之处甚少。另一结果是，他们完全屈服而陷入一种忧郁、恍惚或者剧烈的绝望，成为自我吞噬的精神官能病患——毒气暗侵，慢慢害死自己与周围的生命。

赫尔岑立志脱出这些常见的困局。他下定决心，至少他，世人不会说此子一事无成、不战而溃。他一八四七年终于亡命去国之时，即是有心去过个行动的人生。他所受的教育，是业余玩票贵族的教育。[1] 他像绝大多数成长于贵族环境的青年，
214 所受的教养是样样沾边，要让人人欢喜，要反映太多人生层面与情况，以至于没有能力充分专注任何一项活动、任何一个固定计划。

于此，赫尔岑知之甚明。他惘惘不甘，谈到有人幸运，平平静静踏入某个稳安、固定的职业，而天赋非常，并且往往属于理想主义的青年却所学过繁、太过丰富，眼前无数选择，更有广大机会，可做之事太多，结果择一而为，随即厌烦，回头另取新路，如此者再，终至迷途流荡，漫无目标，一切落空。这是十分传神的自我分析，他那个俄国时代，由于对“人民”渐增罪恶感。遂油然兴发理想主义，理想落空，转而加剧罪恶感。赫尔岑满怀这股理想主义，焦急热切，要为自己与国家做些值得一记的事。他这焦虑，终身盈怀。稍知近代俄国历史者都晓得，在这股焦虑驱使之下，他成为当代也许最伟大的欧洲政论家，并且在欧洲创立第一家自由的——亦即反沙皇的——俄国出版社，而在他祖国奠定煽动革命的基础。

他最出名的期刊，他命名为《钟声》，一切似乎具有话题趣味的事情，都在处理之列。他揭发、他宣斥、他讥刺、他说教，他成为一位十九世纪中叶的伏尔泰。他是天才报道作家，

[1] 在《过去与现在》（*Past and Present*）里，卡莱尔批评他同代的地主贵族和法国大革命前的法国贵族一样不顾民瘼，怠忽天职（他认为贵族的天职是善用自己的权力，使自己成为一个主动而负责的统治阶级），耽于无为，徒享特权，因此成为不务正业的玩票贵族（dilettante）。后世称贵族为 dilettante，多祖此意。——译注

为文精彩焕发、快意恣肆、热情酣畅，当然，官方悬为厉禁，而流传俄国，激进派与保守派都读。据说，连皇帝自己也读。当然，皇帝的官员里，也有人爱读。当时，自由主义情怀尚未全熄，至少一八五〇年代与一八六〇年代，便在沙皇官僚体系中心，亦犹有其踪迹。声势最盛之日，赫尔岑揭斥弊病，指名责骂——最重要的是，他诉求于这股自由情怀，在俄国发挥了真正的影响力。亡命异域之人而能如此，闻所未闻。

赫尔岑不像许多只能在纸面上或者讲台上一展长才的人，他还是个摄人心魄的健谈家。有关赫尔岑其人，最好的描写，215
大概应推他朋友安年科夫那篇我在前面借作题目的文章《辉煌的十年》。文中所记事件，去安年科夫著笔之日约二十年：

> 我必须承认［安年科夫写道］，初识赫尔岑，我困惑莫名而惊骇慑服——他迥出寻常的心智，连连从一个话题射向另一个话题，其飞跃捷疾，令人难信，其机趣精彩，不可穷竭，而且能在某人言谈的委曲转折、在某一单纯意外事件、在某一抽象观念里，看出生动鲜明的情态与活力征象。他有极为惊人的本事，能以当下即悟、绝出意表之道，使南北胡越之事联翩并驾而相映增色。既有此天赋，加以观察精微入细，复由富藏积学而博识多知，遂更为高超。高超之余，言谈灿发如彩焰，捺之不熄，奇思异想与新见创意，了无穷尽，那种好似挥霍无度的丰厚智力，有时令听者为之心疲力竭。别林斯基往往炽烈如火，而一发峻厉，不近人情，赫尔岑谈话，则目光灵动，智趣闪耀，变化万千，多吊

诡出奇而撩人动气，但处处聪敏绝妙，在座之人不仅要全神贯注，更须刻刻警醒，因为你要时时有备，立即回应。另一方面，没有任何低级或俗丽之物经得起他半个钟头的接触。一切虚张、一切浮夸、一切迂腐的自大，逢着他，都只会落荒而逃，不然，即如蜡之遇火而融。我知道有人，其中许多是所谓严肃而务实之人，无法忍受赫尔岑这一面。话又得说回来[……]也有人对他加以无比盲目且热烈的崇拜[……]

他有批评天赋——善于揭斥人生黑暗面。这个特征，早在我此文谈论的莫斯科生活时期，即已显露。那时节，赫尔岑的心灵已极具反叛性、极难驾驭，凡觉得是由于大家对某件未经验证之事实禁口不谈而成立的定论，他都有一种天生的、发自体内的憎厌。遇此情况，他择恶而噬的智力即振作发威、猛脱、狡黠、谋略百出，四下巡行。他
216 住在莫斯科[……]公众尚未知其名，但在他自己熟识的圈子里，无人不晓。对于朋友，此人是个机智而危险的观察家。关于知友与疏交，他思想深处存有秘密档案，记有他自己的私房秘录，这件事实，他当然无法完全遮瞒。天真无忌、推心置腹站在他身边的人，乍然碰到他这面出于无心的活动，莫不惊诧，有的更极端懊恼。奇怪得很，与此相连的，是赫尔岑与他精选的知己保持无比温馨、无比亲诚的关系——虽然连他们也逃不过他尖酸的分析。所以如此，可用他性格的另一面来解释。

造化，仿佛想恢复他道德机体的均衡，特意在他灵魂里安下一个不可动摇的信仰、一个不可征服的倾向。赫尔

岑相信人心的高贵**本能**。道德机体是惟一不容怀疑的存在真理，在它面前，他不做分析、满怀敌意。任何事情，无论如何大错特错，只要他认为出于高贵或热情的冲动，他就佩服；他从来不以抨击这种事情来取乐自娱。他天性里这种爱憎错杂、充满矛盾的变化——一面善于怀疑与否弃，一面信则信至盲目——经常在他与朋友之间导致困惑与误会，时而甚且明争构怨。但是，直到他去国前往欧洲之日，在这辩论的沸鼎里，在其熊熊烈焰里，大家对他的忠诚未曾消释，反是历经考验而屡见增强。所以如此，也十分可解。在这些时日里，赫尔岑所作所为、所思所虑，毫无虚伪之迹、绝未暗藏恶感、全无蓄意计算、更无背信不义之处。正相反，他一言一行，整个人俱在其中。另外，有个理由，使你有时候甚至原谅他的侮辱。这种理由，不知道他的人可能觉得不甚真实成理。

赫尔岑智性高傲、刚强、充沛，而性格温和、可亲、几近阴柔。严厉的怀疑主义者与讽刺家外表下，最不拘礼法且极不细谨的幽默底下，是一颗赤子之心。他有一种奇怪、稚拙的魅力，一种稚拙的细腻［……不过］新始出道、 217
开始探索、初试自己深浅的人，才最能领受这一点。他们在他的忠告里获得力量与信心。他与他们相照肺腑，互通观念，无以复加——但是，同时，这一切也未曾使他不偶尔尽意发挥他的破坏、分析力量，在他们身上施行极为痛苦的心理实验。[1]

[1] 见前引（页152，注1，chapter 17），页218—220；Titunik，页86—88。

这幅生动而同情的小像，符合屠格涅夫、别林斯基及其他赫尔岑友人留给我们的描写。读者读其本人散文、论文以及《往事与随想》所收的自传回忆录，所得印象，更能坐实。由此所得的印象，以安年科夫之忠实文字，亦不足尽传。

莫斯科大学时代的青年赫尔岑，其所受主要影响，正如他同时代一切青年所受主要影响，当然来自黑格尔。不过，早年的他虽是十分正统的黑格尔主义者，他却将他的黑格尔主义变成他个人特有的一种东西，与比较严肃而迂阔炫学的同代人从那著名义理中推出的理论结论非常不同。

黑格尔主义对他的主要影响似乎是使他抱持以下这种信念：任何特定理论或单一义理、任何一种人生诠释，尤其任何单纯、一贯、结构精巧的图式——十八世纪那些巨大的法国机械主义模式也好，十九世纪的浪漫派德国巨构也好，伟大乌托邦主义者圣西门、傅立叶、欧文的灵见也好，卡贝、勒鲁、路易·布朗的社会主义计划也好——都不可能是真实问题的真正解决方案。至少，以它们倡行的形式而论，它们不可能解决真实问题。

他怀疑它们，因为他相信（无论他这信念是否导源于黑格尔），原则上，任何真实的人类问题都不会有任何单纯或终定
218 的答案；如果问题严重而痛苦，答案就永远不可能截然分明且干净利落。收集一群不证自明的公理，以演绎法从中推出一套整齐匀称的结论，尤其永远不可能解答这种问题。

这股不信，在赫尔岑如今已为世所忘的一些早期文章里已经开始。诸文作于一八四〇年代初，谈论他所谓科学

中的玩票主义与佛教。他区分两种思想人格（intellectual personality），然后俱加挞伐。其一，为漫不经心而见林不见树的业余思想家。赫尔岑告诉我们，这种人害怕因为对实际、详细的事实作太多迂腐的关注而流失自己宝贵的人格，故凡事但由表面掠过，以至未曾培养得获致真知的能力；他仿佛用一种望远镜观看事实，结果，从来绝未分明细究得什么，满眼惟见许多气球也似飘来浮去的庞大、华丽的抽象物而已。

另一种人——佛教徒——因狂执于树木而舍树林；他热烈专攻小小一套孤立的事实，用倍数愈来愈大的显微镜观察。这种人可能精研某一门知识，但几乎个个变成烦冗不堪、浮夸造作、盲目庸俗，总之，成为一望而可憎之人——如果他是德国人，尤其如此（赫尔岑所有讽刺与侮辱几乎都针对他痛恨的德国人而发——尽管他自己就是半个德国人）。

以上两端，需要折中。赫尔岑相信，以清醒、超脱、客观之道研究人生，也许就能在这些相反的理想之间创造某种紧张、一种辩证的折中妥协。因为，如果以上两个理想都不可能充分、同等实现，则两者也不应该完全抛弃。两不尽弃、寻求折中，人类对生命的了解才能深于鲁莽尽信其中任一极端。

赫尔岑早期提倡的这种超脱、温和、折中、镇定的客观理
想，与他的气质深不相合。的确，不久之后，他突发而盛赞偏 219
执。他宣称他知道这主张不会得到乐意的接受。某些观念在有
教养的社会里，就是难以得到接受——很像有人以惊世骇俗之
行，自取诟辱。例如，与抽象的公道相较，偏执予人的观感就
不是顶好。不过，古来除非偏执既深且烈，无人说过任何值得
一说之语。

接着，是一场漫长的典型俄国式抨击，他说：客观、超然、不参与寄托、不投入生命洪流，是冷漠麻木、卑下、不可能且不可欲之事。在赫尔岑这个阶段的论述里，突然听得到他朋友别林斯基慷慨激昂的声音了。

此时浮现、他此后终身更以绝妙诗质与想象继续发挥的基本主题，是意识形态上的抽象事物对人类生活的可怕支配力（我说诗质，是有所据而言；盖陀思妥耶夫斯基晚年有一非常真确的说法，认为赫尔岑余事无论如何可议，他总也是个俄国诗人。在这个偏颇雄猜、偶尔却透辟出奇的批评家眼中，赫尔岑因此总算犹有一得，在他心目中，赫尔岑的看法与生活模式，自然几乎全无是处）。

赫尔岑断言，欲以任何抽象观念解释人类行事、一切欲使人类促进任何抽象观念的企图，无论该观念如何空前高贵，如公道、进步、民族性，而且，纵令由纯洁无瑕的利他主义者如马志尼、路易·布朗或密尔之流提倡，最后往往必将导致屠杀牺牲与活人献祭。人并没有这么单纯，人类的生活与关系极为复杂，殊非标准的公式与工程的解决法所得应付；欲图改造个人、将其嵌入任何以理论理想为依据的理性图式，无论动机如何空前崇高，最后往往必对人类造成恐怖的戕害，导致政治上规模与日俱增的活体解剖。这个过程的顶点是，一些人以其他人受奴役为代价，获得解放，并且使新兴、有时远更可憎的暴政取代旧暴政——例如，全面施行社会主义的制度，以救治全面的罗马教会奴役。

220 赫尔岑记有他与法国社会主义者路易·布朗之间一场典型的对话（他甚为敬重路易·布朗），由这段对话，可见赫尔岑有时候如何率直抒发他最深的信念。据赫尔岑所述，对话作于一八五〇年代初期伦敦某处。一日，路易·布朗向赫尔岑说起人生是一大社会义务，人必须时时为社会牺牲自己。

“为什么？”我劈头直问。

“你这‘为什么’是什么意思？［路易·布朗说道］——社会的福祉当然是人整个目的和使命所在罢？”

“但是，人人牺牲而无人自得其乐，社会也永远不会幸福。”

“你在玩弄文字。”

“我这是野蛮人的糊涂。”我大笑回答。[1]

在这段欢愉与乍看不太经意的文字里，赫尔岑体现了他的核心原则——生命的目标在生命本身，为某种模糊且不可预测的未来而牺牲现在，是一种错觉，结果将摧毁人与社会仅有的可贵之处——亦即，将会以理想化的抽象事物为祭坛，平白牺牲活生生人类的血肉。

赫尔岑憎恶他当时某些高明且心灵至纯之士，尤其社会主义者与功利主义者，所倡学说的中心实质：为了一种无可言传的未来幸福，现下必须忍受大苦大难，为了亿万人快乐，可以迫使千百人死亡——凡此口号，风靡当时，当时以来，更处处可闻。人类有一辉煌未来，历史保证人类有此未来，为了这个未来，现下最可怕的残酷暴行都有道理——赫尔岑认为，这种

[1] 见前引（页93，注1）。

由相信进步之必然性而建立的习见的政治末世论，对人类生活是个致命教条。

221 关于这个题目，赫尔岑最深刻、最一气呵成——以及文笔最精彩——的陈述，可见于他命名为《彼岸书》的一卷论文(他对一八四八年与一八四九年欧洲历次革命的幻想破灭以后，写成这些文章，作为纪念)。这部伟大的辩难杰作是赫尔岑的信仰告白，也是他的政治证言，其语气与内容，在颇具他本色(而且著名）的一段文字里流露无遗。在这段文字里，他宣称，不可将一个世代贬抑为遥远后世获取福祉的手段，何况遥远的后世犹在未定之天。遥远的目标是骗局、诈欺。真实的目标必须近一点——“至少，劳动者的工资或者工作的乐趣，就应该是目标。”[1] 各世代的目的在完成其自身——每一生命自有其独特经验；其匮乏满足之后，会另生新的需要、要求、生活形式。他断言（或许由于席勒影响)，自然对人类及其需求并无关爱，而且压碎他们而无所顾惜。历史有计划、剧本吗？有的话，历史将“索然无趣，变成……乏味、可笑”。没有时间表、没有宇宙模式；有的只是“生命之流”、激情、意志、即兴创发；路，有时存在，有时不存在；无路之处，“天才会打出一条来”。[2]

不过，倘若有人问：“假设这一切突然结束，假设一颗彗星撞上我们而结束地球上一切生命，历史不就毫无意义了吗？这一切议论可会突然化为乌有？如果这一切随着某个神秘、不

[1]《彼岸书》，H vi 34；F 37。[另见页105。]
[2] 同上，页 36；F 39。

明不白的事件，而在某种突然、不明不白的残酷方式里结束，对我们所流的这番血、汗、泪，不是残忍的讽刺吗？”赫尔岑回答：作此想法，是一大庸俗——数字至上的庸俗。一人之死，其荒谬与不可解，并无过于整个人类之死。将数字加大，而问“假设亿万人死亡”如何，并不会使死亡多神秘、多可怕。“自然里，正如人的灵魂中，无尽的可能事物与力量在打困，若有适当条件——它们会发展、猛烈发展。它们可能充塞 222
世界，也可能倒毙路边。它们可能另取新方向。它们可能停止。它们可能僵溃［……］发生何事，自然全不关心……”[1]

> 这一切所为何来？人的生命变成一场毫无旨趣的游戏了……人用碎石沙砾建造东西，只落得又眼看它塌掉；人从废墟底下爬出来，重新清理场地，用泥巴、木板和破碎的柱头筑起茅屋，经过几世纪无休无止的劳苦，又塌个干净。莎士比亚说历史是白痴说的烦冗故事，确非虚言［……］
>
> ［对此讲法，我回答……］有些人非常善感，一想到“人生于世，只为一死”，就掉眼泪……你正像这些人。看结局而不注意情节本身，是一大错误。花开烂漫，于花何用？它醉人的芬芳既然也终要消歇，于它何用？丝毫无用。然而自然亦非如此吝啬。短如过隙，只存于现下一时之物，她也并不鄙弃。在每一点上，她都尽取她所能［……］谁会因为花朝发夕谢，因为自然没有将打火石的坚硬赋予玫瑰或百合，就数落自然？而这个可怜的呆板原则，**我们**居然

[1]《彼岸书》，页 37；F40。

想移用于历史！[……]生命没有义务要实现［文明的……］妄想或观念，生命喜爱新奇[……]

[……]历史极少重复，它利用每一件意外事件，同时敲叩千万门户……哪些门户可能会开……谁知道？[1]

又：

人类有一股本能的热情，要保全他们喜欢的任何东西。人生于世，因而希冀长生不死。人恋爱，而亦希图被爱，而且永远爱得像他发誓的那一刹那[……然而，生命是不具结保证的。]生命不保证你存在，也不保证你幸福，
223 她也不负责持续你的存在与幸福[……]每一历史刹那都充实、都美好、都自有其自圆自足之处。每一年都有它自己的春季、夏季、冬季与秋季，以及它自己的暴风雨与好天气。每一时期都是新颖、清新的，充满它自己的希望、含有它自己的喜悦忧伤。现在属于现在。不过，人类不知以此为足，硬要连未来也一起拥有[……]

歌者唱歌，那支歌的目的何在？[……]如果你不自安于歌中乐趣，另有所望、别求目标，则歌者终有停时，你也只留回忆而空怀怅惘，因为当时你没有聆听，反而另有所待……你执迷于无法捕捉生命之流的范畴。你们［他意指马志尼、自由主义者及社会主义者］追求什么目标呢？一项计划？一种秩序？谁构想的计划和秩序？谁独得这计

[1]《彼岸书》，页 30—32；F 32—34。

> 划与秩序之秘？这计划和秩序是无可避免的东西吗？或者不是无可避免？如果无可避免，我们是不是木偶？我们有道德上的自由罢？或者，我们是一部机器里的轮子？人生，以及历史，我宁愿想成一个既得目标，而不愿视为达成他物的手段。[1]

以及，“因为孩子的确会长大，我们就认为孩子的目的是长大。但他的目的是游玩、自得其乐，做个孩子。如果只看过程的结局，一切生命的目的只是去死。”[2]

这是赫尔岑的核心政治与社会主题。其敌对者常指此为一种言过其实的功利主义，实则，他这个论旨进入俄国激进思想主流以后，对于夸张的功利主义，一直有解毒剂的作用。歌者目的在歌曲，人生目的在善尽此生。物皆消逝，但消逝之物有时可以慰解当事者所受的一切痛苦。歌德已经告诉我们，凡事并无保证，并无万全之计。人原本可以知足于现下，却不知足于现下。他不要美，不要今天的完满，因为他连未来也要拥有。马志尼，以及当时的社会主义者，号召大家为了民族，为了人类文明，或者为了社会主义、公道正义、人性，要做至高 224
至大的牺牲，忍受至高至大的痛苦，即使眼下无成，未来亦有可待。前述看法，就是赫尔岑给他们的答复。

赫尔岑厉斥这班人的主张。争自由，目的不是明日的自由，而是今天的自由，要让活着、各自有其目的的个人获得自

[1]《彼岸书》，页 32—33；F 34—36。
[2] 同上，页 97；F 107。

由，使他们自由追求他们认为神圣、他们为之行动、奋战，也许舍生以赴的目的。为了某种模糊不明、无从保证、我们毫无所知、由某一以沙为基的巨大形而上建构所产生，更无逻辑、经验或任何其他理性保证的未来幸福，而摧毁他们的自由、他们的追求，而破坏他们的目的——这，首先是盲目，因为未来并不确定，其次就是邪恶，因为此举违犯我们所知的仅有道德价值，因为这等于假借抽象事物——自由、幸福、公道——等等盲狂的概论、神秘的声音、偶像化的一套字眼为名，而践踏人性的需求。自由何以可贵？因为它本身就是目的，因为自由就是自由。将自由牺牲于他物，就是活人献祭。

这是赫尔岑义理的极致。由此，他推出一个逻辑必然的结论：最深重的现代灾祸之一，不是陷入现实，而是落入抽象事物之纲。他据此结论，不仅用以驳斥他交往的西方社会主义者与自由主义者（教士或保守主义者更不用说），尤其还驳斥他自己的密友——那位为了模糊、混淆不清而且遥远的目标，而长久不断企图煽起暴力叛乱、鼓吹酷刑与殉难的巴枯宁。依赫尔岑之见，人所犯的极恶大罪之一，是将道德责任卸下自己肩膀，而转嫁给一个无可预测的未来秩序，而且假借某个可能永远不会发生的东西为名，在今天就犯下罪行，以为如果是为了某种利己的目的，这些罪行才算巨恶，如果是由于相信某种遥远且不可捉摸的乌托邦而作，这些罪行就是圣洁。

赫尔岑痛恨专制，尤其俄国体制，但是，他也终身深信，他自己的社会主义与革命盟友所倡之事同样危险。他所以有此信念，是因为他有一段日子同他的批评家朋友别林斯基一
225 样，相信一种单纯的解决法可行，而且相信某一伟大体系——

圣西门或蒲鲁东预示的世界——提供了这种解决法：如果以理性之道规划社会生活，而使社会生活秩序井然，并且创出一种清晰、工整的组织，人类问题即能有个一劳永逸的解决。陀思妥耶夫斯基曾说，别林斯基的社会主义不过是个单纯的信念，认为人类能有一种“空前灿烂，基础全新而且[……]至坚不摧”[1]的美妙生活。因为赫尔岑自己曾经相信这些基础（虽然不是单纯、绝对地信），又因为这信念在一八四八年与一八四九年那几场可怕的巨变里崩溃、毁灭无遗，而且，在巨变里，他的偶像几乎个个证明有其致命的根本弱点，所以，他怀着格外激切的愤怒，斥绝自己的过去。他写道：我们号召群众起事击碎暴君，群众却不关心个人自由与独立，而且猜忌才智之士：“他们要一个[……]为他们的利益而统治的政府，而不能[……]侵害他们的利益。但是，他们从无自治之念。”[2]“鄙视王冠，是不够的；在自由面前，你也不可满怀畏惧[……]”[3]他蔑斥定于一尊的、压迫人的牧歌画面，鄙斥野蛮的“平等苦役”，不屑卡贝等社会主义者的“强迫劳动”，以及以破坏为职志而一往直前的野蛮人。[4]

> 谁将收拾我们，结束这一切？衰老昏庸的野蛮王权，还是共产主义？血渍斑斑的军刀，还是红旗？……
>
> [……]共产主义于是横扫世界，掀起一场剧烈的暴风

[1] 见前引（页196，注3）。
[2]《彼岸书》，H vi 124，F133—134。
[3] 同上，页46；F 51。
[4] 见前引（页109，注3）。

雨——可怖、血腥、不公、风驰电掣[……]

[我们的] 建制[……]借蒲鲁东的客气说法，将会被**清算**[……]

我惋惜 [文明的死亡]。

但是，群众——只从文明的死亡得到眼泪、匮乏、无
226 知与屈辱的群众，不会惋惜此事。[1]

他害怕压迫者，却也害怕解放者。他害怕他们，因为他认为他们是信仰时代那些宗教顽固分子的世俗传人。因为，凡是以一锐利干枯的计划，以一件紧身衣，当作所有人类疾苦的惟一可用救药，而把他这计划与紧身衣强加在人类身上的人，最后势必造成自由的人类——如赫尔岑自己之类——无法忍受的情况：赫尔岑这类人要有一个能发挥自己才具的范围，而且愿意尊重他人的独创、自发，以及他们要求自我表达的天生冲动。他称此为 Petrograndism——彼得大帝的方法。他钦佩彼得大帝。他钦佩他，因为他至少推翻了中古俄国的封建僵化与黑夜。他钦佩雅各宾党人，因为雅各宾党人敢作而不愿无为。然而他十分明白，而且年纪愈长愈明白（一八六〇年代末期写给巴枯宁的公开信《致老友书》里，就此说之甚明），彼得大帝的方法，阿提拉的作为，公共安全委员会在一七九二年的作为——以单纯与激进解决为前提的方法——往往终必导致压迫、流血与崩溃。他宣布，由狂热的信仰所鼓动的行事，在

[1]《法意书简》(fourteenth letter)，H v 211，216—217；L 194，199。[另见页110—111。]

从前比较纯真的时代里无论有何道理可言，凡活过十九世纪而明了人类真正如何构成——人与建制之质地组织如何复杂、曲折——者，都没有任何权力再如此行事。进步必须配合历史变迁的实际步调，配合社会的实际经济与社会需求。他最鄙视之物，无过于资产阶级；资产阶级之中，又莫甚乎品格卑下、贪多务得、平庸琐屑或汲汲牟利的巴黎资产阶级。但是，他仍认为，资产阶级尚未演完其历史角色以前，即以暴力革命加以压制，只意味着，在新的社会秩序里，资产阶级精神与资产阶级形式仍将持续不绝。“他们不改变［监狱的］围墙，只想给它们一个新功能，以为牢狱的蓝图可作自由生活的蓝图。”[1] 自由 227
人居住的房子，不能由监狱建筑家来造。如今，谁会说历史证明赫尔岑错了？

他对资产阶级憎恶如狂，但是，他也不要暴力造成的剧变。他认为暴力造成的剧变可能不免，可能会来，但他害怕。他觉得资产阶级是一群费加罗[2]，吃肥了、飞黄腾达的费加罗。他说，在十八世纪，费加罗穿制服，这制服当然是奴仆的标记，不过，仍有别于他的皮肤，还脱得开来；他的皮肤至少也还是个活跳、具有反叛性的人的皮肤。如今，费加罗赢了，成为百万富翁。他是法官、总司令、共和国的总统。费加罗统

[1] 同前引（109 页，注 1）。

[2] 费加罗角色早见于罗马时代喜剧，但近代由博马舍所作《塞维利亚的理发师》与《费加罗的婚礼》两部戏剧而驰名。剧中，费加罗是巴托洛医生的理发师兼药剂师，人微位卑而慧黠善良，智赚主人。《费加罗的婚礼》结尾，他与父母相认、娶美妻，并获赠巨资。全剧充满讽刺，贵族与下层阶级的价值有明显对比。莫扎特后来由此剧汲取灵感，作成同名歌剧，更直言批评贵族特权，可以视为一七八九年法国大革命中社会动荡的先声。——译注

治世界，他的制服不再只是制服，变成他皮肤的一部分，脱不掉，同他那身肉结成一体了。

卑劣的中层阶级人如今统治我们。十八世纪一切可憎、降志辱格，而为我们高贵的革命分子所抗议之物，都已成为这些中层阶级人的本质。然而我们必须等待。单如巴枯宁所欲，砍掉他们的脑袋，只会引出新暴政与新奴役、导致可恶的少数人统治多数人，甚至更糟，成为多数人——万众一心，定于一尊的多数人——统治少数人：密尔所谓（赫尔岑认为此说颇有道理）集体平庸（collective mediocrity）[1] 的统治。

赫尔岑要的价值，他直言无隐。他只喜欢自由生命的风格，只喜欢博大、宽宏、不斤斤计算之事。他钦佩自尊、独立、对暴君的抗拒；他佩服普希金，因为普希金桀骜不驯；他敬重莱蒙托夫，因为莱蒙托夫敢受苦、敢恨；他甚至认可他的反动敌人斯拉夫主义者，因为他们至少还厌恶权威，至少还不让德国人得逞。他佩服别林斯基，因为别林斯基不屈不移，面对摆开阵仗的道德学院或政治大军，仍直揭真理。他认为，社会主义的独断教条，其令人窒息，不下于资本主义的、中世纪的、早期基督徒的教条。

228 他最恨之事，是公式的专制——从某种并无实际经验基础的先验原则中推演出一些安排，而使人类屈就这些安排。他对新解放者深怀畏惧，原因在此。他说："人如果 [……] 先解放自己，而不求解放人类，他们对人类的解放 [……] 会大有助

[1] 见前引（页 xxx，注 2）。

益。”[1] 他知道，他对于更多个人自由的一贯要求里含有社会原子化的种子；两大社会需要——组织与个人自由——之间必须有个折中，必须有个不稳定的平衡，以保全一个起码的范围，让个人能在里面表达自己，而不会被彻底磨碎。于是，他大力倡议他所谓利己主义（egoism）的价值。他断言，环伺我们社会的一大危险，是理想主义者假利他主义之名、以图谋多数人幸福的手段为名，作清高无私状，驯服并压制个人。昔日的宗教裁判者驱使成群天真纯洁的西班牙人、荷兰人、比利时人、法国人、意大利人烧死异教徒，事后，带着一颗安详的良心，平平静静回家，鼻孔里还留着烤人肉的味道，觉得自己尽了义务，然后就寝——睡一场天真纯洁的人圆满工作了一天的那种好觉。[2] 今天的新解放者很可能就像这些宗教裁判者。利己主义之为物，不可未经斟酌，遽加谴责。利己主义不是邪恶。一只动物的眼睛里，就闪动着利己主义。道德主义者不肯善用利己主义而发挥之，反而妄事抨击。他们想把人变成泪汪汪、多愁善感、乏味无趣、老实和气、要求当奴隶的东西……但是，撕掉一个人心中的利己精神，等于剥去他的生存原则，除去他的人格酵素。当然，固执己见，有时无异自杀。一大群人由楼梯迈下来，你不可硬要逆抢上去。那是暴君、保守派、愚夫、罪犯的行径。“毁掉一个人的利他精神，剩下的是野蛮的猩猩，毁掉他的利己精神，你得到的却是一只柔驯的猴子。”[3] 229

[1] 同前引（页 xxx，注 2），页 119；F 128。
[2] 同前引（页 103，注 1），页 264。
[3]《彼岸书》，H vi 129—130（引用于页 130）；F 138—140（页 139—140）。

人类问题太复杂，不能要求单纯的解决法。赫尔岑深信俄国的农民公社是一种“避雷针”，因为他相信俄国农民起码尚未感染欧洲无产阶级与欧洲资产阶级那些扭曲人性的都市恶习——但是，他仍指出，连这农民公社也不曾保使俄国没有奴役。自由不合多数人的口味，只为受教育者所嗜。欲得自由，并无保证成功的方法，欲得社会福祉，亦无稳定平顺之路。我们必须尽力而为，而且我们永远可能失败。

他的思想精义，是认为基本问题或许压根儿就无法解决，你能做的是试着解决，不过，你无法保证成功；无论社会主义的万灵丹，还是人类其他任何建构，都不足以保证私人或公共生活能获致幸福，或者达到理性境界。理想主义与怀疑主义的这种奇怪结合，贯串了他所有作品——伊拉斯谟、蒙田、孟德斯鸠之见与此无大差异，不过，他最猛烈。

赫尔岑也写小说，不过，大致已为世所遗，因为他天生不是小说家。他的小说比他朋友屠格涅夫大大不如，却也有共同之处。看屠格涅夫小说里处置人类问题的手法，你会发觉，他也不以为那些问题可以解决。《父与子》中的巴扎罗夫为疾病磨死；《贵族之家》结尾，拉夫列茨基忧郁不决，而其所以如此，并非由于有可为而不为，亦非因为某人居然想不到转个角就有解决法，或者想到而不肯运用，而是因为，借康德一句话：“人性这根曲木，绝然造不出任何笔直之物。”[1] 每一事物，

[1] Immanuel Kant，《世界公民观点之下的普遍历史观念》（'Idee zu einer allgemeinen Geschichte in weltbürgerlicher Absicht'，1784），《康德全集》（*Kant's gesammelte Schriften*，Berlin，1900—　，viii），页23，行22。

皆因环境有失、个人性格有过、生命本性有缺，共同使然。这种情形，必须正视、必须直书，若相信永远可能找到一劳永逸的解决，就是庸俗，有时甚至是罪行。

赫尔岑写过一部小说，名叫《谁之罪？》，写的是一出典 230
型的三角恋爱悲剧：小乡镇里，一位女郎嫁了个有德、理想主义但板滞又天真的丈夫，而我在前面谈过的一位“多余人”爱上了她。这部小说并非佳作，情节也不值得重述，不过，此中要旨，亦即最显得赫尔岑本色的一点是，这情况原则上无可解决。这位恋人心伤欲碎，那位妻子患了病，而且大概去世，她丈夫亦有自杀之想。听起来，像一部典型凄惨、病态自我中心的俄国小说劣作。然而不然。此书之根本，在以极为细腻、精确，时而极为深刻的笔法，描述一个情感与心理处境，于此处境，司汤达的理论、福楼拜的方法、乔治·艾略特的深度与道德洞识都没有用武之地，因为他们这些理论、方法与洞识都显得太偏向文学性，是由固执不化的观念、从不切合人生浑沌的义理中导出来的东西。

在赫尔岑（以及屠格涅夫）的看法精髓里，核心问题复杂而无从解决，想用政治或社会学手段解决，是荒谬之举。不过，赫尔岑与屠格涅夫自有差异。屠格涅夫内心深处绝非麻木不仁，而是一个冷静、超然，偶尔微带讽刺的观察者，从一个比较遥远的视点，观看生命的悲剧；他在各据点之间游动，在社会与个人要求之间、爱情与日常生活的要求之间、英雄的美德与现实主义的怀疑精神之间、哈姆雷特的道德与堂吉诃德的道德之间、请求效率的政治组织与个人自我表达的必要之间摆动，悬在一种适性随和而不做决断、心怀同情而忧思深慨的状态里，微言讽喻，不愤世嫉俗，不轻使情绪，敏感体物，慎笃真诚，惟不轻作任何固常的寄托。于人格神或者非人格神，屠格涅夫既不十分信，也不十分不信；在他，宗教亦如爱情、利己精神、享乐之心，乃人生正常成分。他喜欢自持于一种中间立场，对于自己缺乏信仰意志（will to believe），甚至几有得意太过之势。因为置身局外，因为潜心静观，他遂能产生一种
231 尽善尽美的伟大文学杰作——在神闲气定的回顾里，以精细结构的起头、中腰、结尾，写出他那些圆成周至的故事。他把他的艺术与他自己分开；作为一个人，他并不深心切望问题的解决；他以一种独特的冷淡，一种使托尔斯泰与陀思妥耶夫斯基恼怒的冷淡，观看人生，因此，达到一位与素材保持相当距离的艺术家才能取得的纤细透视。他与他的素材有一壑之隔，此壑之中，只有他那种特殊的诗心能运行自如。

赫尔岑相反，关心过剧。他为他本人、为他自己的个人生活寻求解决。他的小说确属失败之作。他自身、他痛苦的观点，都过于猛烈突入小说之中。话又说回来，他的自传速写，或者他公开讲述自己与朋友，谈论自己在意大利、法国、瑞士、英国的生活，笔锋舌端就有一种鲜活跳动、直截了当，其第一手真实感之传神，十九世纪的作家无人能望其项背。他的回忆录是一部洋溢着批判与描述天才的作品，其绝对的自白，是一个想象灵活到自苦地步，感受敏锐、不断反应，对高贵与可笑之事都格外善于体会，又完全不涉虚荣、不弄教条学说的人格才可能造达的境界。以回忆录作家而论，他无可匹俦。关于英国，或者说，关于英国时期的他自己，他的素描犹胜于海涅或泰纳。但看他就英国政治审判所作的绝妙记述，即可证

明。外来反民在温莎公园闹起一场要命的决斗，出庭受审。赫尔岑写他对法官的观感，就是个例子。他以生动而有趣的笔墨，描述作风浮夸的法国政治煽动家与容色阴惨的法国狂热盲从分子，以及这班情绪激愤、近乎可怖的亡命异域之徒，与迟滞、僵冷、道貌岸然的维多利亚中期英国建制之间无法沟通的隔阂。他以伦敦中央刑事法庭那位酷似《小红帽》里那只狼的主审法官，为当时英国各种建制的典型代表：此公头戴白假发，身着长裙，脸形锐削如狼，薄唇、尖齿，言语细碎嘶哑，由那张框在诱人放心的娘们似的鬈发里、装满虚实莫测的慈祥和气的脸上发出来——那张脸，给人甜蜜、祖母、老太太的印象，而衬上细小闪烁的眼睛，干硬、尖酸、恶意的司法幽默，慈祥的印象又不攻自破。 232

关于他厌恶的德国亡命分子，以及他钦慕的意大利与波兰革命分子，他的刻画，堪称经典手笔。他也速写各国的差异，诸如英国与法国——法国人终日群聚，论事明澈，擅长说教，花园格式工整，英国人则多独处，暗怀抑制不发的浪漫精神，底下纠缠着各种古老、不合逻辑但文明深远而人性十足的建制；双方各自以地球上最伟大的国家自居，寸步不让，却又丝毫不了解对方的理想。还有德国人。他断言，德国人认为自己与英国人同出一树，而英国人是此树比较优秀的产品，自己是比较低劣的果实。他们来到英国，三天之后，“不说‘ja’，而是满口‘yes’，不需要‘well’的场合，也连声‘well’。”[1] 他与巴枯宁素来都将他们最尖锐的讽骂留给德国人，所以如此，

[1]《往事与随想》（part 6，chapter 3[见前引页 93，注 1]），H xi 34；M iii 1047。

出于个人喜恶者少，而多由于他们认为德国人代表一切中产阶级、钳束人性、平庸凡俗、鄙野粗气之事，代表阴沉而器小量窄的军训教官所行的污秽专制，在美学上，这专制比历史里许多伟大征服者气魄壮阔的虐政更可厌。“他们受阻于良心之处，我们是受阻于警察。我们的弱点是算术的弱点，所以屈服；他们的弱点是代数的弱点，是公式的一部分。”[1] 十年以后，巴枯宁呼应此说：“一个英国人或美国人说‘我是英国人’、‘我是美国人’，他是在说‘我是自由的人’；一个德国人说‘我是德国人’，其意则指‘[……] 我的皇帝强过所有皇帝，现在掐紧我脖子的德国军人会把你们也都掐住……’。”[2]

这种一概而论的成见，一笔扫尽整个国家与阶级的酷评，是这个时期许多俄国作家的特色，往往证据不足、有失公正，而且剧烈夸大，不过，也是由于愤怒反抗一个压迫性
233 环境而发出来的真实表现、一种真诚而高度个人化的道德意见的表达。因为这种意见，这些文字即使今天读来，仍然生动。

他不肯恭恭敬敬，喜作反讽，不相信一劳永逸的解决，相信人类复杂且脆弱，认为人类结构的不规律划一，正有其价值，强制之以样式模型或紧身衣，是一种侮辱。同时，每遇一本正经而迂腐不通的激进派与保守派救世家都不断制造的所有僵硬干枯社会政治图式，他都无法自制，以踢倒打破为快。由于以上种种，赫尔岑为各方阵营中之热心分子所忌，乃势有

[1]《论俄国革命思想的发展》，H vii 15，143。
[2] 同前引（见页 126，注 2）。

固然。这方面，他与他的怀疑主义朋友屠格涅夫相似。屠格涅夫无法抗拒，亦无意抗拒说真话的欲望，无论真话如何“不科学”；凡有心理上一针见血之见，即使可能不合某一众口论定的、开明的观念体系，也直抒不讳。他二人都不认为，因为你赞同进步或革命，你就负有神圣义务，要压制真理，或者硬称真相很单纯，或者只因为另持说法，可能会协助或安慰敌人，你就必须故意将某些显然不可能奏效的解决法说成大有可为。

如此超脱党派与教条，而且习于吐露独立、时或扰乱人意的判断，赫尔岑与屠格涅夫都招致剧烈批评，四面楚歌。屠格涅夫写《父与子》，允宜为左右两派所夹击，因为两边无一清楚他支持何方。于此不定性，俄国“新”青年最为恼怒，指责他过于自由、过分文明、过喜讽刺、怀疑太甚，抨击他政治情感的游移、他过度的自审、他的不挺身介入、不向敌人宣战（行事反而等于一连串逃避与背叛），指他这些都是在破坏高贵的理想主义。他们的敌意指向所有“四十年代人”，尤其赫尔岑——他们以他为四十年代人最富才气、最顽强的代表，也确有道理。对于一八六〇年代这些严苛、冷酷的年轻革命分子，
他的答复，本色十足。这些新革命分子抨击他贪恋旧有生活风 234
格，当绅士，家资丰厚，舒适度日，端坐伦敦而遥观俄国的革命斗争，与他那一代人沆瀣一气，当周遭满目卑污与哀惨、冤苦与不公，他只顾沙龙中高谈阔论、弄玄思、玩哲学；抨击他不往严肃的手工劳动里寻求救赎——诸如砍一棵树、做一副靴子，或者从事某一“具体”、真实事务，俾与苦难大众同心同德，反而流连富裕仕女的客厅，与其余教育高级、出身高贵而同样无能的青年耽溺于无休无止的华丽空谈。这是纵欲、逃

避，是对所处世界的恐怖与苦痛刻意装盲。

赫尔岑了解他的对手，而拒绝与他们妥协。他承认自己不得不爱洁净而恶污秽；宁取庄重、文雅、美、舒适，不要暴力与苦行；要好的文学，不要坏的文学；喜欢诗，甚于散文。他博得犬儒与“唯美”之名，然而他拒绝承认无赖才能成事；他拒绝承认，为求达成一场解放人类的革命，为了在人间创造一种新的、更高贵的生活形式，你必须蓬首垢面、浑身脏污、残忍、狂暴，穿起带钉的马靴来蹂躏文明与人权。这，他不相信，也看不出有何理由应该相信。

至于新一代革命分子，他们并非平空蹿出。过失在他那一代，是他那一辈在一八四〇年代里的空谈生出了他们。这些人替世界向四十年代的人报复——四十年代人是“患上革命热情的梅毒的人”。[1] 新的一代要向上一代说：“你们是伪君子，我们要当犬儒；你们说话像道德家，我们开口就要像无赖；你们对上无礼、待下粗暴，我们对谁都要粗暴；你们鞠躬而无敬意，我们将推挤冲撞而不道歉 [……]” [2] 赫尔岑如此速写新一代的言行，他言下之意是：流氓作风解决不了什么事情。除非文明——善与恶、高贵与不高贵、价值与无价值之分际——获
235 得保全，除非有些人既苛求又无畏，言所欲言，不向某种大而无当、莫可名状的祭坛牺牲性命，因此不至于自己也沦为大群丧失人格、不由自主、迈向破坏的野蛮群众，否则，革命有何意义？我们喜不喜欢，革命可能都会来。但是，如果一群野蛮

[1] 一八六八年五月一日与二日致奥加廖夫，H xxix/1 330。
[2] 同前引（页 118，注 2）。

人扫除邪恶的旧世界，只留下废墟与悲惨，在上面只能再建立新专制——我们凭什么应该欢迎，更别说应该努力让他们胜利？“俄国文学针对俄国生活而草拟的巨大起诉书”[1] 并没有要求用新的平庸凡俗取代旧的平庸凡俗。“感伤、怀疑、反讽[……] 这俄国竖琴的三弦”，[2] 比新唯物主义者粗糙且庸俗的乐观主义更接近现实。

赫尔岑最耿耿持恒的目标，是个人自由的保全。诚如他致马志尼信中所言，这是他青少年初期以来就奋斗不懈的游击战的宗旨。他独步十九世纪之处，则在他意见上的复杂，而对于互相冲突，而且比他自己单纯、根本的理想，他也了解其成因与本质。激进分子与革命分子如何形成、有何理由，他也了解。同时，他还掌握到他们的教条将会带来的可怕后果。雅各宾党人那种严厉、高贵的光辉何由产生，他十分同情，对其心理有深刻的了解，而且认为他们在道德上轰轰烈烈，高于他极为心仪、但他们无情摧毁的**旧世界**。受压迫的人民在旧体制下的悲惨、困厄、窒息、非人，以及其凄厉的正义呼求，他有透彻的了解。同时，他也知道，为这些冤屈复仇的新世界如果放任恣肆，必将造成其自身的逾矩妄行，而驱使千百万人从事毫无益处的自相残杀。赫尔岑的现实感，尤其他对革命之必要与代价的感识，不仅当代独步，也许置诸任何时代，都无人可及。他对当时危急的道德与政治问题的感识，远比十九 236
世纪大多数专业哲学家明确且具体——他们的能事是由观察

[1] 同前引（页 167，注 1）。
[2] 同前引（页 119，注 1）。

社会而导出普遍原则，并将意见、原理与行为形态排列于条理整齐的范畴之中，作成前提，然后，以理性的方法，推出解决之道。赫尔岑早年的黑格尔素养没有毁掉他的政论家与散文家本色；对学院式的分类，他不曾养成嗜好；他独一无二的洞识，直透社会与政治困境的“内在质地”；而与此洞识相得益彰的，是他卓绝的分析力与阐述力。结果，暴力革命之必要，一双马靴价值高于莎士比亚所有戏剧之论（“虚无主义”批评家皮萨列夫的巧辩），[1] 自由主义与议会政治应受贬斥之说（大众亟需糊口之食、栖身之所、蔽体之衣，而此二者要给他们投票权与口号），他都了解，而且为它们提出思想与情感上都足称信实的理由。然而，有些文明以奴役为基础，由少
237 数人产生神妙的杰作，惟少数人有自由与自信、想象与禀赋，

[1] [这段评论最初的来源常常被误认为是皮萨列夫（甚至高尔基也如此以为），实际上其真正的出处似乎是陀思妥耶夫斯基一八六四年为他的杂志《时代》提供的一部“小说”中的讽刺性“选段”（《小说 *Shchedrodarov* 选段》[‘Otryvok iz romana *Shchedrodarov*’]）：见《谢德林先生与虚无主义者之间的分裂》（‘Gospodin Shchedrin ili raskol v nigilistakh’），D v 266—281，于页 267—278。这篇仿作针对虚无主义者，他们在文中以简单伪装的化名出现。小说同名主角 Shchedrodarov（萨尔特科夫 · 谢德林）进入了杂志《适时》（*Svoevremennyi*）的编辑部——部门成员包括 Pravdolyubov（杜勃罗留波夫）和 Skribov（皮萨列夫）。页 271，他发现近期加入的编辑部的工作理念是“一双马靴在各种意义上都优于普希金，因为 [……] 普希金仅是一种奢侈和无意义”；不久后，又听闻“莎士比亚也只是无意义与奢侈”。普希金在一八二三年三月致维亚泽姆斯基（P. A. Vyazemsky）的信中回顾自己的诗“仿佛鞋匠在观察自己做的鞋子。我为利出售它 [……]”。陀思妥耶夫斯基或许记下了普希金的这段话，尽管这封信直到 1903 年才出版：见 Pushkin，《作品全集》（Leningrad，1937—1959，xiii），页 59。提及普希金而非莎士比亚的这版“理念”，同样可见于 Saltykov-Shchedrin，《塔什干绅士》（*Gentlemen of Tashkent*，1869—1872），《合集》（见前文页 9，注 1，x），页 102；以及陀思妥耶夫斯基，《着魔》（1871—1872，part 1，chapter 1，section 6），D ix 21。之后，单独提及莎士比亚的版本变得流行，这段话也开始被误归为皮萨列夫之语。]

来产生持久的生活形式，产生能在时间里屹立不坏的作品——对这种文明的美学甚至道德价值，他也有同等鲜明且清晰的了解。

如此矛盾夹缠，既义愤填膺，支持革命与民主，反驳自由派与保守派对它们的自大指责，复又同样慷慨激烈，以个人自由之名，抨击革命分子，维护生命与艺术，维护人类的庄重、平等与尊严，鼓吹一个不许人类拿公道、进步、文明、民主以及其余抽象事物为假借来互相剥削或蹂躏的社会——这种两面、多面作战，使赫尔岑成为他当代社会生活与社会问题最切现实、最敏感、最透彻、最可信的见证人。他最伟大的禀赋，是能作直截无碍的了解。他了解四十年代所谓“多余”俄国人的价值，因为他们格外自由而道德可佩，形成了他生平所知最富想象、最天机自发、最具才气、最文明且最有趣味的结社。同时，他了解恼怒、热切、反叛的青年激进分子对他这一代的挞伐。年轻一代激进分子认为这群贵族闲人终日耽溺于快意而不负责任的高谈，懵然不觉受压迫农民与低层公务员久蓄愠郁、怨心日高，其狂暴、盲目但理有固然的仇恨在真正革命家义不容辞的煽动与指导下，有朝一日，就要化成一场海啸，将他们与他们的世界一举扫除。赫尔岑了解这种冲突，他的自传也以奇绝的生动与精确，传出俄国与西方世界里个人与阶级之间、人物与意见之间的紧张。

《往事与随想》并无清晰的单一宗旨，亦非专为某一主题而作；作者未为任何公式、任何政治教条所役。职是之故，此作至今是一部深刻且生动的杰作，是赫尔岑赖以不朽的最大凭据。他所以不朽，另外还有名正言顺的理由。他的政治观与社

会观殊可谓原创独造，而所以为独造，兴其原因之一端即可。在他同时代寥寥几位思想家里，他原则上拒绝一切全盘概括的
238 解决法，而且掌握到为文而造文、为真实世界之人与事而作文的重大关键识别——能有此掌握的思想家，古往今来，为数甚少。不过，他是以作家之名垂世。他的自传是俄国文学与心理学天才的伟大纪念碑之一，堪与屠格涅夫及托尔斯泰的伟大小说并列。此作（低劣的翻译本除外）亦如《战争与和平》、《父与子》，极为可读，都不过时，没有维多利亚时代的气味，感觉上仍然现代得惊人。

政治天才的要素之一是，社会里的特征与变化仍在萌芽而肉眼难见之日，即有所敏感。赫尔岑这种能力甚高，便是眼见剧变逼近，他既无马克思或巴枯宁的粗砺的欢欣，也没有布克哈特或托克维尔那种悲观的超然。他像蒲鲁东，相信个人自由之毁灭既非可欲，亦非不可避免。不过，他又不像蒲鲁东。他认为，除非人类努力用心避免，否则此事极为可能。俄国社会主义中声势强大、一九一七年十月才遭挫败的自由人文主义传统，就是导源于他的作品。他分析了他当代里作用的力量、体现那些力量的个人、那些人信条与言论的道德前提，以及他自己的原则；其中有些大恶在我们当代增长而成熟，对于这些大恶，他的分析至今还可以列入最透彻、最动人、道德最刚健的
239 控诉。

俄国民粹主义

俄国民粹主义既非政党之名，亦非某一连贯学说之号，而是十九世纪中期俄国一股广泛的激进运动称呼。这股运动诞生于沙皇尼古拉一世驾崩、克里米亚战争败师辱国以后的社会与思想骚动之中，在一八六〇年代与一八七〇年代声势渐起，至沙皇亚历山大二世遇刺而达于极盛，此后，迅速衰颓。领导人之间，出身、眼光与能力颇不相近；取其任何阶段而论，这运动都不过是彼此独立的小群谋反者及其同情人士的松懈聚集，时或联合而共同行动，时或分立而各自行事。关于目的与手段，这些团体也往往互异。不过，他们具有某些共同的基本信念，道德上与政治上有相当程度的团结，因此仍足以称为一股运动。他们的前辈，是二十年代的十二月党人，以及三十年代与四十年代围绕赫尔岑与别林斯基的圈子；他们也像这些前辈，视他们国家的政府与社会结构为一大道德与政治巨怪——过时、野蛮、愚昧、可憎，因而致力将之整个摧毁。诸人的一般观念，并非己出，与当时法国激进分子的民主理想是同一师承，此外，相信社会与经济阶级间的战争是政治上的决定因素；他们这个理论，所取并非马克思主义的形式（马克思主义至一八七〇年代才正式到
240 达俄国），而是蒲鲁东与赫尔岑一路，更往前推，可以溯及圣西门、傅立叶以及其余法国社会主义者与激进人物；数十年来，这些人的作品由合法或非法途径，以细水长流之势进入俄国。

社会历史由阶级斗争支配的理论——以“有产”压制“无产”为核心概念——乃西方工业革命过程之产物，其最具特色的观念则出于经济发展中的资本主义阶段。经济阶

级、资本主义、拼命竞争、无产阶级及其剥削者、不事生产的财政恶势力、一切人类活动无法避免的逐渐中央化与标准化、人变成商品、个人与群体因而“异化”、人类生活因而降格——这些概念，只有置于扩张中的工业主义的关系脉络，才能充分理解。而俄国，即使迟至一八五〇年代，也是欧洲工业化程度最低的国家之一。不过，剥削与贫苦早已为其社会生活里最习见、最公认的特征，其制度的主要受害者，是占人口十分之九以上的农民（农奴与自由农民）。工业无产阶级的确已经产生，但是，到世纪中叶，并未超过帝国人口百分之二或三。因此，当时所谓受压迫者，主要仍指位居人口最下层、以国有或私有农奴为主体的农业工人而言。民粹主义者视其为受难者，决心报复并解救其冤屈；他们认为这些受压迫者是未受腐化的质朴美德的体现，认其社会组织（民粹主义者大加理想化的组织）为重建俄国未来社会所必用的天然基础。

民粹主义的中心目标是社会正义与社会平等。赫尔岑一八五〇年代的革命宣传对他们的影响，大于任何一套观念，因此，他们大多沿循赫尔岑之说，相信俄国农民公社已经寓有一个公道且平等的社会——所谓农民公社，俄语 obshchina，是一种集体单位的组织，又名 mir。[1]mir 是一种自由的农民

[1] obshchina 或 mir，一般英译为 village commune（村社），为俄国最悠久、最重要的农民组织，据 John Maynard 在《俄国农民及其他研究》（*The Russian Peasant and Other Studies*）中的最简明定义，指“地权公有，但由个人分享并耕作”。然其详细性质、起源、运作、功能，言人人殊，久为十九世纪俄国知识界的激烈论题。obshchina 的意义，赫尔岑有主观但不失经验基础的描述，是《俄国人民与社会主义》（即《致米什莱的公开信》）。至于专题研究，请参考 Francis（转下页）

241 组合，定期重新分配农地，其决议对全体成员有约束力；民粹主义者认定，以此为基石，参照法国社会主义者蒲鲁东推广的路线，就能建立一个由社会化的、自治的单位构成的联盟。民粹主义者相信，这种合作形式可能在俄国造成一个自由民主的社会制度，因为它发源于俄国社会——应该说一切人类社会——最深的道德本能与传统价值；工业的西方曾经为了达成自由民主的社会而使用高度暴力与威迫，民粹主义者则相信，工人（他们意指所有能生产的人类），无论在城镇、在乡下，都能以远小于西方先例的暴力与威迫，产生这种制度。由于以基本的人类要求，以凡人皆有的正义感与良知为自然发源的社会制度只有这一种，因此，这制度将会确保公道与平等，而且为人类能力确保最广泛的发挥机会。民粹主义者由此顺理成章，相信大规模而集中化的工业并不是"自然的"发展，而且，由于不自然，将在僵硬无情之中，导使一切陷入其触角的人降格、非人化，资本主义是戕害肉体与灵魂的可怕罪恶。然而资本主义亦非无可逃避。他们否认社会或经济进步必然与工业革命相连。他们坚信，科学真理与方法之应用于社会或个人问题（他们热烈相信这种应用），尽管可能导致（而且的确经常导致）资本主义的成长，但是，仍然可以在不带来这种致命牺牲的情况下实现。他们相信，以科学技术改善生活，并不必然破坏农民公社的"自然"生活，也不必然造成大群人沦为贫穷、面目不清的城市无产阶级。资本主义所以显得无法

（接上页）M. Watters，《农民与村落公社》（'The Peasant and the Village Commune'），极为完备，收于《十九世纪俄国的农民》，页 133—157。——译注

制止，只因不曾受到充分抑制。然“大的诅咒”（the curse of bigness）[1] 可能是西方一劫，在俄国仍然可以化解；谋定后动，自能培养甚至创造傅立叶与蒲鲁东所提，由自治的小生产单位 242 构成的联盟。俄国信徒如同其法国大师，特别憎恨国家机构，视其为不公道与不平等的象征、结果兼主要来源——是统治阶级用以维护其本身特权的武器。这武器面临受害者逐渐增加的抵抗，就愈趋残酷，愈趋盲目为祸。

一八四八年至一八四九年西方自由与激进运动之败，使他们确信解救之道不在政治，亦不在政党；他们似乎清楚看出，自由党派及其领袖既不了解，也没有认真努力促进他们国家里受压迫人民的根本利益。俄国广大农民（或欧洲广大工人）所需者为衣、食、人身保障，脱离疾病、无知、贫穷以及羞辱人格的不平等。至于政治权利、投票、议会、共和国形式，这些对无知、未开化、衣不蔽体、食难果腹的人没有意义、没有用处；这类计划只有讽刺他们的惨状而已。民粹主义者与民族主义的俄国斯拉夫主义者一样，对于阶级意识僵硬，而为姑息妥协的资产阶级以及资产阶级附庸的官僚所欣然接受并且热烈信守的西方社会金字塔，都同怀憎恶（除此以外，民粹主义者与民族主义的斯拉夫主义者在政治观念上甚少共通之处）。

这态度由讽刺家萨尔蒂科夫那篇德国男孩与俄国男孩的著

[1] [语出布兰代斯法官的一部论文集之名《大的诅咒：布兰代斯杂文集》（*The Curse of Bigness: Miscellaneous Papers of Louis D. Brandeis*, ed. Osmond K. Fraenkel, New York, 1934）。这一标题本身源自布兰代斯的《别人的钱：投资银行家的贪婪真相》（*Other People's Money and How the Bankers Use it*, New York, 1914）的第八章《大的诅咒》（'A Curse of Bigness'）。]

名对话而永垂不朽。萨尔蒂科夫宣言他信服那位饥肠辘辘、衣衫褴褛，在可恶、蓄奴的沙皇体制泥沼与污秽里困顿颠簸的俄国男孩，因为他没有像那位伶俐、温驯、自得、丰衣足食的德国男孩，让普鲁士官员以几文钱换走灵魂，所以，有朝一日，只要获得机会，他就能顶天立地堂堂做人（那位德国男孩已经永远无法如此）。俄国身陷黑暗、镣铐在身，但她的精神不受拘制；她的过去黯淡，但是，较诸德国、法国或英国文明资产阶级之虽生犹死，她的未来大有可期——那些国家的中产阶级
243 早已为了物质安全而出卖自己，在他们可耻、自取的奴隶状态里麻木不仁，已经不知道如何去要自由。

民粹主义者有别于斯拉夫主义者，不相信俄国民族有何独特性格或命运。他们不是神秘主义的民族主义者。他们只相信俄国是落后国家，使西方国家走上放任工业主义之路（不论它们原来可不可能避免此路）的社会与经济发展阶段，这个国家尚未达到。他们大多并非历史决定论者，因此，他们相信，一个处于这种困局的国家，可以发挥智慧与意志而避开工业主义的命运。他们看不出俄国有何理由不能在受益于西方科学与西方技术之余，不至于付出西方付出的可怕代价。他们辩称，采用一个由许多自治、社会化生产与消费单位组成的脉络、联盟结构，即有可能避免集中化经济或中央集权政府的专制。他们认为，组织是可欲之事，然而不可全以组织为目的而不见其余价值；凡事应以伦理与人道为优先考虑，不宜一意专注经济与科技——“蚁丘”——之利。他们断言，为了保证个人不受剥削，而反将他们变成大群工业上的集体化机器人，是自相矛盾，等于自杀。民粹主义者的观念往往不甚清晰，而且

自己人之间甚多尖锐差异，但其中仍有个一致的范围，这范围颇广，足以构成一种真正的运动。例如，他们接受卢梭的教育与道德教训（取其大纲），但不接受他的国家崇拜。他们有些人——也许可以说大多数人——与卢梭一样相信单纯的人善良，相信腐化之因在于恶劣建制的摧残，而且深深不信任一切形式的机巧，不信任知识分子与专家，不信任一切自我孤立的圈子与派系。他们接受圣西门的反政治观念，但是不接受他的技术官僚中央集权论（technocratic centralism）。他们相信巴贝夫及其弟子博纳罗蒂宣扬的谋反与暴力行动，而不相信他的雅各宾集权主义。他们赞同西斯蒙第、蒲鲁东、拉梅内以及 244
福利国家概念的其余创始者，一方面反对放任主义，一方面驳斥中央集权——无论是民族主义者或社会主义者的、无论是暂时或永久的中央集权，也不问是李斯特、马志尼、拉萨尔或马克思提倡的中央集权。有时候，他们接近西方基督教社会主义的立场，不过，他们没有任何宗教信仰，因为他们亦如上世纪的法国百科全书派人士，相信“自然”道德与科学真理。以上是使他们结合的信念中的几项。不过，他们的分歧同样深刻。

他们一切所作所为，都出以农民之名，而他们首要的也是最大的问题，就是他们对农民的态度。由谁指示农民走向正义与平等的真途径？民粹主义者并不谴责个人自由，但倾向于视之为自由主义口头禅，让个人自由容易使人分心而忽略社会与经济急务。我们应该训练专家去教导这些无知的年轻弟兄——即土地耕作者，而且，如有必要，鼓动他们抵抗权威、反叛并摧毁旧秩序，而不必等待他们本身先充分掌握这种行动的必要与意义。一八四〇年代，彼此极不相近的人物如巴枯宁与史皮希涅夫，都宣扬这个看法；五十年代，车尔尼雪夫斯基提倡此说；六十年代，扎伊奇涅夫斯基与“青年俄国”（Young Russia）中的雅各宾分子也热烈鼓吹；拉夫罗夫在七十年代与八十年代力主此议，他的竞争者与敌手——职业恐怖主义的信徒——涅恰耶夫与特卡乔夫以及他们的徒众，包括——以此目的为限——社会主义革命家，甚至最热烈的俄国马克思主义者，尤其列宁与托洛茨基，都倡言此说。

他们之中，也有人问，训练这种革命团体，会不会造成一群追求权势与独裁的倨傲不下的精英。这群精英的最高明做法也不过是认为，他们有责任给农民的，并不是农民要求的东西，而是他们——这些以农民导师自居者——自己认为对农民有益的东西，亦即他们认为群众应该要求之物，不管群众事实上是否要求此物。他们更进一步逼问，这样，不久是不是会产生一群狂热之徒，一个被自己的专业训练与谋反生活割离俄国
245 人民大众生活，而忽略大众实际需求，不顾其希望与抗议，执意将自家选定之物强加于他们身上的职业革命家。如此，岂非危险之至，岂非以新桎梏取代旧桎梏，岂非以知识分子的专制寡头政治代替贵族、官僚与沙皇？你有何理由可以认为新主人的压迫性将会低于旧主人？

作此论难之人，为六十年代一些恐怖主义者，如伊舒京与卡拉科佐夫。逼问更急者，是大多数理想主义青年，他们受卢梭（或涅克拉索夫、托尔斯泰），以及几位比较强硬的社会理论家至少也同样强烈的鼓舞，在七十年代及其以后“走入民间”，目的不是教导别人，而是教导自己如何生活。这些青年，

亦即所谓“忏悔的贵族”，相信自己不但被一个邪恶的社会制度，而且被博雅教育的过程腐化了——博雅教育造成深刻的不平等，而且难免将科学家、作家、教授、专家以及一般所谓文明人提升于大众头顶，高高在上，因此，成为不公道与阶级压迫的最肥沃养殖场；凡阻碍个人与个人、团体与团体、国家与国家了解之物，凡为人类团结与友爱制造障碍并久居为障碍之物，都是**根本**邪恶之物；专业化与大学教育在人与人之间建筑隔墙，妨碍个人之间、团体之间的“联系”，扼杀爱与友谊；经黑格尔及其信徒发扬，有所谓阶级与阶级、文化与文化“异化”之说，专业化与大学教育即可列入“异化”的主因。

民粹主义者中，有些人弄巧而图忽略或避过这个问题，巴枯宁即为一例。本人并非民粹主义者，但对民粹主义影响深远的巴枯宁力言知识分子与专家不可信，认为相信知识分子与专家容易导致最卑鄙的暴政——科学家与迂腐炫学之士当道。但是，革命家到底是来教人还是来学习的问题，巴枯宁不肯面对。“人民意志”（“民意党人”）一派恐怖主义者及其同情者也不曾回答。比较敏感、道德上比较谨慎的思想家——例如车尔尼雪夫斯基与克鲁泡特金——感觉到这个问题的迫人重量，而 246
且无意装聋作哑。但是，一旦自问有何权利将某种社会组织制度强加于生活方式非仅全然不同，甚至可能体现更深价值的农民大众身上，他们的答复也并不清楚。六十年代，愈来愈多的人问，假使农民实际上抗拒革命家解放他们的计划，又当如何？到此一层，问题遂更加尖锐。是否一定要欺骗，或者更糟，是否一定要威迫群众，终必掌政主治者是人民，而非革命精英，这点无人否信。不过，同时不妨一问：群众的愿望，可以忽视的程度如何？或者，若强迫他们走他们显然厌恶的路子，则至何处适可而止？

这绝非学术问题而已。激进民粹主义的第一批热心信徒，即在著名的一八七四年夏季“走入民间”的传道者，他们要帮的人对他们报以逐渐升高的冷漠、猜疑、反感，有时候，是积极的仇恨与抵制，甚至经常将他们扭送警察[1]。于是，民粹主义者被迫明白界定自己的态度，因为他们热烈相信有必要以理性的论证，为本身的活动辩白。他们终于获得答案，然而答案颇不一致。行动派，如特卡乔夫与涅恰耶夫，以及政治意味稍淡，其仰慕者以“虚无主义”知名的皮萨列夫，由于鄙弃

[1] 一八七四年“走入民间”去唤醒农民革命意识的数千青年发现农民只为身家谋，只要鲜衣养食以及地主身份。一八六一年农奴“解放令”颁布前，农民一直引颈跂望，以为土地将全面免费放领。“解放令”颁布，他们大失所望，但并未死心。除少数骚乱，仍继续在日渐恶化的处境中苦等沙皇带来转机。见《十九世纪俄国的农民》，《农民与解放》（‘The Peasant and the Emancipation’），页 41—71。所求有大壤之别，民粹主义青年严重受挫，其来有自。

俄国农民由种种条件积久而成的深重保守与现实性格，为论者所共见。韦伯研究俄国问题极有心得，在此可以借重。他也注意到俄国农民对土地重新分配以外的任何改革全无兴趣。他们的要求“几乎纯属经济层面的要求”。他怀疑“这些大众如何会有动机参加一个超出纯粹物质要求的运动”。根据近代欧洲革命的经验，农民也可能起事，但“一旦其直接的经济要求获得满足，就会从最彻底的激进主义转入一种冷感或政治反动状态”。自由人士可以发动农民来协助民主与议会等理想，但沙皇也可能故示小惠，及时以“土地封住他们的嘴”；或者，即使农民自行夺得土地，“他们对宪政改革的任何兴趣仍将就此烟消云散”。因此，韦伯认为农民在政治上不会是自由民主的忠诚支持者。他们可能促成沙皇体制的推翻，但他们不足为议会建制的任何长期基础。见 David Bentham，《韦伯与近代政治理论》（*Max Weber and the Theory of Modern Politics*），《社会、阶级与国家：俄国》（‘Soiety, Class and State: Russia’），页 188—189（George Allen & Unwin Ltd 初版，1974；Cambridge: Polity Press 二版，1985）。韦伯上述见解，出于他对一九〇五年与一九一七年俄国革命期间“议会政府”与“资产阶级民主”面临的各种困难条件的研究，不过，移用于一八七〇年代民粹主义者所遭遇农民的问题，似乎同样中肯。——译注

民主方法，都成为列宁的先驱。盖自柏拉图时代以来，不断有人辩称，精神优于肉体、知者必须治理无知者。受过教育之人不可听从未受教育的无知大众，必须以一切可用的手段拯救大众，若有必要，可以违逆他们的愚蠢愿望，狡计、欺骗，皆可运用，甚至暴力亦在所不惜。但是，对这一派，以及其必定连带的权威主义，民粹主义运动中只有少数人接受。如此公然鼓吹这类马基雅维里策略，多数派颇为惊骇，认为手段若走火入魔，任何目的，无论何其善良，都将反为所坏。

对国家的态度，也爆发类似冲突。俄国民粹主义者都同 247
意，国家为一协迫与不平等制度之体现，故本质即恶；国家消灭以前，不可能有公道与幸福。然而，同时，革命之当下目标为何？特卡乔夫十分明白，资本主义这一敌人终于摧灭之前，胁迫的武器——革命家由这敌人手中夺获的手枪——绝勿抛弃，必须转用以对付这敌人。换句话说，国家这部机器不可破坏，必须用以对付势所必有的反革命；最后的敌人被——借用蒲鲁东的不朽措辞——彻底清算，而人类从此不再需要任何胁迫器具以前，不可毁弃国家。他这教条，列宁忠实有加，继踵增华，不仅依从马克思并不显豁的无产阶级专政公式而已。代表民粹主义主流、反映其一切摇摆与混乱的拉夫罗夫则自有特色，不是提倡立即或完全消灭国家，而是将国家作有系统的化灭，化灭到他笼统所谓的最低限。民粹主义者中最不走无政府路线的车尔尼雪夫斯基，认为国家可以成为农民或工人的自由组合的组织者兼保护者。他想使国家同时兼行中央集权与地方分权，既保障秩序与效率，又保证平等与个人自由。

以上思想家都共持一个巨大的启示录式假定：一旦当道之

恶——独裁、剥削、不平等——在革命之火中消灭，灰烬里将自然且自动升起一个自然、和谐、公正的秩序，这秩序只需开明革命家的温和指引，即能臻于完美。这个以人性新生的单纯信仰为基础的乌托邦之梦，是民粹主义，戈德温与巴枯宁、马克思与列宁诸人都共同怀抱的幻见，其核心模式是罪、死、复活——通往尘世天国之路；人惟有寻得真道、依此真道而行，尘世天国之门才会打开。至于这乌托邦大梦之根，则深源于人
248 类的宗教想象。因此，宗教想象的这个世俗版与俄国旧信徒（Old Believers）——歧异于官方正教的宗教——有浓厚渊源关系，就毫无足怪了；十七世纪那场宗教大分裂以来，旧信徒即认为俄国及其统治者（尤其彼得大帝）代表撒旦统治人间。民粹主义者由这个受迫害的地下教派里动员到许多潜在盟友。

民粹主义者本身即有深刻分歧；关于知识分子的未来角色以及其与农民未来角色的比较，他们莫衷一是；关于新兴资产阶级的历史重要性，他们也各持己见，有人主张采用渐进手段，有人要求一举推翻，有人力主教育与宣传，有人鼓吹恐怖主义与立即起事。举凡这些问题，都彼此关联，而且需要及早解决。不过，引起民粹主义最深裂隙的是以下这个迫切问题：足够数目的受压迫者充分觉醒以前，亦即他们有能力了解并分析他们不堪忍受的处境的原因以前，真正民主的革命有无可能发生？温和派认为，任何革命若不以革命的大多数为起源依归，就不是名正言顺的民主革命。此说成立，则等待之外，别无二途——等到教育与宣传造成这个大多数。十九世纪下半叶，几乎所有西方社会主义者——马克思主义者、非马克思主义者——都拥护这条路。

俄国雅各宾主义者反驳这路线，他们辩称，徒事等待，而且还指责由果决的少数人所组织的一切反叛活动为不负责任的恐怖主义，或者更糟，指其为以专制易专制，将会导致惨重祸果。革命家拖延之际，资本主义会迅速发展；这段喘息时间，会使统治阶级有能力发展其远非目前可比的社会与经济根据地；繁荣而蓬勃的资本主义的发展将为激进知识分子自己制造工作机会，医师、工程师、教育家、经济学家、技术以及各类专家，将会分配到利益丰富的工作与职位；他们的新资产阶级主人（不像现有体制），将会很聪明，不会强迫他们作任何政治妥协；知识阶层将会获得特权、地位以及广泛的自我表 249
达机会，无害的激进主义会受到宽容，大量个人自由也将获得允许。这样，革命大义就丧失它比较可贵的成员了。当初激于不安、不满而与被压迫者同心一志者一旦获得片面满足，革命活动之诱因必将减弱，根本改造社会的远景亦将落得黯淡不彰。激进革命派极力辩称，无论马克思作何说法，资本主义之前进并非势无可免；在欧洲可能无可避免，但在俄国，以一次革命大手笔即可遏止，在它未及壮大以前连根摧毁。若必待唤醒多数工人与农民的“政治意识”而后行事（当时，部分由于一八四八年知识分子之败，马克思主义者与多数民粹主义者都断定，革命以前，决不能不先致力这种唤醒工作）——如果这等于采用渐进计划，则必定错失行动良机；日后兴起的，将不是民粹主义或社会主义革命，而是由一个蓬勃、想象力丰富、掠夺性、功成利就的资本主义来继承俄国的半封建制度——试看资本主义在西欧取代封建秩序，宁非斑斑可考？一旦至此地步，谁复知再历几十载、几世纪，革命才终于到来？当其果然到来，谁又知道它那时将会建立何种秩序，而且，在何种社会基础上建立那个秩序？

民粹主义者都同意，未来社会须以社会主义团体为基础，农村公社则是这些团体的理想胚胎。但是，资本主义的发展不会自动破坏公社吗？假使（尽管一八八〇年代以前尚未有人明白肯定此点）资本主义已经在破坏公社，假使阶级斗争已经在分裂城市，而且如马克思所分析，的确已经在分裂乡村，则行动计划也就分明可指。志决之士可以而且必须抑止这解体过程，拯救农村公社，不应袖手兀坐，怀宿命之心，作壁上观。
250 雅各宾主义者主张，革命家应倾力夺权，以引进社会主义，即便因此延后以道德、社会与政治现实教育农民之务，亦不足惜。的确，待革命打破旧体制的抵抗以后，才推行这种教育，必有一日千里、事半功倍之妙。

这个思想路线与一九一七年列宁的言论虽非字字吻合，但异常近似他当年追求的政策。这种路数，根本有别于比较老的马克思主义决定论，而反复强调时不可失。[1] 富农正在乡下吞噬贫农，资本家正在城里迅速繁殖。政府只要有一丝智慧，就会让步、推行改革；革命需要受过教育者的意志与头脑，而这些人会被引入和平路途，为反动的国家服务；借着这类自由手

[1] L. H. Haimson 收录俄国雅各宾主义理论家特卡乔夫在杂志上的一段话："所以我们不能等待。所以我们认定俄国真的不能不来一场革命，而且现在就来。我们不容推延，不容姑息。眼前不做，就要留到长远的未来，而且可能留个永久！现在，条件有利于我们；十年、二十年以后，将成无从措手之势。"特卡乔夫主张由一群受过训练、纪律严格、绝对服从领导的"职业革命家"集团来执行这场革命。列宁认识马克思主义以前，已先受特卡乔夫这个观念影响。上引言论，见 Lichtheim，《社会主义简史》，页 159。——译注

段，不公道的秩序会持续而且强化。行动主义者辩称，革命绝非势不可免之事，革命是人类意志与人类理性的成果。人类意志与理性如果不够，革命可能永远不会发生。只有不安全的人，才渴望社会团结与公社生活；个人主义永远是奢侈品，是社会地位稳固之人的理想。新的技术专家阶级——自由分子卡韦林与屠格涅夫等津津乐道，甚至激进个人主义者皮萨列夫偶尔也极口称赞的现代、开明、精勤人士，被雅各宾主义者特卡乔夫视为“比霍乱和斑疹伤寒更糟糕”，[1] 因为他们将科学方法应用于社会生活，等于为新兴的寡头资本家卖命，因此，也是在阻碍自由之路。手术才能救病人的时候，止痛药是要命的玩意儿，徒然拖延病情，使他更虚弱，到头来，连手术也回天乏术。你必须趁这些新的、可能妥协的知识分子人数太多、太舒适、权势过大以前下手，不然会来不及。也就是说，一个圣西 251
门式的高薪经理精英阶级，就会主掌一个新的封建秩序——这秩序在经济上效率甚高，但就社会层面而言，由于以永久的不平等为基础，是个不道德的社会。

恶，莫大于不平等。任何理想与平等冲突，俄国雅各宾主义者都要求牺牲或修正那个理想；一切公道的首要基本原则，就是平等；任何社会，人与人间若无最大程度的平等，就不是公正的社会。革命要成功，必须打倒并根除三大谬误。第一谬误：只有文化人能创造进步。此语不真，而且有诱人信仰精英

[1]《当代批判的原则及目标》（‘Printsipy i zadachi sovremennoi kritiki’，1872），出自 P. N. Tkachev，《社会政治学论文选集七卷本》（*Izbrannye sochineniya na sotsial’no-politicheskie temy v semi tamakh*，ed. B. P. Koz’min，Moscow，1932—1937，vi），页 297。

分子的恶果。第二谬误与第一谬误相反，而同属幻觉：凡事须向人民学习。此语同样虚妄。卢梭的阿卡狄亚式[1]农民全是他的田园幻想。大众无知、残酷、反动，既不了解本身需要，也不了解何事于己有益。革命如果取决于他们的成熟，依靠他们的政治判断力与组织力，必定失败。第三谬误：革命只有挟无产阶级之多数，方能成功。无产阶级之多数能成功革命，固无可疑，但是，俄国如果必待拥有一种无产阶级多数，而后革命，则摧毁腐化、可恶政府的机会将要过去，届时，资本主义将已稳若磐石。

若然，计将安出？必须训练人制造革命，摧毁现有制度，摧毁社会平等与民主自治的一切障碍。此事既达，应召开民主集会；雅各宾主义者认为，制造革命者若肯细心解释革命原因，以及不得不革命的社会与经济状况，则群众即使今天仍然蒙昧，也当然会充分了解自己处境，而自愿——应该说，欢迎这个机会——让革命家把他们组织成新的自由生产联盟。

但是，假设到了**政变**成功的明日，他们仍不够成熟而无法明白，怎么办？在他一八六〇年代晚期作品里，赫尔岑再三提
252 出这个难缠的问题。多数民粹主义者亦为此深深烦恼。行动派
却毫无怀疑：打掉落难英雄身上的镣铐，他就会堂堂舒活，顶天立地，自由幸福，直到永远。这些人的看法简单得可惊。他们相信恐怖主义、更多恐怖主义——以便获致完全、无政府主义式的自由。在他们，革命的目的是要建立绝对的平等，不但

[1] 阿卡狄亚（Arcadia）为古希腊一地区，以居民生活淳朴、幸福而著称，引申为田园牧歌式之同义词，有类于中国之桃花源。——译注

要经济与社会平等，还要身体与心理的平等。在这张普洛克路斯忒斯的铁床与绝对的自由之间，他们看不出有何悬隔窒碍。一开始，由国家的权力与权威实施这个秩序，国家实现其目的以后，就会迅速将自己“清算”掉。

民粹主义者的主流发言人反驳此说，力言雅各宾手段往往带来雅各宾后果；革命之目的若在解放，则不可使用势必奴役原来要受解放的人的专制武器：解药不可竟然比疾病更坏事。以国家打破剥削者，然后将某一生活形式强加于未受教示而不了解这种生活方式之必要的多数人民身上，等于革去沙皇桎梏而代以一具新的，而且未必不那么摧人的桎梏——少数革命家创造的桎梏。民粹主义者多数深信民主；他们相信一切权力都有腐化的趋势，一切集权都会力求永久集权，一切中央集权都有压迫性，都邪恶，因此，达到公正与自由社会的惟一希望是以和平方式，以理性论证，使人皈依社会与经济正义以及民主自由的真理。为了获得使人皈依这些真理的机会，或许确实必须打破自由与理性沟通的现有障碍——警察国家、资本家势力、地主势力，而且在此过程中使用武力，例如群众叛变，或者个人恐怖主义。然而他们也认为，暂时手段的观念是一回事，敌人已经打破以后，将绝对权力置于任一党派或团体之手（无论多么有德的党派与团体），又完全是另一回事。他们这个立场，是过去两个世纪中每一位自由主义者与联邦论者所据以反驳雅各宾主义者与中央集权论者的古典立场；伏尔泰据此 253
反驳爱尔维修与卢梭；吉伦特党的左翼以此驳斥山岳党；赫尔岑秉此论点，抨击前一时期的教条共产主义者——卡贝以及巴贝夫的门人；巴枯宁指斥马克思主义的无产阶级专政要求，谓此举只是将权力由一批压迫者转交另一批压迫者；八十年代与九十年代的民粹主义者以此立场反驳他们认为意图破坏个人自发与自由的所有人（无论这些人本身是否自知有此意图）——例如允许工厂主人奴役群众的放任自由主义者、自己就准备这么做的激进集体主义者、资本主义企业家（米哈伊洛夫斯基在他对陀思妥耶夫斯基小说《群魔》的著名批评中即曾论及），或者赞成中央集权的马克思主义者都一样；米哈伊洛夫斯基认为这些人都比陀思妥耶夫斯基嘲斥的病态狂热分子更危险——是残酷、不问道德的社会达尔文主义者，与个人自由和个人性格都深相敌对。

这也是世纪之交使俄国社会主义革命家与社会民主人士分裂的主要政治问题。数年之后，普列汉诺夫与马尔托夫二人同列宁绝袂，此事也是主因。布尔什维克与孟什维克的大争吵（不管表面原因为何），其实就绕着这问题打转。列宁不曾抛弃马克思主义的中心教条，但是，十月革命过后两三年，他亲言自己对革命后果痛切失望——革命的后果，正如他的对手所预测：官僚制度，以及党的干部武断专制。托尔斯泰指责斯大林犯有同样错误。手段与目的两难兼顾，仍是我们今日世界各洲革命运动的最深刻、最痛苦问题，在亚洲与非洲尤然。由于这场争辩在民粹主义运动内部演成如此明锐的形态，这运动的发展与我们自身的困境有了一种意义非常的关系。

以上种种歧异，都落在同一革命眼光的架构之内，因为民粹主义者之间无论有何不谐，他们仍有一个统合点：他们都怀
254 抱一股不可动摇的革命信仰，而此一信仰，来源甚多。仍然处于前工业阶段的社会，其需求与眼光令人产生对简朴与博

爱的渴望，这渴望里即有革命抱负的种子；一种可以远溯于卢梭的土地改革理想主义，亦属革命心源之一；这些渴望与理想主义，都是今日印度与非洲仍然可以看到，而工业化西方的社会史家必定视为带有乌托邦性质的现实。一八四八年至一八四九年欧洲诸次革命之惨败，与赫尔岑的特殊结论——未遭类似革命之灾的俄国或可以在尚未破坏的、自然的农民公社社会主义中得救——共同使民粹主义者对议会民主、对自由主义信念、对资产阶级知识分子的诚意所抱的幻想破灭，而另谋革命之路。巴枯宁厉斥一切中央权威，尤其国家，并认为人类本性和平且致力生产，只因受诱而偏离其适当目的，被逼而沦为狱卒或罪犯，而有暴力倾向；巴枯宁这种见解言论，对民粹主义者的革命信仰，有深重影响。不过，与以上诸说相反的潮流，也有推波助澜之力：特卡乔夫寄其信心于雅各宾式职业革命精英，认为惟有此种革命家，才能遏止由天真的改革主义者与人道主义者以及镇营邀功的知识分子协助走上其致命之路，并以虚伪造假的议会民主为掩饰的资本主义；皮萨列夫热烈信奉功利主义，力斥一切唯心论与玩票作风，更反对以温情将农民——尤其俄国农民——之朴与美理想化（理想化为特沾神宠、远非日益腐化的西方所得污染败坏）。这些“批判的现实主义者”呼吁同胞以自助与务实的干劲自救。这是一种新百科全书派的运动，提倡自然科学、专业，排斥人文学、古典学问、历史以及其余一切奢侈放纵。总之，他们举“现实主义”，对抗文学的文化，认为这种文化已麻醉俄国的精华人口，使其若非任令腐败的官僚、愚昧且残酷的地主以及愚民的教会剥削利用，就是自行腐烂，而被唯美主义者与自由主义者弃置

255 不顾。

但是，民粹主义的最深理路与中心眼光，应推拉夫罗夫与米哈伊洛夫斯基的个人主义与理想主义。他们与赫尔岑一样，相信历史并无预定样式，“并无脚本”，[1] 文化之间、国家之间、阶级之间的剧烈冲突（黑格尔主义者所谓人类进步之本质），阶级之间的权力斗争（马克思主义者所谓历史动力），皆非无可避免。对人类自由的信仰，是民粹主义人文主义的柱石。民粹主义者不厌重申，人之目的由人自择，并非由外强加，惟人之意志能建构幸福光荣之生活——知识分子、农民、劳力工人及自由业者能互相协调利益的生活；也不是完全调和，因为那是无法获致的理想，而是相互调整成一种不稳定的均衡，运用人类的理性与不断的留意，使其配合人与人、人与自然彼此作用所产生的无法预测的巨大后果而随机制宜。正教的会议与自治原则，以及其对罗马公教集权式圣统和新教个人主义的深刻敌视，可能也有影响。这些义理、这些先知以及其西方师辈——法国大革命前后的法国激进分子，费希特与博纳罗蒂、傅立叶与黑格尔、密尔与蒲鲁东、欧文与马克思——也都起了作用。不过，民粹主义运动中最大的人物，气质、观念与活动从头至尾支配民粹主义运动的人物，无疑是车尔尼雪夫斯基。关于他生活与言论的影响，单篇论文甚多，但仍有待诠释。

尼古拉·车尔尼雪夫斯基并非善于原创观念之人。他没有赫尔岑的深度、想象力，或者其灿烂的智力与文学才具；他没有巴枯宁的雄辩、恣肆、气质或推理力量，也没有别林斯基的

[1]《彼岸书》，H vi 36，338（变体）；F 39。[另见页 105。]

道德天才与独特社会洞识。但是，他有不屈不移的诚正、极度的精勤奋励，以及俄国人罕见的具体细节贯注力。他对奴役、 256
不公与不理性的深刻、稳定、抱持终身的怨恨，所发于外者，并非庞大的理论总结，亦非社会学或形而上学体系，亦非以暴力反对权威，而是徐缓、踏实、耐心储积事实与观念——一种粗糙、板滞但有力的思想结构，这结构极适于专门针对他所欲改变的俄国环境，建立一种详细的实际行动策略。车尔尼雪夫斯基比较同情的，是一八四九年被政府击碎的彼得拉舍夫斯基集团（陀思妥耶夫斯基青年时代参加的集团）那种具体、仔细推敲筹谋的社会主义计划（无论那些计划多么错误），而不是赫尔岑、巴枯宁及其信徒的巨大想象建构。

一八四九年以后死气沉沉的年代里，成长了一个新时代。自由主义者的游移逡巡与率然背叛，导致反动党派一八四九年的胜利，这些年轻人都曾目睹。十二年后，俄国解放农民，他们看到同样的现象，[1] 他们认为，这场解放，是自由主义者白眼作贱他们的计划与希望。于是，这些人发现了车尔尼雪夫斯基勤勉奋进而耐心踏实的天才——此人根据具体的统计资料，试图对特殊的问题提出切实的解决；他时常呼吁真相；耐心努力指出可以获致的、实际的、直接的目的，而不盘空驰逐可欲

[1] 数载研议，于一八六一年颁布的“解放令”本是当局迫于形势而作权宜运用，举棋不定，收多于放，成为积怨蓄祸之源。车尔尼雪夫斯基等激进人士认为农民应得自由，拥有全部土地。因此抨击“解放令”为一大骗局。于是，正如赫尔岑等“四十年代人”痛斥西欧自由主义者出卖一八四八年革命，六十年代人如今指责“四十年代人”不够认真，出卖理想，没有尽力争取彻底改革。赫尔岑指车尔尼雪夫斯基一辈挑剔成性。车尔尼雪夫斯基称赫尔岑为“长毛象的残骸”，过时、无用。车尔尼雪夫斯基之语，见 Richard Pipes，《旧体制下的俄国》。——译注

但眼前无路可达的事态；采以平板、枯燥、徒步前进的风格，拙滞而缺乏灵感——但是，比起一八四〇年代浪漫的理想主义者高贵的奔放飞行，更严肃认真，而且究极而论，更能启发人。他寒微的社会出身（教区牧师之子），使他与他想分析其处境的平民具有天然的亲和性，而且使他不信任，后来更激烈仇视俄国与西方一切自由主义理论家。由于以上特质，在已从迷惑中觉醒，出身流品混杂，不再以巨室名门子弟为生，因早年理想之败、政府压制、俄国克里米亚战争之辱，以及统治阶级之软弱、麻木、伪善与混乱无能而满怀艰苦的一代人里，车
257 尔尼雪夫斯基成为自然而然的领袖。对于这些强硬，社会处境不安稳、愤怒、多疑、鄙蔑任何雄辩或“文学”痕迹的年轻一辈激进分子，车尔尼雪夫斯基有如父亲，有如告解神父——贵族出身而善于讽刺的赫尔岑与任气使性而终嫌轻浮的巴枯宁都永远无法达到的地位。

车尔尼雪夫斯基如同所有民粹主义者，相信农民公社必须保存，而且有必要将其原则推及于工业生产。他相信，俄国可以既学习西方的科学进展而直接受益，又免于经过工业革命的阵痛。赫尔岑曾有颇具特色的感言“人类的发展是一种年序上的不公平”，因为后来者能受益于先辈的劳苦而毋需付出相同代价。[1] 车尔尼雪夫斯基师法其意：“历史疼爱子孙，上

[1] [大概是转述，而非直接引用。赫尔岑有过类似论述，见《俄国》（‘La Russie’, 1849），H vi 167—168；《俄国与旧世界》（‘La Russie et le vieux monde’, 1854），H xii 152。他说，俄国将会经历西方国家已经经历的某些阶段，不过是“如同胎儿历经动物学意义上的低级阶段”。可另见前文页 118，注 3 引用的文章的第三节“但愿老当益壮，年少视广！”（‘Si vieillesse pouvait, si jeunesse savait!’），页 170 后。]

一代打破骨壳而伤手，下一代坐收骨髓。”[1] 依车尔尼雪夫斯基所见，历史在黑格尔的正反合三者作用里行进，或以螺旋状行进：各世代往往不是重复父母的经验，而是重复祖父母的经验，而且是在“更高一层次”上重复。

但是使所有民粹主义者着迷的，并不是他教条里的历史主义成分。他对他们的主要影响，在他深深不信任一切由上而下的改革，而相信历史之本质为阶级斗争，以及最重要者，相信国家永远是统治阶级手中的工具，无论有意无意，都不可能实施必要但一成功就要结束其统治地位的改革（据我们所知，这项信念并非取自马克思，而是他由二人共承的社会主
义传统中导得）。没有一个阶级会服劝去造成自己的瓦解。因 258
此，一切要使沙皇洗心的企图、一切想避过革命之恐怖的企图，必然（他在一八六〇年代初期论定）终归徒劳。五十年代末期有一段时日，他曾如赫尔岑，寄望于由上而下的改革。农奴解放的最后形式，以及政府对地主的让步，愈除了他这个幻想。他指出，希冀以费边主义策略来影响政府的自由主义者，其惟一成功，只是出卖农民与自己而已：他们与农民的主人攀结关系，而首先危害了自己；然后，统治阶级若要方便行事，无需多少手脚，就把他们说成了农民无信无义的敌人，并且策动农民反对他们。证诸历史，此言洵属不诬。一八四九年

[1]《对反土地公有制的哲学偏见的批判》（‘Kritika filosofskikh predubezhdenii protiv obshchinnogo vladeniya’，1858），C v 387。[更直白的译文，见《对反公有制的哲学偏见的批判》（‘A Critique of Philosophical Prejudices against Communal Ownership’），出自《晚期马克思与俄国之路：马克思与“边缘资本主义”》（*Late Marx and the Russian Road: Marx and ‘the Peripheries of Capitalism’*，ed. Teodor Shanin，London etc.，1984），页 187。]

的法国与德国就是这种情形。即令温和派及时撤退而鼓吹暴力手段，他们对情势、对农民与工人实际需求的盲目，往往还是导使他们鼓吹到头来害他们的信徒付出可怕代价的乌托邦图式。

车尔尼雪夫斯基引申了一种简单的历史唯物论。依照这种历史唯物论，社会因素决定政治因素，而非政治因素决定社会因素。结果，他宗法傅立叶与蒲鲁东，认为自由主义与议会政治的理想只是在规避核心问题：农民与工人需要食物、栖所、靴子；至于投票权、自由宪法、个人自由之保障，这些对三餐不继、衣不蔽体的人并无多大意义。社会革命必须先至，然后，适当的政治改革将自行随之而来。在车尔尼雪夫斯基，一八四八年的主要教训是，西方自由主义者，无论勇敢或怯懦，都证明了他们政治与道德上的破产——其信徒，如赫尔岑、卡韦林、格拉诺夫斯基等人亦然。俄国必须追求自己的路
259 子。他有别于斯拉夫主义者，而与下一代的俄国马克思主义者相同，根据丰富的经济证据，主张俄国的历史发展，尤其农民公社，是依照所有人类社会的社会与经济定律而来，绝非独一无二之物。他与马克思主义者（以及孔德派的实证论者）一样，相信这类定律可得而发现，而且可用条理陈述出来；但是，他又有别于马克思主义者；他相信，俄国如果采取西方技术，并且教育出一群训练有素、意志坚定、眼光理性的人，就能“跃过”社会发展的资本主义阶段，将农村公社与自由的技工合作团体直接变成农业与工业生产组合，而这些组合将是社会主义新社会的胚胎。据他所见，技术上的进步并不会自动打破农民公社：“野蛮人也能受教而使用拉丁课本和安全火

柴”；[1] 工厂可以接植于工人的**合作社**，而未必会破坏这些合作社；大规模的组织可以既消灭剥削，又保存俄国以农业为主体的经济性质。[2]

车尔尼雪夫斯基相信，科学之应用于生活，乃历史定然之势，但他有异于皮萨列夫之处是，他不认为，要将科学应用于生活，少不了个人企业。他更不认为这过程不能缺少资本主义。他保留了相当多他青年时代相信的傅立叶成分，因而认为自由的农民公社组合与技工合作组合是一切自由与进步的基础。但是，同时，他又像圣西门主义者，深信此事若无集体行 260
动——大规模的国家社会主义，则不会有多大成就。车尔尼雪夫斯基这些无法并立的信念从来不曾调和；他的作品兼含赞同与反对大规模工业的陈述。国家应如何刺激（或避免刺激）工业、如何控制（或避免控制）工业；公共与私人经济部门有何关系；民选议会要有其政治主权，而国家主持集中化的经济计划与控制，两者关系又当如何——凡此，他的态度也正反交

[1] 同上，页 380—384；《对反土地公有制的哲学偏见的批判》（‘A Critique of Philosophical Prejudices against Communal Landholding’），出自《俄国思想史：从启蒙运动到马克思主义》（*A Documentary History of Russian Thought: From the Enlightenment to Marxism*，trans and ed. W. J. Leatherbarrow and D. C. Offord，Ann Arbor，1987），页 210—212；可参阅 Shanin，页 187—190。

[2] 在《俄国民粹主义》（*Il populismo russo*）的第 15 章里——英文版名称为《革命之根》（*Roots of Revolution*；London，1960）——Franco Venturi 恰当地引述民粹主义者的统计（似乎相当近实的统计）：一八六〇年代，农民与地主的比例为 341 ∶ 1，拥有土地之比为 1 ∶ 11.5，收入之比为 2.5 ∶ 97.5；至于工业，城市工人与农民之比为 1 ∶ 100（见英文版的页 403—404）。以这些数字而言，马克思断定他的预测适用于西方经济，而不必然适用于俄国经济，也许就不足为奇了，虽然他的俄国门徒忽视他这项让步，而坚持资本主义已在俄国大步迈进，不久就会消除俄国与西方的差异。普列汉诺夫（他坚决否认车尔尼雪夫斯基是民粹主义者）用心经营他们这个理论，列宁则据此理论而行动。

杂、爱憎难分。

车尔尼雪夫斯基的社会计划，其纲目始终模糊不明，或者不连贯，而且经常既模糊又不连贯。在他身上，广大群众的代表人物终为于他们的需求与感受找到了一位代言人兼诠释者——而直指他们心意的，是他根据真实经验而来的具体细节。他最深刻的抱负与情感，都倾入《怎么办?》。此书是社会层次的《乌托邦》，视为艺术品，荒怪不经，对俄国人的见解却有名副其实的划时代影响。这部说教小说描写自由、道德纯净、合作式的未来社会主义共和世界；其动人的诚挚用心与道德热情，使理想主义与满怀罪恶感的富农子弟目迷心醉。此书提供了一个理想模范，一整个时代的革命家奉此模范为圭臬而教育、坚强自己，反叛现有法律与习俗，以近乎崇高之姿，将放逐与死亡全然置之度外。

车尔尼雪夫斯基宣扬一种天真的功利主义。他如同詹姆斯·密尔（或许亦如边沁），认为基本人性是一套固定的、可由生理分析而得知的自然过程与官能模式，因此，以科学方法计划，可以实现最大的人类幸福。他判定，要在俄国宣扬激进观念，想象的作品与批评是惟一媒介。于是，在他与诗人涅克拉索夫合编的《现代人》评论里，他以文学为幌子，尽量
261 夹带直言无讳的社会主义教条。激烈的青年批评家杜勃罗留波夫协助他做这件事。杜勃罗留波夫是具有真实天赋的文人（车尔尼雪夫斯基并非文学高才），由于宣传与教育之心激切，有时甚至不止于夹带而已。这二位热心人的美学观点严限于实用层次。车尔尼雪夫斯基认定，艺术之功能，在协助人以更理性的方式满足需求、传播知识，在对抗无知、偏见以及反社会的

激情，在改善生活——他使用以上字眼，取的是最质直、最狭隘的意思。他步步逼到荒谬的结论，无可转动之余，索性痛快拥抱那些结论。例如，他解释海景绘画：俄国中心地带的居民去海过远，永远无法一睹海洋，海景绘画的主要价值就在于让他们看到海的模样；又，他的朋友兼资助人涅克拉索夫，因为其诗篇比其余诗人更能使人同情被压迫者，所以是已逝或在世俄国诗人中最伟大的一位。早先与他合作的人——文明而且不厌精细的人，如屠格涅夫与博特金，发觉他严酷的狂热作风日益令人不堪忍受。屠格涅夫无法与这个仇视艺术、独断而以人师自居者长久相安。托尔斯泰鄙视他的阴暗狭隘、他的全无美感、他的不宽容、他的理性主义、他令人疯狂的自信。但是，继一八四〇年代理想主义者而起的“强硬”青年所以奉他为自然而然的领袖，正由于这些特质，或者，正由于这些特质所本的眼光。车尔尼雪夫斯基的粗拙、平板、迟滞、不带幽默、词句佶屈聱牙，他对具体细节的专心，他的自律，他对同胞物质与道德福祉的奉献，他老练、不自矜伐的人格，他不厌其烦、热烈、专志、功夫细密的勤勉，他对风格、对任何优雅讲究的仇视，他不容怀疑的诚意，他那彻底的忘私、无情的直接，他对私人生活需求的漠然不顾，他的纯真、和气、迂谨，他令人放心亲近的道德魅力、自我牺牲的能力，创造了日后俄国革命英雄与烈士的原型意象。“我们”与“他们”之终于截然划分，他的作用大于任何民粹主义者。他毕生力倡不可与“他们”妥协，要全线作战、除死方休；没有中立；只要这场战争不止，革命家就没有太琐屑、太可厌、太烦冗而不能做的事。他的人 262
格与眼光成为两个时代俄国革命家的信符——一心仰慕他的列

宁也带有他的表记。

车尔尼雪夫斯基以及一般民粹主义者固然着重经济或社会论证，但基本取径、语气及眼光仍以道德为主调，偶尔也近乎宗教意味。这些人信仰社会主义，并非因为社会主义无可避免，也不是因为社会主义有效，更不是因为社会主义才理性，而是因为社会主义才公道。政治权力之集中、资本主义、中央集权国家，都践踏人权，使人在道德与精神上成为跛子。民粹主义者是严厉的无神论者，但他们心里兼合了社会主义与正统基督教的价值。他们畏避俄国的工业主义远景，因为工业主义需要残酷的代价，他们不喜欢西方，因为西方麻木不仁，竟然付出这种代价。他们的信徒，即一八八〇年代与一八九〇年代的民粹主义经济学家，诸如丹尼尔森与沃伦佐夫，固曾以纯经济学之理，高论资本主义可行于俄国（与此诸人敌对的马克思主义者力斥他们的说法，实则他们某些论证相当完善），终于仍因在道德上憎恶资本主义注定带来的巨大痛苦而不屑提倡资本主义，也就是说，他们拒绝付出如此可怖的代价，无论资本主义的结果如何可贵。他们的二十世纪继承人，即社会主义革命家，发出一个上下贯串整个民粹主义传统的论调：社会行动之目的不在谋国家之权力，而在求人民之幸福；一面使国家致富，壮大国家的军事与工业力量，而一面破坏公民的健康、教育、道德、一般文化水平，固然可行，却是邪恶的做法。取美国与普鲁士的进步，两相比较：他们认为，在美国，个人福利至上，在普鲁士则非。他们坚信（这信念至少可以溯源于西斯蒙第），公民个人的精神与物质条件比国家的权力更重要，因此，假使两者成为反比（经常发生），则个人的权利与福祉必须居先。惟强权国家能产生良好或幸福公民之说，他们斥为不合史实；舍己以求社会之生活与福利，为个人自我实现之最高形态之说，他们斥为道德上不可接受。 263

相信人权优先于其他要求，是多元社会有别于中央集权社会的首要原则，也是福利国家、混合经济、“新政”（New Deal）政策有别于一党政府、“封闭社会”、“五年计划”以及一般以超越各种不同团体或个人目标的单一目标为主宰的生活形式的首要原则。车尔尼雪夫斯基比他一八七〇年代与一八八〇年代的信徒更狂热，但是，即使他听到四面八方呼求急救之声，也不曾充耳不闻；个人努力逃离毁灭，对这些个人的需求，他也不相信有必要加以压抑——纵令有利于最神圣、最重要的目的，也不可如此。他也曾是个狭隘而毫无想象力的迂阔之人，但是，以他最拙劣的境界而论，他也未曾失去耐心、未曾横傲、未曾丧失人性；他不断提醒读者与自己，教人者热心施助，切勿反而变成对原应受益之人作威作福；“我们”——理性的知识分子——认为有益于农民之事，可能并非农民本身所需或所求；切勿强迫“他们”咽下“我们”的解药。他、拉夫罗夫，甚至赞成恐怖与暴力者中最无情的雅各宾分子，都不曾以无可避免的历史方向为掩护，作为本身显然不公或残酷之事的借口。若暴力为达成某一目的之仅有手段，则在某些环境中使用暴力，可能有理，但是，若有此情形，仍须以目的本身之内在道德要求为依据——诸如增进幸福、团结、公道、和平，或者分量重于手段之恶的其他人性价值。至于所谓历史本身就转变一切道德体系，回顾之下，惟存活并成功的原则，才是有理的原则，因此，与历史齐步迈进，乃理性且必

要之事，可以尽抛顾虑，凡个人一己的“主观”道德原则，皆
264 非所计。这类看法，他也认为不足取。

民粹主义者的情怀，尤其在一八七〇年代，直可形容为宗教情怀。这群谋反者或宣传家自视为一个专志奉献的修会，别人亦以此目之。成员第一条件，为牺牲一己全部生命，致力于运动，致力于本团、本党，以及一般的革命大义。但是，党专政或党领袖专政而主宰个人生活——尤其主宰革命家个人信念——并不在此大义之内，而且可以说与此义之精神相反。个人的行动，只受他个人的良心审查。设使你答允服从党的领导人，则这誓言是神圣的，然其效力仍只限于党的革命目标，越此目标之外，随即失效，而且，党所以存在而促进的特殊目标（究极而言，即革命）完成之后，这誓言亦即结束。革命完成，个人就自由行动，因为纪律是暂时的手段，而非目的。民粹主义者的确发明了党是一群捐弃私人生活、服从全体纪律的革命家的观念（以“强硬”的职业革命家为核心，使别于同情者与同路人），但是，这观念起源于当时俄国的特殊状况，起源于谋反必须有效、必须创造有效谋反的条件，而不是因为相信革命圣统制度本身为可欲或可以忍受的生活形式。这些造反之人也没有假什么宇宙过程为行动的理由，因为他们相信的是人类的自由抉择，而非决定论。后来列宁那种革命党与革命党专政的观念，在历史发展上容或相当取资于这些训练有素的烈士，然其来源非常不同。一八七四年那个夏季拥入农村而农民报以不解、猜疑，甚至明白敌视的那些青年，如果有人告诉他们，他们应该自居为历史的神圣工具，所以，要审判他们的行为，应该使用与其余人类不同的道德规范，他们会极为惊异，而且

愤怒。

民粹主义运动是一场失败。“社会主义从人民身上弹开，如 265
豌豆遇墙反弹。”一八七六年，即第一波热情消歇四年之后，著名的恐怖主义者克拉夫金斯基致书革命同志查苏利奇，曾作此语。[1]“他们听我们的人说话，就像听教士说话一样”[2]——毕恭毕敬，不解于心，而且对他们的行动也毫无影响。[3]

首都大城嘈切喧闹
先知暴喝如雷
论战兀自汹涌
而在深层，在俄国心中

[1] 一八七八年的信，出自 E. Korol'chuk，《克拉夫金斯基的回信》（'Iz perepiski S. M. Kravchinskogo'），《红色档案十九》（*Krasnyi arkhiv 19*，1926，No. 6），页196。
[2] [来源未找到。]
[3] 论者通常认为俄国有两个：占人口绝大多数的农民（奴）是一国，地主与贵族是一国，除了主奴关系，几乎毫不相通。农民为奴数百年，虽大小骚动不断，但大致习于宿命或世故而隐忍，对一切器物与制度的改变，不问动机，多怀疑、冷漠、鄙视处之。知识分子有心接近，但对农民的了解也虚幻不实，遂亦无功。《十九世纪俄国的农民》中《文学里的农民》（'The Peasant in Literature'，页230—262）与《农民问题》（'The Problem of the Peasant'，页263—284）二章说此甚详。托尔斯泰的《安娜·卡列尼娜》极力描写改革心切的列文所遭于农民的挫折，颇为真实生动。宗教方面，俄国正教连续坐视农民沦于农奴，与专制独裁相互利用，为当局提供意识形态与宗教根据，而成为国家统治工具。其教士固然不乏忠于牧民职守者，但多无知且腐化，酗酒、贪财，是普遍现象，为村民所笑。农民亦绝多文盲，不能读经，虽虔诚且谨守仪式，但于教义近完全无知（谨守仪式，也不是明白仪式意义，而是认为仪式有神秘的好处）。别林斯基曾说俄国人最无宗教心，口念天主，而抓耳搔腮，更以圣像为锅盖。此语或许夸张，但契诃夫所谓“信者甚多、解者甚少”，论者咸以为知言。——译注

一片沉寂，是太古的平静[1]

涅克拉索夫这些诗行，道尽革命理想主义者——和平的宣传家与孤立的恐怖主义者——在十九世纪六十年代晚期与七十年代初期断断续续努力而失败以后的挫折心境。这些人，陀思妥耶夫斯基小说《群魔》里有极为激烈的刻画。政府逮捕这些人，将他们流放、下狱，对于不充分的土地改革所造成的后果，复顽固不愿以任何措施减轻，于是驱使自由派意见同情革命党。他们觉得舆论支持他们，终于更诉诸有组织的恐怖主义。但是，他们的目的往往仍旧极为温和。一八八一年写给新皇帝的公开信，语气柔和且宽宏。多年以后，著名革命家菲格涅尔说："恐怖，用意在创造机会，使人发挥才能以服务社会。"[2]
266 以暴力开路迎来的社会要和平、宽容、分权、充满人性。主要敌人还是国家。

一八八一年亚历山大二世遇刺，是为恐怖主义之高潮。寄望中的革命没有爆发。革命组织被粉碎，新沙皇决定实行极端镇压的政策。这方面，他大体上得到舆论支持——亚历山大二世毕竟解放了农民，据说还曾考虑其他自由措施。将他刺

[1] "首都大城嘈切喧闹［……］"（'V stolitsakh shum[...]'，1858），出自涅克拉索夫，《作品与书信全集十五卷》（*Polnoe sobranie sochinenii i pisem v pyatnadtsati tomakh*，Leningrad，1981—2000，ii），页46。

[2]［此处似乎引用了菲格涅尔所作的评述。根据其回忆录，她在1884年庭审结尾对法庭的讲演中说："我认为极其关键的必要之处在于建立这样一些条件，使得个体能够最大限度地发挥才能，并且尽心竭力地投身于增进社会福祉之中。"见Vera Figner，《工作记录》（*Zapechatlennyi trud*，Moscow，1921—1922，part 1），页320；《一位革命家的回忆录》（*Memoirs of a Revolutionist*，DeKalb，1991），页165。即便该出处无误，与恐怖的关联也并不明确。］

杀，颇令舆论畏缩。革命运动最突出的领导人或被处死，或遭放逐；次要人物逃亡海外，最富才具而仍然自由者——普列汉诺夫与阿克塞尔罗德——则逐渐走向马克思主义。马克思本人承认一件事，曾令他们困窘。马克思说，原则上，俄国即使没有共产主义世界革命的帮助，也能避免资本主义阶段——这一点，恩格斯虽曾承认，但大不情愿，而且颇有保留。普列汉诺夫一批人则主张俄国其实已进入资本主义阶段。他们断言，当日西方免不掉资本主义的发展，如今俄国也不会更能避免，因此，对“铁”一般的历史逻辑故意不正视，将毫无益处。所以，社会主义者不应抗拒工业化，反应加以鼓励，而且应该从中得利，因为只有工业化，才能产生足以推翻资本家的革命大军——由日益增长，在劳动中获得组织与训练的城市无产阶级形成的革命大军。

俄国一八九〇年代在工业发展上的大跃进似乎支持了马克思主义的论旨。马克思主义吸引革命知识分子，理由甚多。因为它自称以科学分析为基础，得到一切社会都无法避免的历史定律；因为它自称能证明，在历史无情展开其样式理路的过程里，虽然势必发生许多暴力、惨苦与不公，但故事仍将有个皆 267
大欢喜的结局。于是，因为默契剥削与贫穷，或者因为未依民粹主义政策去采取积极——暴力——步骤以求减轻或防止剥削与贫穷，而产生了罪恶感的人，其良心在“科学的”保证里得到安慰。这保证是，暴力之路虽可能要沿途布满无辜者的尸体，但必定通入尘世天国之门。据此看法，剥削者将被人类发展的绝对逻辑所收服，不过，工人及其领导者若作有意识的组织，或者最重要的，若能增进知识（即教育），则历史路程可以缩短，分娩的阵痛亦可减轻。为了某些可解的理由而不愿再从事于没有大用，只会以西伯利亚或断头台为下场的恐怖主义做法的人，特别欢迎历史路程可以缩短的看法。他们现在有了学理根据，可以正正当当致力于平静的研究与观念的生活。他们中的知识分子觉得这些比丢炸弹合意得多。

秉持马克思主义而反对民粹主义者的人，也往往承认民粹主义者的英雄气魄、无偏无私以及高贵人格。马克思主义者视他们为一个真正理性的革命党的可贵先驱，偶尔甚至赐给车尔尼雪夫斯基一个更高的地位，说他有天才的洞识——说他追求真理的取径是以经验为本，不科学，但本能正确。不过，要证明真理，还是只有马克思与恩格斯能够，因为马克思与恩格斯具备精确科学的工具，而这工具是车尔尼雪夫斯基及其当时任何俄国思想家所没有的。马克思与恩格斯对俄国人特别宽大，称许他们远隔西方、使用自制工具，而成就了业余革命家的奇迹。一八八〇年以前，欧洲只有他们在他们国家里造成真正的革命形势；但是，考茨基尤其明言，这并不能代替职业革命家的方法，也不能代替科学的社会主义所提供的新机器。民粹主义被轻轻一笔盖棺：民粹主义者是无师自通的农民，是用意良好的大学知识分子，是一个落后国家已成半废的封建制度结束
268 以后、新的资本主义阶段开始以前的混乱中间期，在社会其余牺牲者迷糊不清的脑袋里，由漫无组织的道德愤怒与乌托邦观念杂糅而成之物。马克思主义的历史学家至今仍视民粹主义为一场有系统地误解经济事实与社会现实，运用高贵但无用的恐怖主义，实行自发或欠缺指导的农民起事的运动——是真实的革命活动所必需而嫌流于悲情的发端，是正戏之前的序曲，是

观念天真且行动受挫，只等普列汉诺夫与列宁带来新的革命辩证科学，就注定要被扫除的一幕。

民粹主义之目的为何？关于手段与方法、关于时间、其内部争论甚烈，关于究竟目的，则并无异议。无政府主义、平等、人人充分生活，这些，是他们全体共认的理想。整个运动——范求理曾做极精彩、极可爱描写的各色革命家，[1] 如雅各宾分子与温和人士、恐怖主义者与教育家、拉夫罗夫分子与巴枯宁分子、“隐士”、“顽抗分子”、“乡下人”、“土地与自由”与“人民意志”的成员，仿佛全由一个神话统摄。一旦怪物毙命，沉睡的公主——俄国农民——就会醒来，再无周折，从此永远过着快乐幸福的生活。

范求理写出了这场运动的历史。遍数有关俄国革命运动任一阶段的所有记述，以范求理此作最为充实、最明晰、写得最好、最不偏不倚。不过，如果这运动是一场失败，如果它是以虚谬的前提为基础，而且如此轻易教沙皇的警察消灭的运动，那么，除了作为历史材料——除了一个党的生灭、行动与观念以外，它可还更有引人兴趣之处？这问题，范求理谨守客观历史学家的分际，笃慎将事，不提直接意见。他循年代顺序，交代故事；他说明发生之事；他描述缘起与结果；他彰明各民粹主义集团之间的关系，而将道德与政治的悬想思索留给别人。他这部作品既非为民粹主义，亦非为其敌人辩解而作。他不褒不贬，但求了解。此事成功，分明已不需另外的报酬。不过，有时候，我们也会想知道，时至今日，在共产主义与资产阶 269

[1] 见前引（页 260，注 2）。

级历史学家笔下，民粹主义仍然被轻易打发了事，应不应该。民粹主义者错得这么无可指望吗？车尔尼雪夫斯基与拉夫罗夫——以及倾听他们的马克思——完全迷昧吗？

揆诸事实，资本主义在俄国是不是无可避免的发展？加速工业化的后果，正如新民粹主义经济学家一八八〇年代所预言：十月革命以前，社会与经济情况之惨，与西方在工业革命期间所历一般无二，十月革命以后，更惨上加惨。这些，是不是可以避免呢？有些历史作家认为这类问题荒谬。发生的，就是发生了。这些作家告诉我们，我们如果不想否认人类事务里的因果关系，就必须认定事情只能像它发生了的样子那样发生，问情况假使不同，可能会发生什么，是无聊无益的想象游戏，不值得严肃史家费心。然而，对于我们当代，这个学术问题不无密切关系。某些国家，诸如南斯拉夫、土耳其、印度，以及若干中东拉丁美洲国家，采取比较徐缓、不会在落后地区获得改善以前就将这些地区立即破坏殆尽的工业化步调。而且，它们如此做法，是有意不取俄国人与学步他们的中国人在我们当代所走的集体化急行军路子。这些非马克思主义政府走上了毁灭之路，逃无可逃了吗？这些，以及其余一些国家今天所追求的社会主义经济政策，其基本依据就是民粹主义的观念。

一九一七年列宁组织布尔什维克革命，他所采用的技术，至少初看之下，即可见得，近似俄国雅各宾派特卡乔夫及其信徒推荐的技术（特卡乔夫及其信徒学此术于布朗基与博纳罗蒂），而与马克思或恩格斯之说全不相类（至少，以二人一八五一年以后作品而论）。一九一七年在俄国登基者毕竟并非十足成长的资本主义。在当时的俄国，资本主义仍是一股正在成长的力量，尚未成气候，有如其在十八世纪的法国，还在反抗君主与官僚所加予它的种种桎梏。但是，列宁的做法，仿 270
佛银行家与工业家已经控制大局了。他的行动与言论都好像资本主义已经如此。但是，他的革命所以得手，并非由于接掌金融与工业中心（这些中心应该已被历史破坏），而是靠一群果决且训练有素的革命分子来夺取政治权力——恰如特卡乔夫鼓吹的做法。假使俄国资本主义如马克思主义的历史理论所称，已经达到一场无产阶级革命能成功的阶段，则，**依照假设**，一个果决的少数派、一个非常小的少数派夺得政权（一场**事变**而已），也不能长久保有。这是一九一七年普列汉诺夫再三严厉指责列宁之处。他忽略列宁一个论点：在一个落后国家，你尽管放手施为——只要随后立即在工业比较先进的西方成功实现正统马克思主义革命来挽救你施为的后果就行。

这些条件并未实现；列宁的假设不合史实。然布尔什维克革命亦未崩溃。马克思主义的历史理论错了吗？或是孟什维克党人误解这理论，而自昧于其中一向隐含的反民主趋势？他们对米哈伊洛夫斯基及其友人的指控，在这两种情况的哪一个里才完全公正？至一九一七年，他们自己也因同样的理由而恐惧布尔什维克。此外，十月革命的后果，与特卡乔夫预言他的方法必定会产生的后果，居然不谋而合：出现一个掌握权力的精英集团。依理论设计，需要这种精英团体的原因消失，这集团应立即与之俱退，但是，正如民粹主义中的民主人士三复斯言，这集团实际却可能更增侵略性、更强大，而且，似乎如一切独裁专政，不能自休，有久贪其位之势。

民粹主义者深信，农民公社的死亡，就是自由与平等在俄
国的死亡或大挫。他们的嫡裔左派社会主义革命家将这信念转
271 化，化为一项要求，要求一种农民分权的民主自治。一九一七
年十月，列宁结束他与这些人的暂时联盟以后，仍采行这项要
求。不久，布尔什维克党人否决这计划，而将职业革命家——
也许是民粹主义对革命行动最具原创性的贡献——变成中央集
权的圣统制度：民粹主义者在他们组成的社会主义革命党终于
被禁止、被消灭以前，都一直猛烈指斥的一种制度。正如列宁
经常满口承认，共产主义的实践受赐于民粹主义运动之处甚
多：共产主义袭取了它这个对手的技术，正好转用于助长这技
272 术原本要抵制的目的，而且大获成功。

托尔斯泰与启蒙

在一八七〇年代中期一篇业已为世所忘的文章里，著名俄国批评家米哈伊洛夫斯基说："谈托尔斯泰伯爵，论者常言之事有二：他是优良出众的小说家、糟糕的思想家。这 [……] 已经成为一种不需证明的公理。"[1] 这项几乎四海齐准的判决已历将近百年，直可谓无人挑战。米哈伊洛夫斯基曾试予质疑，他的质疑至今仍是相当孤独的尝试。托尔斯泰视他这位左翼盟友为惯见的穷滥自由派文丐，而且奇怪居然有人对自己感兴趣。如此做法，固然是他本色，但有欠公正。自由主义者与社会主义者眼中，托尔斯泰的伦理信条，尤其他对农民与天生本能的歌颂，以及他对科学文化的不断谤伤，是一种专走偏锋而又世故圆滑的蒙昧主义，既污蔑自由主义理想、兼且等于为教士与反动分子助势。在《列夫·托尔斯泰的右手与左手》一文里，米哈伊洛夫斯基反驳这看法，以思想与道德两方面的根据，为托尔斯泰作了一场精彩而且令人信服的辩护。他以绵长而仔细的功夫，试从托尔斯泰见解反动的糙糠里筛取开明的谷实，得出一个结论：这位伟大小说家关于人性、关于俄国文明
273 与西方文明面临的问题的观念里，有个尚未解决、他自己不曾明认的冲突。米哈伊洛夫斯基主张，托尔斯泰非但不是"糟糕的思想家"，他对观念的分析，其敏锐、透亮、令人信服，反而丝毫不逊于他对本能、性格或行动的分析。由于热心建立他

[1]《列夫·托尔斯泰的右手与左手》（'Desnitsa i shuitsa L'va Tolstogo'，1875），出自米哈伊洛夫斯基，《文学批评：论十九世纪至二十世纪早期的俄国文学》（*Literaturnaya kritika: stat'i o russkoi literature XIX-nachala XX veka*，Leningrad，1989），页 37。[原文为："托尔斯泰伯爵所获的名声有二：一是优良出众的纯文学作家，一是糟糕的思想家。这种名声已经成为一种不需证明的公理。"]

吊诡的论旨——在他行文的当时，的确吊诡——米哈伊洛夫斯基有时过甚其辞，不过，实质上，我认为他说法中肯，或者至少对多于错。我这篇评论不过加以引申注释而已。

托尔斯泰的见解经常主观，而且质野至于走火入魔（例如他关于莎士比亚、但丁或瓦格纳的论述）。[1] 不过，他在他说教意味最浓厚的文章里试图回答的问题，几乎总是基本的原则问题，这些问题往往又是他自己第一手指出，而且，虽然以蓄意简化的赤裸形式提出，每每却比更持衡且更“客观”的思想家还要来得深入得多。直见往往令人不安。托尔斯泰充分运用这天赋，破坏了自己与读者的平静。这个提出过分简单但根本、他自己又无法回答的问题的习惯（至少，在一八六〇年代与一八七〇年代，他无法回答那些问题），使他博得“虚无主义者”之名。然而他确实无意为破坏而破坏。世间万事，他只最想知道真理。这股激情，破坏力之巨，由其余有志在前人立定的界限底下凿道突围的人，诸如马基雅维里、帕斯卡、卢梭、《约伯记》作者的表现，已可见一斑。托尔斯泰和他们一样，与他当代或任何时代的任何公众运动格格不入。有些疑问者富于颠覆性，他们提出的问题，古来没有答案，未来似乎也可能不会有答案——至少，没有他们或了解他们的人会丝毫接受的答

[1] 托尔斯泰一九〇三年前后，作《莎士比亚与戏剧》一文，以基督教观点，认为莎士比亚“不是艺术家”，技巧拙劣，作品旨趣“低级且不道德”，其名声全由历代无知批评家与读者吹捧而来。见 Frank Kermode 编《近四世纪的莎士比亚批评》（*Four Centuries of Shakespearian Criticism*，New York: Avon Books，1965）。一八九八年，作《何谓艺术？》（*What is Art?* 或译《艺术论》），以基督教为艺术准则，并认为能感染人（主要指劳工、农民）者，才是艺术。准此，莎士比亚、但丁、歌德、贝多芬等古今人物都在贬斥之列，瓦格纳每作瞎说呓语，伪造艺术，是催眠家。——译注

案。托尔斯泰只属于这类人。

托尔斯泰也有积极的观念。这些观念在他漫长一生里的变化，并不如某些论者所说之频繁复杂。而这些观念也不是惟他独有。它们与十八世纪的法国启蒙运动有些共同之处，与二十世纪若干观念相符合，与他自己当代则稍少共同。在俄国，他青年时代使那个国家的教育阶层壁垒分裂的几股意识形
274 态巨浪，他无一能归入。他不是景慕西方的激进知识分子；他不是斯拉夫主义者，易言之，他不是基督教君主政体与民族主义君主政体的信徒。他的看法贯穿这些范围。他也像那些激进人士，素来谴责政治压迫、武断暴力、经济剥削，以及一切在人间制造与维持不平等之事，但是，“西化”眼光的其余部分——知识阶层意识形态之核心，诸如凌掩一切的公民责任感、以自然科学为所有真理法门的信念，对社会改革与政治改革、民主、物质进步、世俗主义的信念，这团著名的混合物，托尔斯泰早年已率直拒斥。他相信个人自由，而且的确也相信进步，不过，是在他自己的奇特层次上相信。[1] 他鄙视自由主义者与社会主义者，更痛恨他当代的右翼党派。他最亲之人，正如论者所常言，是卢梭；近代作家中，他最喜爱、最佩服的是卢梭的看法。如同卢梭，他排斥原罪之说，相信人生而

[1] 在他所见，教育是“一种以人性对平等的需求，以颠扑不破的教育进步定律为基础的活动”。据他的诠释，教育是知识的不断平等化：知识永远在增长，因为我们知道孩子所不知之事；此外，每一代知道上一代教给它的事情，而不知道后代会想到的事情。这平等，是教人者与受教育者间的平等；他认为，教人者与受教育双方对平等的欲求，本身就是进步的泉源——他所谓进步，是“知识的增进”，而这知识是指关于人之实然与人之应然的知识而言。《论民众教育》（‘O narodnom obrazovanii’），T viii 25；《论民众教育》（‘On the Education of the People’），E 85。

纯洁，只是被自己的恶劣建制所毁，其中为害尤烈者，即文明人所谓教育。他如同卢梭，将这腐败过程大致归咎于知识分子——以专家自任的精英分子，党同结社，远离凡常人类而自绝于自然生活的世故人物。这些人该下地狱，因为他们几乎已经丧尽人类最珍贵的财产；亦即，丧尽人类与生俱有的能力——看出真理，看出不可移易的永恒真理的能力；这真理，只有江湖郎中与诡辩家才说成随环境与时地之异而异，也只有 275
心灵尚未腐化者，即儿童与农民，以及尚未被虚荣与骄傲弄瞎者，即朴简与善良之人的纯真眼睛，能充分看见。教育，西方所了解的教育，破坏纯真。此所以儿童痛切且本能地反抗教育，此所以教育变成强迫塞入他们喉咙而逼他们下咽之物，而且，像一切威迫与暴行，使受害者残废，甚或将其摧残至无可救药之地。人类天生渴望真理，因此，真正的教育须是儿童与尚未世故机巧的无知之人能顺遂地、渴切地吸收的一种教育。要了解这点，要发现运用这种知识的法子，具备教育者必须抛掉他们思想上的高傲，重新起步。他们必须涤除他们心中的理论，洗清他们在人的世界与动物世界之间，或者在人与无生物之间所作的虚谬、伪科学类比。惟有如此，他们才能重建他们与未受教育者的切身关系——一种只有人性与爱能达成的关系。

他觉得，近代见得此点者，惟卢梭而已——或许加上狄更斯[1]。当然，若不除去沙皇官僚以及他所谓“进步主义

[1] 托尔斯泰喜读狄更斯，曾举《大卫·科波菲尔》为影响他最重大的作品之一。儿童素为狄更斯小说要角。《艰难时世》里，狄更斯借书中马戏团里的人性自然发挥与亲和圆融的人际关系，表达他的社会理想，主张以良知、良能及直觉为法门的教育，讽刺并批判工业时代功利主义事实至上的所谓进步教育方法，堪称绝唱。（转下页）

者”——虚妄而空谈的知识阶层——对人民、对一般人民与儿童的统治，人民的境况将永远不会得到改善。只要狂热的理论家妨碍教育，则希望渺茫。在一篇早年著作里，托尔斯泰认为，即使旧式乡村教士，其为祸亦不如这种统治：他知识浅薄、笨拙、懒散、愚蠢，但他将学生当人看，不像科学家处理实验室里的标本；他做他所能之事；他往往腐败、脾气乖戾、不公正，但这些是人的——“自然的”——恶习，因此与机器制造的现代教师不同，不会造成永久的伤害。

有这些观念，托尔斯泰个人成为斯拉夫主义反动分子里比较快乐的一位，就不足为奇。他拒斥他们的观念，但至少，他觉得他们与现实——土地、农民、传统生活方式——还有些接触。至少，他们相信精神价值优先于一切；他们相信，徒以政治或立宪改革来改变比较浮浅的生活层面，无法使人改变。不过，斯拉夫主义者也信仰正教、相信俄罗斯民族有其独特历史
276 命运、相信历史是神意指定的过程，而且连带相信许多荒谬之事因为天生即有、古老，所以是神意的工具，所以有道理；他们的人生寄托于一个基督教信仰——相信过去、现今、未来的信徒形成一个巨大的神秘体（共同体兼教会）。于此，托尔斯泰思想上加以拒斥，而气质上有强烈无比的呼应。他很了解的人只有贵族与农民，而了解前者又远胜于了解后者；他与他

（接上页）第二章“谋杀天真儿童”，写凡事只看“事实和计算”的教师“有一支尺和一具天平，口袋里一张九九乘法表，随时随地测量人性，告诉你人性是什么。人性只是数目字的问题，简单的算术题”。格拉德格林德要学生给“马”下定义，其定义之荒唐，狄更斯写来极为传神，与下文托尔斯泰描写德国教师，手法相同。——译注

的同胞有许多共同的本能信念；他同他们一样，天生厌恶一切形式的中层阶级自由主义；他的小说里极少出现资产阶级人物。他对议会民主、女权、普遍选举权的态度，与科贝特、卡莱尔、蒲鲁东或 D. H. 劳伦斯并无大异。他深心赞同斯拉夫主义者对一切科学与神学命题的猜疑，而这使他与莫斯科的斯拉夫主义者生出一种性情投契的关系。但是，他的智力与他本能的信念并不一致。作为思想家，他与十八世纪的哲人们深相亲近。他和他们一样，将斯拉夫主义者维护的家长制俄国国家政体与教会视为有组织而且伪善的阴谋。他和伟大的启蒙运动思想家一样，不在历史里，也不在民族或文化或教会的神圣历史里，而在个人一己的切身体验里寻找价值。他和他们一样，相信永恒的（而不相信随历史而演变的）真理与价值，并且力拒种族或国家或文化为创造媒介的浪漫概念；至于黑格尔认为人或运动或建制是自我完善的理性的化身，而历史就是这理性的自我实现过程——这类对他那一代人影响深巨的观念，他更反对，他终身视其为蒙混不清的玄学瞎说。

这清晰、冷酷、不妥协的现实主义，在他早年札记、日记与书信里已直露无遗。童年与喀山大学时代认识他的人所作的回忆，更加强这印象。他性格深为保守，带有一丝任性与不理性的气质，但心智始终冷静、严守逻辑、择善固执；论证所趋，无论导致什么极端，他紧随到底，自在而无惧——一种典 277
型，而且偶尔致命的俄国特质组合。凡不能满足他的批判意识之事，他一概拒斥。他离开喀山大学，因为他认定教授不胜任，所谈尽为琐事。他如同爱尔维修及其十八世纪中期友人，指斥僵死语文之讲授、神学、历史——全部古典课程，斥其不过堆积任何理性之人都不会想知道的资料与规则而已。历史特别令他着恼，历史有系统地仔细剔除真实要事而解答不存在的问题。大学时代，与一位同学因某件小事而犯上，关在学校的禁闭室里，他曾发一语，令那位同学大为惊愕："历史像个聋子，回答着没有人向他提出的问题。"[1] 他完整"意识形态"立场的第一次周延陈述，则作于一八六〇年代。当时，他决心作一篇论文，探讨教育。这项尝试里，他所有思想力量与所有偏见表现无余。

一八六〇年，三十二岁的托尔斯泰陷入他周期性的道德危机。他已是小有名气的作家，《塞瓦斯托波尔》、《童年、少年、青年》，以及两三个短篇故事，颇得批评家赞赏。他本国里才气非常的那一辈作家中，他结交了天赋最高的几位：屠格涅夫、涅克拉索夫、冈察洛夫、巴纳耶夫、皮谢姆斯基、费特。他的作品，人人觉得清新、锐利，描写力出奇入妙、意象精确独造。他的风格偶尔被评为硬拙甚至野蛮。但毫无疑问，他是年轻一代散文作家中最被看好的一位。他前途无量，然而，他的文坛友人对他有所保留。他走访文学沙龙，左翼右翼不拘（彼得堡与莫斯科素来都有政治派别，而且壁垒日益分明），而他无论置身何处，似乎都不自在。他大胆、有想象力、独立，但不是文人，根本上并不关怀文学与写作问题，作家问题更非
278 其心所系。他是从一个比较不以思想为主、比较贵族而且比较原始的世界信步漫游到文学里来的。他是世家出身的业余作

[1] 同前引（页 43，注 2）。[伯林此处（但并非在《刺猬与狐狸》中）对于托尔斯泰大学时光的评述似乎来源于 Nazar'ev 的类似描述：见前引页 35。]

家；不过，这并非新事，普希金及其同代人的诗，俄国文学史上无与伦比的诗，就是天才业余作家的手笔。使文人朋友在他面前忐忑难安的，不是他的出身，而是他对文学生活——对职业作家、编者、政论家的习惯与问题——那种毫不掩饰的无动于衷。这个世俗、聪明的官吏也可以极为随和；他对文学的爱好既诚且真；但是，置身文会雅集，他鄙慢、顽强、矜持；在一个务求人我亲近、无限互通衷曲的环境里，他绝无开诚推心之意。他难以捉摸、满眼不屑、令人窘迫、倨傲、有点令人提心吊胆。的确，他不再过着贵族官吏的生活。青年激进分子痛恨并鄙视为反动富家子弟放荡习惯本色的征逐酒色之夜，他不再有兴趣。他一八六二年结婚成家，眷爱妻子，暂时成为模范丈夫（即使偶尔令人恼怒）。[1] 但是，他也没有费心掩饰，对于一切形成的现实生活，无论其为高加索自由的哥萨克人的生活，或者是赛马、跳舞、同吉卜赛人游乐的富裕御林军青年军官的生活，他的尊重，远过于他对书本、评论、批评家、教授、政治讨论、高谈理想与意见及文学价值之人的敬意。此外，他固持己见、多争好辩，有时更野蛮得出人意表。结果，文友对他畏敬交加，终于疏远他，或者，是他抛弃他们。费特——孤僻、深为保守的乡绅——而外，他在同辈作家里没有知己。他与屠格涅夫构隙，举世皆知。他与其余文人更少往来；他喜欢涅克拉索夫其人，过于其诗；不过，涅克拉索夫是

[1] 托尔斯泰一八六二年（三十四岁）娶索尼娅·安德列耶夫娜·别尔斯为妻。此后十五年，搁置教育活动，专心家庭生活，大致可称幸福，得子女十三人，并大力经营亚斯纳亚·波里亚纳家产事业，欣欣向荣，且重新操觚，写成《战争与和平》（1863—1869）与《安娜·卡列尼娜》（1873—1877）两部长篇小说。——译注

天才编辑，而且自始即钦佩并鼓励托尔斯泰。[1]

有感于生活与文学的扞格对照，托尔斯泰寝食不宁，怀疑自己的作家志业。他和其余出身高尚而家资富厚的俄国青年一
279 样，为农民的可怕状况而良心不安。仅做反省或指斥，他觉得是逃避行动。他必须起而行，他必须由自己的财产做起。他像十八世纪的激进人士，相信人生而平等，因教养而成不平等。他为他村里的儿童设立一所学校，又以不满当时俄国流行的教育理论，决定前往海外研究西方理论与实践。走访英国、法国、瑞士、比利时、德国，他收获良多——包括借到他最伟大小说的书名。但是，与最先进的西方教育权威接谈且观察其方法之后，他深信，对于儿童，这些方法最上者了无价值，最下者有摧残之害。他并未久驻英国，于其“古旧”学校，亦未多加留意。在法国，他发觉学习几乎完全机械——死记死背。例如，预习问题、年表，学生答题轻快胜任，因为已经背好。但是，同样的学生，你由某个出乎预料的角度询问同样的事实，他们经常提出荒唐的回答，可见他们的知识对他们毫无意义。那个答说谋杀亨利四世者为凯撒的学童，托尔斯泰认为是典型例子：这孩子对自己储存起来的事实既不了解，亦无兴趣；他得到的，至多只是机械的记忆。

不过，理论的真正大本营却在德国。他描述了德国的教学与教师。异日，《战争与和平》将另一行业中素负重望的专

[1] 托尔斯泰第一本叙事体作品为《童年》(1852)，交由涅克拉索夫主编的《现代人》发表。交稿以前，对于自己有无作家才力，犹颇为疑惑。及接获涅克拉索夫赞语，“几乎乐极而痴呆”。其后，三个《塞瓦斯托波尔》故事问世（1855—1856），声名大噪，遂断定文学是他此生惟一可能的志业。——译注

家——俄国雇用的德国战略家——写成丑怪浮夸的蠢人，极尽取笑，有前后辉映之妙。

在他一八六一年至一八六二年间私资印行的期刊《亚斯纳亚·波里亚纳》里，托尔斯泰谈他在西方的教育访问，以一则令人毛骨悚然（又极为逗趣）的例子，说明德国最先进的师范学校训练出来的一位专家如何使用最近发明的方法教授字 280
母[1]。孩子们依照德国行为准则的规定，端坐课桌，慑服而乖顺，讲堂一片死寂，炫学且极度自满的教师走入课堂，点点头，颇为称许。"他目光扫过全班，已经知道他们应该要了解的是什么；他知道这一点，而且知道学童们的灵魂是什么做的。他更知道师范学校教给他的其他许多东西。"他带来最近出版的、最进步的教本《鱼》，教本里有一条鱼的各色图片。

"亲爱的同学，这是什么？""鱼。"最聪明的学生回答。"不对。"他不肯善了，直到有个孩子说他们看见的不是鱼，是书。这才像话。"那么，书本里面有什么？""字母。"最大胆的男同学说。"不对，不对。"老师说道，是伤心的口气，"大家说话，**一定**要想想自己在说什么。"至此光景，同学们开始神情沮丧，茫然无助，大家丝毫捉摸不着老师要他们说什么。他们有个混乱中又十分正确的感觉，觉得老师要他们说些不可理解的话——说那只鱼不是鱼；他们觉得，他要他们说的，是他们永远想不到的事情。他们的思绪开始四处盲撞。他们觉得奇怪（一种十分传神的托尔斯泰式奇想），老师为什么戴眼镜，

[1]《论阅读教学法》（'O metodakh obucheniya gramoty'，1862），T viii 137—138；《论阅读教学法》（'On Methods of Teaching Reading'），E 280—282。

为什么用眼镜看东西，不摘下来，等等。老师催他们集中心力，他连逼带磨，好不容易才弄得他们说他们看见的不是一条鱼，而是一张图片，然后，再加一阵折磨，才又弄得他们说那张图片代表一条鱼。托尔斯泰问了：如果那就是他要他们说的事情，舍掉“鱼”的方法，而直接要他们背下这深奥的智慧金言，不是更好办吗？“鱼”的方法非但没有引发他们作“创造的”思考，反倒只把他们弄得愚钝不堪。

真正聪明的同学知道自己的答案永远错；他们说不来原因何在，只晓得答案永远错；笨学生偶尔答对了答案，可又不晓得自己为什么受称赞。这位德国教师的做法，只是把死死的人类资料——或者应该说活生生的人——喂入狂热愚夫发明的一种荒怪机械设计。这班愚夫以为这就是把科学方法应用于人类
281 教育的法门。托尔斯泰向我们保证，他的记叙（我只引述其中短短一段）并非讽拟之作，而是忠实重现他在德国最先进的学校，以及他在“英国一些幸运采行这些奇妙 [……] 方法的学校”里的所见所闻。

幻想破灭且满怀愤怒之下，托尔斯泰回到他的俄国家乡，开始亲自教导村中儿童。他兴建学校，继续研究，摒弃并宣斥当时流行的教育学理，出版期刊与小册子，发明学习地理、动物学、物理学的新方法，撰写算术手册，指责一切压迫方法，尤其是强迫学童背诵事实、年代与数学的方法。一言以蔽之，他的作为，有如一位富于独创、开明、精勤奋励、固执己见而略带孤僻的十八世纪地主皈依了卢梭或修道院院长马布利的学说。在他俄国革命以前的作品全集里，他的理论与实验记述足足满两巨册。这些记述至今迷人，以喜剧与抒情笔法描写乡村

生活，尤其儿童生活，是他这方面的上乘佳构。这些文字出于他创作力量臻至巅峰的一八六〇年代与一八七〇年代。他以无与伦比的洞识，追索各个村童纠结错杂的思绪与感觉样式，复以出神入化的具体笔触与想象力，描写他们的言谈与行为，以及他们周遭的实际自然环境。入乎其中，很容易遗忘他高悬文外的说教目的。文中所写，乃人类经验之直见，而与此直见并驾齐驱的，是一位狂热于理论的十八世纪理性主义者所抱的独断教条——那些教条与他描写的生活并未融合为一，而是由外覆加于那生活之上，有如画满严格对称图案的窗户，与窗口俯临的世界并无关联，却因作品本身的无限活力与建构天才，造成其艺术上与思想上同窗外世界合为一体的幻觉。这是文学史上最非比寻常的表演之一。

敌人总是那几位：专家、教授、声称对别人有特殊权威 282
的人。矢有所发，往往指向大学与教授。这情形，在他早期的自传小说《少年》一段里已现端倪。托尔斯泰论述当时俄国刻板乏味与不胜任的教授，以及无聊至极且胁肩谄笑的学生，笔下肆意挞伐，有十八世纪作风，令人想起伏尔泰与边沁。其中语气，在十九世纪并不常见：直露、喜作反语、说教、尖酸，既苛刻、复令人莞尔；他整个架式的基础，是取自然之和谐质朴，对照人在恶意与愚蠢中造成而自毁的复沓纠杂——这些人，作者自感疏隔，故作不解，而站在远处讥讽。

以上所论，是托尔斯泰晚年念念执着的一个主题的开端。这主题是：我们一切困惑的解决之道近在眉睫——答案就在我们身畔周遭，俯拾即是，昭昭然如化日天光，只要我们不自闭眼睛，不四处瞻望，而肯凝神注目，就会看到清明、单纯、不可抗拒的真理正在瞪着我们。

托尔斯泰亦如卢梭、康德，以及自然法的信徒，深信人有一些不因时地而异的基本物质与精神需求。这些需求若获满足，他们就过着和谐圆融的生活——和谐圆融的生活是人性的目标。道德、美感以及其余精神价值，是客观且永恒的价值，而人的内在和谐有赖于他与这些价值的正确关系。此外，他毕生维护以下命题（他自己的小说与笔记并未体现的命题）：人的童年，比后来处于教育腐化影响下的生活更和谐；质朴之人（农民、哥萨克人等等）对这些基本价值的态度比文明人“自然”且正确；他们有文明人所没有的自由与独立境界。因为（他再三主张此点）农民能以自己的资源供应自己本身的物质与精神需求——只要他们不受压迫者与剥削者掠夺或奴役；文明人则需要强迫别人——农奴、奴隶、被剥削的大众——劳动，才能生存。很讽刺的是，被强迫者竟被称为“依赖者”，
283 因为他们的主人依赖**他们**。这些主子寄生于他人身上。他们人格扫地，不但因为奴役与剥削他人，等于否弃公道、平等、人性尊严、爱等客观价值（人渴望实现这些价值，因为不得不然，因为他们是人），而且因为一个更深入、托尔斯泰认为更重要的理由：依靠夺取或借来的物质而生活，不能自给自足，会违背“自然的”感觉与体悟，腐蚀自己的道德，而自致于邪恶且可悲。人性之理想，是一个人人自由平等的社会，人人依真理与正道而生活与思考，因此人与我、我与自身皆无冲突。这种说法，无论披上神学、世俗或自由无政府主义外衣，都是一种非常简单的古典自然法义理。托尔斯泰终身执守此义——

在其“世俗”时期、“皈依”以后，皆然。他的早期小说，于此即有生动表达。《哥萨克》里，哥萨克人卢卡什卡与耶洛什卡叔叔的道德优于奥列宁，而且比他幸福快乐，以美感而言，也比他和谐。于此，奥列宁自有所知；的确，他有此知，即已点出整个状况的中心了。《战争与和平》的皮埃尔、《安娜·卡列尼娜》的列文，都感觉到质朴的农民与士兵在这些方面的优上境界；《一个地主的早晨》里的聂赫留朵夫，亦复如此。这信念日渐充满托尔斯泰心灵，终至使他后期作品中所有其余问题黯然失色。不明乎此，《复活》与《伊凡·伊里奇之死》即无法理解。

托尔斯泰的批判思想恒常环绕这个中心概念——自然与人工、真理与杜撰的对比。例如，一八九〇年代，他为莫泊桑短篇小说的一个俄文译本作序，序中设定艺术如何可以优秀，首先要求作家具备充分才具；其次，题材本身须有道德上的重要性；最后，作家着笔，必须真爱（爱所当爱）、真恨（恨所当恨），亦即身入其境，且保持赤子直指真谛的道德灵见，不可运用自以为是、自我灭裂，而且每每落于幻妄的所谓不偏不倚与超脱——或者，更下乘者，蓄意扭曲“自然”价值，以至自害天性。天赋之才，人各不等，但如果努力，人人都能发现永恒、不变的属性——善与恶、重要与琐屑。虚伪——“捏造”—— 284
的理论使人昧惑而不见这些属性，而且因此扭曲生活与创造活动。托尔斯泰应用他这项标准，质直而行，近乎机械。于是，据他所见，涅克拉索夫处理了极为重要的题材，而且作为作家，拥有高超的技巧，但是，对于受苦的农民与惨遭摧残的理想主义者，他的态度始终冷淡而不真实。陀思妥耶夫斯基在严肃方面丝毫无亏，他的关怀也深刻且由衷，但他未能满足前述第一条件：他啰唆而反复；他不知道，清楚说出真理以后，即应适可而止。屠格涅夫则是优异作家，他与他题材的关系也真实而足称道德，但他不符合第二条件：他的题材过于狭限、过于琐碎——有些毛病，人格再完整，技巧再高超，都无济于事。内容决定形式，绝非形式决定内容；内容太细微或太琐屑，艺术家的作品就无可救药。执持与此相反之见——相信形式优先，即是牺牲真理，终将产生造假之作。托尔斯泰全套批评字汇里，没有比“造作”更严厉的字眼，意指作家并未真正体验或想象，不过“组构”——“捏造”——他所描写之事而已。

因此，托尔斯泰对莫泊桑的天赋固然大为崇拜，但是他坚认，由于执持这种虚伪且庸俗的理论，莫泊桑出卖了他的天才；不过，他仍是一个好作家，因为他像巴兰[1]，虽然可能有意诅咒美德，却不由自主察觉善事；这体悟吸引他爱上善事，而且迫使他不由自主，走向真理。才具即灵见，灵见启露真理，真理永恒且客观。看出自然或行为的真理，以天才直接且生动地看出真理（惟天才之人，或者质朴之人或儿童，能如此看出真理），复又以冷血不认或篡改真理（无论为了什么而作此否认或篡改），是荒唐、不自然的，是性格疾病甚深的征候。

真理是可得而发现的。追随真理，是善、是内心健全、是
285 和谐。但，显然，我们的社会既不和谐，也不是由内心和谐的

[1] 巴兰（Balaam）为美索不达米亚先知，应摩押王巴勒（Balak）之召，诅咒以色列人。巴兰前往以色列营地，但途中遇见耶和华所派天使，巴兰所骑驴子认出天使。巴兰继续前进，但不是去诅咒，而是去祝福以色列人。事见《旧约·民数记》，页22—24。——译注

个人所构成。受过教育的少数人——托尔斯泰所谓教授、侯爵、银行家，他们的利益对立于多数人——农民、贫民——的利益；对于彼此的价值，双方不是漠然不顾，就是互相讥讽。即使有人如奥列宁、皮埃尔、聂赫留朵夫、列文，领悟教授、侯爵与银行家所持价值之虚伪，以及他们的虚妄教育所带来的道德败坏，即使有人真心忏悔，他们仍然只有斯拉夫主义的装腔作势，而无法入乡随俗，与一般人民大众“融合”。他们腐败到无法复归纯真了么？他们的立场无可指望了吗？还是这些文明人已经养成（或发现）自己特有的价值，而这些是野蛮人或儿童不可能得知分毫，但文明的他们即使能用某种不可能的方法把自己变成农民，或者变成顿河与捷列克（Terek）河边自由又快乐的哥萨克人，也失不掉、忘不掉的价值？这是托尔斯泰毕生最辗转苦思的核心主题之一，他反复探讨这主题，又再三提出相互冲突的答案。

托尔斯泰知道自己分明归属侯爵、银行家、教授这群少数人。自己处境的病征，他知之甚深。例如，他无法否认自己热爱莫扎特或肖邦的音乐，或者丘特切夫或普希金的诗——文明最成熟的果实。他需要、他不能不利用印刷文字，以及这种生活所赖以实现、这种艺术品所赖以创造的文化装备。但是，普希金对村童有何用处？他们不了解他的言语。印刷术的发明，为农民带来什么实惠？托尔斯泰说，有人告诉我们，书本教育了社会（“质言之，使人更腐化”），[1] 文字促进了俄国农奴的

[1]《培养与教育》（‘Vospitanie i obrazovanie’，1862），T viii 216；《培养与教育》（‘Training and Education’），E 296。

解放。托尔斯泰否定这种说法；他认为，没有书本或宣传小册子，政府照样会解放农奴。普希金的《鲍里斯·戈东诺夫》只
286 博得他托尔斯泰欣赏，对于农民，此作毫无意义。文明的得意成就呢？电报告诉他，他姊妹健康情形如何，希腊国王奥托一世前途又如何；但大众由电报得着什么益处？然而为这一切付出、素来为这一切付出的，是他们；他们心知肚明。“霍乱暴动”[1]里，农民杀死医生，因为他们视医生如投毒者。他们做法错误，固然无疑，但这些谋杀并非偶发事件，本能告诉农民谁是压迫他们的人。他们这本能是健全的，而且医生属于那个阶级。兰多夫斯卡[2]，在亚斯纳亚·波里亚纳为村民演奏，村民大众漠无反应。但是，质朴的农民过着最未受损的生活，这生活比起富人与受过教育者歪曲又充满痛苦折磨的生活，无上优越，你能怀疑吗？

在其早期教育论文里，托尔斯泰认定，一般人民不但物质上，连精神上也自给自足——民歌《伊利亚特》、《圣经》，起源于民间，因此凡人皆解，而丘特切夫的绝妙诗作《沉寂》、《堂乔万尼》，或《第九交响曲》，并非人人能懂。人类若有理

[1] 一八三二年夏，圣彼得堡发生霍乱时疫，其间，成群暴民攻击一所临时医院，杀害数名医生，并使总督艾森伯爵溃无所措。沙皇尼古拉一世亲驾广场，严词训斥，使五千余民众慑服下跪（十九世纪的俄国大致仍分为两个社会，文化判然：一边是农民，一边是贵族、官吏、地主、知识分子；对于后一个世界，农民冷漠、仇视鄙夷，兼而有之，惟对沙皇则一贯心怀敬畏——并非敬畏特定的沙皇其人，而是敬畏作为上帝在人世间的代理者的偶像）。——译注

[2] 兰多夫斯卡 [Wanda (Louise) Landowska，1879—1959]，波兰籍大键琴理论家兼演奏家，为二十世纪大键琴复兴之创始者。第二次世界大战以前，为十七、十八世纪大键琴音乐的权威注释者，与丈夫合著《古代音乐》(*Musique ancienne*，1909)一书。——译注

想，则此理想不在未来，而在过去。昔日，有伊甸园，园中住着《圣经》与卢梭想象的尚未腐化的人类灵魂，其后，是堕落、腐败、苦难、造假。自由主义者或社会主义者——进步主义者——纯由盲目（托尔斯泰三复斯言），才相信黄金时代尚在未来，说历史是改善的过程，说自然科学或物质技术里的物质进步与真实的道德进步相合。真相与此相反。

儿童较成人接近理想的和谐，质朴的农民比身心碎裂、“异化”、道德与精神俱失安泊而且自我毁灭的寄生虫，即文明的精英分子，又更接近。由此义理，发出托尔斯泰著名的反个人主义。这反个人主义之中，复以他对个人意志的诊断最醒目——个人意志是“自然的”人类趋向所以误入歧途与走火入魔的本因。据此，他相信（大致祖述叔本华意志为挫折本源之说），依照理性的理论而从事规划、组织，而信赖科学，试图创造理性的生活样式，是逆向自然之流而泳，是对我们内在的 287
救命真理闭目漠视，是折磨人类，屈使他们配合他们的人性厉声反抗的社会与经济制度。由同一义理，托尔斯泰又发出与此相应的见解。托尔斯泰相信，一个以直觉掌握的事物方向，不仅无可避免，而且是客观——天意所定——之善。因此，他相信人必须顺从这方向，这也就是他的寂静主义。

以上是他的训诫的一面——托尔斯泰运动中最出名、最核心的观念。这观念贯穿他从《哥萨克》、《家庭幸福》到最后几篇宗教论文的一切想象、批评、说教作品。自由主义者与马克思主义者俱加谴责者，亦即此理。托尔斯泰本此义理之心境而主张，假想英雄人格决定事件，是一种极度的自大狂与自欺。他的小说处心积虑，专要显示拿破仑与沙皇亚历山大、

《安娜 · 卡列尼娜》里的贵族与官僚社会、《复活》里的法官与官吏微不足道；他也要彰明，历史学家与哲学家由于空洞、思想无能，而利用“力量”与“影响”之类观念，将“力量”赋予伟人，将“影响”赋予作家、演说家、布道家，以为如此就解释了事件。他认为这些是抽象字眼，无法解释任何事情——它们本身远比它们想解说的事实更隐晦难明。他认定，所谓发挥权威或力量，所谓影响、支配，其底蕴为何，我们丝毫不了解，因此也丝毫无法解释或分析。依托尔斯泰所见，没有解释能力的解释是具有分裂作用而且自我膨胀的智力的征候——“智”这种官能摧残纯真，导致观念虚妄，以及人类生活之破坏。

以上，即是卢梭启发，浪漫主义初期已现面目，而且在艺术上与生活中鼓舞了原始主义的一派思想。其有此鼓舞之功，并不独在俄国为然。托尔斯泰以为他与别人由观察质朴的人民，由研习福音，就能发现人生正道的真理。

他另一派思想，与以上所述正好相反。米哈伊洛夫斯基之论，可谓公允：奥列宁纵然迷醉于高加索与哥萨克的田园
288 风味，也还是无法将自家化成卢卡什卡，无法重返童稚的和谐——他的童稚和谐已经破碎无存。列文知道，他如果试图变为农夫，此举将只是可怕的闹剧，农民第一个就会识破并嘲弄；他、皮埃尔与尼古拉 · 罗斯托夫隐隐约约知道，在某个层次，他们有个他们能给而农民没有的东西。托尔斯泰告诉受过教育的读者，农民“需要你十世代未受苦工压碎的生活所给你的东西。你有闲暇去研究、思考、受苦——那么，请你把使你受苦的这个东西给他们；他们需要这东西；[……千万不要]

把历史加给你的才具埋入土里”。[1]

如此说来，闲暇未必只有破坏性。进步是可以发生的，活在过去的人无法向当时发生之事学取教训，而我们能。我们活在一个不公正的秩序里，固然是真，但这也造成直接的义务。文明的精英分子来源于人民，却与人民大众隔绝，固然是悲剧，但他们有义务尝试重新创造破碎的人类、停止剥削他们，把他们最需要的东西——教育、知识、物质协助、创造美好生活的能力——给他们。米哈伊洛夫斯基尝谓：《战争与和平》的尼古拉·罗斯托夫未竟之业，《安娜·卡列尼娜》的列文继志戮力。他们并非寂静主义者，但他们的做法对了。据托尔斯泰看法，农民之解放，虽遗为德不卒之憾，但仍是政府一项意志——善意——行动，于今之急务，则为教导农民读书、写字、掌握算术规则（他们自身无能为力之事），以及装备他们，使他们能善用自由。我无法将自己融合于农民大众，但我至少能运用我自己与先人以不公之道获得的自由所产生的果实——我的教育、知识、技术——来造福以劳力使我得到这闲暇与果实的人。

此为我不可埋没之才。客观的标准，一切人——腐败至无可指望者除外——不论是否引为其人生准则，都看见而且承认；我必须致力依照这些客观标准，促进一个公正的社会。这些标 289

[1]《十一月及十二月的亚斯纳亚·波里亚纳学校（1861）》（‘Yasno-polyanskaya shkola za noyabr’ i dekabr’ mesyatsy[1861]’，1862），T viii 48；《十一月及十二月的亚斯纳亚·波里亚纳学校（1861）》（‘The Yasnaya Polyana School in the Months of November and December [1861]’），E 108。[分号后托尔斯泰的原文为“像一个埃及祭司一样把自己藏在一件神秘的斗篷里，把历史加给你的才具埋入土里”。]

准，质朴者见之甚明，世故者所见比较模糊，但只要试一试，人人都能看见；的确，人之所以为人，条件之一，即是要能看见这些标准。发生不公道，我有义务抗声直言，并且起而反对；一般人不可，艺术家亦不可袖手静坐。作家所以为好作家，在于有能力看出真理——社会真理与个人真理、物质真理与精神真理，并且使之呈现而令人逃无可逃。托尔斯泰认为莫泊桑正是如此，尽管他有他那些美学谬论，他仍不由自主。因为他是腐化之人，故而从恶弃善，写一个毫无可取的巴黎登徒子，笔下充满同情，对于受害者，反吝于施舍。但是，如果他述说的真理层次十分深刻——有才之人，所说真理不得不深刻——那么，无论他是否有意，他都会使读者面对基本的道德问题，而这些问题将是读者若不做严谨且痛苦的自我检讨，就无法逃避也无法回答的问题。

托尔斯泰认为，再生之机在此，艺术之恰当功能亦在此。职志——才具——是服从一个内在需求：艺术家的目的、责任，是满足实现这内在需求。最虚妄之事，莫过于艺术家为承办者之见，或者福楼拜、勒南、莫泊桑[1]所谓艺术家惟一功能为创造美丽物件之论。人类目标只有一个，而这目标对一切人，对地主、医生、侯爵、教授、银行家、农民，都有同等约束力。这目标就是，说出真理，行动以真理为指南，亦即向善，并且

[1] 莫泊桑有一名言，说：艺术家之要务，不是使人欢乐、愉悦、动心、警醒，或使读者做梦、反省、哭、笑、颤抖，而是"以最合乎你气质的形式，[创造]美的事物"。托尔斯泰引述此语，义愤填膺（他在 T xxx 15 里做了[略微错误的]引用。见莫迫桑，《小说》（'Le Roman'），《皮埃尔与让》（*Pierre et Jean*，Paris，1888）的前言；G. Hainsworth 所编版本（London etc.，1966）的页 37。

劝导他人向善。上帝存在、《伊利亚特》是美的、人有自由平等的权利，这些都是永恒而绝对的真理。因此，我们必须劝人读《伊利亚特》，不要读色情诲淫的法国小说；我们必须劝人建设一个平等社会，不要为神权或政治上的阶级制度效力。胁迫是邪恶的，人向来知道这是真理，因此，他们必须努力建设一个 290
在任何情况下都不会为任何理由而发动战争、设立监狱、把人处死的社会，一个使个人得到最大自由的社会。托尔斯泰由自己的途径，走到了一种基督教无政府主义的计划。这计划，与俄国民粹主义者的计划颇多相同——除去民粹主义者的空谈式社会主义、对科学及恐怖主义方法的信念，托尔斯泰与他们本来就甚多共通之处。他的计划与他们多所相同，因为他如今鼓吹的似乎是行动计划，而非寂静主义。这计划，即是他所欲实现的教育改革的基础。他致力发现、搜集、阐述永恒真理，唤醒儿童或质朴人民的自发兴趣、想象、好奇心；最重要者，他努力想解放他们“自然的”道德、情感与思想力量——只要我们消灭一切可能戕害、束缚、扼杀这些力量之事，这些力量将会使人获得内在的与人际的和谐。这一点，托尔斯泰如卢梭，毫不怀疑。

这计划——使人类一切能力得到自由发挥的计划——又以一项巨大的假定为基础，这假定是：至少有一条途径，在此途径上，这些能力既不会互相冲突，也不会作不成比例的发展，一条完成和谐境界的途径（在此境界中，一切各得其所、和平相安）。这项假定，又带来一个逻辑结论：由观察、内省、道德直觉，或者由研究古往今来最贤德与最智慧之人的生活与述作，所获得的人性知识，能为我们彰明这条途径。这种义理与古代宗教训练或现代心理学何其枘凿扞格，此处无法细考。我想强调的是，这是一项行动计划，是对当时的社会价值宣战，对国家、社会、教会的暴政宣战，对残酷、不仁、愚蠢、伪善、软弱宣战，以及，最重要者，对虚荣与道德盲目宣战。曾为享乐主义者与剥削者、曾为掠夺者与剥削者之子弟与受益人，固是一罪，不过，如果在这场战争里戮力致胜，即能赎免此罪。

托尔斯泰所信、所倡、所行，便是此义。他的“皈依”，使他的善恶观点有所改变。这皈依并未减弱他对行动之必要的
291 信念。他对原则本身的信仰，也从未动摇。他的敌人另有门户可趁：托尔斯泰的现实感太过强固紧切，使他挡不掉这些原则——无论其本身多么有真理——应该如何实践的痛苦怀疑。纵使**我**相信某些事物既美且好、某些事物既丑且恶，但是，如果我知道我不得不喜爱肖邦与莫泊桑，而这些更好的人——农民或儿童——不知道，那么，我有何权利依照我的信念来教导别人？我，站在长期精细繁缛过程尾端——站在累世以来文明、不自然生活的尾端——的我，有权利碰触**他们**的灵魂吗？

试图影响某人，即是投身于一项道德可疑的事业。一人粗鲁地操纵另一人，就是显而可见的例子。但原则上，教育亦同此理。大凡教育者，都试图塑造受教者的心智与生活，使其趋向某一目标，或使其接近某一模范。但是，如果我们——一个深深腐化的社会的世故成员——本身已不快乐、身心失谐、迷路，则我们从事教育，若不是想把天生健康的孩童变成我们的病态模样、把他们做成我们自己这样的残废之人，更是什么？我们就是我们变成的样子，我们不自禁爱上普希金的诗、肖

邦的音乐；我们发现，儿童与农民觉得这些东西不可解、烦冗无聊。我们怎么办？我们依然故我，我们“教育”他们，教到他们好像也欣赏这些作品，或者，教到他们至少明白我们为何欣赏这些作品。我们在干什么呢？我们觉得莫扎特与肖邦的作品美好，只因为莫扎特与肖邦自己就是我们这种颓废文化的子弟，所以他们的作品与我们生病的心灵相得莫逆；但是，我们有何权利去感染别人，使他们同我们一般腐败？我们可以看出其他制度的瑕疵；新教主张服从，天主教强调争胜思齐(emulation)，俄国教育（托尔斯泰认为）则以投合自利之心、使人注重社会身份地位为基础——这些如何摧残了人性人格，我们看得一清二楚。我们斥责法国人肤浅、法国人愚蠢浮夸，固然顺当在理，但是，就此以为我们自己偏爱的教育制度——裴斯泰洛齐推荐之物或者兰开斯特方法等等，适足以反映出其发明者虽开化而实被扭曲了的人格——必须优于或毁灭性低于 292
法国人与德国人那些制度，岂非荒唐蛮傲，岂非颠倒矛盾？

然则如何可免误人子弟？托尔斯泰重申卢梭《爱弥儿》的教训。自然，惟自然能救我们。我们必须设法了解“自然”、自发、未腐、完善，了解与本身和谐、与他物亦和谐之物何在，而后打通这些理路的发展途径；不要企图改变、不要使人强入铸模。我们必须聆听我们被窒扼了的自然所发出的指令，不要视其为我们可用我们独特的人格与强大的意志去强行塑造的原料。逆拗、仿效普罗米修斯，而自创目标，而另造世界，而同我们的道德意识所知的永恒真理——人人天生而永难移易的、使人有别于禽兽的真理——抗礼争胜，是骄傲的极恶大罪。一切改革者、一切革命家、一切所谓伟大而卓有事功之人，皆犯此罪。以自由主义信念居心，或者纯由任性或无聊而干涉农民生活的政府官员与乡下士绅，亦犯此罪。[1] 不要教人，要学习。托尔斯泰一百年前左右的文章，“谁应该向谁学习书写。是农民的孩子应该向我们学，还是我们应该向农民的孩子学？”[2] 主题在此，他一八六〇年代与一八七〇年代出版的所有教育记述，主题亦在此。这些记述，充满他笔下常见的清新、具体详尽，以及无人可及的即物直悟力量。他举出他村中儿童所写故事为例，谈起他在他们的纯粹创造面前，心中所生的敬畏。他向我们保证，那些儿童创作过程里，他未插一手、未赞一词。这些故事，他若加“改正”，只会破坏而已；他觉得这些故事远比歌德任何作品深刻；他说明这些故事多么使他
293 为自己的浅薄、虚荣、愚蠢、狭隘、缺乏道德感与美感而深深羞愧。如果你要帮助儿童与农民，你惟一能算帮助的，是使他们更顺利地在他们的直觉道路上自由前进。指导，就是破坏。人是善良的，只需要自由地去实现他们的善良。

一八六二年，托尔斯泰写道：“教育，是一人对另一人行动，目标是引动此人去获得某些道德习惯（我们说：他们把他教养成一个伪君子、强盗，或好人。斯巴达人教成勇敢的人，

[1]《波利库什卡》（*Polikushka*）是托尔斯泰盛产教育论文时期的作品，是他最佳短篇小说之一。米哈伊洛夫斯基主张，依托尔斯泰的写法，主角之死，其究竟原因，是那个用心良好但虚荣且愚蠢的地主任意干预她手下农民的生活所致。此说甚能令人信服。

[2]《谁应该教谁书写，是我们教农民的孩子，还是农民的孩子教我们？》（‘Komu u kogo uchit’sya pisat’, krest’yanskim rebyatam u nas, ili nam u krest’yanskikh rebyat?’, 1862），T viii 301—324；《我们应该教农民的孩子书写，还是他们应该教我们？》（‘Should we teach the peasant children to write, or should they teach us?’），E 222—247。

法国人教成褊狭而自满的人)。”但这就是把人类当成可以供我们塑造的原料来谈——来用；说把人“教养”成这个或那个样子，就是此意。我们分明是率意改变别人的灵魂与意志所自动自发追循的方向，率意否定他们的独立——使他们偏向什么？偏向我们自己的腐败、虚妄，或者，最好也只是不确定的价值？但这永远都牵涉某种程度的道德暴虐。在一阵没来由的狂乱里，托尔斯泰突做奇想，怀疑教育者的终极动机会不会居然是**嫉妒**，因为教育者所以热爱其教育工作，追根究底，是由于“嫉妒儿童的纯洁，而欲图把孩子变成他自己的样子，也就是说，把他变成更腐败”。[1] 整部教育史是什么样的历史？所有教育哲学家，自柏拉图至康德，追求一个目标：“使教育摆脱过去历史的桎梏压迫。”[2] 他们想“忖度人需要什么，多多少少猜中以后，根据这个来建筑他们的新学派”。[3] 他们打掉一副枷锁，却换上另一副。有些教育哲学家坚持希腊文，因为那是亚里士多德的语言，而亚里士多德知道真理。路德否认教会神父的权威，而坚持教授希伯来原文，因为他**知道**那是上帝当初向人启示永恒真理的语言。培根注重经验上的自然知识，而他的理论与亚里士多德的互相矛盾。卢梭宣称他不相信理论，而相信生活——他所设想的生活。

但是，有一件事，他们所见略同：必须解放年轻人，使他 294
们摆脱老年人的盲目专制。于是，旧制既去，他们各个立即换

[1] 同上，页 216；E 296。
[2] 见前引（页 275，注 1），T viii 10，E 71。
[3] 同上。

上自己的狂热、奴役教条。如果我确信我知道真理，余者皆误，那么，仅仅如此，我就有名分可以指挥别人的教育吗？这种确信，够吗？我的确信和别人的有无歧异呢？我凭什么权利，用一堵墙围起学生，排斥一切外在影响，随我所喜，将他塑造成我自己或某个别人的意象？

托尔斯泰慷慨激昂，对进步主义者说，这问题的答案，非"有权利"，即"无权利"。"若答'有权利'，则犹太人的学校和教会学校亦如我们一切大学，有同等合法合理的存在权利。"[1] 他宣称，至少原则上，他看不出，传统学校强迫学习拉丁文，激进教授向落在他们手中的听众强迫灌输唯物主义，其间有何道德差异。至于自由主义者所喜讥弹之事，例如，在家中受教育，则可能确有道理。父母心愿子女肖己，实属自然。宗教性的家教也有其道理，信徒如果知道何事必遭永入地狱之罚，自然应该会想将其余所有人类救离那些事。同理，政府有权训练人，因为没有某种政府，社会无法存活，而政府若无胜任的专家效力，又无法存在。

然则，由自己都不能确信自己所教之事为真理的人任职主事的学校与大学，其所实行之"博雅教育"(liberal education)，基础为何？经验主义？历史教训？历史教给我们的惟一教训是，一切先起的教育制度都被证明是立基于虚妄之上的专制，而被其后来者痛责厉斥。我们鄙视并取笑中世纪学校与大学，焉知二十一世纪不会同样鄙视并取笑十九世纪的我们？教育的历史如果只是一部暴政与错误的历史，我们有何权

[1] 见前引（页 286，注 1），T viii 217；E 297。

利继续这可憎的闹剧？你要是说，事情向来如此，并非新鲜，295 我们无能为力，只好尽力而为，这岂不像是在说，谋杀向来常有，所以，即使我们如今已经发现使人谋杀的原因何在，我们还可以继续谋杀？

在这些情况里，假使我们连下面这句起码的话也不肯定，我们就真是无赖了：由于不像教皇、路德或近代实证主义者那般能自称我们的教育（或者对人类所作的其余干涉形态）是以绝对真确的知识为基础，我们至少也必须就此不再以我们不知道的东西为名义来折磨他人。我们所能确知的，只是人的实际需求。让我们至少拿出勇气，承认自己无知，承认自己有疑惑、没把握。至少，我们可以摘掉传统、成见、教条的眼镜，试着发现别人——儿童或成人——需要什么，并且通过细心地、有系统地倾听他们，一一了解他们个人的生活与需求，从而试着知道他们真正的样子。让我们至少向他们提供他们要求的东西，并且让他们尽可能自由。给他们 Bildung[1]（这个字，他提出一个俄文对等字，而且颇为自豪，指出此字在法文或英文里没有对等字）——也就是说，设法以箴言名训，以我们自身生活的实例，影响他们；千万勿以“教育”施诸他们。本质上，“教育”是一种压迫之法，会破坏人最自然、最神圣的成分——人依照他认为真、善之道而自力求知并行动的能力：他自取走向的权力与权利。

但是，许多自由主义者言尽于此，而托尔斯泰不能自休。因为问题又紧随而来：我们如何让学童与学生自由？保持道德中

[1] Bildung 为德文，有“教养”、“形成”、“教化”之意。——译注

立？不传伦理、美学、社会或宗教教条，只传事实知识？将“事实”置于学生面前，又惟恐我们有病的看法感染他，于是让他形成他自己的结论，而完全不以任何指示去影响他？然则人与人之间真可能做到此等中立的沟通吗？人际之沟通，不都是一个气质、人生观、价值尺度有意或无意间影响另一个气质、人生观、
296 价值尺度？人竟然可能如此互相隔绝到如果仔细避免最起码的社交，就会互不沾染，各人绝对以自己而且只以自己的眼睛看出真伪、善恶、美丑？如此以为个人能长保纯洁、免于一切社会影响，亦即，连心理学家、社会学家、哲学家今日辛勤获致的人类新知也可以不要——这，岂非荒谬？便以托尔斯泰中年时代的世界而论，这观念也嫌荒唐。我们生活在一个堕落的社会里：惟纯洁之人能救我们。但是，教育家由谁来教育？谁纯洁到知道如何治疗、遑论有能力治愈我们的世界，或者这世界里的任何疾病？

这些极端之间——一边是事实、自然、实然，另一边是责任、公道、应然；一边是纯真，另一边是教育；一边是自发，一边是义务；一边是强迫他人的不义，一边是任由他人自行其道的不义——托尔斯泰毕生摇摆挣扎。不仅他如此，“走入民间”的俄国民粹主义者、社会主义者与理想主义学生，莫不皆然。他们走入民间，却又拿不定自己是去教，还是去学；他们不惜牺牲自己性命去争取的“人民福利”是“人民”事实上欲求之利，还是只有他们改革者才知道的人民之利；“人民”应该欲求——如果他们同他们的斗士一般有教育而且明智，就会欲求，而实际上却因愚昧而常加摒斥且激烈抗拒的，是什么？

由于这些矛盾，由于他一直承认自己未能调和或修饰这些矛盾，因此，他的生平，以及他那些道德痛苦、一心说教的艺

术作品，在一定程度上，都带上了一层特殊意义。他厉斥同代自由人士的妥协与借口，指其为软弱与逃避。他相信，基督的原则如何付诸实际的种种问题，必定有一最终的解决。有人说，他常谈的某些趋势与目标可能既真实却无法得兼。这说法，他也摒斥。历史主义对道德责任；寂静主义对反抗邪恶的义务；目的论或因果秩序，对机会与无理性力量的变化作 297
用；一边称颂精神和谐、朴简、人民大众，一边心仪少数精英之文化及其艺术；既不屑于社会上文明人等的腐化，又力言此等人士有将人民大众提升于与己相齐的水平的直接义务；一面执着于热烈、质朴、片面信仰之生产动力与破伪除妄作用，一面因眼光锐利而有感于事实之复杂，复因启蒙以后的怀疑主义而不免行动无力——以上一切理路，在托尔斯泰的思想里都有充分发挥。他如此多方执着，表现出来，就是他体系里一连串的不连贯，可能因为矛盾事实上存在，而导致现实生活里的冲突。[1] 只要看见任何真理，托尔斯泰就没有能力压抑、屈真为伪，也没有能力乞助于辩证或其余比较“深”的思想层次来将之搪塞了事——无论这“不能”会引起什么、导向何处、毁掉多少他最热切渴望相信的东西。众所周知，托尔斯泰视真理为

[1] 有些马克思主义批评家，尤其卢卡奇，认为这些矛盾是俄国封建制度之危机在艺术上的表现，又因托尔斯泰反映了农民的困境，故这些矛盾也特别是农民处境之危机在艺术上的表达。我觉得，认为托尔斯泰的世界毁灭，他的两难困局应该也会过去，是过分乐观的看法。读者不妨自行判断是否如此。

［托尔斯泰的矛盾，卢卡奇附从列宁，视为俄国十月革命以前社会内部矛盾的反映，见他一九三六年的文章《托尔斯泰与现实主义的发展》（‘Tolstoy and the Development of Realism’），收于《欧洲现实主义研究》（*Studies in European Realism*，trans. Edith Bone，London: The Merlin Press，1972；1978 重印）。——译注］

最高美德。另外也有人说真理是最高美德。他们对真理的称颂，同样令人感念。但是，为真理而令人感念，固然难能可贵，其中真正足堪缅怀者，又寥寥可数，而托尔斯泰足当其一。他牺牲所有，供奉于真理；他舍尽幸福、友谊、爱情、平静、道德与思想上的把握，最后，还献上他的生命。而她回报他的，只是怀疑、不安全、自菲自薄，以及无从解决的矛盾。

在这层意义上，他会严厉否认他是欧洲启蒙运动的烈士与英雄，但他仍然是——也许可以被列为这个传统里天资最丰富的一位烈士英雄。这好像是吊诡之论；不过，我们要知道，他整个一生，见证了一项命题——他此生最后几年全心否定的一项命题：真理很少是完全单纯或清晰的，而且不像凡常观察者
298 眼中所见那么浅显。

父 与 子

屠格涅夫与自由的困境

据我所见，你不很了解俄国大众。这个大众的性格是俄国社会决定的。这个社会包藏、囚禁着沸腾而急待爆发的力量；但这些力量被沉重的压制所窒，不能逃脱，遂产生悒郁、恨苦沮丧和冷漠。只在文学里，在我们鞑靼式的检查制度下，还有些生命与向前的运动。此所以作家志业尊严崇高，此所以文才微薄，亦能成功。[……]此所以我们的作家无论天资何其贫寒，只要表现所谓自由潮流，即广受瞩目……[大众]视俄国作家为其仅有的领袖、辩护者，以及将他们从黑暗的君主专制、正教，以及民族生活方式里拯救出来的救星。

别林斯基，一八四七年七月十五日致果戈理[1]

一八八三年十月九日，屠格涅夫如生前所愿，在圣彼得
299 堡与他仰慕的批评家朋友别林斯基比邻而葬。他先停灵巴黎火车东站，举行简短仪式，埃内斯特·勒南与埃德蒙·阿布莅临致辞，随即移柩返国。至于葬礼，则出席者有帝国政府、知识阶层、工人组织代表，也许是这些团体在俄国和平

[1] 见前引（页198，注1），页217—218；Mateaw 89。别林斯基所用字眼——samoderzhavie（君主专制）、pravoslavie（东正教义），以及narodnost（民族至上）——回应着尼古拉一世在位初期一个教育部长所制造的官定爱国公式；在这条公式里，最后一字——narodnost——显然是作为德文Volkstum（民风、国粹、国俗、国民性）的俄文对等字，至其用意，是以一般人民的传统“民间风习”(folkways)，对比西方启蒙影响下的“自作聪明之徒”所做的“人为”建构。在实际层面，此字广指官定爱国主义，兼含农奴、阶级秩序等建制，以及内心服从皇帝及其政府的义务。别林斯基这封公开信，痛斥果戈理在“心口如一或言不由衷之中”利用其天才为蒙昧主义与反动势力效命。陀思妥耶夫斯基被捕并判死刑，罪名就是在某颠覆团体的一次秘密集会里宣读这封信。

会面的第一兼最后一次。时局扰攘。前两年，恐怖主义行动达于极盛，亚历山大二世遇刺；阴谋魁首或问吊，或发配西伯利亚，但骚动仍巨，尤以学生为然。政府甚恐出殡行列变成政治示威。报界接获内政部密函，只刊布官方的葬礼消息，而不许透露曾经得到这些提示。圣彼得堡市政当局与工人组织致送花环，都不许标明身份。一场托尔斯泰要忆谈他老友兼对手的文学集会，因政府命令而取消。送葬途中，有革命传单散发，官方未加理睬，葬礼于是似乎一路无惊，顺利了事。但是，这些预防措施、丧事里的不安气氛，可能会令亨利·詹姆斯、乔治·莫尔、莫理斯·巴林以及绝大多数也许至今仍然对屠格涅夫抱持同样看法的人吃惊：世人向来多视他为美丽散文的作家，是乡间生活怀旧牧歌的作者；是挽歌诗人，专事眷恋日渐荒败的别墅，以及别墅中无能又令人不禁心仪的居主，而哀悼其残晖余魅；是罕有伦比的小说家，以神奇高才，写气氛与感觉之幽韵曲致，咏自然与爱情之诗，而列当时首席作家之列。在当日法国人的回忆录里，他是他朋友龚古尔所称的 le doux géant：[1] 和善的巨人——温良、迷人、无限平易可亲；是令人出神的谈家，在俄国朋辈间，有“塞壬”[2] 之号；是福楼拜与都德、乔治·桑与左拉及莫泊 300
桑敬仰的朋友；是他生平那位歌唱家知己维亚尔多的公馆常

[1] Edmond and Jules de Goncourt，《龚古尔日记：文学生活回忆录》（*Journal des Goncourt: Mémoires de la vie littéraire*，Paris，1887—1896），一八六三年二月二十三日的条目。

[2] 塞壬（Sirens），希腊神话中之女妖，音美善歌，使水手忘形而舟毁人亡，奥德修斯路经其地，令水手以蜡塞耳，始安然脱险，见《奥德赛》第十二章。——译注

客里最受欢迎、最讨喜的一位。不过，俄国政府的恐惧，其来有自。两年前，他们不欢迎屠格涅夫访问俄国，更不乐意他与学生会晤，而且以毫不暧昧的措辞，向他传达此意。大胆不在他特质之内；他缩短他的访问，返回巴黎。

俄国政府紧张，并不足怪，盖屠格涅夫不只是心理观察家，也不只是纤美的风格家而已。他其实与当时每一位重要的俄国作家一样，深刻痛切关怀他国家的状况与命运。关于数目微小而影响巨大的俄国自由与激进青年精英的社会与政治发展——关于这群精英与批评这群精英的人，他的小说构成了最佳编年史。依圣彼得堡当局看法，他的著作绝不安全。不过，他不像同代的托尔斯泰与陀思妥耶夫斯基。他不是传道家，也不想对他那一代人怒吼。他心力所重，主在体会、了解。无论是他能同情共鸣，或者他困惑或厌恶的人和事物，他都用心入乎其观点、理想、气质之中，以求了解。维柯所谓移情（fantasia）的能力，屠格涅夫高度发达，能渗入与他相外，甚至与他尖锐相斥的信念、感觉及态度。这天赋，勒南在悼词里特加赞美，[1] 而某些俄国青年革命分子也坦承他对他们的刻画精确且公正。生平大部分岁月里，他都痛切关心俄国教育阶层在道德与政治、社会与个人方面的争论，尤其斯拉夫民族主义者与仰慕西方者、保守派与自由派、自由派与激进派、温和人士与狂热分子、现实主义者与灵视派（visionaries），以及最重要者，老年与年轻一辈之间深刻且惨烈的冲突。他试图站

[1] 一八八三年十月一日发表的《演说》（*Discours*）的原文，见 I. Tourguéneff，《后期作品》（*Œuvres dernières*，2nd ed.，Paris，1885），页 297—302。

立一旁，以客观之眼观看战局。他并非次次成功，不过，因为 301
他是个锐利且敏动的观察家，作为一个人，作为一个作家，都善于自我批评、善于隐身幕后，更因为他不急于以己见束缚读者，不急于说教，不切切使人改变信念，结果，比起他通常被相提并论的另两位自我中心、厉色严词的文学巨人，他竟是更高明的先知，对于他那时代以来传遍世界的社会问题，更悟识其于初生始萌之际。屠格涅夫去世多年后，自承为其“狂热”仰慕者的激进小说家柯罗连科曾作评语，说，屠格涅夫“以苦心的手法触摸当代重大问题里最显露的神经［……］而给人刺激”，他引起热爱、敬意及剧烈批评，是暴风中心，“不过，他也尝到了胜利的喜悦；他了解别人，别人也了解他”。[1] 我想讨论的，就是屠格涅夫作品相当受忽视、与我们自己的时代却最直接互通的这一面。

一

气质上，屠格涅夫不以政治为荣心之事。自然、人际关系、感觉之品质——他最了解的是这些。这些，以及其在艺术里的表达。他爱艺术与美的一切表现，此爱之深，不下于古往今来任何人。对于有意求取艺术以外的意识形态、说教或功利目的，尤其，对于以艺术为阶级斗争之利器，如一八六〇年代

[1] V. G. Korolenko，《冈察洛夫与“年轻的一代”（纪念百年诞辰）》（‘I. A. Goncharov i “molodoe pokolenie” [K 100-letnei godovshchine rozhdeniya]’，1912），《全集》（*Petrograd*，1914，ix），页 324。

激进分子的主张，他有所嫌恶。他经常被描述为纯粹的美学家、为艺术而艺术的信徒，而且被控以逃避主义与缺乏公民意识之罪，在部分俄国人的见解里，这是一种可鄙的不负责任的自我耽溺。然而这些描述并不适合他。论深刻且热烈入世，他的作品固不如放逐西伯利亚以后的陀思妥耶夫斯基，亦不如后
302 期的托尔斯泰，但仍然关怀社会分析，以至革命分子与批评革命分子者，尤其这些批评者中的自由派，都能从他的小说借得军火弹药。亚历山大二世初曾钦慕屠格涅夫早期作品，终则对他深恶痛绝。

在本文所论这方面，屠格涅夫是他那个时代与他那个阶级的典型。他比当时辗转焦心的伟大道德家敏感而戒慎，而且不若彼等之耿耿苦虑与不能宽容，但是，对俄国独裁政治种种恐怖现象，他的反应同样痛烈。如此庞大而落后的国家，受教育者人数既微，又与难以称为公民，俯仰于不堪言说的贫穷、压迫、无知状况中的同胞大众相隔绝，公共良心迟早必生一场重大危机。此中事实，世人耳熟能详：几次拿破仑战争突然将俄国拖入欧洲，使俄国比先前更直接接触了西方的启蒙运动。出身地主的军官与属下发生相当程度的袍泽情谊，盖双方都亢奋着一股共通的澎湃爱国情感。此事暂时打破了俄国社会的僵硬阶层划分。索此社会中之突出形貌，约有数端：一个半文盲、由国家支配、大体腐化的教会；一批人数微小、西化不完全、素养贫乏的官僚——这批官僚拼力压抑并控制大群原始、半中世纪、社会与经济俱欠开发，但精力旺盛而潜能未得培育，在桎梏里困挣的人民；一股遐迩传遍的自卑感——面对西方文明，三教九流都自觉社会与思想不如人；此外，上位者任意威

福、在下者作令人欲呕的屈从与谄媚，造成一个扭曲变相的社会，凡稍具独立、创意或性格的人，都难找到任何正常发展的出路。

以此，似即足以说明十九世纪上半叶所谓“多余人”[1]的由来了。“多余人”是新兴抗议文学的主角，为极少数受有教育而道德敏感之人中的一员，在自身家国中不获安心立命之所，反躬自苦之余，逃入妄想或幻觉、犬儒作风、绝望，终则往往沦于自我毁灭或自暴自弃。一个人类——农奴——被视为“神赐财产”（baptized property）的制度，其可悲与堕落，令他感到痛切的耻辱与炽烈的义愤，而面对不公、愚蠢与腐败当道，他又自感无能为力，因此，郁积的想象力与道德感被迫走入检查制度尚未完全封闭的仅有管道——文学与艺术。于是，产生了一项尽人皆知的事实：在俄国，社会与政治思想家变成诗人与小说家，具有创造力的作家则成为政论家。绝对的专制体制下，对建制的任何抗议，无论缘由或目的为何，基本上都是一种政治行动。结果，文学成为他们把人生的核心社会与政治问题争个透彻的战场。在原生地——德国或法国——只限于学院或美学圈子的文学或美学问题，在俄国成为整个一代原来对文学或艺术本身并无优先兴趣的有教养的青年执着苦思的个人与社会问题。例如，支持纯艺术理论者与相信艺术有社会功能者之间的争论，乃七月王朝期间法国相当小部分批评家关心之事，在俄国竟变成一重大道德与政治问题，演为进步对反动，启蒙对蒙昧主义，道德操持、社会责任 303

[1] [见页 172，注 1。]

与人性感觉对独裁专制、虔敬、传统、妥协与服从固有权威之争。

他那一时代最热烈、影响力最大的声音，是激进批评家别林斯基的声音。这个穷困、肺疾缠身、家世寒微、教育贫乏而诚正不阿、性格强毅的人，成为他那一时代的萨伏那洛拉[1]——一个提倡理论与实践合一、文学与人生合一的火热道德家。他的批评天才，他对困扰激进新青年的社会与道德问题核心的本能洞识，使他成为那些青年的天然领袖。在他和他的读者，他的文学论著是一种连续无辍、殚精竭思、不屈不挠的尝试——寻求人生目的之真理，探索何事可信、应有何作为。
304 别林斯基之人格，激情慷慨、用志不分。其立场固曾经过数次剧变，但每有改变，皆因他已尽心痛切体会其信念，且本其炽烈、毫无机巧之天性，付诸行动，而信念不符所期，迫使他一再另取信念，重新开始。这再仆再起之业，随他英年早逝，方告结束。正义与真理的寻求者——这一点，先于别林斯基其余一切特质；所以，他能令青年激进分子慑迷，他以他的箴规名训所创的言教，固有以致之，然其深为动人之生活所立之身教，作用同样巨大。屠格涅夫早年有志于诗，曾得他鼓励，日后对他即终身专诚服膺。别林斯基的形象，尤其去世以后，成为献身入世文人的具体象征；自他以后，俄国作家无人完全不信写作的首要义务是为真理作见证：一切人中，作家最无权利避而不见时代与社会的核心问题。艺术家——尤其作家——脱

[1] 萨伏那洛拉（Savonarola，1452—1498），为意大利文艺复兴时期反罗马教会的宗教领袖，曾短期统治佛罗伦萨，后被火刑处死。——译注

离其民族最深刻关切之事，而专务创造美丽作品，或一意追求个人目的，会见斥为自我毁灭的自我主义与轻浮行径；他如此背叛他选定的志业，只是自我戕害、自竭资源而已。

别林斯基的判断，有一种痛心疾首的诚实严正——其内容如此，格调尤然。这种诚实严正，渗透了他当代俄国人的道德意识，虽时或见拒，而不曾见忘。屠格涅夫赋性审慎、公正，畏惧一切极端，处于危急时刻，容易畏缩规避；多年以后，他的诗人朋友波隆斯基即曾向一位反动教士部长形容他“和气而柔软如蜡 [……] 性情似妇人 [……] 没有性格”。[1] 此言也许过甚，但他毕生确实很容易接受外来感染，而且容易顺服于比较强毅之人。别林斯基一八四八年去世，然其无形之身影言 305
行，屠格涅夫终身为所魅附。或由软弱，或由爱好安逸，或因渴求平静生活，或纯因性格温厚，屠格涅夫常觉忍不住要放弃为个人自由或人类尊严奋斗，欲与敌人讲和。凡遇此刻，很可能就是别林斯基严峻而动人的形象，如圣像一般，阻住他脱逃之路，将他召回这项神圣事业。对此谊兼导师、不久人世的朋友，他第一件，也最能传于久远的献礼，是为《猎人笔记》。当时以至今日的读者，皆以此杰作为古老而变迁中的俄国乡村，为自然生命与农民生活的神奇描写。实则，屠格涅夫自视此书为他对可恨农奴制度的第一次重大抨击，是一声义愤的呐喊，专为灼痛统治阶级之意识而发。一八七九年，牛津大学举

[1] 一八八一年五月二日致波别多诺斯采夫（K. P. Pobedonostsev），出自《普希金之家 1923 年合集》（*Sbornik Pushkinskogo doma na 1923 god*，Petrograd，1922），页 288—289。

他为荣誉法学博士，在此处成礼[1]，当时致辞为他作介绍的布莱士称他为自由斗士，就曾使他颇为欣慰。

对屠格涅夫此生发生主导影响者，别林斯基既非第一人，也不是最后一人；第一位或许也是最具破坏力的，是他刚愎、歇斯底里、残酷、受挫深巨的寡母。她爱她儿子，而摧折了他的精神。即使衡以当时俄国地主不算苛刻的人性标准，她也是野蛮怪物。孩提时代，屠格涅夫目睹她施予农奴与仆婢的可憎暴行与羞辱。《旅长》中有一插曲，显然也根据他外祖母杀害小农奴之事写成：她在盛怒之下，责打那个男孩；他受伤倒
306 地；目睹此景，她更加恼恨，拿一只枕头将他闷死。[2] 他的小说充满这类回忆，而他也一辈子努力把它们排出他的体系。

在学校与大学里受教而知尊重西方文明的人，大致即因早年这类场面的经历，而形成整个俄国知识阶层自始就有的特殊政治立场——终久关注个人自由与尊严，痛恨俄国封建制度之残迹。时人在道德上，是一大浑沌局面。一八四二年，屠格涅夫二十四岁，与别林斯基已成莫逆之交；别林斯基曾言："我

[1] 即牛津的谢尔登剧院（Sheldonian Theatre）。一九七〇年十一月十二日，我在此演讲，当时讲稿比本文稍有缩减。

[2] 路德维希·皮奇（Ludwig Pietsch）根据屠格涅夫对他所述，记下此事。见《路德维希·皮奇的回忆》（'Vospominaniya Ludviga Picha'），《外国批评家笔下的屠格涅夫》（*Inostrannaya kritika o Turgeneve*，*St Petersburg*，1884），页147。叶夫根尼·索洛维耶夫（Evgeny Solov'ev）引述皮奇所记，见《屠格涅夫的生活与文学活动：生平简介》（*I. S. Turgenev Ego zhizn' i literaturnaya deyatel' nost': biograficheskii ocherk*，Kazan，1922），页39—40。穆里耶（J. Mourier）又引述索洛维耶夫所记。穆里耶显然误会索洛维耶夫之文，认为其中所指女人乃屠格涅夫之母。见穆里耶，《斯帕斯科伊庄园时期的屠格涅夫》（*Ivan Serguéiévitch Tourgueneff à Spasskoé*，St Petersburg，1899），页28。

们这时代切望信念，对真理如饥若渴，辗转苦求 [……] 我们整个时代在问取、探求、寻索、苦恋真理……”[1] 十三年以后，屠格涅夫呼应此说：“有些时代，文学不能只谈艺术性，有比诗更高的利益。”[2] 又三年，当时还热衷于纯艺术理想的托尔斯泰向他提议，出版一份以纯文学及艺术为主，与当代污秽的政治论战无关的期刊。屠格涅夫答复他，当今时代所需，既不是“抒情的絮聒啁啾”，也不是“树上清歌的鸟”；[3]“你讨厌这片政治泥沼；不错，这玩意儿龌龊、一派污尘、俗劣。但是，街上有脏东西、有灰尘，而我们到底还是不能没有市镇。”[4]

右派与左派批评家（尤其是着恼于他的政治小说者）素来将屠格涅夫刻画为一位被拖入政治纷争，但情非所愿，根本仍始终与政治纷争格格不入的纯粹艺术家。这幅传统画像，容易造成误解。一八五〇年代中期起，他几部主要小说都深深关切他那一辈自由派人士困心苦思的核心社会与政治问题。别林斯基剑拔弩张的人文精神，特别是他对一切黑暗、腐化、压迫与 307
虚伪事物的痛诋恶骂，[5] 对他眼光的影响，既深且久。两三年前，在柏林大学，他聆听日后的无政府主义煽动家、当时与他

[1]《论批评》，B vi 267，269。
[2] 一八五五年六月二十八日致博特金，P ii 282。
[3] 一八五八年一月二十九日致托尔斯泰，P iii 180。
[4] 一八五八年四月八日致托尔斯泰，P iii 210。
[5] 在回忆录里，屠格涅夫以他特有的那种经常告罪的自嘲和性情，写说：“疑虑折磨他 [别林斯基]，使他寝食不宁，死命啃啮他，焚烧他，他不肯放怀忘事，浑然不知疲惫 [……] 他的精诚感染到我，他的火烧到我身上来，事情的重要性使我也全神贯注；不过，剧谈两三个钟头以后，我往往就软弱下来，青年的轻浮发生作用，我想休息，开始游心于散步、餐点 [……]” 见《回忆别林斯基》（‘Vospominaniya o Belinskom’，1869），S xiv 28—29。

从习于同一位德国哲学老师的巴枯宁向他宣讲黑格尔之道，而且一如别林斯基昔日，拜服巴枯宁洋溢焕发的辩证才华。五年后，他在莫斯科与激进青年政论家赫尔岑及其友人一晤而成知交。他与他们一样，痛恨一切形态的奴役、不公与残酷，但他与其中某些人不同，无法自安于任何教条式意识形态体系。他憎厌所有概括、抽象、绝对之事；他的眼光始终细致、直锐、具体、无可救药地现实。学生时代在柏林呼吁的左翼右翼黑格尔主义，友人争论不休的唯物论、社会主义、实证主义、民粹主义、集体主义，因一八四八年欧洲左派之可耻溃败而痛心失望并觉醒的俄国社会主义者所理想化的俄国农村公社——这些，他后来认为纯属抽象东西，是代替现实之物，许多人相信、少数人甚至奉为生活准绳，但是，这些教条，你要是当了真，想付诸实践，则生活——表面崎岖不匀且形态漫无规则的真实人类性格与活动，必会加以抵制，把它们粉碎。巴枯宁是好朋友、乐趣盎然的伙伴，但他的妄想，无论斯拉夫主义或无政府主义，在屠格涅夫思想里未曾留下一抹痕迹。赫尔岑可以另当别论，他是锐利、善讽、富于想象的思想家，早年，他们甚多共同之处。然而，赫尔岑的民粹主义社会主义，屠格涅夫认为是个悲情作祟的狂想，是一位无法长久没有生命信仰，但早年的妄想已经毁于西方革命之败的人所怀的梦。旧日的社会
308 正义、平等、自由民主等理想，在西方的反动势力面前既已无能为力，他必须为自己寻找一个新偶像来崇拜。于是，他祭起俄国农民这件（屠格涅夫所谓）“羊皮大衣”，[1] 与利欲熏心的

[1] 一八六二年十月八日致赫尔岑，P v 52。

资本主义这只金犊分庭抗礼。

屠格涅夫了解并同情他这位朋友的文化绝望。赫尔岑亦如卡莱尔与福楼拜、司汤达与尼采、易卜生与瓦格纳，觉得自己在一个价值尽遭贬辱的世界里日渐窒息。赫尔岑觉得，一切自由、尊严、独立、创意之事，尽已灭顶于资产阶级平庸繁琐的浪潮之下；在买卖人类事物的腐化、庸俗商人，以及他们那些为法国、英国、德国这几家巨大合股公司奔走效命的卑劣、倨傲跟班操纵下，人生已经商业化；甚至意大利（他写道），“欧洲最富诗质的国家”，当那个“肥胖、挂一副眼镜的小资产阶级天才”加富尔毛遂自荐要包养她，她竟然无法自制，抛掉了对她痴恋狂爱的情人马志尼，遗弃了她那位大力士般的丈夫加里波第，向他投怀送抱。[1] 俄国难道要把这具腐烂生蛆的尸体当成理想模范？一场惊天动地剧变的时机当然成熟了——一场西方来的蛮人入侵，将会如一场祛邪去病的暴风雨，换新空气。赫尔岑断言，这场暴风雨，只有一支避雷针能防抵——资本主义无法污染，毁灭性个人主义之贪婪与恐怖及非人都无法玷污的俄国农民公社。在这块根基上，还是能够建设一个由自由、自治的人类构成的新社会。

凡此种种，屠格涅夫都视为激烈的夸张、个人绝望的戏剧化。当然，德国人浮夸可笑，路易·拿破仑与巴黎那班趁乱得利之徒也可憎可厌，但西方文明并未倾颓糜溃。西方文明是人类最伟大的成就。提不出堪与比美的贡献的俄国人没有资格横加讥笑并拒之于门外。他指责赫尔岑为疲乏无力且幻想已破之

[1] A. I. Herzen，《结束与开始》（first letter，1847），H xvi 138。

人，一八四九年以后寻找一个新神，竟在单纯的俄国农民身上找到。

309 你树起祭坛来奉祀这位默默无闻的新神，因为世人对他几乎毫无所知，而我们无妨[……]祈祷、信奉、等待。但这个神明根本做不来你所期望于他的事；你说这是一时、偶然、外力造成；但你这位神明珍爱且崇拜你痛恨之物，而痛恨你珍爱之物；[他]接受的，正是你为了他的利益而拒斥的东西，这一点，你避目不见，掩耳不闻[……]你必须一本初衷，致力于革命，致力于欧洲的理想。不然，要是你如今认为革命与欧洲的理想全无意义，就必须拿出勇气，与魔鬼**四**目正视，向**整个欧洲**告罪—当面整个一体斥绝，不要这样明里暗里独独厚爱某个未来的俄国弥赛亚。

——尤其不可以偏爱俄国农民，俄国农民骨子里是最厉害的保守派，绝不关心自由理想。[1] 屠格涅夫从未丧失他清醒的现实主义。俄国生活里最轻微的颤动，他都有反应；对于他所谓“俄国社会里文化教养阶层变化迅速的面貌”上的表情变化，[2] 他尤其敏感。他声称自己不过是在记录莎士比亚所谓时代的“本质与面貌”[3]。空谈家、理想主义者、斗士、懦夫、反

[1] 一八六二年十一月八日致赫尔岑，P v 67—68。关于这个题目，见《卡韦林与屠格涅夫给赫尔岑的书信》（*Pis'ma K. D. Kavelina i I. S. Turgeneva k A. I. Gertsenu* ed. M. Dragomanov Geneva，1892）中，屠格涅夫在一八六二年至一八六三年的书信。
[2] 他的小说选集引言（1880），S xii 303。
[3]《哈姆雷特》Ⅲ，Ⅱ，页25。

动分子、激进分子，他一概忠实描写，有时也使用尖酸的问难反讽，如《烟》所为，但笔下通常无比谨慎，善能了解每一问题里相互重叠的层面，而且沉着耐心、不急不乱，只偶尔稍带不加掩饰的反语或讥刺（自己的性格与观点也不轻饶）。如此，他有时候竟也弄得无人不恼。

至今还以为他是个不作寄托、高高超越意识形态争战的艺术家的人，也许要惊怪：俄国文学史，或许世界文学史上，不曾有人像屠格涅夫这样同时受到左派与右派猛烈且持续的抨击。陀思妥耶夫斯基与托尔斯泰观点远更激烈，但他们是顽强可畏的人物，即使最痛恨他们的敌手，对他们也敬畏交加。屠格涅夫一点也不顽强可畏；他亲切、善于存疑、太谦 310
恭讲礼、太缺自信，吓不了谁。他不曾体具任何清晰的原则，没有鼓吹任何教条，对所谓个人与社会的“可恶问题”，[1] 不提任何万灵药。亨利 · 詹姆斯曾说：“人生种种对立面，他有所感觉，而且了解 [……] 我们盎格鲁–撒克逊、新教、道德主义的传统标准离他很远 [……] 与他交谈，所以会着迷，大半因为你呼吸到一种使时髦口号 [……] 听起来很可笑的空气。”[2] 在一个读者，尤其年轻读者，至今都向作家求取道德指导的国家里，他竟拒绝载道。他也知道自己如此矜默，会付出什么代价。他晓得俄国读者要人告诉他去相信什么及如何生活，期望有人为他提供清楚对照的价值、截然分明的英雄与

[1] 见前引（页 33，注 1）。

[2] 关于詹姆斯对屠格涅夫的看法，请参考《小说的艺术》（*The Art of Fiction*，Oxford，1948）中他的两篇文章；这一篇在页 100。

恶棍。屠格涅夫写道，要是作者不提供，读者就不满意，怪罪作家，因为他觉得要自己下决心、自己找路子，是恼人的事。[1] 的确，托尔斯泰从来不会让你疑惑他偏爱谁、谴责谁；陀思妥耶夫斯基也从来不掩饰他认为得救之路何在。这几位伟大、痛苦的拉奥孔 [2] 里，惟屠格涅夫始终细谨而存疑；他让读者悬宕、陷入存疑状态；核心问题是提出来了，但大多数至终未加解答——有些人认为屠格涅夫还有点沾沾以不解答为得计。

当时、今日，没有一个社会对作家的要求比俄国更多。屠格涅夫被指责为游移摇摆、姑息妥协、目的不坚、一人而兼太多说法。此事确实令他耿耿难安。《罗亭》、《阿霞》、《前夜》，这几部一八五〇年代的小说，“软弱”（weakness）是一大要

[1] 十九世纪俄国读者仍在文学作品里寻求道德启发与人生及行为指南，作家亦自觉必须严断是非、明表好恶。屠格涅夫取法西方的客观标准，不免解人难觅，遇重大敏感的时代问题，更深遭知识界与一般读者误会（在《父与子》中，由于他自己对巴扎罗夫及其观念的态度也模棱不清，问题尤其棘手）。“……作者对‘巴扎罗夫’采取一种批判的、客观的态度……作者对他所创角色的态度使读者困惑了：如果一个作者把他假想的角色当作活生生的人处理，也就是说，如果他在那个角色的坏的一面以外，还看出、并且表现其好的一面，以及最要命的一点，要是作者对他的孩子没有流露斩钉截铁的同情或反感，读者就不安、轻易陷入困惑，甚至懊恼不甘：他怒气横生，作者居然请他不要蹈袭旧辙熟路，走自己找的路。‘我何必这么麻烦……再说，要作者告诉我对某某角色应该作何看法，或者他自己对他作何看法，难道过分么？’”见屠格涅夫《关于〈父与子〉》一文。——译注

[2] 拉奥孔，希腊神话人物，阿波罗之祭司，未能独身，生二子，而触怒阿波罗。特洛伊围城之役，希腊人制作木马为入城之计，拉奥孔独排众议，劝特洛伊人不可相信希腊人任何礼物，力言木马包藏诡计。众说纷纭之际，拉奥孔在海滩屠牛祭神，阿波罗遣二巨蛇，绞杀父子三人。特洛伊人大惧，以天命不可违，遂迎木马入城。《伊利亚特》第二章中，作者维吉尔假主角埃涅阿斯之口，说此事甚详。拉奥孔遇难情状之雕刻，痛苦挣扎，栩栩如生，为千古名作，经德人莱辛诠释，声名更威。——译注

义——诸书极写心地宽厚、理想诚挚之人的失败：他们始终无能，未经奋斗，就向僵局势力投降。半以年轻的巴枯宁为模子、半以自己为本而刻画的罗亭[1]，是个理想高远之人，健谈， 311
举座陶醉，发抒的也是屠格涅夫能接受并辩解的观点。但他是纸扎的人。面临需要勇气与决心的真正危机，他土崩瓦解。罗亭友人列日涅夫为罗亭身后之辩护：他理想高贵，但他“没有性格，没有血性”。[2] 在尾声一章（作者追补于此书后来一个版本），历经漫无目标的流浪以后，罗亭一八四八年在巴黎死于巷战街垒之上，其死虽勇，但无大用，不过，依屠格涅夫看法，仍是罗亭的原型——巴枯宁——做不到的死法。不过，在他本国，罗亭连如此死法的机会也没有；纵使罗亭有血性、有性格，在他当时的俄国社会里，他又能如何？这位“多余人”，俄国文学里所有令人同情、不堪大用、无能任事的空谈家始祖，处其当时环境，应该，或者可能向可厌的贵妇及她的世界（他屈降苟存的世界）宣战吗？读者未获指点。《前夜》女主角叶琳娜寻找一个英雄人物，帮她逃出她父母及其环境的虚伪生活。她发觉，连她圈子里最精华、最具天赋的俄国人也缺乏意志力、不能行动。她追随了直前无畏的保加利亚反徒英沙罗夫。英沙罗夫单薄、干直，比起雕刻家舒宾或历史学家别尔谢涅夫，少文而木讷。但是，与之不同，他专注一念——将他

[1] 富于批判力的友人赫尔岑说屠格涅夫“仿《圣经》之意——以他自己的形象”创造罗亭。他又说：“罗亭是屠格涅夫第二，加上（naslushavshiisya）许多……巴枯宁的哲学口头禅。”《往事与随想》（part 7，chapter 4），《巴枯宁与波兰的事业》（‘M. Bakunin i pol’skoe delo’’，1870），H xi 359；《巴枯宁与波兰的事业》（‘M. Bakunin and the Cause of Poland’），M iii 1357。
[2]《罗亭》（1856，chapter 12），S vi 348。

的国家由土耳其人手中解放出来；有此大志，他的乡土战到最后一个农民、最后一个乞丐，他都与之同心赴事。伊琳娜追随他，因为她的世界里惟他完整未败，因为他的理想有不屈不挠的道德力量为奥援。

屠格涅夫在当时迅速往左移动的激进刊物《现代人》上发表《前夜》。支配《现代人》的一群人固然与托尔斯泰性情不合，与屠格涅夫也同样不投契；他嫌他们是呆板、狭隘的教条家，对艺术全无了解，是美的敌人，对人际关系没有兴趣（人际关系是他的一切），不过，他认为他们勇敢而坚
312 强，是拿一个单一目标——俄国人民的解放——来判断一切的狂热分子。他们拒绝妥协，他们一心一意要求得一场激进的解决。农奴之解放，令屠格涅夫和他自由派朋友深为感动，而在这些人心目中，那解放并不是新时代的开始，却是一招可怜的骗术：在新的经济安排下，农民还是落在地主的桎梏里。只有“农民的斧头”——人民大众的武装起事，才能使农民自由。《现代人》文学编辑杜勃罗留波夫评论《前夜》，称赞那位保加利亚人是正面英雄：他不惜生命，要把土耳其人逐出他的国家。我们呢？我们俄国人（他宣布）也有我们的土耳其人——只不过，是内部的土耳其人而已：宫廷、贵族、将军、官吏、新兴资产阶级等等，以暴力与大众之无知为武器的压迫者与剥削者。**我们的**英沙罗夫何在？屠格涅夫说起前夜：真的一天何时破晓？如果这么一天尚未破晓，正是因为善良启蒙了的青年——屠格涅夫小说里的舒宾与别尔谢涅夫——无能。他们瘫痪了。他们满口精致文雅的辞藻，但他们终必屈从于他们社会的平庸凡俗生活的习套，

因为他们被家庭、建制与经济的关系网络牢牢连在既有秩序上，而他们又拿不出决心把这张网完全打破。杜勃罗留波夫在他那篇文章的最后定稿里说："你坐在一个空箱子里，想从里面倒翻箱子，多么费工夫！但要是由外面来，一推就翻了。"[1] 英沙罗夫站在箱子外面，土耳其侵略者是箱子。真正有心之士，必须走出俄国箱了，与整个荒唐的结构断绝一切关系，然后从外面推倒它。赫尔岑和奥加廖夫兀坐伦敦，虚耗时日，揭发俄罗斯帝国里不公、腐败或失政的单独案例；这，非但不能削弱那个帝国，反而可能促使它消除这些缺点而享国更久。真正的要务是摧毁这整个非人制度。杜勃罗留
波夫的劝告很明白：有心人必须努力抛弃这箱子——与当前 313
这个样子的俄国脱离一切接触，因为别无法子取得一个阿基米德点来把它推翻。英沙罗夫做法确当，要待更大的工作完成，再报私仇——处决那些刑讯并杀害他双亲的人。不可浪费精力去汲汲从事点点滴滴的揭斥，或者只把个人救离残酷与不公。这，只是自由主义的无聊事，只是逃避根本工作。"我们"和"他们"毫无共通之处。"他们"，包括屠格涅夫，寻求自由、通融。"我们"要摧毁、要革命、要新的人生基础；此外没有什么能毁掉当道的黑暗。这，依激进分子所见，就是屠格涅夫这部小说的清楚意涵；他和他那班朋友则显然太怯懦畏事，不敢直挂出来。

[1] 一八六〇年那篇评论原文里［篇名《真正的白天何时到来？》（'When Will the Day Come?'）——译注］，并无此句。在两年后的杜勃罗留波夫的论文集遗作版本里才收录。见《真的一天何时到来？》（'Kogda zhe pridet nastoyashchii den?'），《全集》（Moscow，1961—1964，vi），页 126。

此书如此诠释，屠格涅夫烦恼，简直惊恐。他试图教人取消这篇评论。他说：要是该文刊出，他会不知道怎么办、往哪里跑。不过，这些人，他还是着迷。他厌恶这些“涅瓦河边的但以理们”阴郁的清教主义。“涅瓦河边的但以理们”是赫尔岑给他们的称呼；[1] 他认为他们愤世嫉俗、凶狠，他无法忍受他们粗糙而反美学的功利主义，也无法忍受他们排斥他珍爱之物——自由的文化、艺术、文明的人类关系。但是，屠格涅夫又认为他们年轻、勇敢，不惜舍命打倒大家的共同敌人——反动分子、警察、国家。无论如何，他希望受到他们的喜欢和尊重。他想同杜勃罗留波夫攀交情，不断找他聊天。一日，他们在《现代人》办公室相遇，杜勃罗留波夫突然对他说：“伊凡·谢尔盖耶维奇，我们别再交谈，我厌烦了。”说罢，走到办公室老远一个角落里。屠格涅夫没有马上放弃。他的迷人是出了名的；他使尽浑身解数，要讨这位冷酷的青年欢心。没有用；他一见屠格涅夫走近，就直瞪墙壁，不然，干脆拂袖而去。编辑同仁车尔尼雪夫斯基当时还偏爱并仰慕屠格涅夫；杜
314 勃罗留波夫对他说：“你要是喜欢，尽管同他说话好了。”又极富个性地补充说，他认为坏盟友不是盟友。[2] 此语颇具列宁神韵；早期那班激进分子，也许就数杜勃罗留波夫最富布尔什维克气质。屠格涅夫是一八五〇年代到一八六〇年代俄国最著名

[1]《多余人与愤世嫉俗之人》（‘Lishnie lyudi i zhelcheviki’，1860），H xiv 322。
[2] 车尔尼雪夫斯基回忆之言，引述于《当代人回忆中的屠格涅夫》（*I. S. Turgenev v vospominaniyakh sovremennikov*，Moscow，1969，i），页 356—358。车尔尼雪夫斯基堂兄弟，佩平收集六十年代激进运动的资料，车氏应他所请，说此往事，时在一八八四年，已隔多年，但我们没有理由怀疑确有其事。

的作家，也是欧洲声誉巨大而且日渐隆盛的惟一俄国作家。此前尚未有人如此待他，他深受伤害。他坚持了一段日子，最后，面对杜勃罗留波夫深重难息的敌意，终于死心。他们公开决裂。他靠向左翼视为最大死敌的卡特科夫主持编务的保守杂志[1]。

同时，政治气氛愈来愈风狂雨暴。解放农奴的一八六一年，恐怖主义的土地与自由联盟成立。措辞激烈，号召农民造反的宣言开始传布。激进派领袖被控以叛乱罪，有的下狱、有的流放。首都火灾四起，当局指责大学生为祸首。屠格涅夫没有挺身为他们辩护。激进分子的呼唤，他们的横暴讽刺，他认为纯是汪达尔主义；他们的革命目标，他觉得是危险的乌托邦主义。然而，他也感觉到有个新东西在兴起——某种巨大的社会突变。他明言自己处处感觉到这巨变。这巨变，他既厌恶又着迷。现存体制——以及他和他那一辈自由主义者信仰的许多事物——有一种新而且可畏的敌人正在出生。屠格涅夫的好奇心总是强过他的恐惧：他一心想了解这些新雅各宾分子。这些人粗糙、狂热、敌意、轻慢无礼，但道德未丧、满怀自信，而且，在一个狭隘但纯正的层次上，他们可谓理性、不计私利。他无法硬忍着不睬他们。他觉得他们是新而目光锐利的一代，315
未受古老的浪漫神话蒙惑；最重要的是，他们年轻，他的国家的未来握在他们手里；而凡他觉得生动鲜活、热烈、令人恼烦的任何事情，他素来不愿意不闻不问。毕竟，他们想打击的恶事，确是恶事；在相当程度上，他们的敌人也是他的敌人；这些年轻人见解错误而顽固、野蛮、鄙薄他自己这类自由主义

[1] 即《俄国导报》。——译注

者，但他们是反击专制制度的斗士与殉道者。对他们，他由困惑而好奇，兼又害怕而目眩神迷。此后，他终身念念不忘，要为自己解释他们，或许，也是向他们解释他自己。

二

> 年轻人对中年人："你有内涵而没有力量。"中年人对年轻人："你有力量而没有内涵。"
>
> 取自当代一场交谈[1]

这是屠格涅夫最出名、政治方面最令人感兴趣的小说《父与子》的话题。当时那班神秘、盛气腾腾的新青年，他宣称他处处感觉到他们的形影。他们在他心里激起的感受，他发现很难分析。《父与子》之作，即是试图为他所得于这些人的意象披上血肉与实质。多年以后，他写信给一个朋友，说："有——请别见笑——有一种**命运**，这东西强过作者自己，是独立于他之外的东西。我知道一点：当初，我并没有什么先入之见，没有什么既定的'笔势'；我天真地写，好像自己也被一路浮现出来的东西吓坏了。"[2] 他说，这部小说的核心人物巴

[1] 此为屠格涅夫原来附加于《父与子》但后来割舍的短铭：S viii 446。也可见 A. Mazon，《屠格涅夫的巴黎手稿》(*Manuscrits parisiens d'Ivan Tourguénev*，Paris, 1930)，页 65。

[2] 一八七六年一月十五日致萨尔蒂科夫，P xi 190—191。[《父与子》交稿期间与出版以后，主角巴扎罗夫引起各方热烈争议，上一辈认为屠格涅夫借此讽刺上辈、取悦青年，下辈指他谄媚上辈、侮辱青年。屠格涅夫不断公开撰文或致书友人，辩白立场。比较公允者接受屠氏之说，认为他并未偏袒或曲解，而是在（转下页）

扎罗夫，是以他在俄国火车上遇见的一位俄国医生为模型而塑
成。不过，巴扎罗夫也有别林斯基某些特征。他和别林斯基一
样，是穷军医的儿子，而且具有几分别林斯基的唐突、直接与
不宽容，一看到伪善与故作正经的蛛丝马迹，一听到夸大不 316
实的保守主义滥调或推诿避事的自由主义时髦话，就当下发
作。此外，尽管屠格涅夫连连否认，巴扎罗夫还有几分杜勃罗
留波夫那种凶狠、好斗的反美学主义。小说中心题目是老年人
与年轻人、自由分子与激进分子、传统文明与新而粗豪的实
证主义间的对抗（这实证主义，除开理性人所需之物，其余
一概不取）。青年医学研究者巴扎罗夫应他同学兼弟子阿尔卡
季·基尔沙诺夫之邀，到乡下来，住在阿尔卡季父亲的公馆
里。这位父亲，尼古拉·基尔沙诺夫，是个温和、亲切、谦
逊的乡绅，爱慕诗与自然，以动人的周到礼数招呼儿子的聪敏
友人。同在这栋房子里的，有尼古拉·基尔沙诺夫的哥哥帕
维尔，是个退休军官，又是个讲究衣着、虚荣、浮夸、旧式过
气的花花公子，从前在首都的社交沙龙里也曾是个小红人，如
今在文雅而惘惘不甘的无聊里度其残生。巴扎罗夫嗅到敌人
的气味，于是刻意称自己一伙人为“虚无主义者”，意思只是
说，他，以及同他类似想法的人，排斥一切不能用自然科学的
理性方法建立的东西。只有真理要紧：不能以观察与实验确立
之事，就是无用或有害的累赘，是“浪漫的垃圾”，是明智者
要狠下心来削除的东西。凡是无从触摸、无法用数量测度的事

（接上页）不知不觉、身不由己中写出了时代问题与上下两辈的真相。伯林此处所引书信文字之上句即为“我也说不清我怎么把他写成这样”。——译注］

物，如文学与哲学、艺术之美与自然之美、传统与权威、宗教与直觉、保守派与自由派、民粹主义者与社会主义者、地主与农奴，未经严判的假设，巴扎罗夫都归为这堆不理性的瞎说。他相信强硬、意志力、精力、功用、工作，以及对一切存在事物的无情批判。他想撕破面具，炸掉一切受敬重的原则与规范。只有驳不倒的事实，只有能用的知识，才重要。他几乎立刻同敏感、因循传统的帕维尔·基尔沙诺夫发生冲撞。他告诉帕维尔·基尔沙诺夫："目前，最有用的事情是否定。所以，我们否定。""一切？"帕维尔·基尔沙诺夫问。"一切。""什么？不但艺术、诗……连……太可怕了，教人不敢启
317 口……""一切。"[……]"你摧毁一切……不过，当然也必须建设罢？""那不关我们的事……首先必须清理地面。"[1]

火热的革命煽动家，当时刚从西伯利亚逃到伦敦的巴枯宁，说的正是这种话：整个腐烂的结构、腐败的旧世界，必须夷平，地上才能有新的建设；建设什么，则不是由我们来说；我们是革命者，我们的要务是破坏。新人，把闲散之徒与剥削者及其虚伪价值的污染洗清了的新人，会知道该做什么。德国社会民主党人爱德华·伯恩斯坦曾经引述马克思一句话：**"谁计划革命以后的事，就是反动分子。"**[2]

[1] FC 10，243。

[2] 据经济学家卢霍·布伦塔诺（Lujo Brentano）发表于慕尼黑的《综合报》（*Allgemeine Zeitung*）上的文章（略早于伯恩斯坦），马克思写过一封信给英国朋友E. S. Beesly教授。伯恩斯坦断言信中有此一语，见Ed. Bernstein，《工业民主的力量：给卢森堡女士的回复》（'Des forces de la démocratie industrielle: Réponse a Mlle Luxemburg'），《社会主义运动》（*Mouvement Socialiste*，1899，vol.2 [July—November]，1 September），页257—271，于页270。[然而布伦塔（转下页）

这迈越了《现代人》那些对屠格涅夫颇有不满的激进批评家的立场。他们确实有些计划，他们是民主的民粹主义者。但是，依巴扎罗夫之见，对人民的信心，和其余“浪漫的垃圾”[1]一样不理性。他宣称：“我们的农民为了到酒馆里痛醉，不惜自己抢自己。”[2]人的首要义务是发展自己的力量，变得坚强而理性，创造一个其他理性的人能呼吸、生活与学习的社会。他温和的弟子阿尔卡季向他提了个想法：要是所有农民都像他们村里的工头，有舒适的石灰房子住，就理想了。“我厌恶这个[……]农民，”巴扎罗夫说道，“[……]我为他工作到手上脱了皮，他也不会感谢我……话又说回来，我要他的感谢干啥？他会住在他石灰粉刷的房子里，而我的蔓草丛生 318
[……]”[3]阿尔卡季震惊于这种说法；但新兴、顽强、不自羞耻的唯物主义的自我精神，就是这种声音。不过，巴扎罗夫与农民共处，又安然自在：即使他们认为他是一种古怪的上流人，他们也没有自觉非偶。巴扎罗夫常在下午解剖青蛙。“一个正经的化学家，”他告诉他震惊的主人，“比任何诗人有用二十倍。”[4]与巴扎罗夫商量以后，阿尔卡季轻轻抽掉他父亲手里的一卷普希金作品，换上一本最近流行的毕希纳唯物主义论著

（接上页）诺唯一一篇符合描述的文章《社会和平与社会民主的转变》（‘Der soziale Friede und die Wandlungen der Sozialdemokratie’），《综合报》(23 April 1899)，页1—2，全文都没有提及这样一封信，而且这封信似乎也并未存世。]

[1] 见前引（页317，注1）。

[2] FC 10，245。

[3] FC 21，325。

[4] FC 6，219。

《物与力》。[1] 屠格涅夫描写老基尔沙诺夫在花园里散步："尼古拉·彼得罗维奇低下头，用手摸了把脸，又寻思道：'不过，排斥诗，对艺术、对自然不要去感受，这……'他左看右看，仿佛想明白人对自然怎么可能不起感受。"[2] 巴扎罗夫宣称一切原则化约到底，不过是情绪。阿尔卡季问，如此的话，诚实是不是只是一种情绪。"你觉得很难相信？"巴扎罗夫说，"朋友，你如果决定打倒一切，就必须把自己也打倒！……"[3] 这可是巴枯宁与杜勃罗留波夫的声音了："必须清理地面。"[4] 新文化必须以真实的，亦即唯物的科学价值为基础，社会主义和其余所有舶来"主义"一样不真实、一样抽象。至于旧有的美学、文学文化，碰到现实主义者——碰到强硬而正视赤裸裸真理的新人，将会土崩瓦解。"贵族政治、自由主义、进步、原则 [……] 全是外来……而且无用的字眼。送给俄国人，他也不要。"[5] 帕维尔·基尔沙诺夫固然面带鄙蔑，拒斥此说，他侄儿阿尔卡季最后也无法接受。

> "你天生不适合我们这种严厉、苦涩、孤独的生活[巴扎罗夫告诉他]，你放不开，你不要讨人厌，你空有锐气
> 319 和年轻人的冲动，而那在我们的事业里并无用处。你们这

[1] 屠格涅夫称此书为《力与物》（*Stoff und Kreft*），FC 10，238；可参阅一八六二年四月二十二日致斯卢切夫斯基，P iv 379。
[2] FC 11，249。
[3] FC 21，325。
[4] 见前引（页 318，注 1）。
[5] FC 10，242。

类人，绅士贵族，永远超不出高贵的谦虚、文雅的愤怒，而那全是无聊。你们不会挺身战斗，可又自以为了不得。我们要战斗[……]我们的灰尘会蚀坏你们的眼睛，我们的污泥会溅脏你们的衣服。你们还没有达到我们的水平，你们还在孤芳自赏，你们喜欢自责，而那讨我们厌烦。我们要别的！我们要打破别人！你是好人，不过，好归好，你终究是柔弱、教养清高的绅士[……]”[1]

有人说，巴扎罗夫是第一个布尔什维克。即使巴扎罗夫并非社会主义者，此说也有几分真理。他要激进的变革，而且不惜使用暴力。老花花公子帕维尔·基尔沙诺夫抗议：

“武力？野蛮的卡尔梅克人和蒙古人也有武力，我们要武力干啥？我们珍爱的是文明[……]及其果实。不要告诉我它们没有价值。最糟糕可怜的涂鸦画家[……]在饭店里胡敲键盘的钢琴师[……]也比你有用，因为他们代表文明，而不代表蒙古暴力。你以为你有进步精神；你应该坐在卡尔梅克人的马车里才对！”[2]

后来，巴扎罗夫违反自己一切原则，爱上一个冷酷、聪明、高等出身的交际花，未获伊人青睐，深自痛苦。不久，他在乡下一次解剖验尸中感染疾病而亡。他死得坚忍冷静，还

[1] FC 26，380—381。
[2] FC 10，246。

怀疑国家是不是真正需要他和他这类人。他的死亡，教他年迈、贫寒、慈爱的双亲伤心欲绝。巴扎罗夫陨落，是败于命运，而非由意志或智力不足。屠格涅夫后来在给一位青年学生的信里说：“我把他构想成一个郁黯、直野、巨大，已经一半挣出泥土、强有力、讨人厌、诚实，却因为还只算站在未来的门前而命定毁灭的人……”[1] 这个讨厌、狂热、专志的角色，
320 原本是为受辱的人类理性争一口气的人，到头来，却因爱情，却因他压抑且否定于内心的一股人性热情，而受到药石罔效的创伤——这场危机，使他蒙羞，却恢复了他的人性。最后，他被无情的自然，被屠格涅夫所谓冷眼女神，不关心善、恶、艺术、美，对生命短暂如蟪蛄蚍蜉的人类更无珍爱的伊希斯(Isis)[2] 击毁；他的自我主义或利他主义没能挽救他，信仰或工作，理性的享乐主义或清教徒式的谨守义务，也救不了他；他奋力确证自己，但自然无动于衷，她有她自己牢固无情的定律。

《父与子》出版于一八六二年春天，在俄国读者里引起的巨大风暴，空前而且可谓绝后。巴扎罗夫是什么样的人？该怎么看他？他是正面还是负面人物？英雄还是魔鬼？他年轻、大

[1] 一八六二年四月二十六日致斯卢切夫斯基，P vi 381。[所谓“因为站在未来的门前而命定毁灭”，指巴扎罗夫之类在当时尚无容身之地。皮萨列夫即言，他“不会有事做，也不会有幸福”；勒内·韦勒克（René Wellek）曾说，在当时，理性处事与满怀希望如巴扎罗夫，死亡是“必然且合理”的下场。——译注]
[2] 见短篇故事《森林之旅》（‘Poezdka v poles’e’，1857）的第一段，S vii 51；《森林之旅》（‘A Tour in the Forest’），出自《多余人日记及其他故事》（*The Diary of a Superfluous Man and Other Stories*，trans. Constance Garnett，London，1899），页 101—102。

胆、聪明、强壮，他摆脱了过去的担子，也丢弃了“多余人”虚耗地捶打俄国社会牢房栅门的那种悒郁无能。批评家斯特拉霍夫在书评里说他是个具有英雄气势的角色。[1] 多年以后，卢那察尔斯基称他为俄国文学里第一位“正面”英雄。那么，他象征进步？他象征自由？但是，他对艺术与文化，他对整个自由价值世界的痛恨，他愤世嫉俗的自语——这些，作者是不是也有标举以博人称赏之意呢？小说刊出以前，编辑米哈伊尔·卡特科夫已经向屠格涅夫抗议这一点。他埋怨说，如此颂扬虚无主义，等于对青年激进分子五体投地。他向屠格涅夫友人安年科夫说：“屠格涅夫这样向一个激进分子下旗行礼”，或这样把他当成光荣战士致敬，“真该羞愧”。[2] 卡特科夫自称并未为作者的表面客观所惑：“此中暗藏偏爱 [……] 巴扎罗夫这家伙确实支配其余角色，而且不曾遇到理所应有的抵抗。”他 321
做成结论，认为屠格涅夫如此写法，在政治上很危险。[3] 斯特拉霍夫更为同情。他写道，致力于永恒真理与美的屠格涅夫，只想描写现实，而非评判现实。他认为巴扎罗夫高耸于其余角色之上，并且断言，屠格涅夫可以自称对此人心仪而不能自已，但是，说他畏惧此人，更近真相。卡特科夫呼应此说：“读者有个印象，作者对他故事里这位主角，态度尴尬 [……]

[1]《时代九》（*Vremya 9* [April] 1862，section 2），页 50—84。另外，他谈论屠格涅夫的几篇文章，可见 N. Strakhov，《屠格涅夫与托尔斯泰所受的批评（一八六二——一八八五）》（*Kriticheskie stat'i ob I. S. Turgeneve i L. N. Tolstom* [*1862—1885*]，St Petersburg，1885），其中包含了这篇书评。
[2] 同前引（页 315，注 1，i），页 343。
[3] 同上，页 343—344。

作者仿佛不喜欢他，在他面前不知所措，甚至被他吓坏了！”[1]

左翼的抨击，恶毒得多。杜勃罗留波夫的继任编辑安东诺维奇在《现代人》上指控屠格涅夫把青年做了可恶可憎的丑化。[2] 巴扎罗夫是个残狠、愤世嫉俗的快乐主义者，嗜酒好色，不关心人民的命运；他的作者过去无论有何观念，显然已经投靠最黑暗的反动派与压迫者。当时的确也有保守人士向屠格涅夫道贺，说他暴露了新兴、以破坏为事的虚无主义的恐怖，他这项公益，凡具正当感受之人，都要感激。不过，对屠格涅夫伤害最剧的，还是左翼的抨击。七年后，他在给朋友的一封信里，说青年向他投掷“污泥与秽物”。他被称为蠢人、驴子、爬虫、犹大、警察。[3]

> 有人加我[……]开倒车、黑暗蒙昧主义的罪名，告诉
> 322 我“我的相片在鄙夷的笑声中烧成灰烬”，另外有人怒责
> 我[……]对年轻人磕头。“你趴在巴扎罗夫脚下！”有个人

[1] 致屠格涅夫，卡特科夫引述于《关于〈父与子〉》（‘Po povodu “Ottsov i detei”’，1868—1869），S xiv 97—109，于页 104，注释。

[2] 见 M. A. Antonovich，《现代魔王》（‘Asmodei nashego vremeni’），《现代人》（1862，No. 3），《现代评论》，页 65—114；又见 V. G. Bazanov，《屠格涅夫与反虚无主义小说（俄国文学中的巴扎洛夫与虚无主义者）》[‘Turgenev i antinigilisticheskii roman(Bazarov i nigilisty v russkoi literature)’，出自《卡累利阿：苏维埃卡累利阿年鉴》（*Kareliya: al'manakh soyuza sovetskikh Karelii*，book 4，Petrozavodsk，1939），页 160—169。另见 V. Zelinsky《屠格涅夫小说〈父与子〉的评析》（*Kriticheskie razbory romana I. S. Turgeneva 'Ottsy i deti'*，2ne ed.，Moscow，1970），以及 V. Tukhomitsky，《巴扎洛夫的原型（〈父与子〉出版 40 周年暨屠格涅夫逝世 20 周年）》（‘Prototipy Bazarova [Po povodu 40-letiya “Ottsov i detei” Turgeneva i 20-letiya smerti ego]’），《“真理”：文学与新闻学选集》（*'K pravde': literaturno-publitsisticheskii sbornik*，Moscow，1904），页 227—285。

[3] 一八六九年六月三日致皮奇（L. Pietsch），P viii 38—39。

写信来，“你只是假装谴责他，其实对他打躬屈膝，你奴颜侍候他，希望他赏你一个偶尔无心的笑容！”[1]

读过《父与子》原稿的自由派朋友，至少有一位劝他烧掉，因为此书会使他永远得罪进步主义者。左翼报纸出现敌意的漫画，画个屠格涅夫甜言煽惑父执辈，巴扎罗夫则是个目光闪烁的靡菲斯特，在一旁讥刺阿尔卡季对他父亲的爱。[2] 这些漫画里，最善意的，也只把屠格涅夫描写为茫然失措的人，一边受到狂热左派民主人士抨击，一边是拿刀拿棍的父执辈咄咄逼来，他站在中间，凄惶无助。[3] 不过，左派亦非全体一致。
激进批评家里皮萨列夫解救屠格涅夫。他大胆认同巴扎罗夫及 323
其立场。皮萨列夫说，屠格涅夫可能太优柔，或者太疲惫，无法陪伴我们未来之人，但他知道，真正的进步难以寄托于为传统所缚之人，而有赖于巴扎罗夫之类不怀妄想，摆脱了浪漫或宗教瞎说的积极活跃、自我解放、独立之人。作者没有对我们装腔作势，他没有要我们接受“父亲”的价值。巴扎罗夫志存反叛；他不为任何理论所囚——这就是他令人向往的力量，这
就是进步与自由之源。屠格涅夫可能想告诉我们说我们误入歧 324
途，但他其实是一个巴兰：他在创作过程中深深爱上了他小说的这位主角，于是把他所有希望寄挂在他身上。“自然是作坊，而非神殿”，[4] 而我们就是作坊里的工人；我们不要忧郁的白日

[1]《关于〈父与子〉》S xiv 104。
[2] 见图一页，注 1。
[3] 见图四页，注 1。
[4] FC 9，236。

Отношенія романиста къ дѣтямъ, истинно-отеческія. Посмотри, съ какой заботою къ своему герою онъ приготовилъ для него и парикъ «Степки-Растрепки», героя дѣтской повѣсти, и смазные дегтемъ сапоги, совершенно не нужныя и дурацкой «балахонъ — однимъ словомъ «кисть художника надъ нимъ играла» вынутая изъ избаламученной грязи....

图一 [1]

这位小说家对待孩子的态度真是家长式的。请看他为他的主人公所花的心思：给他戴上了“斯特普卡–拉斯特普卡”假发（斯特普卡–拉斯特普卡是一部儿童小说中的人物，以《蓬头彼得》为基础），足蹬一双毫无必要的铮亮皮靴，身披傻乎乎的斗篷：总之，“描画他的那支笔”是在泥浆里浸泡过的…… [参见本页，注 1]

[1] [这些讽刺漫画出自 A. Volkov，由 F. Freind 绘制，是在讽刺性左翼周刊《星火》（*Iskra*）上以“父与子”为名发布的 43 张图中的前 3 张：见《星火》（1868, No. 12—20），这几张图在第十二期（7 April 1868），页 144—145。（转下页）

Лучше поздно чѣмъ никогда.

Пословица.

Отношенія же его къ «Отцамъ» совершенно другія.— Онъ умываетъ, причесываетъ, старается показать ихъ бѣленькими, приноситъ имъ и мыло и «духи благородные» и щеточки и гребеночки и... и многое другое...

图二

晚做总比不做好。谚语。

另一方面，他对“父辈”的态度是完全不同的。——他给他们洗脸，梳理头发，想让他们看起来更白皙一点，还给他们带来肥皂、“高贵的香水”以及小毛刷、小梳子……等等东西…… [参见图一页，注 1]

（接上页）前两张图将屠格涅夫描绘与父辈同名的孩子时的所谓残酷和扭曲（图 1）与描写父辈时的讨好（图 2）作对比——图 1 给巴扎罗夫套一件滑稽的袍子和一顶“斯特普卡-拉斯特普卡”假发，用浸泡过泥水的刷子打扮他；图 2 则为父辈们打水洗漱。图 3 描绘了基尔沙诺夫到家时飞奔进他父亲的怀抱，而巴扎罗夫在一旁嘲讽地微笑的画面（小说开头的情节）——据说屠格涅夫认为，在一个自然科学的学生眼里，这是一个不自然的举动。] 见 M. Klevensky，《屠格涅夫的讽刺画与讽拟》（‘I. S. Turgenev v karikaturakh i parodiyakh’），《过去之声》（转下页）

Романъ начинается пріѣздомъ нигилиста въ деревню Кирсановыхъ. Аркадій Кирсановъ бросается въ объятія отца, а Базаровъ саркастически улыбается, ибо радость при свиданіи отца съ сыномъ, по мнѣнію автора, для человѣка, занимающагося естественными науками—неестественна.

图三

小说从一个虚无主义者来到基尔沙诺夫镇开始。阿尔卡季·基尔沙诺夫扑向了父亲的怀抱，而巴扎罗夫报之以嘲讽的微笑，因为按照作者的观点，父子相会的欢乐，在一个研究自然科学的人看来是不合乎自然的。[参见图一页，注 1]

（接上页）(*Golos minuvshego*, 1918 No. 1—3 [January—March])，页 185—218 [Volkov 的三幅画重印于页 191—192]。以及米纳埃夫（D. D. Minaev）的讽刺诗《父与子？并行》（'Ottsy ili deti? Parallel'），出自《米纳埃夫的的抒情诗与颂歌，以及一位诗人（神秘人）的幽默诗》(*Dumy i pesni D. D. Minaeva i yumoristicheskie stikhotvoreniya bolichitel'nogo poeta* [*temnogo cheloveka*], St Petersburg, 1864)，页 211—213。

图四 [1]

“孩子们和父亲们都失控了！”［参见本页，注 1］

[1] 比如 N. V. Ievlev 的画“孩子们和父亲们都失控了！”，《黄蜂》（*Osa*，保守派周刊《锚》［Yakor’］的讽刺性质专栏，12 June 1863），［4］。［左侧的几位虚无主义者手举的横幅上的口号，从左至右分别是：“支持哺乳期女婴的解放”、“我们不需要铁路”，以及“削减至无”。悬在这几位示威者头顶的单词是“孩子”，右侧的横幅上写着“父亲”。］

梦，要意志、力量、智慧、现实精神——皮萨列夫借巴扎罗夫
325 之口，断定这些才有出路。他又说，今日父母所见之子女、姊
妹所见之兄弟，都正在变成巴扎罗夫。他们可能害怕，也可能
326 困惑，但那就是未来之路所在。[1]

屠格涅夫每有小说，必呈老友安年科夫先读，而后问世。安年科夫认为巴扎罗夫简直是个蒙古人，是成吉思汗型的人物，一只表尽俄国蛮昧状态的野兽，只“以莱比锡博览会的书籍为欲盖弥彰的外饰”而已。[2] 屠格涅夫是不是想变成一场政

[1] 皮萨列夫《巴扎罗夫》（‘Bazarov’），刊于《俄罗斯语文》（1862，No. 3），《俄国文学》（‘Russakaya literatura’），页 1—54，收于《全集》（St Petersburg, 1900—1907，ii），页 379—428；又见其《现实》（‘Realisty’，1864），同上（iv），页 1—146。此处也许可为有兴趣于俄国激进观念之历史者指出，车尔尼雪夫斯基著名的说教小说《怎么办？》后《父与子》一年问世，关于巴扎罗夫的争议对书中主角拉霍美托夫的创造可能有影响，不过，说拉霍美托夫不但是对巴扎罗夫的“回答”，而且是屠格涅夫这位角色的“正面”版（此书最近一个英译本的导论即持此说），则属无根之见。皮萨列夫认同巴扎罗夫，这认同标出了两个立场的歧异：一边是《俄罗斯语文》派、“虚无主义者”及其一八六〇年代新雅各宾盟友（以特卡乔夫与涅恰耶夫为极致）的理性自我主义与潜在精英主义，一边是《现代人》一派倾向于利他主义与纯正平等主义的社会主义，以及七十年代民粹主义者比较深切的公民责任感。这后一派，屠格涅夫在《处女地》（*Virgin Soil*，1877）里曾试加描述，但不完全成功［见 Joseph Frank，《车尔尼雪夫斯基：一个俄国乌托邦》（‘N. G. Chernyshevsky: A Russian Utopia’），刊于《南方评论》（*Southern Review* [Baton Rouge]，3，No. 1 January 1967），页 68—84］。这个歧异，在一八七〇年代特卡乔夫与拉夫罗夫的著名论战里最明显可见。至少有一项资料说，屠格涅夫并不否认巴扎罗夫和拉米托夫可以是根据同一人为“模型”而来；但是，尽管如此，巴扎罗夫所以具有重大的历史意义，并非因为他先出而成拉米托夫的原始反面，而是因为他乃拉米托夫的反面之一。就此而论，安东诺维奇的愤怒抨击，以及后来舍尔古诺夫的抨击，无论是多么过火或没有价值的批评，都并非全无根据。

[2] 一八六一年九月二十六日致屠格涅夫，V. A. Arkhipov 引述于《屠格涅夫小说〈父与子〉的创作历史》一文（‘K tvorcheskoi istorii romana I. S. Turgeneva “*Ottsy i deti*”’），刊于莫斯科《俄国文学》（*Russkaya literatura*, 1958, No. I），页 132—162，于页 148。［莱比锡素为德国工商业与思想文化重镇，出版业亦极发达。每年一度的春季博览会是国际盛事。——译注］

治运动的领袖呢？“作者自己 [……] 也不晓得该怎么看他，”他写道，“他不知道该把他看成一股大有成果可期的未来力量，还是一个空洞文明的身体上长出来的，必须尽速割除的可憎肿疡。”[1] 但他不可能两者都是，“他是两面门神雅奴斯，各派人只会看到自己想看或自己能了解的一面”。[2]

在他自己的杂志上（刊出《父与子》的杂志），卡特科夫有一篇未署名的评论，提出更进数层的说法。虚无主义正是左
派本身的传神写照，这写照，有人欢心，有人惊怖，左派猝然 327
面对这写照，一阵大乱。卡特科夫讥讽这场慌乱以后，转而责备作者太拳拳谨防自己对巴扎罗夫不公正，由此，他指责作者变成老是表彰巴扎罗夫。他说，事有所谓“太公平”：太公平，结果是扭曲真相。至于主角，巴扎罗夫坦白到残忍的地步：这是好事，非常好。他相信人要说真话，无论真话多么令那可怜、温和的基尔沙诺夫父子烦恼，而且不问人物、不管环境，直道真理。这，可敬可佩，他抨击艺术、财富、奢侈的生活。但是，他以什么名义来抨击？科学与知识？这，卡特科夫断言，并非实情。巴扎罗夫的目的不在发现科学真理，不然，他不会叫卖廉价的流行小册子——毕希纳等等，这些小册子根本不是科学，而是新闻报道，是唯物主义的宣传。巴扎罗夫（他又写道）不是科学家；在今天的俄国，很难说有这个族类。巴扎罗夫和他的虚无主义同道只是布道家而已，他们贬斥成语、词藻、膨胀的语言——巴扎罗夫教阿尔卡季说话不要那么“优

[1]《屠格涅夫小说〈父与子〉的创作历史》，页 147。
[2] 同上。

雅讲究”——然而，只是为了换上他们自己的政治宣传；他们
328 提出的不是坚实的科学事实，对于硬扎的科学事实，他们并无兴趣，简直可说毫无认识；他们提出来的是口号、谩骂、激进的口头禅。巴扎罗夫解剖青蛙，不是纯正的真理追求，只是借机排斥文明价值与传统价值——帕维尔·基尔沙诺夫堂堂正正维护的价值；在一个比较上轨道的社会里，例如英国，帕维尔会有一番有用的作为。巴扎罗夫和他那班朋友不会有什么发现；他们不是研究者，只是炎炎大言之徒，假其不肯费心深造的一门科学为名，徒事巧辩。到头来，他们并不比他们大多数原来出身的无知、愚昧的俄国教士阶级强多少，而且危险得多。[1]

赫尔岑一如往常，见解透辟，妙语解颐。“写这本小说的屠格涅夫，其艺术家成分，比大家所想的要多。正因为如此，他才迷了路，而且，据我所见，迷得非常大胆。他原来要进一个房间，最后却闯入更好的另外一间。”[2] 作者起初分明想为父执辈效一点劳，不料他们竟是这等无用的东西，以至于他“情难自禁，跟着巴扎罗夫的极端主义走；结果，他本来要揍儿子，倒变成棒打父执辈”。[3] 赫尔岑之论，可能颇中肯綮：屠格涅夫并未承认，但小说开始，作者对巴扎罗夫的刻画，笔墨的确含有敌意，后来却使作者意乱神迷，结果，巴扎罗夫竟

[1]《屠格涅夫的小说及其所受批评》（‘Roman Turgeneva i ego kritiki’），《俄国前锋报》（May 1862），页 393—426。又见《谈我们的虚无主义——关于屠格涅夫的小说》（‘O nashem nigilizme. Po povodu romana Turgeneva’），同上（July 1862），页 402—426。
[2]《再论巴扎罗夫》（‘Eshche raz Bazarov’），H xx/1 339。
[3] 同上。

如夏洛克，[1] 变得比作品原来设计的本意更富人性，并且复杂
得多，因而转化，也许还扭曲了原来的设计。自然偶尔也模
仿艺术：巴扎罗夫影响了年轻人，犹如前世纪的维特，又如
席勒的《强盗》，以及拜伦的莱拉、异教徒与恰尔德·哈洛尔
德。[2] 不过，赫尔岑在后来一篇文章里说，这些新人独断，凿
空高谈，执着口号，因此只表现了俄国性格里最难教人欣赏的
一面：警察（军官）的一面，凶残的官僚马靴；他们要打破旧
专制的桎梏，只是为了换上他们自己的一套枷锁。“四十年代
人”——他和屠格涅夫那一辈——可能空洞且软弱，但是，后 329
起之士——残酷粗鲁、无情寡仁、愤世嫉俗、庸鄙势利，睥睨
一切、满嘴讥嘲、横冲直撞而不道歉的六十年代青年——就必
然更优秀吗？他们提出了什么新原则，什么具有建设性的新答
案？破坏就是破坏。破坏不是创造。[3]

这部小说撩起的热闹的众说争鸣里，至少可以列出五种态度。[4] 愤怒的右翼认为巴扎罗夫代表新虚无主义者的极致，屠格涅夫由于心存一个很不可取的念头，要向年轻一辈献媚求

[1] 即莎士比亚名剧《威尼斯商人》里的犹太人夏洛克。——译注

[2] 这三个拜伦角色可见于同名诗作《*Lara*》（1813）、《*The Giaour*》（1812）、《*Child Harold's Pilgrimage*》（1812—1818）。——译注

[3] 赫尔岑此处除抨击六十年代人，可能亦不无暗斥巴枯宁之意。巴枯宁尝谓，凡虚伪的事物都必须摧毁，毫无例外、毫无怜悯，才能使真理胜利。一八四二年曾说：“让我们信任永恒的破坏与摧毁精神，因为这精神是深不可测、永远创造的生命本源。破坏的欲望也就是创造的欲望。”George Lichtheim 引述于《社会主义简史》，页 134（书见《赫尔岑与巴枯宁论个人自由》）。——译注

[4]《父与子》当时所引起的反应，有一篇完整的分析，见“Z”（E. F. Zarin），《切中肯綮，一针见血》（‘Ne v brov, a v glaz’），《讲座丛书录一七〇》（*Biblioteka dlya chteniya 170*，1862，《现代编年史》（‘Sovremennaya letopis’，April），页 21—55，（May），页 137—186。

容，而产生了这个角色。有人祝贺他成功地揭露野蛮和颠覆。有人指斥他以邪恶手法歪曲作践激进分子，为反动派提供军火，协助警察为虐而不自知；他们说他变节，管他叫叛徒。又有人，如皮萨列夫之类，满怀自豪，拿巴扎罗夫的旗帜往自己桅杆上挂，向屠格涅夫表示感激，谢谢他诚实，谢谢他同情日渐壮大、生气蓬勃、大无畏的未来派。最后，有一种人察觉作者并不完全确知自己要做什么，他的态度是由衷的模棱两可，他是艺术家，他不是写宣传册子的人，他落笔并没有一个清楚的党派目的，他只是说出他所见的真理。

屠格涅夫去世以后，争论盛况依旧。接下来的世纪里，俄国大革命以前、以后，辩论都不曾消歇——屠格涅夫的创造活力，由此颇见一斑。的确，晚近的十年前，[1] 这场论战在苏联批评家之间仍然如火如荼。屠格涅夫赞成还是反对我们？他是一个被自己日渐衰败的阶级的悲观主义蒙蔽了的哈姆雷特吗？或者，如巴尔扎克和托尔斯泰那般，他的目光超越了那种
330 悲观主义？巴扎罗夫是寄心政治，勇于战斗的苏联知识分子的先驱，还是对俄国共产主义前辈元老的恶意丑化？论战至今未息。[2]

[1] [本文写于1970年。]

[2] 这方面的文献多属辩论之作，所涉层次不一而足。其最具代表性者之中，不妨列出以下数家：V. V. Vorovsky 的名作《巴扎洛夫与沙宁：两种虚无主义》（'Bazarov i Sanin: Dva nigilizma'），出自《文学衰落：批评集》（*Literaturnyi raspad: kriticheskii sbornik*，book 2，St Petersburg，1909），页144—165（以笔名"P. Orlovsky"发表）；V. P. Kin，《屠格涅夫作品中的哈姆莱特主义与虚无主义》（'Gamletizm i nigilizm v tvorchestve Turgeneva'），《文学与马克思主义》（*Literatura i marksizm*，1929，No. 6），页71—116；L. V. Pumpyansky，《〈父与子〉，历史文学漫谈》（'"Ottsy i deti"：istoriko-literaturnyi'），（转下页）

小说遭际如此，屠格涅夫懊恼又困惑。交给出版者以前，他像往常一向谨慎预防，先不厌其烦，遍询意见。他向巴黎友人披读手稿、删改、修饰，务期人人高兴。他数易原稿，每逢朋友或顾问向他回报印象，巴扎罗夫就生变化，在

（接上页）收录于 I. S. Turgenev，《全集》（Moscow/Leningrad，1929—1930，vi），167—186；I. Ippolit，《列宁论屠格涅夫》（'Lenin o Turgeneve'），《文学批评》（*Literaturnyi kritik*，1933，No. 6），页 33—44；I. I. Veksler，《屠格涅夫与一八六〇年代的政治冲突》（*I. S.Turgenev i politicheskaya bor'ba shestidesyatykh godov*，Leningrad，1934）；V. A. Arkhipov，同前引（页 327，注 1）；G. A. Byalty，《阿尔希波夫与屠格涅夫的对立》（'V. Arkhipov protiv I. Turgeneva'），《新世界》（*Novy mir*，1958，No. 8），页 255—259；A. I. Batyuto，《〈父与子〉的含义》（'K voprosy o zamylse "Ottsov i detei"'），收录于《屠格涅夫（一八一八——一八八三——一九五八）：资料收编》（*I. S. Turgenev* [*1818 – 1883 – 1958*] *: stat'i i materialy*，Orel，1960），页 77—95；P. G. Pustovoit，《屠格涅夫小说〈父与子〉与一八六〇年代的思想冲突》（*Roman I. S. Turgeneva "Ottsy i deti" i ideinaya bor'ba 60-kh godov XIX veka*，Moscow，1960）；N. Chernov，《与屠格涅夫的一次会面》（'Ob odnom znakomstve I. S. Turgenev'），《文学问题》（*Voprosy literatury*，1961，No. 8），页 188—193；William Egerton，《屠格涅夫与亚库什金家族争议》（'I. S. Turgenev i spornyi vopros o yakushkinykh''），《俄国文学》（*Russkaya literatura*，1967，No. 1），页 149—154。

这场绵延不绝的争论，以上所举只是采样。列宁曾严指屠格涅夫的看法与德国右翼社会民主人士相似，诸家遂相继援引列宁此说，或鼓吹或驳斥巴扎罗夫为布尔什维克行动主义者原型之论。此外，卡特科夫曾劝屠格涅夫修改原文，将巴扎罗夫的形象变模糊，使全书稍趋"温和"；屠格涅夫是否服劝，服劝程度又如何，争论更多。屠格涅夫依卡特科夫之请而删改原文，确是实情，不过，小说出版成书之时，屠格涅夫可能又恢复原有一些措辞用语。关于这方面，见 N. M. Gut'yar，《屠格涅夫》（*Ivan Sergeevich Turgenev*，Yurev，1907），页 385—387，以及 V. Bazanov，《一八六〇年代的文学争论》（*Iz literaturnoi polemiki 60kh godov*，Petrozavodsk，1941），页 46—48。也可见 A. Batyuto，《屠格涅夫小说〈父与子〉的巴黎手稿》（'Parizhskaya rukopis' romana I. S. Turgeneva "Ottsy i deti"'），《俄国文学》（1961，No. 4），57—78。他与卡特科夫的交情迅速恶化；屠格涅夫视他为邪恶的反动分子，一八八〇年纪念普希金的一场宴会里，甚至拒握他伸出来的手。他有个习癖，将折磨他的关节炎称为卡特科夫炎（Katkovka）。见一八七七年五月二十三日致斯塔休列维奇（M. M. Stasyulevich），P xii/i 160。卡特科夫为《父与子》原文所作"更正"，有表可查，苏联有关屠格涅夫作品的研究几乎都将此表照录如仪。

331 道德标尺上起落升降。左派的抨击造成创伤而生脓，终身不愈。几年以后，他写道："有人告诉我，说我站在'父执辈'这边——[……]居然说我简直违逆艺术真理，言过其实，夸大帕维尔·基尔沙诺夫缺点，夸大到歪曲地步而把他落得贻笑天下！"[1] 至于巴扎罗夫，屠格涅夫说此人"诚实、崇尚真理，是个地道的民主人士"。[2] 多年以后，屠格涅夫告诉无政府主义者克鲁泡特金，说他"非常、非常喜爱"巴扎罗夫，"[……]我会让你看我的日记——你会明白，此书以巴扎罗夫死亡作结，我如何痛哭流涕"。[3] 讽刺家萨尔蒂科夫是批评屠格涅夫最尖刻的人之一（他抱怨"虚无主义者"一词被反动分子用来贬斥他们不喜欢的任何人）。屠格涅夫写信给他："请诚实告诉我，怎么会有人觉得，拿他同巴扎罗夫相拟，是个侮辱？你自己难道也不明白他是我所有角色里最引人共鸣的一位？"[4] 至于"虚无主义"，也许是个错误。

> 我完全承认……我没有权利给我们那批反动渣滓这个机会抓到一个名字、一句口号；我身为作家应为公民做出牺牲——我承认，年轻人拒斥我，以及我受到的一切讥笑，都有道理……这问题比艺术的真理更重要，而且我应该先见及此。[5]

[1]《关于〈父与子〉》，S xiv 102。
[2] 一八六二年四月二十六日致斯卢切夫斯基，P xi 379。
[3] 见前引（页 315，注 1，i），页 441。
[4] 一八七六年一月十五日致萨尔蒂科夫，P xi 191。
[5] 同上。

他声称他几乎赞成巴扎罗夫所有看法，艺术的看法除外。[1] 他认识的一位女士告诉他，他既不拥护那些父执，也不拥护那些孩子，他自己就是个虚无主义者；他认为她可能是对的。[2] 赫尔岑说，他们大家——他自己、别林斯基、巴枯宁，一八四〇年代以西方与科学及文明为名而指斥俄国黑暗的所有人，身上都带着一些巴扎罗夫的成分。[3] 屠格涅夫也没有否认此说。无可怀疑，他写信的口气，因收信对象而异。 332
海德堡的激进俄国学生要求他澄清他本身立场，他告诉他们

> 如果读者不喜欢巴扎罗夫——粗糙、不仁、直露无情而言行唐突的巴扎罗夫[……]则错失在我；我写得不成功。但是，"把他浸过糖汁"（用他自己的措辞）——亦非我所愿为[……]我不想用这种让步来买取众望。宁可失败（我认为我已经输了这一场），也不要用诡计获胜。[4]

不过，对诗人朋友费特——一个保守的地主，他又写说他也不晓得自己对巴扎罗夫是爱是恨。他本意要赞美他，还是折辱他？他不知道。[5] 八年以后，他再申此意："我个人[对巴扎罗夫]的感觉混乱不明（天知道我爱他还是恨他）！"[6] 对自由主义者费洛索伏娃夫人，他写道："巴扎罗夫

[1]《关于〈父与子〉》，S xiv 100，102。
[2] 同上，页 103。
[3]《再论巴扎罗夫》（'Eshche raz Bazarov'），H xx/1 335—350。
[4] 一八六二年四月二十六日致斯卢切夫斯基，P iv 381。
[5] 一八六二年四月十八日信，P iv 371。
[6] 一八七〇年一月四日致鲍里索夫（I. P. Borisov），P viii 152。

是我的爱子；为了他，我同卡特科夫争吵 [……] 巴扎罗夫，那个聪敏、英雄之人——会是丑化吗？！”他又说，这是“愚蠢的指控”。[1]

年轻的人鄙夷，他觉得不公平、忍无可忍。一八六二年夏季，他写道：“卑劣的将军竞相称赞我，而年轻人却侮辱我”。[2] 社会主义领袖拉夫罗夫曾有记载：屠格涅夫苦苦抱怨，说激进分子改变对他的态度，有失公正。[3] 对这种改变，他在他晚年的《散文诗》（*Poems in Prose*）里做了回应：“诚实的人弃他而去。只要听到他名字，诚实的脸就愤怒涨红。”[4] 这不仅是**自尊**受伤而已，他由衷觉得自己在政治上陷入一个与自己
333 真正心意大相悖谬的狼狈立场。他这辈子向来希望与进步人士，与自由及抗议之士齐步迈进。但是，到头来，他无法强使自己接受他们对艺术、对文明行为、对他珍爱的欧洲文化要素的野蛮轻视。他恨他们的独断作风、他们的倨傲、他们的破坏性、他们对人生的可怕无知。他远走海外，寄寓德国与法国，返回俄国，也只是来去如飞的访问。在西方，他口碑处处博孚雅望。不过，说到最后，他的心事还是想对俄国人发摅。又，一八六〇年代，如同各时代，他在俄国大众里的名气非常煊

[1] 一八七四年八月三十日信，P x 281。
[2] 一八六二年八月二十七日致马尔科·沃夫乔克（Marko Vovchok[Mme Markovich]），P v 41。
[3] P. Lavrov，《屠格涅夫与俄国社会的发展》（‘I. S. Turgenev i razvitie russkogo obshchestva’），《人民意志前锋报》（*Vestnik Narodnoi voli*，1884，No. 2），页 69—149，于页 119。
[4] 见屠格涅夫一八五八年二月的散文诗‘Uslyshish’ sud gluptsa...’，S xiii 151。由拉夫罗夫引述，同前引（见上一条注释）。屠格涅夫的标题（“你将听到蠢材的判决…”）出自普希金的诗《诗人》（*Poetu*，1830）第三行的引用。

赫，但他最想讨好的是那些激进分子，而他们不是敌视他，就是反应淡漠。

他的下一部小说《烟》在《父与子》出版后立即着手，是一项特别的尝试，他想为他的伤口止血，并且同他所有敌人清账。此书于五年后的一八六七年出版，里面有一笔针对双方阵营而来的尖刻讽刺：一斥浮夸、愚蠢、反动的将军与官僚，二击愚昧、浅薄、不负责任的左翼空谈家——这两个阵营同样远离现实、同样没有能力救治俄国的疾弊。这为他招来更进一步的猛攻。这回，他不惊讶了。“他们，激进的、极端保守的，由上、由下、从侧面，尤其从侧面，鸣鼓齐攻。”[1] 一八六三年波兰反叛，以及三年后卡拉科佐夫谋刺皇帝，甚至在自由主义的俄国知识阶层里也引起汹涌的爱国情绪浪潮。俄国右派与左派批评家都把屠格涅夫写成一个不值得理会的失意之人、一个遥居巴登-巴登与巴黎而不再认识祖国的自放之徒。陀思妥耶夫斯基指斥他为失节背叛的俄国人，还劝他买一具望远镜，把俄国看清楚一点。[2]

七十年代，他在日夜忧谗畏讥之中，开始战战兢兢重建他与左翼的关系。他既惊又喜，巴黎与伦敦的俄国革命圈子居然 334
颇表盛情；他的聪慧、他的善意、他对沙皇体制长久不减的痛恨、他表里透明的诚实与公平坦直、他对革命分子个人的热血同情、他强大的魅力，在那些圈子的领导人物身上发生了效

[1] 一八六七年六月四日致赫尔岑，P vi 260。
[2] 见陀思妥耶夫斯基一八六七年八月二十八日致诗人迈科夫（A. N. Maikov）之信，D xv/2 173—182，由 N. M. Gutyar 引述，同前引［页 286，注 1］，页 337—340，见页 339。

果。此外，他表现了勇气，一个天性畏事而有志克服恐惧的人的那种勇气：他秘密献金，支持颠覆性的刊物，他甘冒危险，公开会晤列禁而被巴黎或伦敦警察盯梢的恐怖分子。这就融化了他们的抵制。一八七七年，他出版《处女地》（作为《父与子》续篇），最后一次试图向愤怒的年轻人解释他自己。

> [翌年，他写道]到目前为止，在我们文学里，年轻一代不是被写成一帮骗子与恶棍[……]就是[……]被抬举成一个理想；后面这种写法也是错的，甚至有害。我决定找出中庸之道，更接近真相——把大多数年轻人看成善良而诚实，并且彰明，他们诚实，但他们的号召太缺乏真理与生命，只会落得大败亏输。我的写法成功多少，非我所知[……]但他们必当感觉到我与他们的共鸣[……]我如果不同情他们的目标，至少也同情他们的人格。[1]

《处女地》主角涅日丹诺夫是个失败的革命分子，以自杀下场。他自杀，大致因为他的出身与性格使他不能配合革命组织的严厉纪律，或者无法适应小说真正主角——务实的改革者索罗明——那种缓慢而踏实的工作：索罗明安神定虑，在他自己以民主方式组成的工厂里努力劳动，由此，将能创造一个更公正的社会秩序。涅日丹诺夫太文明、太敏感、太软弱，最重要的是，太复杂，无法切合一个严峻、修道院式的新秩序：他苦心费力，东突西撞，而一事无成，因为他“无法把自己变简

[1] 一八七七年一月三日致斯坦休列维奇，P xii/1 43—44。

单”。[1] 屠格涅夫——这一点（正如欧文·豪所指）[2] 是核心要 335
点——也“无法把自己变简单”。他写信给朋友波隆斯基，信中说：“如果我因为《父与子》而挨棍子，为了《处女地》，他们还是照样会棒打我，两派都会。”[3] 三年后，卡特科夫的报纸就指责他“表演小丑角斗，取悦青年”。[4] 和往常一样，他立刻回答。他说，过去四十年来，他不曾丝毫改变他的看法。“我是而且向来就是‘渐进主义者’，一个英国王朝那种意义上的老式自由主义者，一个**只期望由上而下**的改革的人。我原则上反对革命 [……] 把自己说成其他任何一种人，我都觉得对不起 [我们的青年] 和我自己。”[5]

到七十年代晚期，左派原谅了他的缺点。他软弱，他不断想向俄国权威当局辩白自己，他连番誓言自己与亡命伦敦或巴黎的俄国人没有关系——他这些罪过，他们好像都淡忘了。[6]

[1]《处女地》（1877，chapter 37），S xii 288。

[2] 见《政治与小说》（*Politics and the Novel*，London，1961），页 137—138 的优秀文章《屠格涅夫：犹豫的政治学》（‘Turgenev: The Politics of Hesitation’）。

[3] 一八七六年十一月二十三日信，S xv 185。

[4] 见 B. Markevich（笔名 Inogorodnyi obyvatel），《涅瓦河畔十三》（‘S beregov Nevy XIII’），刊于《莫斯科新闻》（*Moskovskie vedomosti*，9 December 1879），页 5—6。

[5] 一八八〇年一月二日致《欧洲前锋报》，S xv 185。

[6] 一八六三年，他由巴黎被召返国，在圣彼得堡就他与赫尔岑及巴枯宁的关系回答一个参政院委员会的讯问。他抗辩说，他，一个终身不渝的君主主义者，备遭“红色分子”抨击之人，怎么可能与此辈同谋（H xviii 35）？他向委员诸公保证，自《父与子》以后，他与赫尔岑从来就不很亲近的关系已一切两断（P v 394）。屠格涅夫此说尚称信实，而赫尔岑之言或者尤不足奇。赫尔岑与奥加廖夫曾作一宣言，批评农奴解放令 [一八六一年二月十九日颁布。——译注] 的缺点，屠格涅夫拒绝签名，赫尔岑念念不忘此事，其后，更以其十足本色的笔法，指涉“某个白发皤皤的男性抹大拉”（H xviii 35）因恐皇帝不肯垂听她的忏悔，而夜夜不能成眠。最后数年，屠格涅夫与赫尔岑亦曾再晤，但亲近之情已一去不返。一八七九年，（转下页）

他的魅力、他对革命分子人权与信念的同情、他作为作家的诚直信实，博得那些流亡者甚多好感，虽然他们对他看法上的极
336 端温和，以及他每逢战况炽热就忙着寻找掩护的积习已经不怀任何幻想。他依旧告诉激进分子，说他们错了。当旧的已失权威而新的不足成事，我们需要的就是他在《烟》里说的做法："蓄势自持，而不失几分智计与灵巧的 [……] 耐心。"[1] 当危机降临，用他有力的句子说，"当不堪大任者与无耻妄行者角斗时"，[2] 我们需要的是踏实的良知良能，而不是赫尔岑与民粹主义者盲目把人类里最顽冥的反动派——农民——当作偶像来崇拜而唱出的荒谬、怀旧田园牧歌。他再三重申他厌恶革命、暴力、野蛮。他相信徐缓的进步，而徐缓的进步只有少数人做得到——只要他们不互相毁灭。至于社会主义，社会主义是妄想。他在《烟》里的主人公兼代言人波图金就说过，俄国人特别喜欢"捡起很久很久以前圣西门或傅立叶脚上掉落的破烂鞋子，恭恭敬敬，顶在头上，当圣物供奉"。[3] 至于平等，他对革命分子洛帕京说："我们不会真要学圣西门，个个穿着一式

（接上页）屠格涅夫又施故技，急急否认自己与拉夫罗夫及其革命同道有任何瓜葛。拉夫罗夫原谅了他。屠格涅夫与拉夫罗夫以及其他流亡海外的革命分子的关系，请看拉夫罗夫，同前引（页 333，注 6）；并见 Michel Delines[M. O. Ashkinazy] 著《屠格涅夫与虚无主义者》，收录于《世人所不知的屠格涅夫》(*Tourguéneff inconnu*, Paris[1888])，页 53—75。[抹大拉（Magdalen），即抹大拉的马利亚，原为罪人，因向耶稣悔过而得救，见《马太福音》27：56，61，《马可福音》16：9，及《路加福音》9：37—50。——译注]

[1]《烟》(1867，chapter 27)，S ix 318。

[2] 同上。

[3] 同上（chapter 14)，S ix 234。

背部钉扣的黄袍子过活罢？”[1] 不过，他们是年轻的同党，是追求自由宽仁的党，是穷人、痛苦或受挫折的人的党；对他们，他没有吝惜他的同情、他的帮助、他的爱——即使他同时一直带着罪恶感，回顾他的右翼朋友，而且连连试图把他同左派无时或已的勾搭说成小事一桩。每次访问莫斯科或圣彼得堡，他都设法会晤激进学生团体。见了面，有时大家谈笑风生，有时候，尤其当他回忆四十年代往事，想教他们着迷，他们就一脸不耐、鄙薄、愠怒。纵使他们爱他、仰慕他，他也觉得自己和他们隔着一道鸿沟：一边是要把旧世界连根茎带枝叶毁掉的人；一边是他这种要挽救旧世界的人，他们要挽救，因为，在一个用狂热 337
与暴力创造的新世界里，值得你生活的东西可能太少。

寻源究底，使左右双方都与他见外疏远的，是他的讽世、他宽容大度的怀疑主义、他的缺乏热情、他“轻柔的笔触”，以及最重要的，他避免做太明确社会与政治寄托的决心。托尔斯泰与陀思妥耶夫斯基尽管公开反对“进步主义者”，却还体现了一些不可动摇的原则，始终自负、自信，因此，向屠格涅夫丢石头的人不曾拿他们当靶子。他的天赋，他精微细谨的观察力，他对人类各样性格与处境的着迷，他根深蒂固的要让各种目标、态度及信仰充分显现其复杂与纷歧的习惯——凡此，他们都认为是道德上的自溺与政治上的不负责。他和孟德

[1] 见格尔曼·洛帕京的回忆，收录于《屠格涅夫谈一八七〇年代活跃的革命家与政治家》(*I. S. Turgenev v vospominaniyakh revolyutsionerov-semidesyatnikov*, ed. M. K. Kleman and N. K. Piksanova, Moscow/Leningrad, 1930)，页 124。[一八三二年左右，圣西门的信徒在法国某地建立一个标准的共产主义社会，守贞、安贫，全体穿蓝袍子（袍子的扣子在背后，象征互助）戴红色小扁帽。为时不久，主事者即为当局控以违反公共秩序与道德，审判定罪。——译注]

斯鸠一样，被激进人士指控为太多描写、太少批评。屠格涅夫以斯特拉霍夫所谓诗质与信实兼得的天才，超迈所有俄国作家之上——善体人类看法的复杂复沓，而能传写其彼此濡染，以及其不知不觉之中的相入互化，且在捕捉性格与行为、动机与态度的幽微差异与层次变化方面，也深得三昧。再者，骄纵但聪明的帕维尔·基尔沙诺夫为文明辩护，自有一种令人信服之处，屠格涅夫没有丑化他的意思，而《贵族之家》那位毫无可取的潘辛为显然同样几种价值所作的辩护，就不能教人信服，而且屠格涅夫存心使他的论调不能服人；拉夫列茨基的斯拉夫情感很动人、引人共鸣；《烟》里那些激进派与保守派的民粹主义就令人厌恶，而且作者有意使之惹人厌恶。这清明、精于识鉴、微含反讥，与陀思妥耶夫斯基或托尔斯泰那种执着自苦的天才完全不同的眼光慧见，激怒了所有渴求原色、渴求确定、向作家寻找道德指引的人。在屠格涅夫步步唯谨、诚实，但——他们觉得——沾沾自足的暧昧两可里，他们一无所获。他似乎在安享他的疑虑：他不要切入太深。与他分庭抗礼的两位巨人都觉得愈来愈不能忍受他这一点。陀思妥耶夫斯基起初热心崇拜他，后来就当他是个满面堆笑、浅薄、四海为家的矫情势利之徒，是冷酷的俄国叛徒。托尔斯泰认为他是天赋异禀、崇真尚实的作家，但道德上孱弱无能，对人类最深刻、最
338 痛苦的精神问题，盲目到无可救药。赫尔岑眼里，他是亲切热络的老友、天赋极高的艺术家、软弱的盟友、一枝太容易随风屈曲的芦苇、一个积重难返的妥协者。

屠格涅夫无法默默忍受他所遭受的创伤。他埋怨、他道歉、他抗议。他知道人家指责他缺乏深度、严肃或勇气。《父与子》

的遭遇一直令他苦恼。"《父与子》问世以来，已经十七年，"一八八〇年，他写道，"而 [……] 批评家的态度 [……] 还没有稳定。去年，我还在一本刊物上读到一篇谈论巴扎罗夫的文章，文章里说我只不过是个把别人杀伤的人活活再打死的 bashi-bazouk[1]。" [2] 他再三坚持说，他同情受害者，他从来不同情压迫者。他素来同情的就是农民、学生、艺术家、妇女、文明的少数人，而不是强兵大军。批评他的人怎么会这么盲目？至于巴扎罗夫，当然巴扎罗夫有很多过失，但他比诋毁他的人强；把激进分子写成外表狰狞而心地纯真的人，容易得很；"把巴扎罗夫写成野狼似的，而又能让他堂堂正正，这才高明 [……]" [3]

屠格涅夫最不要走的步子，是在"为艺术而艺术"的说法里找借口。"我是艺术家，不是写宣传册子的人；我写小说，而小说不能用社会或政治标准来评判；我的见解是我的私事；你们不会把司各特、狄更斯、司汤达甚至福楼拜拉进你们的意识形态法庭——那么，你们为什么不放过我？"这种话，他很容易可以出口，但他没有。他从来没有想要否认作家的社会责任；以社会为己任之理，经他敬爱的朋友别林斯基灌输，他永志不失，毕生未尝完全或忘。这关心社会之意，甚至润色了他最抒情的作品，而他所以能突破海外俄国革命分子对他的冷漠，也正由于这一点。这些人十分清楚，屠格涅夫只有同他本阶级里的老朋友，亦即同看法无论如何都不能称为激进

[1] 野蛮的土耳其雇佣兵。

[2] 他为他的小说集所写的前言，S xii 307—308。

[3] 一八六二年四月二十八日致赫尔岑，P iv 383。

的人相处，才真正安心自在——这些是他只要得便，就可以一
339 道去猎野鸭的文雅自由人士或乡绅。不过，这些革命分子喜欢他，因为他喜欢他们，因为他同情他们的愤怒："我知道我只是他们用来打政府的棒子，不过"（这席话是流亡革命家洛帕京所记，据他所言，屠格涅夫说到这里，做了个传神的手势）"尽管用罢，我非常乐意。"[1] 他们对他有好感，最主要却是因为他把他们视为个人来交往，而不只把他们当成党派或看法的代表来对待。在某个层次上，这是个矛盾，因为，理论上，这些人想忽视的正是个人的社会或道德特色；他们相信客观分析，以社会学方式判断人，不问人在意识层面上的动机，只问人（个人、或社会阶级的成员）如何促进或阻碍可欲的人类目的，如科学知识、妇女解放、经济进步，或者革命。

这正是屠格涅夫退避不取的态度；巴扎罗夫和《处女地》里那些革命分子令他害怕的，就是这态度。屠格涅夫，与一般的自由主义者，认为趋势、政治态度是人类的功能，而不以人类为社会趋势的功能。[2] 行动、观念、艺术、文学，是个人的表达，而不是客观力量的表现；行动者或思想者不容只视为客观力量的体现。屠格涅夫，正如赫尔岑，以及他尊敬的朋友别林斯基（后面几个阶段的别林斯基），对于把人化简成非人力量之传送器或媒介，深为憎恶。得能被视为人类而不只是

[1] G. Lopatin，同前引（页 337，注 4），页 126。
[2] 自由派与激进派之间这项卓越的辩识，请参考 R. W. Mathewson，《俄国文学里的正面英雄》（*The Positive Hero in Russian Litereature*，New York，1958）。

意识形态代言人，而受到这么多同情与了解，甚至这么深情的对待，在流亡海外的俄国革命分子是一项十分难得的经验、一种奢侈。斯捷普尼亚克、洛帕京、拉夫罗夫及克鲁泡特金这流人物竟如此热烈回敬屠格涅夫这么善体人意又这么令人如沐春风，而且天资这么丰富的人，原因大半在此。他秘密捐资协助他们，只不对他们做任何思想上的让步。他相信——这就是他所谓他的“旧式”，亦即“英国王朝式”［他意指立宪］的自由 340
主义[1]——惟有教育，惟有渐进的方法，“勤奋、耐心、牺牲小我、不外饰金玉、不喧闹嚣张”[2]、科学与文化上的顺势疗法注射，[3]才能改善人类生活。他不断遭受批评，他震动、颤抖，但他在又谢罪、又辩白之中，拒绝“简化”自己。他继续相信——也许是他青年时代黑格尔主义的余绪——没有任何问题可以说永远结束，凡事必须正反相权，体系与绝对——社会与政治，以及宗教上的体系与绝对——都是危险的偶像崇拜；[4]

[1] 同前引（页 336，注 3）。另见致斯坦休列维奇（见前引 335，注 1），一八六二年十一月二十五日致赫尔岑，P v 72—73，以及 F. Volkhovsky 的文章《屠格涅夫》（‘Ivan S. Tourguenev’），刊于《自由俄国九》（*Free Russia 9*，No. 4，1 April 1898），页 26—29。这篇文章是针对《屠格涅夫与他的法国圈子》（*Tourguéneff and His French Circle*，ed. E. Halperine-Kaminsky，trans. Ethel M. Arnold，London，1898）的评论。

[2] 一八七四年九月二十三日致菲洛索夫娃（A. P. Filosofova），P x 295。

[3] 顺势疗法（homoeopathy），由德人帕拉塞尔苏斯（1493—1541）首倡，基本观念是，使人致病之物，可以治疗其病。后来由德人哈内曼（1755—1843）发展成具体理论：某些药物，以微小剂量施于健康者身上，若产生的症状与某种疾病相同，则可以治愈那些疾病。例如奎宁在健康者身上产生的症状与疟疾相同，故奎宁可以治疗疟症。哈内曼由此作成“相似律”（law of similars）理论。顺势疗法流行于十八世纪后半叶与十九世纪初叶，并无健全的科学证据支持，但因导使西方医学重返观察与实验，故仍有重大影响。——译注

[4] 见一八六四年九月三日致兰伯特伯爵夫人（Countess Lambert），（转下页）

最重要的是，除非你所有信念已临存亡之交，而且委实别无他途，否则绝勿战争。对他以上想法，某些狂热青年由衷关注，有时还深为佩服。一八八三年，有个激进青年写道："屠格涅夫去世。要是谢德林[1]也过世，我们自己也真可以活埋算了！在我们眼里，这些人就是议会、生命、自由！"[2]在屠格涅夫丧礼当天非法刊印的一册追悼献辞里，某恐怖组织一位遭受通缉的成员写道："生为绅士，教养与性格为贵族，信念为渐进主义者的屠格涅夫也许……同情甚至致力于俄国的革命而不自知。"[3]警察在
341 屠格涅夫丧礼中采取的特殊预防措施，分明并非全属多余。

三

> 如今，萨图尔努斯不该再以子女为食物；子女也不该再像堪察加土著那样吞噬父母了。
>
> 赫尔岑[4]

（接上页）P v 278，与一八七五年三月六日致米柳季纳（M. A. Milyutina），P xi 31；V. N. Gorbacheva 引述这些书信，附加许多相关资料，见《青年时代的屠格涅夫》（*Molodye gody Turgeneva*，Kazan，1926），信件于页 36。

[1] 即讽刺家萨尔蒂科夫。

[2]《第三厅及警局彻查档案里的屠格涅夫：屠格涅夫之死的回应，一八八三年九月八日圣彼得堡的 Ya. Lure 致基辅一位大学学生的信件选段》（'Turgenev v materialakh perlyustratsii III otdeleniya i departamenta politsii: II. Otkliki na smert' Turgeneva, 3. Vypiska iz pis'ma Ya. Lure iz Peterburga ot 8 Sentyabrya 1883 g. k studentu universiteta Fishelyu Tolkachevskomu v Kiev' '），《文化遗产七十六》（*Literaturnoe nasledstvo 76*，1967），《屠格涅夫：新的档案与研究》（*I. S. Turgenev: novye materialy i issledovaniya*），页 332。

[3] 这本小册子的作者是 P. F. Yakubovich（见《俄国批评中的屠格涅夫》（*Turgenev v russkoi Kritike*，ed. K. I. Bonetsky，Moscow，1953），页 401）。

[4]《萨佐诺夫》（见前页 143，注 1），页 319；M ii 954。

我们常听说，历史上的重大转折点，往往发生于一个社会既逐渐觉得一种生活形式及其建制在束缚并阻碍社会中最蓬勃旺盛的生产力——经济或社会、艺术或思想生产力——而那生活形式又力不足以抵制这些生产力的时候。此际，各种不同气质、阶级、条件的人和团体就联合起来反抗现有社会秩序。这就发生了激变动乱——革命，而革命有时候获得了有限的成功。革命走到一个关口，原来推动革命者的某些要求或利益得到满足，其满足的程度，使他们如果继续战斗，就无利可图。他们停下来，或者不很确定地奋斗。当初的同盟于是解体。最激情与最专志，尤其目的与理想距实现程度最远者，希望继续推进。半途而废，他们觉得是一种出卖。满足的集团，没那么有幻想的人，或者害怕旧桎梏会换成压迫性更重的桎梏的人，则往往就此踌躇不前。于是，他们陷入腹背夹击之地。保守派最上则视他们为软骨头盟友，最下则视他们为逃兵与叛徒。激进派视他们为卑怯无用的同盟——经常，更视其为叛帮背教与变节之徒。

这种人需要很大勇气，才抵得住各极端力量的吸引，在乱局里主张温和。这些人里，有的看到，不得不看到一件事体的许多面，有的则察觉，一个以太过无情的手段促进的人性理想，有变成其相反物的危险：自由，变成以自由为名而行压迫；平等，变成以维护平等为名而久居不去的新寡头体制；公道，变成要打破一切不妥协，人类之爱，则变成怨恨所有反对以残暴手段达成人类爱之人。中间立场素来是个八面受敌、险 342
象环生、忘恩负义的立场。战况惨烈之际还想对两边说话的人，落入一种复杂的处境，亦即往往被诠释为软弱、骑墙、机会主义、怯懦。但是，这种诠释固然可以应用于许多人身上，却不适于伊拉斯谟，不适于蒙田，不适于同意对侵略荷兰的法国人协谈的斯宾诺莎，不适于吉伦特党几位精华代表，不适于一八四八年受挫的自由主义者中的某几位，也不适于欧洲左派里心志强毅，一八七一年不肯加入巴黎公社的成员。孟什维克党人在一九一七年不追随列宁，失意的德国社会主义者在一九三二年不变成共产主义者，并非由于软弱或怯懦。

这类不愿意打破自己原则、不愿意背弃自己信仰的理想目标的温和人士，其对双方爱憎交杂的困境，成为第二次世界大战以来政治生活的一个常见特征。这个特征，有一部分历史渊源就在十九世纪自由主义者的立场里。十九世纪的自由主义者，敌人往往来自右边——君主主义者、教士，支持政治或经济寡头体制的贵族。盖此辈掌权治事，对人的贫穷、无知、不公、剥削及堕落，若非推波助澜，即是无动于衷。自由主义者的自然倾向素来是，至今也仍是往左斜，偏向宽仁与人性的一派，与任何打破人类藩篱者亲近。甚至在无可避免的决裂以后，他们也还深不情愿相信左派会是真正的敌人。一些左派盟友诉诸残酷的暴力，他们在道德上可能觉得不堪；他们抗议，说这种方法会扭曲或破坏大家的共同目标。一七九二年的吉伦特党人、一八四八年的海涅与拉马丁等自由主义者，都被逼入这个立场；马志尼以及路易·布朗最足以代表的许多社会主义者，也都厌恶一八七一年巴黎公社的手法。这些危机过去了，大家言归于好，恢复普通一般的政治战事，温和人士的希望又复活重振。温和派所陷入的险恶困境，可以看成由几阵突然而不能持久的错乱所引起。但是，在俄国，自一八六〇年代，以迄一九一七年革命，这股不安的感觉在几个压制与恐怖的阶段里愈变愈痛苦，而且成为一种长期状况——成为社会上整个开明阶层心中长久潜伏、无时或已的痼疾。自由主义者的两难式，因此竟成无从解决的困局。他们希望摧灭他们觉得完全邪恶的当道体制。他们相信理性、世俗主义、个人权利、言论与结社及意见的自由，各集团与种族及国家的自由，更人的社会与经济平等，以及最重要的公道。有人极端之至，至于不顾性命，欲以暴力推翻现状。他们敬佩这些人无私的奉献、动机的纯洁，以及其殉道精神。但他们又害怕，恐怖主义或雅各宾手法引生的损失可能无法弥补，而且大于任何可能的益处。他们畏惧极左派的狂热与野蛮，害怕它们对他们所知的惟一文化的蔑视，以及对乌托邦妄念的盲目信仰——无政府主义、民粹主义、马克思主义，他们认为都是乌托邦妄念。

这些俄国人敬事西方文明，有如皈依者奉持一个新信仰。他们绝然无法设想，更不能许可人家破坏他们认为对他们自己、对过去所有人——甚至沙皇制度下的过去的所有人——都具有无限价值的许多东西。陷在两军之间、迭遭双方指斥以后，他们再三重申他们温和且理性的说辞，而并不能真正指望任何一方听入耳里。他们始终固守改革主义与非革命的立场。其中很多人滋生了复杂的罪恶感：他们更深刻同情靠左那派人的目标，但是，遭斥于其中的激进分子以后，善于自我批判、心胸开放的他们往往就怀疑自己立场的有效性；他们怀疑，他们纳闷，他们时时忍不住要抛弃他们的开明原则，去皈依革命信仰，甚而顺从狂热分子的支配，以求心安。毕竟，要是舒展四肢，躺入舒适的独断之床，他们就能免掉游移不决的折磨，不用苦苦猜疑极左派的简单解决法最后可能和右派的民族主义、精英主义或神秘主义一样不理性，一样充满压制性。此外，他们认为，尽管处处缺点，左派比起僵化、官僚、丧心无
344 情的右派，仍然代表一种比较人性的信仰——别的不谈，站在被迫害者一边，就永远胜于附和迫害者。但是，有一个信念，他们从未抛弃：邪恶的手段会破坏善良的目的。捺熄现有的自由、文明习惯、理性行为，以为它们像凤凰，今天消灭，明天会以更纯粹、更光耀的形式升起，他们知道这是个可怕的陷阱和妄念。一八六九年，赫尔岑告诉他那位无政府主义老友巴枯宁，为恐人智的成果被敌人滥用，而钳制人智，而遏止科学、发明、理性进步，直到人被一场整体革命之火洗净——直到我们“自由”——才放开它们，纯是一项自我毁灭的谬误而已。

> ［在他最后一篇杰出的文章里，赫尔岑写道］你不能因为多数人缺乏理解力、少数人滥用理解力，就要抑制人智［……］狂喊闭上书本、抛弃科学，唆使人从事某种愚蠢的毁灭战争——这是最盲狂而贻害莫大的一种煽动。跟着来的，就是最野蛮的激情的爆发［……］行不通！让邪恶的激情肆行放纵，绝非成就伟大革命之道［……］谁要偏爱粗暴的武力与破坏，而不以渐渐发展的方式解决事情，我都不相信他严肃认真［……］[1]

然后，他写出一个世人未能充分记省的句子：“要张开眼

[1]《致老友书》(fourth letter)，H xx/2 592—593。

睛，不要挖掉眼睛。”[1] 巴枯宁宣称要先扫清地面；地面扫清，再看着办。赫尔岑在这种说法里闻到黑暗的野蛮时代的气息。赫尔岑的反应，代表了他整个同辈俄国人的心声，而屠格涅夫生平最后二十年中所感、所写，也是这心声。他宣称他是欧洲人；西方文化是他所知的仅有文化；这是他年轻时代高举迈进的旗帜，至今仍是他的旗帜。[2]《烟》里的波图金说：“我忠于欧洲，说得精确一点［……］我忠于文明［……］这个字眼［……］纯洁且神圣，其他字眼如‘民族’，或者——没错，还有‘光荣’，都有血腥味……”[3] 说这句话的波图金就是他的代 345
言人。对于政治上的神秘主义与无理性主义，无论其为民粹主义与斯拉夫主义、保守派或无政府主义的神秘主义与无理性主义，他的谴责始终是绝对的。

不过，除此以外，这些“四十年代人”就没有十分把握了：支持过头的左派，会违背文明气质；反对左派、对它的命运无动于衷，任它遭受反动势力打击，似乎更不可思议。这些温和人士不顾种种证据，希望那凶残的反智主义（俄国国内的自由主义者告诉屠格涅夫，这反智主义像一场传染病，正在年轻人里流播），那对绘画、音乐、书籍的轻鄙，那日益高涨的政治恐怖主义，是暂时的，是由于不成熟、由于欠缺教育而来的放纵；它们是长期受挫的结果；产生它们的压力一旦消除，它们就会消失。因此，他们稍做解释，轻轻放过了极左

[1]《致老友书》，页 593。
[2] 一八六二年十一月二十五日致赫尔岑，P v 73。
[3]《烟》（chapter 5），S ix 173。

派的狂暴语言与暴力行为，而继续支持他们忧心忡忡的同盟关系。

这痛苦的冲突，在那半世纪里成为俄国自由主义者长期困境的这个冲突，如今已成为举世所共有。我们得弄清楚，今天，为反叛挂帅的，不是巴扎罗夫之流。在某一层次上，巴扎罗夫之流已经赢了。计量方法胜利前进，以科技管理来组织人类生活，只信赖功利后果的计算来评估对众多人类有影响的政策：这是巴扎罗夫，而不是基尔沙诺夫之流。道德冷静的成本效益算术解脱了正派人士的良心不安，因为他们不再认为他们施用科学计算的对象是过着具体的个人生活，能感受具体的个人死亡之痛的人类，今天，这是得势当道者，而不是反对者的典型做法。一切有关质的、难以精确的、无法分析的，但对人类很珍贵的东西，都遭怀疑，而且被贬归于巴扎罗夫所谓过时、直觉、前科学的垃圾堆。这刺激了反理性主义的右派与非
346 理性主义的左派，使他们同样激烈反对站在两者中间的技术官僚体制。极左与极右立场相反，但一致认为这种把社会生活理性化的做法，对于他们双方都视为最深刻的人性价值，是个可怕的威胁。使屠格涅夫生于今日，他想描写或许也想取悦的激进青年，将是有心把人类从柏克叹恨的“诡辩家、经济学家、计算家”[1]——忽视或鄙视人所以为人之理、人所赖以生活之道者——手里拯救出来的人。我们当代的新反叛者——以其能

[1] Edmund Burke，《法国大革命之省思》（*Reflections on the Revolution in France*，1790），出自《埃德蒙·柏克写作与演讲集》（*The Writings and Speeches of Edmund Burke*，ed. Paul Langford，Oxford，1981—2015，vol. 8），《法国革命》（*The French Revolution*，ed. L. G. Mitchell，1989），页 127。

自成一说的理路而论——偏爱一种模糊的古老、自然法则。他们要建设一个大家彼此把人当人的社会，人人各自有其自我表达的权利，无论那表达多么不合金科玉律、狂野放肆；人不是一部中央控制、包举世界、自我推动的机械里的生产或消费单位。巴扎罗夫的苗裔掩有天下，今天为人类准备革命工事的，是落败、见斥的“无用之人”的后代，罗亭与基尔沙诺夫与涅日丹诺夫的后代，契诃夫那些迷糊、可悲的学生和愤世嫉俗、穷愁潦倒的医生的后代。不过，此中与屠格涅夫的困境确实仍有类似之处：这些现代叛徒同巴扎罗夫、皮萨列夫及巴枯宁一样，相信首要课题为清扫、为毁尽现有制度；其余，不干他们的事。未来必须自求多福。宁取无政府，不要监牢；没有中间立场。这激烈的呐喊在我们当代的舒宾、基尔沙诺夫、波图金心里掀起了类似昔日的反应。我们当代的舒宾、基尔沙诺夫和波图金也是一群中间偏左、数目微少、犹豫不决、自我批判、并非事事勇敢的人。在道德上，他们既排斥右派的强硬面目，对左派的歇斯底里、粗心横暴与煽动，也心怀憎厌。他们像由屠格涅夫说出心声的一八四〇年代人一样，对左派既怕又迷。
他们变色失声于左派苦行僧般暴烈的非理性，但是，对于自称 347
代表青年与丧失人权者的人，对于自称因义愤而挺身为贫民与社会地位受剥削或压制者战斗的人，又不愿全盘拒斥其立场。这就是自由主义传统的现代传人非常残缺难全，有时痛心疾首的处境。

“我的作品在某一派人心里激起愤怒，理由我明白。”一百年前，屠格涅夫写道，“我的名字蒙污了［……］但是，这真说得上丝毫重要吗？二十年后，谁复记得茶杯里的这些风波，甚至，我这蒙不蒙污的名字，谁会记得？”[1] 今天，在他的国土上，屠格涅夫的名字依旧蒙污未雪。他的艺术声誉，无人怀疑；作为社会思想家，他却仍是聚讼不休的主题。他一部又一部小说里诊断的状况，即西方自由主义价值的信徒的痛苦困境，一个曾经被认为俄国独有的困境，如今已是举世熟见。他摇摆不定的立场、他对反动派的畏怖、他对野蛮激进分子的疑惧，以及其中夹杂的他那种一心要得到狂热青年了解与认可的渴切之情，今天也处处可见。他在观念、阶级之间，最重要的，他在上下世代之间的冲突里既比较同情抗议的一方，却又不能毫无保留地靠向任何一方的那种依违失据，如今更触目皆是。屠格涅夫以他自己的形象所创造的那个居心良好、耿耿忧惧、自我疑问的自由主义者角色——复杂真理的见证人，如今已成为世界性的人物。这类人物，每当战况过炽，若非塞住耳朵，不听可怕的金铁交鸣，就是设法鼓吹停战、挽救人命、避免浑沌。

至于屠格涅夫所谓茶杯里的风波，今天，这风波非但没有被人遗忘，反而已经波及全世界。如果人的内在生活、观念与道德困境对人类历史进程的解释有其重要意义，则虽不问文学特质，屠格涅夫的小说，尤其《父与子》，仍是了解俄国过去与我们当前世界的一项基本文献——其作用犹如阿里斯托芬戏剧之于古代雅典、西塞罗书信之于罗马、狄更斯或乔治·艾略
348 特小说之于维多利亚时代的英国。

屠格涅夫可能珍爱巴扎罗夫；他在他面前战栗，则可确

[1]《关于〈父与子〉》，S xiv 105—106。

言。他了解而且相当同情新雅各宾主义者的立场，但他想到他们的蹂躏肆虐，仍无法忍受。一八六〇年代中期，他写道：“我们都同样轻信，也同样残酷；同样嗜血，同样渴求黄金、污秽［……］同样渴急着，要为阿里斯托芬两千年前讥讽的那种瞎说，而挨受毫无意义的痛苦［……］”[1] 艺术呢？美呢？“对，这些是宏壮的字眼［……］《米洛斯的维纳斯》不像罗马或一七八九年那些原则那么容易受疑问”[2]，但是，她，以及歌德和贝多芬的作品，也会坏朽。冷眼的伊希斯——他给自然的称呼——“不慌不忙。她迟早要占上风［……］她不懂艺术或自由，正如她不知善为何物。”[3] 不过，人何必一定要这么热心帮助她把一切化为尘土呢？教育，惟有教育，能抑阻这痛苦的过程，因为文明离枯竭之境尚远。

在黑格尔的精神盛宴里，俄国人是晚到之客，文明、人道的文化，对于俄国人，意义有过于对这些东西已经厌足失趣的土生土长的西方人。比起他的朋友福楼拜与勒南，屠格涅夫更热情追随人性文化，也更有觉于其脆弱。但是，他又不像他们；在平庸凡俗的资产阶级后面，他察觉这文化还有个狂暴得多的敌人——由于确信有个更公道的新世界会出现，而一心要把他的世界整个消灭的年轻一辈偶像破坏者。他对这些罗伯斯庇尔的了解，深于托尔斯泰，甚至有过于陀思妥耶夫斯基。他拒斥他们的做法，认为他们的目标天真且可

[1] 引自他一八六四年的演说《充足》（*Dovol'no*）。这篇讲词，陀思妥耶夫斯基后来在《群魔》里曾加讥讽。见 S ix 118—119。
[2] 同上，页 119。
[3] 同上，页 120。冷眼的伊希斯，见前引（页 321，注 1）。

怖；不过，如果反对他们，会含有协助并安慰将军或官僚的
意思，他就不愿反对他们。他没有献议任何清楚的出路，他
只提出渐进主义与教育，只建议理性。契诃夫曾说，作家的
正务不在提供解决，只需信实描写一个状况、充分彰显一个
问题的所有层面，信实、充分到读者无法再规避这状况与问
349 题。屠格涅夫提出的疑点，至今犹未平息。自他以来，道
德敏感、诚实、思想负责之人在意见尖锐对立的时代里的
两难处境，已经深剧有加，举世同感。他认为他那个当时
还不十分欧洲的国家里的“教育阶层”才有的困境，在我们
这时代已经成为每个阶级里的人的困境。这困境，他洞烛于
其初萌之际，并且用了无比明锐的灵见、诗心、真理，加以
描述。

附　录

编辑家苏沃林曾经记下他与陀思妥耶夫斯基一席话：关于一八七〇年代与一八八〇年代俄国政治气氛，尤其当时日益高涨的政治恐怖主义浪潮。这段记载有如现身说法，读者或有兴趣一读。苏沃林与陀思妥耶夫斯基都是专制政体的忠实支持者，自由主义者视他们为强硬且无可救药的反动分子，不无道理。苏沃林的期刊《新时代》（*Novoe vremya*），是十九世纪末期到二十世纪初期俄国国内编辑最精良、势力最强大的极左杂志。苏沃林的政治立场尤其使他这页日记入木三分：

> 姆洛德茨基[1]谋刺洛里斯·梅利科夫那天，我同陀思妥耶夫斯基见过面。
>
> 他住在一间寒陋的小公寓里。我进门，只见他坐在客室里一张小圆桌边卷烟；他的面容，像刚从一间俄国澡堂的蒸汽里冒出来的人［……］我大概没有藏好我的惊讶，因为他瞥我一眼，同我打了个招呼，就说道："老毛病又发作了。看到你，很高兴，非常高兴。"然后，继续卷他的烟。那件谋刺案子，他和我都毫无所闻，不过，我们聊着，马 350

[1] 姆洛德茨基（Ippolit Mlodetsky）于一八八〇年二月二十日狙击这位政府首长［梅利科夫以军功升伯爵，曾任总督，并主持一镇压革命的特别委员会，一八八〇年十一月获亚历山大二世任为内政部长。——译注］，事在哈尔图林谋刺沙皇不成以后数星期。哈尔图林两天以后问吊［但亚历山大在同年三月初仍遇刺身亡——译注］。

上谈到一般的政治犯治罪，特别是[近来]冬宫的一场爆炸。关于大众对这些罪行的怪异感受，陀思妥耶夫斯基有所批评。社会似乎同情它们，或者，说得更真一点，不很清楚该怎么看它们。他说："假想一下，你和我站在达奇亚罗的店铺橱窗前面看图片。有个人站在我们不远处，假装也在看图片。他好像在等什么，不断四下张望。突然，另外一人赶到他身边，说：'冬宫很快就爆炸，我装好了。'我们听见这句话。你必须假想我们听见——这些人兴奋到根本不留心环境，也不注意自己的话声传多远。我们会怎么行动？我们会到冬宫去示警，我们会去报警，或者找个巡警逮捕他们吗？你会吗？"

"不会。"

"我也不会。为什么不去呢？这到底是可怕的事情，是犯罪，我们应该阻止。[1]你进来以前，我一边卷烟，一边就这么想。我再三考虑可能使我去告发的理由。都是重大、扎实的理由。接着，我考虑可能阻止我这么做的理由。后面这些全是绝对琐屑的理由。只不过怕被看成线民而已。我想象我会怎么出首，他们会给我什么脸色，会怎么审问我，也许还要跟谁谁谁对质，得个奖赏，或者，倒占了同谋的嫌疑。报纸会说'陀思妥耶夫斯基指出凶手'。这是我的事吗？这是警察的事呀。是他们该做的，他们拿薪水，就是要做这些事来的。自由派永远不会原谅我，他们会折磨我，逼得我走投无路。这正常吗？我们的社会一切都不

[1] 俄文此字也意指"提出警告"。

正常，才会发生这些事，而且，出了事，没人知道该怎么讲，别说最困难的状况，连最单纯的状况，也人人束手。我可能要写写这种情形。我可以谈很多对社会或政府有益和有害的事情。但是，这也不行。最重要的事情，我们都不许谈。” 351

这主题，他娓娓谈来，情绪感荡。他又说，他要写一部小说，以阿辽沙·卡拉马佐夫为主角。他要让他进修道院，让他当革命分子；然后，他会犯下一宗政治罪行，会被处死。他会寻找真理，而在寻找过程中自然变成革命党
[……] [1] 352

[1]《苏沃林日记》(*Dnevnik A. S. Suvorina*，ed. Mikh. Krichevsky，Moscow/Petrograd，1923)，页 15—16。一八八七年这篇记载是陀思妥耶夫斯基（及契诃夫）的朋友兼出版商苏沃林的日记里的第一则。上述日记的编者称这段文字为“断简残篇”；他提起（同上，页 379）小说里一段情节：伊凡·卡拉马佐夫对弟弟阿辽沙谈到一位将军唆使狗群追赶一个农民小孩，当着小孩母亲面前把他撕咬至死；伊凡问阿辽沙会不会想把那将军枪毙。阿辽沙经过一阵内心折磨的沉默，说他会。“好极了。”伊凡说道。[事见《卡拉马佐夫兄弟》五卷四章。——译注]

人名资料表

贾森·费雷尔

这份人名资料表并未刻意追求网罗无遗，主要目的是把伯林在这一卷里提到的俄国人物之中择其要者，给出相关背景。在俄国人之外还列了一位约瑟夫·德·迈斯特，《刺猬与狐狸》一文中的关键人物。海伦·拉帕波特在伯林《苏联的心灵》中给出的典范式的专名表，是本文依据的样板，参照前者，这里的部分词条稍微做了调整。感谢海伦·拉帕波特，她所编制的条目以及对本文新版的评论，都让我获益匪浅。

阿克萨科夫（Aksakovs）

拥有多位斯拉夫作家、理论家和文学批评家的杰出家族。谢尔盖·季莫费耶维奇（Sergey Timofeevich，1791—1859）是一位官僚、作家和戏剧评论家，以他讲述俄国边境地区家族的庄园生活的自传体小说《家庭纪事》（1856）而闻名。康斯坦丁·谢尔盖耶维奇（Konstantin Sergeevich，1817—1860），是他的长子，在莫斯科大学成为一名激进分子，执迷于黑格尔哲学，与巴枯宁、赫尔岑和别林斯基为友。他后来放弃了黑格尔主义，成为一个不折不扣的斯拉夫派。次子伊万·谢尔盖耶维奇（Ivan Sergeevich，1823—1886），在圣彼得堡学习法律（1838—1842），编辑了一系列激进杂志。他在长兄康斯坦丁去世后，开始成为斯拉夫派领导人，在《白日》和《莫斯科》等杂志上发表日趋极端化、民族主义化的文章，并且为一八七七年至一八八八年俄国对土耳其的战争煽风点火。

亚历山大二世（Alexander II，1818—1881）

沙皇尼古拉一世之子，俄国沙皇（1855—1881年在位）。他的统治时期包括改革时期（1855—1866）和反动时期（1866—1881）。在前一个时期，他放宽了尼古拉一世的一些严苛政策，一度燃起了亚历山大可能
353 实现绝对君主制宪法化的希望。农奴制被正式废除，陪审团制度建立起来，有限形式的地方政府开始试行。但是，改革措施也刺激了进步派和民粹主义者从事被认为具有威胁性的活动（例如一八七四年的自发运动

"到民间去"，当时有超过两千名学生进入乡间，与农奴生活在一起，并试图对他们进行教育）。革命者也受到鼓舞，各种团体涌现出来，如"民意党"，其明确目标是武力推翻政府。面对这些压力，以及一八六六年的暗杀图谋，亚历山大终止了他的自由化计划。在数次得脱之后，他于一八八一年终遭暗杀。

安年科夫，帕维尔·瓦西尔耶维奇（Annenkov, Pavel Vasil'evich，约 1812—1887）

作家、评论家和传记作家，以其对同时代的赫尔岑、别林斯基、屠格涅夫和巴枯宁的生动回忆而闻名。一八四〇年代，安年科夫在欧洲旅行时，与果戈理（当时居住在意大利）和马克思建立了亲密的友谊。回到俄国后，他从事文学研究，于一八五五年编辑出版了七卷本普希金作品集的第一部，此外，他还写了不少普希金研究的名篇，包括《亚历山大时代的普希金（一七九九年至一八二六年）》（1874）。不过，他现在被人们记住的主要是他对一八三〇年代和一八四〇年代俄国知识分子生活的生动回忆——《黄金十年，一八八〇年代》，伯林就是此书著名的倾慕者之一，以此书名作为他一九五四年诺斯克利夫讲座（已收入本书）的标题。

安年斯基，因诺肯季·费奥多罗维奇（Annensky, Innokenty Fedorovich，1856—1909）

诗人、文学评论家和翻译家。作为一个古典学者，安年斯基教授希腊语和拉丁语。他翻译了欧里庇得斯（一九〇七年至一九二一年出版），还有法语和德语的诗歌。他的诗歌创作灵感更多的是来自法国，而非俄国的象征主义运动（他认为俄国的象征主义运动过于神秘）。阿克梅派诗人，如安娜·阿赫玛托娃（Anna Akhmatova）和尼古拉·古米廖夫（Nikolay Gumilev），均受其启发。他的主要诗集有：《低吟浅唱》（1904）和《柏木雕花箱》（1910）。他还有两卷本文学批评集《映像集》（1906、1909）。

巴枯宁，米哈伊尔·亚历山德罗维奇（Bakunin, Mikhail Aleksandrovich，1814—1876）

贵族出身的无政府主义者。巴枯宁在读过费希特和黑格尔的著作后，

对德国哲学产生兴趣，放弃了前途光明的军旅生涯。先后在德国和法国
354 继续他的研究，钻研了革命思想家们的著作，最终与马克思相遇。这两个强大的人物彼此为敌，形成了互相竞争的意识形态。最终，巴枯宁因为与马克思的分歧而导致他被驱逐出国际工人协会。与马克思不同的是，巴枯宁是一位活动家，参与了十九世纪中叶震撼欧洲的许多革命起义。他的重要作品有：《上帝与国家》(1882)，一部谴责宗教和政府权威的遗作节选；《国家主义与无政府主义》(1873)，这部作品篇幅更长，试图对普法战争的结果给出解释。巴枯宁最为人所知的是他坚持认为，如果不是热烈地投身于破坏，革命就不会发生，这使得其他人将他描述为一个虚无主义者。他的思想影响了十九世纪后期的俄国激进分子，并鼓舞了像涅恰耶夫这样的革命者采取恐怖主义策略。在参加里昂（1870）和博洛尼亚（1874）的小规模叛乱后，巴枯宁逝世于瑞士。

巴拉滕斯基，叶夫根尼·阿布拉莫维奇（Baratynsky, Evgeny Abramovich，1800—1844）

诗人。从沙皇军事学校毕业后，巴拉滕斯基在帝国军队服役，同时作为俄国文学业余爱好者自由协会的成员，他也在发展自己在文学方面的兴趣。他与普希金同时代，也是普希金的仰慕者，是所谓的“普希金七子”(Pushkin Pleiad）诗人之一，根据他在芬兰度过的六年时光(1820—1826）创作了叙事作品《埃达》(1824)，以及讽刺莫斯科上流社会的《舞会》(1825—1828)。他后期的诗歌，知名者如《最后的死亡》(1827）和《秋天》(1836—1837)，日渐陷入悲观和沉思。在默默无闻五十年之后，巴拉滕斯基的作品在二十世纪初被安娜·阿赫玛托娃和她那一代人欢欣鼓舞地重新发现。

别林斯基，维萨里昂·格里戈里耶维奇（Belinsky, Vissarion Grigor’evich，1811—1848）

文学批评家、哲学家和政治思想家。从一八二九年起，别林斯基在莫斯科大学那些激烈辩论的小组里就是一个中心人物，他在那里与赫尔岑成为朋友，却因激进主义而被开除。一八三三年，他以文学评论家的身份加入了《望远镜》杂志。在一八三六年杂志被关闭后，他靠当家庭

教师和新闻工作维持生计，并担任《祖国纪事》(1839—1846）杂志的文学评论作者。最终，他在涅克拉索夫的《现代人》杂志上留下了自己的印记，但是由于多年生活赤贫、身染肺病，身体状况严重受损，两年后病逝。尽管别林斯基英年早逝，但他在俄国留下的遗产仍然相当可观，标志着一种新型的来自下层的、非贵族知识分子的兴起，他们就是“平 355
民”(raznochinets)。

贝内迪克托夫，弗拉基米尔·格里戈里耶维奇（Benediktov, Vladimir Grigor'evich，1807—1873）

诗人、财政部官员。他的作品在一八三〇年代很流行，随后就失宠了。他的诗以精雕细琢和过度修辞而闻名，最终引起了别林斯基和其他批评家的严厉斥责，对后者来说，文学和诗歌不应该仅仅是美学上的愉悦，更应该服务于社会。

布洛克，亚历山大·亚历山德罗维奇（Blok，Aleksandr Aleksandrovich，1880—1921）

革命时代受人尊敬的象征主义诗人，最著名的是他的叙事诗《十二个》(1918)，生动地描述了十月革命的动乱。布洛克曾在圣彼得堡大学学习语言学，一九〇四年出版了他的第一本诗集《美妇人诗集》。在革命的鼓舞之下，他燃起了对新世界的道德和政治秩序的梦想，但很快就幻灭了，尽管因为《十二个》的影响，他在整个苏联时代仍然是一个得到官方认可的诗人。在生命的最后几年里，他陷入了深深的忧郁，很少动笔写作，死于贫困之中。伯林翻译了他的《人道主义的崩溃》(载 *Oxford Outlook* 11，1931，89—112)，并在《末日逼近的感觉》(1935，原题为《文学与危机》，*The Times Literary Supplement*，27 July 2001，11—12）中讨论过他。

博特金，瓦西里·彼得罗维奇（Botkin, Vasily Petrovich，1812—1869）

文艺评论家。博特金是个有钱人，认识许多十九世纪的重要人物。年轻时，他赞同受费希特、黑格尔和谢林等哲学家影响的自由主义的理念。

他的知名作品包括：《西班牙书简》(1847—1851；记录他访问西班牙的印象)，以及《费特的诗集》(1857；费特是他的姐夫)。在一八四八年革命之后，博特金日渐保守，与诸如别林斯基（他们之间有过著名的书信往还）之类的文学评论家相反，他成了“为艺术而艺术”理念的支持者。

布尔加林，法迪·韦尼迪克托维奇（Bulgarin, Faddey Venediktovich，1789—1859）

小说家和记者。布尔加林以冒险生涯（包括当雇佣兵和警察线人）而闻名，是一八三〇年代最受尊敬的作家之一。他的《伊凡·维日金》
356 (1829) 给他带来了商业上和风评上的成功，之后又出版了两部涉及重大历史事件的小说：《冒名的德米特里》(1830) 和《马泽帕》(1833—1834)。不幸的是，布尔加林尖刻的新闻作品最终招致了同时代人的反感，普希金写了一系列粗暴的讽刺作品，摧毁了他的文学声誉。

叶卡捷琳娜二世（Catherine II，1729—1796）

俄国女皇（1762—1796 年在位），也被称为叶卡捷琳娜大帝。她统治的早期与启蒙运动有关：叶卡捷琳娜推行一个旨在培养艺术和科学的积极方案。她最初的努力获得了成功：欧洲诸多知名学者来访问她的宫廷，俄国知识分子被允许出国旅行。思想开明的氛围弥漫全国，政治改革也有望随之而来。叶卡捷琳娜在一定程度上鼓励了这种期望，试图将自己塑造成启蒙理想化身的形象。她召集了一个由社会各阶层人士组成的“大委员会”，表面上是一个咨询委员会。但是，她进行重大改革的意愿是有限的：她参与了瓜分波兰，积极推进俄国边界的扩张运动，以及对普加乔夫叛乱做出了强烈的反应，这些行为更适合一个暴君，而不是一个开明的统治者。当一七八九年法国大革命开始时，叶卡捷琳娜对启蒙运动的迷恋结束了，因为这场运动的民主理想和她的政权的专制基础二者之间的紧张关系已经日渐明晰。

恰达耶夫，彼得·雅科夫列维奇（Chaadaev, Petr Yakovlevich，1794—1856）

哲学家。恰达耶夫在一八二七年至一八三一年间写了一系列哲学书简，在俄国知识分子之间引发了斯拉夫派和西方派的争论。他出身于一个地主家庭，拿破仑战争期间在帝国军队服役，之后在欧洲旅行。一八三六年，《望远镜》杂志因为发表他的一封公开批评俄国文化和知识落后的信件而被关闭，恰达耶夫被宣布为“疯子”，遭到软禁。尽管公开讨论他的思想是被严格禁止的，但对他那一代人来说，恰达耶夫仍然是一个鼓舞人心的人物。

契诃夫，安东·帕夫洛维奇（Chckhov, Anton Pavlovich，1860—1904）

短篇小说作家、剧作家和医生。作为最伟大的短篇小说家之一，契诃夫以其细腻的风格和人道主义的基调而闻名。经历凄惨的童年和施虐的父亲之后，他进入莫斯科大学学习医学。他开始写作以支付学费，随着他的小说越来越受欢迎，他开始日益专注于文学创作。他的早期作品 357
以幽默和温和的讽刺见长，而后期作品则以内省和心理深度著称。他最终开始尝试写一些更长的故事，完成了他创作生涯中的若干精华之作，包括《决斗》（1891）、《六号病区》（1892）、《妻子》（1892）和《无名者的故事》（1893）。他创作的著名戏剧有《三姐妹》（1901）和《樱桃园》（1903）。

车尔尼雪夫斯基，尼古拉·加夫里洛维奇（Chernyshevsky, Nikolay Gavrilovich，1828—1889）

记者、文学评论家、小说家和激进活动家。车尔尼雪夫斯基起初接受神学教育，在圣彼得堡大学学习历史和语言学时，放弃了他早期的宗教信仰。加入当时领先的文学杂志《现代人》的工作团队之后，他继承了别林斯基的衣钵，成为当时最重要的批评家。他受到启蒙运动的影响，接受了启蒙运动关于科学应用于社会的基本论点。他的《哲学中的人类学原理》（1860）一书最充分地阐述了他的哲学信仰，这些信仰植根于“理性的利己主义”的概念。根据这种观点，个人行为主要是自私的，应该建立与之相应的社会制度。他那部颇具影响力的小说《怎么办？》（1863），写于监狱之中，通过一个革命青年的故事来描绘理性的利己主义。它确立了车尔尼雪夫斯基作为激进民主派的名声，并成为他最后一部重要作品，因为随后他就被送往西伯利亚，流放生活的疾病和压力实际上结束了他的写作生涯。

契切林，鲍里斯·尼古拉耶维奇（Chicherin, Boris Nikolaevich，1828—1903）

历史学家、哲学家和法学家。他是一位大学教师，曾短暂担任过莫斯科市市长，也是一位具有保守倾向的自由主义者。作为长篇巨著《政治学说史》（1869—1902）一书的作者，他在形而上学、逻辑学和法哲学领域都做出了重大贡献。他是社会改革的支持者，曾设想建立一个将自由权利、有力的司法制度、自由市场经济与强大的君主制结合起来的国家。不同寻常的是，他的信念与他的行动相匹配：为了抗议政府的政策，他辞去了大学教授职位，又因为与沙皇的政治争端而被迫辞去市长一职。他的作品高度抽象，以黑格尔的“绝对”的晦涩难懂的语言来表述，这
358 就对他的声誉产生了负面的影响。

丹尼列夫斯基，尼古拉·雅科夫列维奇（Danilevsky, Nikolay Yakovlevich，1822—1885）

历史学家、科学家、哲学家。丹尼列夫斯基是一位受过专业训练的鱼类学家，是十九世纪末期最重要的反动理论家。他最知名的作品是《俄国与欧洲》（1869）。他认为文化是不可通约的，何谓进步只能以特定社会的独有标准来衡量。他区分了十种文明类型，认为每种文明都有自己独特的重心，如果想用一种文明的成就来衡量另一种文明，会误入歧途。他提出了第十一种文明类型——“斯拉夫历史文化”类型，其政治形式是君主制，其经济以村社为基础，村社是抵御革命无产阶级之到来的堡垒。丹尼列夫斯基的想法是赤裸裸的民族主义：他的主要目的是表明俄国并不比欧洲差。因此，他的作品被保守派用来反对自由派和激进派，批评后者的错误是拿欧洲标准来评判俄国文化。

德尔扎文，加夫里拉·罗曼诺维奇（Derzhavin, Gavrila Romanovich，1743—1816）

十八世纪杰出的抒情诗人，普希金的重要先驱。出身于贫穷贵族

家庭，在军队服役，一七七七年进入公务员队伍。他发表了《费丽察》(1793)——献给叶卡捷琳娜二世的一篇几乎不加掩饰的颂歌，随后又发表了几篇类似风格的颂歌，这让他赢得了官方的认可，一七九一年叶卡捷琳娜二世任命他做秘书。亚历山大一世时代，他出任司法部长，于一八〇三年退休。他是古典颂歌的大师，著名作品有《梅什切尔斯基王子之死》(1779) 和《瀑布》(1791—1794)，尽管它们充满道德说教，不乏赞美自然力量的生动之笔。

杜勃罗留波夫，尼古拉·亚历山德罗维奇（Dobrolyubov, Nikolay Aleksandrovich，1836—1861）

记者和文学评论家。杜勃罗留波夫是一个辍学的神学院学生，与车尔尼雪夫斯基关系密切的年轻的文学批评家之一，以其尖刻的性格和尖锐的批评而闻名。他不太关心文本的审美价值，要求小说反映现实。他提出“真正的批评”是为了解决前几代人的无能，认为那些作家无力促成社会的变革。杜勃罗留波夫坚持，作家要真实地描写社会压迫，希望能激发年轻一代的行动。他最著名的文章《什么是奥勃洛莫夫主义?》(1859) 是十九世纪俄国文学的关键作品之一。他在文中指出，“四十年 359
代”这一代人是由“多余人”组成的，这一看法引发了激烈的争论。他的职业生涯因为致命的肺结核而结束了。

陀思妥耶夫斯基，费奥多尔·米哈伊洛维奇（Dostoevsky, Fedor Mikhailovich，1821—1881）

小说家、短篇小说作家和记者，经常被认为与他同时代的托尔斯泰并列，同为俄国最伟大的作家之一。其父通过法律而非世袭得到了贵族头衔，其母是一个虔诚的宗教信徒，他的成名作是一部以社会评论著称的小说《穷人》(1846)。他因为强烈的进步主义观点而加入了彼得拉舍夫斯基的小组里；因在公开场合宣读被当局禁止的别林斯基的一封信，被判流放西伯利亚八年。在他入狱期间，他的宗教意识被唤醒，影响了他后来的文学作品。而狱中经历也成为小说《死屋手记》(1860—1862) 的基础。他后期的著名作品，如《卡拉马佐夫兄弟》(1880)，深受他对正统教义的独特见解的影响，融合了人类的脆弱和苦难、救赎和变形等主题。其中一些作品，如《罪与罚》(1866) 和《群魔》(1872)，也包含了对政治激进分子带有强烈批判性的描绘。

艾亨鲍姆，鲍里斯·米哈伊洛维奇（Eikhenbaum, Boris Mikhailovich, 1886—1959）

苏联学者、文学史家和形式主义批评家。他从一九一八年开始在列宁格勒大学讲授语言学，至一九四九年退休，出版了《俄国抒情诗歌的旋律》(1923) 等著作，并有大量关于托尔斯泰的著述，他也是托尔斯泰文集（1928—1964，本书中简称为“T”）的编辑之一。他因在一九二三年的一篇评论文章中批评安娜·阿赫玛托娃的诗歌而名声大噪，文章将她称为“一半是修女，一半是妓女”，从而加剧了苏联时期人们对她作品的长期反感。

费特，阿法纳西·阿法纳西耶维奇（Fet, Afanasy Afanas'evich, 1820—1892）

诗人和翻译家，托尔斯泰、屠格涅夫的朋友。费特曾在莫斯科大学学习，一八四〇年代在帝国军队服役期间开始发表诗歌。他是一个保守主义者和唯美主义者，其作品在一八六〇年代受到激进知识分子的攻击。一八六三年至一八八三年间，他没有发表任何作品，而最后拿出了多卷
360 本的诗集，统称为《夜光》。他后期的诗歌是十九世纪末俄国象征主义诗歌运动的先驱，具有形而上学的色彩。费特是叔本华的崇拜者，1881 年将其《作为意志和表象的世界》(1819，1844) 译成俄文。他还翻译了拉丁诗人如奥维德、卡图卢斯和维吉尔的作品。

菲格涅尔，薇拉·尼古拉耶夫娜（Figner, Vera Nikolaevna, 1852—1942）

激进的革命恐怖分子。菲格涅尔是十九世纪后半叶致力于推翻政府的各种激进团体的一员，以她的《一位革命家的回忆录》(1921—1922) 而闻名。起初她是“土地和自由”组织的成员，后来她帮助建立了更具革命性的组织“民意党”，成为执行委员会成员之一，参与协调革命宣传，试图点燃一场广泛的起义。当事实证明这是徒劳的时候，委员会转

而采取更加暴力的手段。经过几次失败的尝试，菲格涅尔参与策划了一八八一年刺杀亚历山大二世的行动。当局以大规模的镇压作为回应，抓获了委员会的大多数成员。菲格涅尔逃过了最初的一波逮捕，并试图重组这个组织，但最终被逮捕，关押二十年之后被驱逐出境。革命期间她回到俄国，定居在莫斯科，在那里她写下了自己的回忆录。

冯维辛，丹尼斯·伊万诺维奇（Fonvizin, Denis Ivanovich，1745—1792）

剧作家、记者和作家。冯维辛最著名的两部戏剧是《旅长》（1768—1769）和《纨绔少年》（1782）。在这两部戏剧中，他温和地嘲笑俄国人对法国文化的迷恋，同时强调了他认为俄国文化中同样有价值的一部分内容。他是最早指出文学具有潜在的颠覆力量的俄国作家之一：两部戏剧都是在重申传统的信仰之前批判了当下的做法。他的作品经常强调美德的重要性，这一点也被视为“俄国启蒙时期”的特征。冯维辛从一七七七年开始多次前往欧洲旅行，一七八五年在回国的路上中风瘫痪。此后虽然他继续写短篇，但是已经无法完成他的自述。

果戈理，尼古拉·瓦西里耶维奇（Gogol, Nikolay Vasil'evich，1809—1852）

作家、小说家和剧作家。乌克兰人果戈理是俄国文学中最有影响力的人物之一，他以描绘世俗和荒谬的喜剧故事而闻名。十九岁时来到圣彼得堡，希望从事文学工作。他最初的努力并不成功：尽管他的早期作 361
品受到了评论界的好评，但是并没有引起公众的共鸣。诸如《涅瓦大街》（1835）、《狂人日记》（1835）和《鼻子》（1836），这样的故事显然是有新意的，但是，其中的黑色幽默、超现实主义和浓重的讽刺使它们显得不同于当时的其他任何作品。一八三六年，随着果戈理的戏剧《钦差大臣》的上演，情况发生了变化。这部喜剧讲述了一群腐败的地方官员把一个小官僚误认为钦差大臣的故事。果戈理的声誉由此确立，他被认为是一位可与普希金媲美的作家。在果戈理后期的作品中最重要的两部是小说《死魂灵》和短篇小说《外套》，均出版于一八四二年。后者尤其有影响力，被认为是对城市生活悲惨状况的评述。尽管果戈理本人表达了倾向保守的观点，但他的作品却深受自由主义者和社会主义者的推崇，他们认为果戈理的作品是对俄国独裁政治的控诉。随着《与友人书简选》(1847) 的出现，这种钦佩变成了失望，果戈理在书中明确表示支持沙皇和东正教。别林斯基在一八四七年写了《致果戈理的信》作为回应，这是为他们在私下流传的进步价值观的慷慨激昂的辩护，被视为俄国思想史上的一个分水岭。果戈理在几年后过世，临终前经历了一段宗教体验带来的数周禁食。

冈察洛夫，伊凡·亚历山德罗维奇（Goncharov, Ivan Aleksandrovich，1812—1891）

小说家。冈察洛夫生于士绅家庭，担任政府公务员，是现实主义传统最早的作家之一。他刻意避免华丽的文学风格，以避免与浪漫主义往往联系在一起的感伤主义，这一特点与普希金和莱蒙托夫等作家形成鲜明对比。他的小说将理想主义者的梦想与现实对他们愿望的漠不关心对立地呈现出来。他最著名的作品《奥勃洛莫夫》(1859) 启发了杜勃罗留波夫，后者创造了“奥勃洛莫夫主义”这个术语。这部小说的同名主人公是一位绅士，他最显著的特点就是懒散。由于无法克服自己的惰性，奥勃洛莫夫日渐衰弱。作为“多余人”的典型代表，奥勃洛莫夫反映了十九世纪早期在政治和社会上无能的贵族。与之类似地，奥勃洛莫
362 夫主义指的是道德和精神上的麻痹，削弱了行动的欲望，并被认为是一八四〇年代这一代人的特征。冈察洛夫的其他小说也有类似的主题，但没有哪一部像《奥勃洛莫夫》对社会话语产生如此深远的影响。

高尔基，马克西姆（Gorky, Maxim，1868—1936）

阿列克谢·马克西莫维奇·普什科夫（Aleksey Maksimovich Peshkov）的笔名。苏联作家、记者、农民出身的剧作家。早年生活极端贫困，这在他的杰作中有所反映——自传体三部曲《童年》(1915)、《在人间》(1916)、《我的大学》(1922)，以及他最成功的戏剧《底层》(*Na dnè*，1902)。他在革命发生之后对布尔什维克压制政治生活的批评极为激烈，导致他引发争议的报纸《新生活报》在一九一八年被布尔什维克镇压。一九二四年，他去意大利定居，在那里成为众人瞩目的焦点。在

斯大林的口头奉承和物质诱惑之下，高尔基在一九二八年被引诱回到苏联，担任意识形态方面的领导，以社会主义的现实主义为指导在苏联文学界建立统一的写作体系。从一九三四年起，作为新成立的苏联作家协会的主席，他享受了巨大的荣誉，但是对斯大林的顺从也导致了不可避免的陷阱，以及最终被孤立的命运。

格里博耶多夫，亚历山大·谢尔盖耶维奇（Griboedov, Aleksandr Sergeevich，1795—1829）

抒情诗人和剧作家。他唯一一部流传下来的戏剧《聪明误》（1822—1824），一直是俄国所有剧目中的典范之作。在莫斯科大学学习法律和科学后，格里博耶多夫在军队服役，并成为外交部的一名公务员。尽管他还有创作和改编的其他一些剧本，但他的声誉主要还是建立在《聪明误》上。这部作品的译文经常以其主人公的名字命名为“恰茨基”，因为遭到沙皇的审查官的阻碍，直到一八六一年才完整发表。一八二五年，在俄国与波斯的战争中，格里博耶多夫因公事被派往高加索地区。在谈判和解之后，他被任命为驻德黑兰大使，但抵达德黑兰后不久就被暴徒杀害。

赫尔岑，亚历山大（Herzen, Alexander，1812—1870）

即亚历山大·伊万诺维奇·赫尔岑（Aleksandr Ivanovich Gertsen），革命思想家、记者和作家，是同时代众多伟大思想者的引力中心。赫尔岑是一个富有贵族的私生子，在莫斯科大学接受了大学教育。因为卷入激进分子小组的活动，一八三四年被逮捕和流放，直到一八四〇年才返回。回到莫斯科后，他成为别林斯基的密友，一八四七年离开俄国来到巴黎，在那里见证了一八四八年的革命。一八五二年，他移居伦敦，用继承来的财富成立了一家俄国报社，出版了颇具影响力
的报纸《钟声》（1857—1867），通过这份报纸，他积极参与了俄国的政 363
治改革运动，特别是一八六一年实现的农奴解放运动。赫尔岑部分关键性的政论结集为《彼岸书》（1847—1850；一九五六年以英文出版，伯林作序；本书简称为“F”），在与赫尔岑同时代的移民中，围绕政治与哲学的议题展开的辩论，通过书信往来以及激进的报刊媒体留下的大量作品，此书是其中最著名的一部分。在他的杰作《往事与随想》（1852—1868）

中，赫尔岑用流畅的文笔，饱含深情地回忆了这些朋友和他的家人。伯林为此书的英文版（1968）撰写了导言。这篇导言分别收录在伯林的文集《观念的力量》和《反潮流》中（参见前文，边码页 xv 和 xi，注 2）。

伊万诺夫，维亚切斯拉夫·伊万诺维奇（Ivanov, Vyacheslav Ivanovich，1866—1949）

移民海外的历史学家、象征主义诗人。伊万诺夫先后在莫斯科、柏林和巴黎学习古代史和古典哲学，之后他在中东待了一段时间。他的诗歌最初结集为《舵手之星》（1903）和《透明度》（1904），在欧洲出版。一九〇五年回到俄国后，他发表了一系列关于神秘信仰的文章，以及一篇关于俄国文化的著名的专论《两个角之间的对应》（1920）。在巴库教授数年希腊语后（1920—1924），他离开俄国前往意大利，在那里皈依了罗马天主教，并在帕维亚大学（1926—1934）和教皇东方研究所（1934—1943）任教。虽然他余生在意大利度过，但作品却是在巴黎出版的。

克姆尼泽，伊凡·伊万诺维奇（Khemnitser, Ivan Ivanovich，1745—1784）

讽刺作家、寓言家。克姆尼泽以寓言而闻名，只是一个名声平平的流行作家。他的作品表现出对社会问题的关注，但他主张和解，而不是推动社会变革。与他同时代的一些人不同，他避免讽刺个人；相反，他用寓言和富有想象力的意象所嘲笑的是制度和社会结构。他的作品包括《论坏法官》和《办事员颂》，两者都在他去世后收入了《克姆尼泽的寓言与故事三部曲》（1799）。

科尔佐夫，阿列克谢·瓦西尔耶维奇（Kol'tsov, Aleksey Vasil'evich，1809—1842）

诗人。科尔佐夫是斯坦克维奇小组的一员，也是别林斯基的密友，
364 以诗歌和民谣而闻名。科尔佐夫没有受过高等教育，在十二岁时被父亲强迫中断了学业。但是他的作品广受好评，被认为反映了农民的真实经验。他的诗歌富有表现力，既理想化了农村的生活，同时也展示了它的艰难，并与都市生活所谓矫揉造作形成了对比。他的作品引发了人们对

田园主题的关注，并促成了对于农村生活的理想化想象。

科舍廖夫，亚历山大·伊万诺维奇（Koshelev, Aleksandr Ivanovich，1806—1883）

作家、政治家。科舍廖夫是爱智者协会的创始成员，一个保守的自由主义者，他参与创办了短命的杂志《谟涅摩叙涅》（在古典神话中谟涅摩叙涅是记忆女神，缪斯的母亲）。该学会和杂志都深受德国浪漫主义的影响，根据后者的观念，艺术是世界和个人的有机结合。从这个角度来看，艺术家是在创造新的作品，而不仅仅是描绘现实。这些思想使学会区别于十二月党人，后者之中有很多人受到了法国启蒙哲人的影响，并为俄国黑格尔主义的流行铺平了道路。爱智者协会也是斯拉夫运动的先行者，它的一些成员（包括科舍廖夫在内）认为，俄国道德复兴的前提是，保存乡村公社，维持一个强大的土地贵族阶层。

克拉夫钦斯基，谢尔盖·米哈伊洛维奇（Kravchinsky, Sergey Mikhailovich，1851—1895）

作家、活动家和恐怖分子。克拉夫钦斯基以假名“斯特普涅克”（意为“草原之子”）而闻名，是一名激进分子，曾在圣彼得堡街头用匕首刺杀了秘密警察的头目。他受过良好的教育，年轻时到欧洲旅行，在那里他与各种革命团体一起工作。回国后，加入了“土地与自由”，这是一个民粹主义组织，旨在通过直接行动和宣传唤醒人民。在这一组织收效甚微时，其中一些成员（包括克拉夫钦斯基）诉诸暴力，尝试暗杀知名的公众人物。克拉夫钦斯基随后逃到了英国，在那里，他的余生都在写作，以多部图书和大量文章讲述自己的革命经历，其中包括广受欢迎的《地下的俄国》（一八八一年，最初用意大利文出版）。

克鲁泡特金，彼得·阿列克谢耶维奇（Kropotkin, Petr Alekseevich，1842—1921）

地理学家、无政府主义倾向的共产主义者。克鲁泡特金出身于一个贵族家庭，他本来有机会在军旅之中谋求荣华富贵，但是他因为接触到了进步思想而选择到西伯利亚服役，他在那里完成的地理作品使其获 365

得了学术声誉，成为俄国地理学会的成员。到欧洲旅行之后，他放弃了学术追求，转而致力于更加积极的政治生活。他加入了一个地下革命组织——柴可夫斯基小组，一八七四年被捕入狱。两年后，他逃了出来，被迫过着流亡生活，逃到了欧洲。在这段时间里，他撰写了大量的作品，尽管与当地政府发生了冲突，但他仍是一位颇受欢迎的讲师（他两次访问北美，甚至在剑桥获得了一个地理学的教席）。他的主要思想所关注的是人类与生俱来的社会性，这一特点表现为一种富有同情心的行动能力，他称之为“互助”。他强烈批评国家机构以及资本主义：他认为国家因为要依靠高压手段，这一本性导致它必然会腐朽，而资本主义，在他看来，为国家统治提供了经济基础。更有争议的是，他提倡“通过行动进行宣传”，这一口号被认为是毫不掩饰地宣扬革命的恐怖主义。革命结束之后，他回到俄国，对布尔什维克和列宁持强烈的批评态度，但不久后就去世了。

克雷洛夫，伊凡·安德列耶维奇（Krylov, Ivan Andreevich，1769—1844）

寓言家、剧作家和作家。就像克姆尼泽一样，克雷洛夫以他的寓言而闻名。虽然他最初写讽刺性的短篇小说，并创作了一些戏剧，但最终发现寓言才是对他来说更有效的表达手段。受拉封丹的启发，他的寓言描绘了社会和个人的缺点。他的这些寓言格调倾向保守，往往温和地斥责那些对现状不满的人，但也显示出社会改革的必要性。他的作品广受赞誉，不仅因为寓言的直白显豁，而且因为它们时效快，他经常采用口语化的写作风格，文字简单明了。

拉夫罗夫，彼得·拉夫罗维奇（Lavrov, Petr Lavrovich，1823—1900）

编辑、历史学家、政治理论家和社会学家。拉夫罗夫出身贵族，在军队中升为上校，此后在几所院校教授数学。一八六六年，他因与企图谋杀亚历山大二世的激进分子有联系而被军事法庭审判，这次图谋导致了一场大规模的镇压。他被流放到沃洛格达省，在那里写下了他最具影响力的著作《历史信札》(1870)，认为历史植根于批判理性的发展。

一八七〇年，他逃到欧洲，参加了巴黎公社，加入了国际工人协会，最终成为马克思和恩格斯的朋友。他出版了革命期刊《前进》（1873—1876），并公开质疑涅恰耶夫的主张——为了推翻政府可以不择手段。他 366
在国外的生活使他与俄国的实际情况有些疏远，即使在一八七四年“到民间去”运动失败之后，他仍然认为农民可以成为激进变革的源泉。作为民粹派革命者之中的杰出知识分子，他曾经加入“民意党”，负责编辑刊物。最后，他的兴趣转向了社会学，并撰写了几部思想史研究著作，其中包括一部关于巴黎公社的著名作品。

列昂季耶夫，康斯坦丁·尼古拉耶维奇（Leont’ev, Konstantin Nikolaevich，1831—1891）

作家、外交家、文学批评家、哲学家和剧作家。列昂季耶夫是十九世纪最具独创性的思想家之一，一个坚定的保守主义者，他赞美独裁政治，尖锐地批评西化派和斯拉夫派对欧洲思想的依赖。他认为欧洲是一个腐朽的文明，主张俄国应该保留其拜占庭的传统。他阐述了一种关于文化发展和衰落的理论，受到了丹尼列夫斯基的影响，并且，从“美学”的角度为贵族阶级提供了辩护，这一点上可以说是尼采的前身。他认为，自由主义促进了极端的物质主义，而民主则忽视了人的天赋不平等。他的政治理想融合了君主制和正教教义，要求个人绝对服从权威。他出于强烈的民族主义情绪，呼吁对外采取激进的外交政策，谋求恢复拜占庭帝国。在担任短暂的领事工作之后，他经历了一次宗教意识的觉悟，最终把自己关进了一座修道院，一直到去世。他最著名的作品是《拜占庭主义与斯拉夫民族》（1875）。

莱蒙托夫，米哈伊尔·尤里耶维奇（Lermontov, Mikhail Yur’evich，1814—1841）

小说家、诗人、剧作家和士兵，以抒情性和内省性为作品特征的俄国浪漫主义的领袖。他最著名的作品包括纪念普希金（参见下文，被誉为俄国最伟大的诗人）的《诗人之死》（1837），以及讲述高加索地区一位军官事迹的小说《当代英雄》（1840）。尽管《诗人之死》只以手抄本的形式流传，但它还是激怒了俄国当局，因为它暗示普希金在决斗中的死亡是一个嫉妒的贵族的责任。莱蒙托夫遭到了逮捕，送往高加索当兵，他在那里的经历为《当代英雄》提供了素材，这部小说表达了俄国精英
367 分子的沮丧和痛苦，他们在十二月党人起义之后找不到施展其才华的出口，这个主题后来被托尔斯泰、陀思妥耶夫斯基、屠格涅夫等作家采用。莱蒙托夫以他在战场上的勇猛，以及傲慢和难以相处的性格而闻名。他和普希金一样，由于一次决斗而英年早逝，死在自幼熟识的一个人手里，后者早已受够了他的嘲笑。

列斯科夫，尼古拉·谢苗诺维奇（Leskov, Nikolay Semenovich，1831—1895）

短篇小说作家，以善于使用传统的寓言和传说著称。列斯科夫在一个乡村庄园长大，没有受过任何正规教育，一八六〇年代开始从事新闻工作。他是一个对政治改革持谨慎态度的传统主义者，在小说如《剑拔弩张》(1870—1871) 中批评激进派。但是这些作品一直读者不多，他的名气来自他讲故事的天赋，这些故事对民众极有吸引力，例如《姆岑斯克县的麦克白夫人》(1865)、《着魔的流浪者》(1873)，前者也是肖斯塔科维奇一九三四年歌剧的基础。列斯科夫晚年成为托尔斯泰的宗教和伦理思想的追随者，他的作品呈现出越来越强烈的道德色彩。

罗蒙诺索夫，米哈伊尔·瓦西尔耶维奇（Lomonosov, Mikhail Vasil'evich，1711—1765）

文学批评家、哲学家、剧作家、诗人、科学家和翻译家。罗蒙诺索夫出身于农民家庭，后来成为俄国启蒙时期的领袖人物。他早年有机会进入圣彼得堡的科学院学习，很快脱颖而出，被送到德国深造。他在马尔堡大学学习科学、古典哲学以及德国文学。回到圣彼得堡后，他成为大学里的化学教师，之后参与创办了莫斯科大学。他的兴趣非常广泛：在玻璃制造方面的贡献改变了马赛克的制作方式，还提议成立一个国际研究院来发展科学的导航手段，支持对西伯利亚自然资源的调查，提出了一种关于金星上的大气密度的理论，使用电做实验。在文学方面，他最大的成就是出版俄语语法著作，这部著作阐明了俄语方言的用法，为通俗文学的出现奠定了基础。

卢那察尔斯基，阿纳托利·瓦西里伊维奇（Lunacharsky, Anatoly Vasil'evich，1875—1933）

苏联戏剧家、文学批评家，苏联早期文化中具有前瞻性的人物。一八九〇年代，年轻的卢那察尔斯基因为参与政治活动遭到逮捕和流放，后来成为居住在巴黎的俄国革命者的领袖。一九〇五年，他回到圣 368
彼得堡，编辑社会民主党的报纸《新生活报》，成为一名文学评论家。一九一七年革命期间，他在彼得格勒担任布尔什维克的一名组织者，因此在新政府中获得关键职位，担任文化和教育人民委员（1917—1929）。在此期间，他根据列宁的新经济政策，启动了教育改革和成人扫盲方案。他对苏联艺术多元化的支持很快遭到怀疑；尽管他远离党派政治，仍然在一九三三年被斯大林免职，派往西班牙担任大使。在赴任途中死于巴黎。

迈斯特，约瑟夫，伯爵（Maistre, Joseph Marie, comte de，1753—1821）

外交家、律师和哲学家。迈斯特是向俄国传播反革命思想的关键人物。他是萨瓦人，一位律师，曾担任撒丁国王派往俄国亚历山大一世的特使。迈斯特坚决反对法国大革命，他写了几部试图颠覆其哲学基础的著作。启蒙运动假定进步是必然的，而且以理性为信仰，与之相反，迈斯特则主张罪恶的恒在和人类理性的脆弱。他认为，人类堕落的状态需要强加以秩序，而这只能通过教会和国家的机构来实现。如果没有宗教和专制，人们会被暴力所吞噬。他的观念不仅挑战了启蒙运动的政治理想，而且否定了其科学的根基。在拿破仑战争招致对法国的抵触之前，他在俄国贵族中有过短暂的影响。他最著名的作品有《论法国》（1796）、《圣彼得堡谈话》（1821）和《培根哲学检讨》（1836）。

米哈伊洛夫斯基，尼古拉·康斯坦丁诺维奇（Mikhailovsky, Nikolay Konstantinovich，1842—1904）

编辑、记者、文学评论家和社会学家。米哈伊洛夫斯基是民粹主义的主要理论家，他以《什么是进步？》一文而成名，在文中他提出，随着社会变得越来越复杂，个人的发展会倒退。因此，早期的社会允许最大程度地培养个人人格，因为个人不需要像工业劳动所要求的那样专门从事一项活动。他的观点被民粹主义者用来证明他们关于以农民公社为369 中心的农业社会主义的观点，农民公社被认为是取代资本主义生产的更好的选择。因为米哈伊洛夫斯基反对马克思主义对经济发展的传统解释，亦即资本主义是共产主义出现的必要阶段，所以，像列宁和普列汉诺夫这样的社会主义者拒绝接受他的观点。尽管如此，他对激进的民主派产生了深远的影响，其中许多人是通过他的文章第一次接触到孔德、斯宾塞、密尔和蒲鲁东的思想。

纳杰日金，尼古拉·伊万诺维奇（Nadezhdin, Nikolay Ivanovich，1804—1856）

编辑、民族学家、文学批评家和大学教师。纳杰日金被逐出神学院后，成为在别林斯基之前最重要的文学批评家之一。获得莫斯科大学的学位后（他在那里用拉丁文写了一篇关于德国哲学的论文），他曾短暂地担任过大学的美术和考古学教师。他的文学声誉是基于他的一种主张，亦即艺术表达神圣的真理，这导致他相信诗歌之中有一种规范的维度。他特别批评俄国的浪漫主义诗人，对他来说，他们的作品缺乏适当的道德深度。他最为人所知的是，在《望远镜》杂志上发表了恰达耶夫的《哲学书简》，这一行为导致他被短期流放到西伯利亚。他在那里开始对民族学感兴趣，返回后，他最终成为俄国地理学会民族学部门的主席。

涅恰耶夫，谢尔盖·根纳迪耶维奇（Nechaev, Sergey Gennadievich，1847—1882）

革命组织“人民复仇”的创始人。涅恰耶夫极富个人魅力，执着于他的激进主义思想，与巴枯宁这样的革命人物有过联系，巴枯宁对这个年轻人评价很高。涅恰耶夫的历史重要性是双重的：他被认为是《革命者教义问答》（1869）的作者；他还参与了伊万·伊万诺夫的谋杀案，后者在一八六九年企图离开该组织，遭到殴打、枪击，被勒死。《革命者教义问答》是一份革命暴力宣言，它为使用任何手段推翻政府提供了正当理由，而谋杀伊万诺夫引发了民众对激进主义的强烈反对，这种反对情绪一度短暂地减缓了革命对国家的压力，并给政府提供了大力镇压所有持不同政见者的借口。陀思妥耶夫斯基就是以此为灵感创作了他的小说《群魔》(1872)。涅恰耶夫最终在瑞士被捕，被移交给俄国当局，死在狱中。 370

涅克拉索夫，尼古拉·阿列克谢耶维奇（Nekrasov, Nikolay Alekseevich，1821—1878）

诗人、出版商，并且是作家和评论家的赞助人，著名者如屠格涅夫、托尔斯泰和别林斯基。虽然是绅士阶层的一员，但由于父亲拒绝供养他，涅克拉索夫不得不写一些庸俗的诗歌和歌舞杂耍来支付他在圣彼得堡的大学学费。一八四六年，他买下了《现代人》杂志，与沙皇的审查制度斗智斗勇，使其一直运行到一八六六年才最终关闭。随后，他于一八六八年收购了《祖国纪事》，与萨尔蒂科夫共同担任编辑。涅克拉索夫最受欢迎的韵文，如《沃拉斯》(1854)，以及叙事诗《红鼻子雪大王》(1863)，都取材于俄国民间传说。他的长篇讽刺诗《谁在俄国能过好日子？》(1873—1876）歌颂了俄国农民的美德。

尼古拉一世（Nicholas I，1796—1855）

沙皇保罗一世的第三子，俄国沙皇（1825—1855 年在位)。当亚历山大一世意外去世时，康斯坦丁拒绝继承王位，尼古拉遂接替了王位。在王位未定的初始混乱时期，尼古拉被迫镇压了由想要推翻君主制的贵族和军队成员发起的十二月党人起义。这一行动决定了尼古拉统治时期的基调，由彼得大帝开始并由叶卡捷琳娜二世延续的政治试验时期至此停止。出于对进一步动荡的担忧，尼古拉制定了一系列措施，旨在遏制异议的表达，控制政治辩论。这些限制措施甚至也施加于彼得拉舍夫斯基小组等非正式的言论团体，后者因为涉及“思想阴谋”也被认为具有威胁性。虽然他成功地限制了对其统治的批评，阻止了进一步的社会改革，但他的行动无意中将许多温和派推向了激进主义，从而间接促成了十九世纪末的革命狂热。

奥多耶夫斯基，弗拉基米尔·费多洛维奇王子（Odoevsky, Prince Vladimir Fedorovich，约 1803—1869）

诗人、哲学家、教育家和批评家。奥多耶夫斯基是谢林的崇拜者，曾经是总部设在莫斯科的哲学团体爱智者协会（1823—1824）的首脑。

从一八二六年开始，他住在圣彼得堡，成为从事公共教育和文化工作的一名公务员，担任鲁缅采夫博物馆的主管，而且是城市公共图书馆的助理馆长。作为一个热烈的斯拉夫派，奥多耶夫斯基在他的哲学对话《俄国之夜》（1844）中批评了西方对俄国文化的影响。在他的短篇小说和奇幻故事中，如《4338 年》（直到一九二六年才全文发表），经常反映出他
371 对神秘主义和科学进步的兴趣。

奥加廖夫，尼古拉·普拉东诺维奇（Ogarev, Nikolay Platonovich，1813—1877）

编辑、记者和诗人。奥加廖夫是赫尔岑的密友，也是《北极星》和《钟声》的联合编辑。青年时代，两人宣誓要完成十二月党人所开启的事业，作为大学生，他们试图建立一个讨论小组来研究哲学和美学问题。然而，由于这种讨论往往涉及政治，该组织被当局解散，两人都被流放。奥加廖夫最终获得自由，移居英格兰，在那里继续与赫尔岑合作。尽管他是一位著名的诗人，但他作为一个编辑所做的工作产生的影响力更大。通过出版巴枯宁和涅恰耶夫等人的著作，他推动了俄国新生的社会主义运动。

奥尔洛夫，阿列克谢·费多洛维奇王子（Orlov, Prince Aleksey Fedorovich，1786—1861）

将军。奥尔洛夫是尼古拉一世的密友，在十二月党人起义期间一直忠于沙皇，协助挫败了起义。他因在一八三三年签署《互助条约》而闻名，该条约缔造了俄国和奥斯曼帝国之间的军事联盟。他还是臭名昭著的第三厅的首脑。第三厅是一个秘密部门，其任务是防止煽动性的言论和行动，它充当政治警察，审查新闻出版界，并对涉嫌从事颠覆活动的人采取监视行动。奥尔洛夫被亚历山大二世封为贵族，还被任命为政府顾问委员会主席，并负责监督处理解放农奴问题（奥尔洛夫对此持反对态度）的委员会。

巴纳耶夫，伊万·伊万诺维奇（Panaev, Ivan Ivanovich，1812—1862）

编辑、记者和小说家，V. I. 巴纳耶夫的侄子。尽管巴纳耶夫不是一

个重要的文学人物，但他帮助涅克拉索夫将《现代人》打造成了一本盈利的杂志。他最著名的作品是他一系列的“生理速写”，通过简要描绘普通人（通常是小官僚）的活动来展现日常生活的细节。这些速写典型地展示了城市生活的严酷环境。他的小说《地方的雄狮》（1852）以描写妇女解放而著称，取得了一定的成功。

巴纳耶夫，弗拉基米尔·伊万诺维奇（Panaev, Vladimir Ivanovich，1792—1859）

I. I. 巴纳耶夫的叔叔，以田园诗著称的二流作家。受维吉尔和其他古典作家的影响，巴纳耶夫创作了极有感染力的牧歌。他试图通过展示朴 372
素的举止和天真的态度来说明乡村生活之美，他认为这是农业生活的特征。他的田园诗与俄国没有多少关系，而是强烈地依赖于古希腊和罗马的主题、背景和题材。然而，他的作品略带一些批判色彩，暗示俄国人已经对构成诗歌创作基础的富有想象力的冲动麻木不仁了。他因为自己的贡献而被称为“俄国的盖斯纳”（萨洛蒙·盖斯纳是瑞士诗人）。

彼得一世（Peter I，1672—1725）

俄国沙皇（1682—1725 年在位），史称彼得大帝。彼得年轻时曾游历欧洲各地，后来回到俄国，引入了一系列旨在实现俄国现代化的改革措施。他主要关心的是改造军队和公务员制度，为此他制定了一种“官秩表”。根据官秩表，贵族都有义务服役，而且所有贵族都必须强制服兵役。这使得贵族的利益与国家的利益相结合，削弱了世袭贵族的权力。彼得还营建了圣彼得堡（这里成为新的政府所在地），与奥斯曼帝国和瑞典发生战争，试图打开出海口，将俄国变成一个海上强国。最终，他的革新措施所带来的争议，造成了贵族的分裂，有的人想要进一步改革，而有的人想要回到“过去的道路”——这种分裂预示了十九世纪的许多争论。

彼得拉舍夫斯基，米哈伊尔·瓦西里耶维奇（Petrashevsky, Mikhail Vasil’evich，1821—1866）

律师和翻译。彼得拉舍夫斯基是外交部的翻译和口译员，他的声誉主要来自他每周主持的集会，这些集会最终走向了与当局的对抗。他酷爱阅读，利用他的工作积累了一个大型的个人图书馆。他和他的朋友们最初在每个星期五举行非正式的集会，讨论他们感兴趣的话题。鉴于当时的压抑气氛，尼古拉一世严格禁止公开的讨论，彼得拉舍夫斯基的小组规模迅速扩大，成为哲学辩论为数不多的出口之一。有公众人物，如陀思妥耶夫斯基和普列什切耶夫，开始参加会议，这使得集会更加具有公开的政治性。最终，尼古拉一世下令逮捕彼得拉舍夫斯基，当局抓捕了该组织中最活跃的成员。根据《彼得拉舍夫斯基案卷》(1937—1951)的记录，经过一次涉及大量证人听证的审判之后，彼得拉舍夫斯基和其他成员在行刑队面前排成一排，上演了一场假处决。在最后一刻宣布了
373 赦免，随后该组织为首人物被流放到了西伯利亚。

皮萨列夫，德米特里·伊万诺维奇（Pisarev, Dmitry Ivanovich，1840—1868）

记者和文学评论家。继别林斯基之后，皮萨列夫是当时最重要的文学批评家之一，与车尔尼雪夫斯基和杜勃罗留波夫齐名。他自称是一个虚无主义者，认为判断文学的标准不是作品的审美品质，而在于它的真实性。他赞扬屠格涅夫在《父与子》一书中对巴扎罗夫的描写，认为科学为真理的判定提供了正确的标准，并驳斥了黑格尔及其追随者的历史哲学，认为它是思辨性的。这使得他与许多社会主义者和激进分子之间产生了分歧，后者指责他过于唯物主义。他并没有被这种指责吓倒，而是写出了一系列以清晰的论据和严谨的分析而著称的作品。他最有影响力的文章包括《巴扎罗夫》(1862)、《废止美学》(1865) 和《普希金与别林斯基》(1865)。他在波罗的海溺水身亡，职业生涯猝然终止。

普列汉诺夫，格奥尔基·瓦连廷诺维奇（Plekhanov, Georgy Valentinovich，1856—1918）

革命家，重要的马克思主义思想家。普列汉诺夫的政治活动始于一八七〇年代的民粹主义运动，但他很快就拒绝了极端分子采取的恐怖主义手段，于一八八〇年离开了俄国。直到一九一七年，他一直在日内瓦流亡，于一八八三年创立了一个以德国马克思主义为基础的政治团体。一八九八年，这个团体改名为俄国社会民主工人党。普列汉诺夫是列宁的

亲密同事，他从一九〇〇年开始与列宁一起编辑马克思主义报纸《火星报》，但在一九〇三年，他们的关系随着俄国社会民主工党的分裂而结束，一方是列宁领导的布尔什维克，另一方是普列汉诺夫领导的孟什维克。一九一七年，他短期回到国内，由于反对革命，不久就到了芬兰。尽管他从未掌握过政治权力，而且对俄国新兴的布尔什维克霸权深感失望，但他仍然因为为欧洲马克思主义所做出的巨大的理论贡献而受到尊敬，其著作共计二十六卷，至今仍激励着世界各地的马克思主义的思想家。伯林关于他的一篇文章收录在《观念的力量》一书中（参见边码 xv）。

普列谢耶夫，阿列克谢·尼古拉耶维奇（Pleshcheev, Aleksey Nikolaevich，1825—1893）

记者、文学评论家、诗人、剧作家和翻译家。普列谢耶夫是陀思妥耶夫斯基的密友，以其充满宗教色彩的诗歌和短篇小说而闻名。他是一个具有社会主义思想倾向的贵族，因为参与彼得拉舍夫斯基小组而被流放到西伯利亚。最终他被赦免，回到莫斯科，重新开始他的文学生涯。虽然他的作品相当传统，但深受同时代人的欢迎，读者欣赏他对普通人 374
的关注。他因塑造“活跃”的人物形象而特别受到称赞，像杜勃罗留波夫这样的批评家，将其与“多余人”形象做鲜明的对照。

波别多诺斯采夫，康斯坦丁·彼得罗维奇（Pobedonostsev, Konstantin Petrovich，1827—1907）

沙皇顾问，律师，大学教师，正教检察长。波别多诺斯采夫是牧师之子，在莫斯科大学教授法律，并撰写了一部三卷本的民法著作。他被任命为亚历山大三世的导师，并成为亚历山大继位之后最亲密的顾问之一。他是一个激进的保守派，他敦促亚历山大不要向改革派让步，理由是这只会更加鼓励革命暴力。他被认为是亚历山大一八八一年宣言的思想缔造者，该宣言重申了沙皇的绝对主权。他以批判性强但缺乏想象力而著称，后来在《莫斯科文集》（*Moskovskii sbornik*，1896，英译为《一位俄国政治家的反思》）中凝练地表述了他的思想。在这本书中，他认为当代社会受到了道德堕落的威胁，只有通过教会和国家的制度才能解决这个问题。像许多保守主义者一样，他认为西方的理想不适合俄国，俄国幅员辽阔而人口分散，需要中央集权的独裁体制。

波戈金，米哈伊尔·彼得罗维奇（Pogodin, Mikhail Petrovich，1800—1875）

历史学家、记者、大学教师和编辑。波戈金是莫斯科大学的教师，一位保守派的历史学家，对俄国的过去给出了一种带有强烈民族主义色彩的解读。他属于一个被称为“浪漫民族主义者”的学者群体，受到德国哲学家谢林和施莱格尔的影响，他们将俄国的历史理想化，声称农民的简朴和他们的农业生活方式使得国家与革命绝缘。他们进一步认为，因为俄国避免了侵蚀欧洲的道德堕落，她可以成为人类道德重生的源泉。波戈金在他的演讲中将这些思想加以普及推广，以文集形式编辑为多卷本的著作《俄国历史的研究、评论与演讲》（1846—1856）。

波列沃伊，尼古拉·阿列克谢耶维奇（Polevoy, Nikolay Alekseevich，1796—1846）

作家、历史学家、记者和文学评论家。波列沃伊是一个西伯利亚商人的儿子，是最早成功的非贵族出身的作家之一。他和他的兄弟一起经营进步杂志《莫斯科电讯》，该杂志因他发表了一篇严厉批评一部流行的
375 保守派戏剧的评论而停刊。他起初主要因《俄国人民的历史》（1829—1833）而闻名，此书是他对卡拉姆津的《俄国国家史》（1818—1829）一书的回应。像他同时代的大多数人一样，他受到德国浪漫主义的影响，相信有历史发展的规律支配着社会。然而，与卡拉姆津相反，他认为这些法则适用于人民而不是机构。普希金在《戈留希诺村的故事》（1837）中夸张地演绎了波列沃伊的思想。

普加乔夫，伊梅尔扬·伊万诺维奇（Pugachev, Emel'yan Ivanovich，约 1740—1775）

反叛者。他曾经是在俄国军队中服役的哥萨克，一七七三年领导了针对叶卡捷琳娜二世的大规模农民起义。他自称是叶卡捷琳娜的丈夫彼得三世（死因可疑），煽动了一场持续了两年的叛乱，在此期间，他征服了从乌拉尔山到伏尔加河的大片领土。叶卡捷琳娜派遣军队去镇压叛

乱，起初屡遭挫败。最终，叛军被击败，普加乔夫被公开处决，但是在此之前他已经获得了传奇的美誉。普加乔夫激励了后来的革命者，他们喜欢拿自己对权威的挑战与其相提并论。普希金对普加乔夫特别着迷，他为这次起义写了一部历史书，并以此为基础创作了小说《上尉的女儿》(1836)。

普希金，亚历山大·谢尔盖耶维奇（Pushkin, Aleksandr Sergeevich，1799—1837）

诗人、剧作家和小说家。普希金是俄国民族的诗人，他那一代人中最重要的作家。尽管出身于贵族家庭，他却是第一个大量使用方言进行写作，将普通人的日常生活写入作品里的人。虽然随着年龄的增长，他的政治意识变得越来越保守，但他的作品表现出进步的倾向，强烈地激励了后来的自由主义者，为现代俄国文学奠定了基础。他的诗歌以抒情、典雅著称，而他的散文则以表现力强而闻名。这位“俄国的莎士比亚”，最著名的是他的叙事诗，其中有“韵文小说”《叶甫盖尼·奥涅金》(1825—1832)，由此他发明了自己的诗歌形式，“奥涅金诗节”。其他作品包括《鲍里斯·戈都诺夫》(1825)，《波尔塔瓦》(1829)，《伊凡·彼得洛维奇·别尔金故事集》(1830)，《青铜骑士》(1833)，《黑桃皇后》(1833)，《普加乔夫的历史》(1834) 和《上尉的女儿》(1836)。普希 376
金为了了断自己妻子与乔治·丹特斯的关系，与后者决斗，结果受了致命伤。

雷列耶夫，孔德拉季·费奥多洛维奇（Ryleev，Kondraty Fedorovich，1795—1826）

诗人，普希金的朋友，一八二五年十二月党人起义的领袖。雷列耶夫是一个浪漫主义诗人，他在自己的革命抒情诗中颂扬公民的自豪感，在他所谓“鼓动性歌曲”中讽刺独裁，在史诗韵文中讲述过去的英雄们光荣的牺牲，例如，在他的诗歌《沃伊纳罗夫斯基》(1824—1825) 中称颂乌克兰民族主义者马彩巴 (Mazepa)。他曾主编《北极星》杂志(1823—1825)。他是北方同盟的杰出人物（北方同盟是一群密谋推翻皇室的共和主义者），在失败的十二月党人起义中担任五大首脑之一，于一八二六年被捕并处以绞刑。

萨尔蒂科夫，米哈伊尔·叶夫格拉福维奇（Saltykov, Mikhail Evgrafovich，1826—1889）

笔名尼古拉·谢德林，通常被称为萨尔蒂科夫-谢德林，小说家和讽刺作家。萨尔蒂科夫于一八四四年进入沙皇的行政部门。早年因为几篇批评体制的短篇小说而被流放到了维亚特卡，不过仍然保留了公务员身份，一八五五年返回了莫斯科。他与涅克拉索夫合作主编了《现代人》和《祖国纪事》杂志，一八六八年离开公务员队伍。他在一八五〇年代发表的讽刺小品，预示了他后来最好的作品之一《一个城市的历史》(1869—1870)，以及他猛烈抨击腐朽的俄国贵族阶级的作品《戈洛夫廖夫老爷们》(1876—1880)。

萨马林，尤里·费多洛维奇（Samarin, Yury Fedorovich，1819—1876）

斯拉夫派哲学家、散文家、公务员。从一八五〇年代开始，萨马林为斯拉夫派的期刊《俄国谈话》(*Russkaya beseda*) 撰稿，与康斯坦丁·阿克萨科夫等其他领导人物相互协作。作为一名公务员，他参与了一八六〇年代亚历山大二世的大改革，起草了解放农奴的宣言，一八六一年付诸实现。他逝世于德国柏林。

斯佩兰斯基，米哈伊尔·米哈伊洛维奇（Speransky, Mikhail Mikhailovich，1772—1839）

政治家。斯佩兰斯基是一个贫穷牧师的儿子，俄国最杰出的自由主义者之一。他以睿智著称，在公务员中快速晋升，成为亚历山大一世的顾问，可以与其密切磋商。斯佩兰斯基受命改革国家公务员制度，为此
377 起草了一个宪法框架，由此引入一个类似于议会的机构。他计划逐渐将沙皇的独裁统治转变为欧洲式的君主立宪制。初步的成效是建立了国务会议，一个立法方面的咨询机构。但是宫廷阴谋导致他与亚历山大的关系恶化，保守派声称他私下里贬低沙皇，并质疑他与法国的关系，而此时俄国正准备与法国开战。离开宫廷之后，他曾短暂担任西伯利亚的总

督，然后在国务会议中被安排了一个职位。晚年的斯佩兰斯基奉尼古拉一世之命编纂法典。

斯坦克维奇，尼古拉·弗拉基米罗维奇（Stankevich, Nikolay Vladimirovich，1813—1840）

哲学家和诗人。尽管斯坦克维奇本人并不是一个重要的文学人物，但在俄国哲学的发展过程中他起到了关键作用。在莫斯科大学，他担任一个非正式讨论小组的领导人，为最终塑造十九世纪俄国思想的那些人物提供了论坛。赫尔岑、格拉诺夫斯基、巴枯宁和卡特科夫，以及其他人物，都是斯坦克维奇小组的成员，该小组是后来出现的类似团体的样板，例如彼得拉舍夫斯基的小组。他对德国的浪漫主义深感兴趣，他前往欧洲旅行，到柏林学习黑格尔哲学。但他不幸身染肺结核，死于国外。

斯特拉霍夫，尼古拉·尼古拉耶维奇（Strakhov, Nikolay Nikolaevich，1828—1896）

文学批评家和哲学家。斯特拉霍夫受过动物学的专业训练，是"回归本土"（pochvenniki）最重要的理论家之一。在黑格尔的影响下，他认为世界具有精神上的统一性，这赋予了人类存在的意义。他认为，否认这种意义是虚无主义及其关于理性的机械观念的表现。与虚无主义的原子化倾向作斗争的唯一方法，是承认与宗教和国家相关的存在有其"有机"的面向，他认为这些存在根植于"土壤"之中。他与陀思妥耶夫斯基、托尔斯泰为友，他们后期作品中的保守倾向来自他的影响。

特卡乔夫，彼得·尼基蒂奇（Tkachev, Petr Nikitich，1844—1886）

记者和激进分子。特卡乔夫与涅恰耶夫熟识，是俄国十九世纪后期较有影响力的作家之一。他对激进思想的主要贡献是认为，由于农民太懒散而不能独立行动，需要由一群职业的革命者作为骨干来推动。这使得他成为巴枯宁和克鲁泡特金的对手，他们都认为革命将会自然而然地 378
发生。他还反驳了马克思的历史观，声称俄国不需要通过经济发展的所有阶段来实现共产主义。这导致了他与恩格斯的一次著名的思想交流，恩格斯跟他针锋相对。最终，特卡乔夫的思想影响了列宁，后者在日内瓦流亡期间接触到他的文章，在《国家与革命》(1917) 一书中讨论了一个类似的例子。

托尔斯泰，列夫·尼古拉耶维奇伯爵 (Tolstoy, Count Lev Nikolaevich，1828—1910)

作家。托尔斯泰是俄国最伟大的作家之一。他的文学生涯始于小说《童年》(1854)，创作于他在军队服役期间。一八五六年退役后，他全身心投入写作，发表了包括短篇小说和文章在内的多种著述，其中有《塞瓦斯托波尔故事集》(1855—1856)、《哥萨克》(1863) 和《战争与和平》(1865—1869)。《战争与和平》，这一俄法战争的史诗性的编年史，受到了极大的赞誉，确立了他无与伦比的作家声誉。在短暂的休息之后，他写出了《安娜·卡列尼娜》(1875—1877)，这是一个悲剧性的爱情故事，同时也带来了重要的、广受欢迎的成功。然而，在创作这本书的过程中，他时不时地遭受抑郁症的折磨，最终如此痛苦，以至于想到了自杀。由此，他经历了一次精神觉醒的体验，这标志着他的生活开始了一个新的时期，这次体验也成为《忏悔录》(1882) 的题材。从此以后，他的作品就公开地带有宗教和哲学的色彩，显示出对死亡和德行的关注。他晚期最著名的作品包括《伊凡·伊里奇之死》(1886)、《克莱采奏鸣曲》(1889)、《天国在你们心中》(1894)、《主人与仆人》(1895)、《什么是艺术?》(1897) 和《复活》(1899)。《天国在你们心中》一书虽然在俄国被禁，但是它已证明具有特别的影响力，由此书而引发了托尔斯泰与甘地的通信，其中进一步阐述了托尔斯泰关于非暴力的想法。

特雷迪亚科夫斯基，瓦西里·基里洛维奇 (Tredyakovsky, Vasily Kirilovich，1703—1769)

散文家、诗人、剧作家和大学教师。特雷迪亚科夫斯基与罗蒙诺索夫同时代，是一位受人尊敬的学者，曾在科学院任教。他在巴黎大学接受教育，学习语言学、哲学和数学，因翻译了塔勒芒 (Tallemant) 的《爱岛之旅》(1730) 和费奈隆的《忒勒马科斯历险记》(1766) 而闻名。
379 此外，他的作品还有高度理论化的著作《俄国诗歌创作方法简明新论》

(1735)。后一部作品奠定了他的历史地位，推动了诗歌创作朝向更适合俄语的韵律形式发展。

托洛茨基，列夫（Trotsky, Leon，1879—1940）

国际主义的革命者，政治理论家。列夫·达维多维奇·布隆施泰因(Lev Davidovich Bronstein)的化名。出身于乌克兰一个俄国化的犹太家庭。托洛茨基因参与革命活动（1897—1898）放弃了学业，导致首次入狱（此后还会有很多次）。在伦敦的流亡革命者小组里，他站在孟什维克一边而反对列宁，一九〇五年作为一个政治上的自由人回到俄国，领导罢工和示威游行，成为杰出的公共演说家。一九〇五年再次入狱后，他开始狂热地研究自己的"不断革命"理论，成为一九一七年革命活动的中心人物。他担任军事人民委员的要职（1918—1925)，建立了红军，因在随后的内战中使用残酷的胁迫措施而恶名昭著。一九二四年列宁去世后，他在权力的争夺中落败，斯大林迅速将他边缘化。他被流放到中亚，一九二八年被驱逐出境。他用余生的时间在一系列政治著作中大肆谩骂斯大林。一九三六年，他在墨西哥城避难期间，被苏联内务人民委员部的一名特工暗杀。

屠格涅夫，伊凡·谢尔盖耶维奇（Turgenev, Ivan Sergeevich，1818—1883）

小说家、短篇小说家和诗人。屠格涅夫是一位贵族的儿子，以现实主义和抒情主义著称的文学巨匠。他的作品体现了西方人引以为豪的对于自由的渴望。他因《猎人笔记》(1852）而名声大噪，这是一部描写农奴艰辛生活的颇具煽动性的小说（后来与《汤姆叔叔的小屋》相提并论)。随后，他发表了《罗亭》(1856)、《贵族之家》(1859）和《前夜》(1860)，每一部作品都受到评论界的好评，巩固了他的声誉。他最著名的作品是《父与子》(1862)，一部描述"四十年代的父亲"和"六十年代的儿子"之间代际紧张关系的小说。与他早期的小说不同的是，《父与子》深陷争议之中，自由派、保守派和激进派都有谴责它的理由。屠格涅夫所描述的俄国面临的道德困境，在某种程度上对各方都有指责，这就招来了麻烦。他试图对批评意见做出回应——尤其是在《烟》(1867)

380 和《处女地》(1877）两部作品中——但是并没有多少成效，因为《父与子》惹来的辱骂已经破坏了他的声誉。此后，他在欧洲度过了余生（并且与女中音歌唱家波琳娜·加西亚-维亚尔多保持了终身恋情），最终在法国去世。

丘特切夫，费多尔·伊万诺维奇（Tyutchev, Fedor Ivanovich，1803—1873）

杰出的自然诗人，与普希金和莱蒙托夫齐名。丘特切夫出身于贵族家庭，一八二二年成为一名外交官，先后被派往德国和意大利，在国外一直居住到一八四四年。他与海涅通信，翻译了海涅的诗歌，而他自己的大部分诗歌，灵感来自谢林的《自然哲学》，一八三六年至一八三七年在《现代人》杂志上匿名出版，题为《来自德国的诗歌》。回到俄国后，他担任官方审查员，在一八五四年终于以本名发表了作品，并且被涅克拉索夫发现了。到了晚年，他的自然诗和爱情抒情诗让位给了政治诗，传达了他的泛斯拉夫主义情绪。人们对他的作品的兴趣逐渐下降，直到十九世纪末，俄国象征主义的诗人们重新发现了他。

维涅维季诺夫，德米特里·弗拉基米罗维奇（Venevitinov, Dmitry Vladimirovich，1805—1827）

文学批评家、哲学家和诗人。维涅维季诺夫是爱智者协会的创始人，也是俄国浪漫主义最早的支持者之一。在谢林和费希特等德国哲学家的影响下，他相信艺术是表达真理的神圣灵感的工具。他最著名的作品包括《诗人》(1826)、《诗人和他的朋友》(1827）和《挽歌》(1826—1827)。因为被流感夺去了生命，他留下的文学作品数量不多，大约有四十首诗。

沃罗夫斯基，瓦茨拉夫·瓦茨拉夫维奇（Vorovsky, Vatslav Vatslavovich，1871—1923）

文学评论家和记者，布尔什维克党报《前进报》编委会的主要作者。沃罗夫斯基是列宁的亲信，革命后，他在斯德哥尔摩担任俄国首批派往西方的使节之一。一九二二年，他担任出席国际经济会议的代表。他在洛桑参加一个关于土耳其问题的国际会议时，被出生于俄国的瑞士人莫里斯·康拉迪暗杀。沃罗夫斯基发表了数部著作，包括《俄国知识分子与俄国文学》(1923)。

维亚泽姆斯基，彼得·安德烈维奇王子（Vyazemsky, Prince Petr Andreevich，1792—1878）

公务员、文学评论家、诗人、军人和翻译家。他是一个热情的自由 381
主义者，曾短暂担任过审查制度的负责人（1856—1858），结识了十九世纪早期的许多重要的文学人物，包括卡拉姆津（他的妹夫）、普希金、巴拉滕斯基和果戈理。他是一个严肃的辩论家，经常参与激烈的文学争论，并以批评保守派和激进派而闻名。他最著名的作品是他写冯维辛的传记(1848)，而他的笔记和信件则为十九世纪早期的思想氛围提供了宝贵的信息。

查苏利奇，薇拉·伊凡诺夫娜（Zasulich, Vera Ivanovna，1849—1919）

编辑、革命者和翻译家。查苏利奇出身于一个没落贵族家庭，三姊妹之一，一八七八年因试图刺杀圣彼得堡总督而名声远扬。这一行刺企图的源起是一个偶然事件：一个年轻的囚犯因为没有在总督面前脱帽行礼，而被下令鞭打。经过审判无罪开释后，她逃往欧洲，在那里她参与建立了第一个俄国马克思主义组织——劳动解放社。在此期间，她还参与编辑激进的《火星报》和《曙光》杂志，撰写文章，并将马克思的一些著作翻译成俄文。在一九〇五年俄国革命之后，她最终回到了俄国，在彼得堡定居。她的革命热情已经减退了，她谴责十月革命是对马克思主义的曲解。

茹科夫斯基，瓦西里·安德烈耶维奇（Zhukovsky, Vasily Andreevich，1783—1852）

诗人、翻译家。他的诗歌受到英国和德国前浪漫主义时期文学的影响。一八〇八年，茹科夫斯基担任文学期刊《欧洲通报》的编辑。一八二五年，他被任命为未来的亚历山大二世的导师，这使得他有机会悄悄地在宫廷中注入自由主义的元素，当作家们（包括普希金）与当局发生争执时，他经常为他们提供保护。一八三九年从宫廷退休后，他定居德国，成为歌德和席勒著作的著名译者。他还翻译了英国诗人格雷、骚塞和拜伦的作品，并且把翻译荷马的《奥德赛》当作毕生的心血之作。在他的作品中，包含着耽于冥思的哀歌，沉郁地执着于超自然和哥特风，
382 反映了他自己对神秘主义日益增长的兴趣。

人名索引

条目后的数字为原书页码，见中文版边码。

- A -

- B -

- C -

- D -

- E -

- F -

- G -

- H -

- I -

- J -

- K -

- L -

- M -

- R -

- S -

- T -